學會河洛理數就用這一本

天覺（李衍芳）——著

己午二七火
蛇出 蛇皮

天三生木
地八成之

天五生土
地十成之

未雖乙庚
地六成之

先甲先丁
五十居中

天一生水
地六成之
亥子一六木

己以雷為雨
丙午丁

乙東抽神求
未申甲

丁向兌繁流
坤四中

五
李
中宮

戊巳雷為火
亥子本與上出

亥起戊
壬甲癸配庚

桑子壬
坎絕坎虞出

數九履一 左三右七 二四為肩 六八為足

自序

緣起

從小就喜獨自遊走在山川野嶺尋幽探祕，在 1973 年偶遇一鄉野奇人，個人本就對「命理、風水」有濃厚的興趣，在這個當下，也就有了方向與目標。

在這近 50 年來，遊走於滾滾紅塵結善緣，印證歷練所學，感受良多；發現有非常多對五術有興趣者，基於現實生活的考量，又難逢心中明師，空有一番抱負，而不知所以。

基於此，就想在我的夕陽人生，以自己的歷練與印證，寫出一套命理書籍，讓有緣者看過如法練習之後，也能至少有七成的功力，假以時日就能成為一位優秀的五術人士。

這本河洛理數命理，比較少人鑽研，在諸多派別命學上，卻是最簡單易學、資料庫最齊全的一門命理預測學。

您只要有興趣於五術，知道八字的取得，就可輕易的無師自通。

1、把八字換算成數字。

2、根據以上數字，換算成易經卦，此即為先天卦。

3、再將先天卦，用生時找出元堂，而取得後天卦。

4、利用先、後天卦的行年，得出小象陽爻九年、陰爻六年的流年卦。

5、然後根據卦爻貼上預測詳解，就能得知一生的吉凶悔吝之機了。

　　此套河洛命理預測學，該書正文中有些難懂之處，為保持原貌，個人僅以圖文方式補助說明，盼對有心研讀者有所助益，更期盼先進們不吝指正教益是幸。

天覺　李衍芳　敬上

目 錄

基本概念

河洛理數源流

河洛理數一書是宋朝華山道士「陳摶」所作，由「邵康節」口述流傳至今而成，是唯一傳授「河圖、洛書與易經八卦」合而為一的奇書。

此書闡河洛之源，發先後天之旨，明八卦之機，解數理之妙。是打開《易經》來源與《易經》應用之門的一把鎖匙。熟讀此書，不但可以領悟《易經》預測學的奧妙，而且是揭開《易經》神祕面紗的關鍵。

著作：陳摶 (宋 872 年 – 989 年) 字：圖南。號：扶搖子、希夷先生 (注：希者：視而不見，夷者：聽而不聞)。常被視為神仙。尊稱為：陳摶老祖、希夷祖師……等

轉述：邵康節 (宋 1011 年 – 1077 年) 字：堯夫。自號安樂先生，又稱百源先生，諡康節。後世稱邵康節。北宋五子之一，北宋理學家。

校訂：史應選 (明 1616 年) 字：譚懷。丙辰科進士，生平不詳。著有：周易來注，並與念沖甫根據周易所編之八卦《河洛理數，歲運六十四卦斷訣》三卷，為後代術家所推崇。

河洛理數一書，到明朝已無完書，我們今天所見到的這個本子，是明崇禎年間的刻本，是史應選在收集整理河洛理數一書的基礎上重新訂正刻定的，由於年代久遠，留下來的是殘書，加上蟲咬腐蝕等原因，可以斷定，本書內容之中一定有脫誤。為了保存此書，史應選先生盡最大能力，依然保留了原書的主要內容。

個人為因應讀者能夠快速上手，在編輯上做了些許的補助說明，只要您對五術命理、風水有興趣，就能輕易上手，無師自通。

易 經 概 論

　　易經，仰觀天文，俯察地理，中通萬物之情；究，天人之際，探索宇宙。人生「**必變、所變、不變**」的大原理。通，古今之變，闡明人生「**知變、應變、適變**」的大法則，以為人類行為的規範。

　　易經：易有「**變易、簡易、不易**」三大原則的道理。經就是道，是理，是天地，人生的大道理。

　　變易：宇宙萬物，沒有一樣東西是不變的。在時空當中，沒有一事、一物、一情況、一思想是不變的。時間不同、環境不同、情感不同、精神不同。萬事萬物，隨時隨地都在變，非變不可，沒有不變的事物。

　　簡易：宇宙萬物，有許多是我們智慧、知識無法瞭解的。天地間有其理，無其事的現象，是我們經驗不夠，科學的實驗尚未出現。有其事、不知其理的現象，是我們智慧不夠。宇宙間任何事物，有其事必有其理。祇是我們智慧不夠，經驗不足，找不出它的原理而已。而易經的「簡易」則是最高原則，宇宙間無論如何奧妙的事物，當我們智能夠了，經驗有了，瞭解它以後，就會變得很平常、很平凡而且非常簡單。雖然宇宙萬物，無時不變，變的法則極其複雜，當我們懂了原理、原則以後，就非常簡單了！

　　不易：宇宙萬物隨時在變，可是卻有一項永遠不變的東西存在，就是能變出萬象的那個東西，是永恆存在而且不變的。

　　注：所有生物的來源，那個源點是永恆不變且存在的。

　　理、象、數：宇宙萬物都有它的理，也必有它的象。反過來說：宇宙間的任何一個現象，也一定有它的理。同時每個現象，又一定有它的數。所以研究易經的學問，有些人以理去解釋易經，有些人以象去解釋易經，有些人以數去解釋易經。所以易經的每一卦、每一爻都包含著理、象、數三種涵義在內。人的智慧如果懂了事物的理、象、數就會知道事物的變。每個現象，到了一定的數，一定會變。為什麼會變，有它的道理。明白了這些，就能知人生「必變、所變、不變」的大道理，道理懂了！就能以「知變、應變、適變」的大法則，做為處世行為的根本。

錯、綜、複雜

綜卦：將本卦旋轉一百八十度，即將本卦顛倒過來，謂之綜卦。綜卦是相對的，全部六十四卦除了「乾為天卦、坤為地卦、坎為水卦、離為火卦、澤風大過、雷山小過、山雷頤卦、風澤中孚」等八個卦是絕對的，除此之外，其餘五十六卦都是相對的，表示宇宙間一切事物都是相對的。

卦理：就是告訴我們，凡事要客觀，因為立場不同，觀念就完全兩樣。

錯卦：是陰陽交錯的意思。將本卦的六爻，每爻依據陰陽互換的原理，構成另一大成之卦，此之謂錯卦。六十四卦，每卦都有對錯的卦，因此研討易經，以易經的道理去看人生，一舉一動，都有相對的，正反、交錯，有得必有失。有人贊成，就有人反對，人事物理都是如此，都離不開這個宇宙的大原則。

卦理：就是告訴我們立場相同，目標一致，可是看問題的角度不同，所以見解也就不同了。

複雜：亦即是交互卦的道理，也就是六爻內部的變化，不涉及初爻、上爻，也就是不涉及一切事物的開始與終結，只在乎過程的交互運用，而發生交互的變化，所產生的另一大成之卦，謂之交互卦，簡稱互卦。互卦就是將本卦的第二爻、第三爻上連到第四爻，下方掛到上方去為互；第五爻、第四爻下接到第三爻，上方外卦接至下方內卦來為交；所以稱之為交互卦。

卦理：就是告訴我們看事情的態度，不要把事情看絕了；不要只看一面，一件事情，正面看了，再看反面，上面看了，再看下面，旁邊看了，再看旁邊的反面。

備註：易經不但是啟示事務發生的微妙契機，並且指引應當如何臨機應變，趨吉避凶；所以易經本身含有極為深奧的哲理。

納音五行與六親圖表等

五術（命理風水）必備之基本知識

納音速檢表

納音速檢表	子丑午未	寅卯申酉	辰巳戌亥
甲乙	金	水	火
丙丁	水	火	土
戊己	火	土	木
庚辛	土	木	金
壬癸	木	金	水

六十甲子納音五行與六親

甲子	甲寅	甲辰	甲午	甲申	甲戌
子孫・海中金	妻財・大溪水	父母・覆燈火	官鬼・砂石金	兄弟・井泉水	父母・山頭火
乙丑	乙卯	乙巳	乙未	乙酉	乙亥
兄弟・海中金	官鬼・大溪水	父母・覆燈火	兄弟・砂石金	子孫・井泉水	妻財・山頭火
丙子	丙寅	丙辰	丙午	丙申	丙戌
妻財・澗下水	官鬼・爐中火	兄弟・沙中土	父母・天河水	子孫・山下火	兄弟・屋上土
丁丑	丁卯	丁巳	丁未	丁酉	丁亥
父母・澗下水	妻財・爐中火	官鬼・沙中土	父母・天河水	兄弟・山下火	子孫・屋上土
戊子	戊寅	戊辰	戊午	戊申	戊戌
兄弟・霹靂火	子孫・城頭土	官鬼・大林木	妻財・天上火	父母・大驛土	官鬼・平地木
己丑	己卯	己巳	己未	己酉	己亥
子孫・霹靂火	父母・城頭土	兄弟・大林木	子孫・天上火	妻財・大驛土	官鬼・平地木
庚子	庚寅	庚辰	庚午	庚申	庚戌
父母・壁上土	兄弟・松柏木	妻財・白蠟金	子孫・路旁土	官鬼・石榴木	妻財・釵釧金
辛丑	辛卯	辛巳	辛未	辛酉	辛亥
妻財・壁上土	兄弟・松柏木	子孫・白蠟金	妻財・路旁土	官鬼・石榴木	父母・釵釧金
壬子	壬寅	壬辰	壬午	壬申	壬戌
子孫・桑柘木	妻財・金薄金	父母・長流水	官鬼・楊柳木	兄弟・劍鋒金	父母・大海水
癸丑	癸卯	癸巳	癸未	癸酉	癸亥
兄弟・桑柘木	官鬼・金薄金	父母・長流水	兄弟・楊柳木	子孫・劍鋒金	妻財・大海水

六十甲子納音五行與六親，在很多地方都能使用到，建議製作成小卡，以利研究或精進之用。注：請勿用背的，讓腦袋多些空間才裝得下新知。

五虎遁又稱五寅遁（年上取月）

月 ＼ 年	甲己年	乙庚年	丙辛年	丁壬年	戊癸年
一月	丙寅	戊寅	庚寅	壬寅	甲寅
二月	丁卯	己卯	辛卯	癸卯	乙卯
三月	戊辰	庚辰	壬辰	甲辰	丙辰
四月	己巳	辛巳	癸巳	乙巳	丁巳
五月	庚午	壬午	甲午	丙午	戊午
六月	辛未	癸未	乙未	丁未	己未
七月	壬申	甲申	丙申	戊申	庚申
八月	癸酉	乙酉	丁酉	己酉	辛酉
九月	甲戌	丙戌	戊戌	庚戌	壬戌
10月	乙亥	丁亥	己亥	辛亥	癸亥
11月	丙子	戊子	庚子	壬子	甲子
12月	丁丑	己丑	辛丑	癸丑	乙丑

五鼠遁又稱五子遁（日上取時）

時 ＼ 日	甲己日	乙庚日	丙辛日	丁壬日	戊癸日
子	甲子	丙子	戊子	庚子	壬子
丑	乙丑	丁丑	己丑	辛丑	癸丑
寅	丙寅	戊寅	庚寅	壬寅	甲寅
卯	丁卯	己卯	辛卯	癸卯	乙卯
辰	戊辰	庚辰	壬辰	甲辰	丙辰
巳	己巳	辛巳	癸巳	乙巳	丁巳
午	庚午	壬午	甲午	丙午	戊午
未	辛未	癸未	乙未	丁未	己未
申	壬申	甲申	丙申	戊申	庚申
酉	癸酉	乙酉	丁酉	己酉	辛酉
戌	甲戌	丙戌	戊戌	庚戌	壬戌
亥	乙亥	丁亥	己亥	辛亥	癸亥

　　只要對命理風水有興趣或執業者，手上都會有通書與萬年曆，年上取月的五寅遁，在通書與萬年曆上都有，使用的機會就比較少，稍作瞭解即可；五子遁（**日上取時**）使用機會就多了，建議製作成小卡。

五行、天干、地支等

五行（五運）

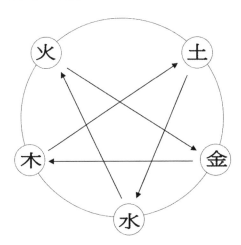

注：此圖順時針方向為「生」，中間箭頭為「剋」。

金：西方、生水、剋木、白、燥、鼻、肺。代表堅固。

水：北方、生木、剋火、黑、寒、耳、腎。代表流動，周流不息的作用。

木：東方、生火、剋土、青、風、眼、肝。代表生命中生發的功能與根源。

火：南方、生土、剋金、赤、熱、舌、心。代表熱能。

土：中央、生金、剋水、黃、濕、身、脾。代表地球本身。

相生：北方水生東方木，東方木生南方火，南方火生中宮土，中宮土生西方
　　　金，西方金生北方水。

相剋：北方水剋南方火，東方木剋中宮土，南方火剋西方金，中宮土剋北方
　　　水，西方金剋東方木。

說明一：之所以稱它們為五行，是因這五種東西，代表物質世界的五種物理，
　　　　相互影響、變化，而產生了生剋。

說明二：生剋是陰陽方面的說法，在學術思想上，則為禍福相倚、正與反、
　　　　是與非、對與錯、成與敗、利與害、善與惡……等，一切都是相對
　　　　的，所以稱之為生與剋。

天干

甲：東方、陽木 (膽)・※・乙：東方、陰木 (肝)

丙：南方、陽火 (小腸)・※・丁：南方、陰火 (心)

戊：中央、陽土 (胃)・※・己：中央、陰土 (脾)

庚：西方、陽金 (大腸)・※・辛：西方、陰金 (肺)

壬：北方、陽水 (膀胱)・※・癸：北方、陰水 (腎)

地支

子：北方、陽水 (11 月)・※・午：南方、陽火 (五月)

丑：中央、陰土 (12 月)・※・未：中央、陰土 (六月)

寅：東方、陽木 (正月)・※・申：西方、陽金 (七月)

卯：東方、陰木 (二月)・※・酉：西方、陰金 (八月)

辰：中央、陽土 (三月)・※・戌：中央、陽土 (九月)

巳：南方、陰火 (四月)・※・亥：北方、陰水 (十月)

寅月之說：天地始終 129,600 年為一元之數；分為十二宮，每宮有 10,800 年
　　　　　此為一會之數。

說明：天開於子，地闢於丑，人生於寅，閉物於戌；天數到戌則不復有人，
　　　天數到亥，則周天十二會；此為大數而天地混矣！終則復始，循環無
　　　窮。天地再造，故先有陰，而後有陽。而人生於寅，故以寅為一年之
　　　始，是以寅月乃正月也！

經脈循行時辰歌

肺寅大卯胃辰宮，脾巳心午小未中，申胱酉腎心包戌，亥焦子膽丑肝通

五臟：心、肝、脾、肺、腎 (屬陰)、心包亦屬於內。

六腑：小膽、膽、胃、大腸、小腸、膀胱、三焦屬陽。

月令所屬與二十四節氣

正　　月（寅）：立春之日起 經 雨水 至 驚蟄前一日止，又稱（端）月
二　　月（卯）：驚蟄之日起 經 春分 至 清明前一日止，又稱（花）月
三　　月（辰）：清明之日起 經 穀雨 至 立夏前一日止，又稱（桐）月
四　　月（巳）：立夏之日起 經 小滿 至 芒種前一日止，又稱（梅）月
五　　月（午）：芒種之日起 經 夏至 至 小暑前一日止，又稱（蒲）月
六　　月（未）：小暑之日起 經 大暑 至 立秋前一日止，又稱（荔）月
七　　月（申）：立秋之日起 經 處暑 至 白露前一日止，又稱（瓜）月
八　　月（酉）：白露之日起 經 秋分 至 寒露前一日止，又稱（桂）月
九　　月（戌）：寒露之日起 經 霜降 至 立冬前一日止，又稱（菊）月
十　　月（亥）：立冬之日起 經 小雪 至 大雪前一日止，又稱（陽）月
十一月（子）：大雪之日起 經 冬至 至 小寒前一日止，又稱（葭）月
十二月（丑）：小寒之日起 經 大寒 至 立春前一日止，又稱（臘）月

春三月：春分之日起經清明、穀雨、立夏、小滿、芒種至夏至前一日止
夏三月：夏至之日起經小暑、大暑、立秋、處暑、白露至秋分前一日止
秋三月：秋分之日起經寒露、霜降、立冬、小雪、大雪至冬至前一日止
冬三月：冬至之日起經小寒、大寒、立春、雨水、驚蟄至春分前一日止

四離日：春分、夏至、秋分、冬至，表示氣候季節的轉折點。
四絕日：立春、立夏、立秋、立冬，表示一年四季的開始也就是春、夏、秋、
　　　　　冬的分界點。

生發日：驚蟄、清明、小滿、芒種，反映生物受氣候影響生長發育現象。
雨雪日：雨水、穀雨、小雪、大雪，則是預示降雨、降雪的時期。
溫變日：小暑、大暑、處暑、小寒、大寒、白露、寒露、霜降等八個節氣，
　　　　　則是反映氣溫不同的變化。

天干地支合化總論

地支三合：申子辰會合水局，，，申為長生、子為帝旺、辰為墓庫
　　　　　寅午戌會合火局，，，寅為長生、午為帝旺、戌為墓庫
　　　　　亥卯未會合木局，，，亥為長生、卯為帝旺、未為墓庫
　　　　　巳酉丑會合金局，，，巳為長生、酉為帝旺、丑為墓庫

地支三殺：

申子辰煞南、殺未，，，未回頭殺申子辰
寅午戌煞北、殺丑，，，丑回頭殺寅午戌
亥卯未煞西、殺戌，，，戌回頭殺亥卯未
巳酉丑煞東、殺辰，，，辰回頭殺巳酉丑

地支六合：

子丑合化土，寅亥合化木，卯戌合化火
辰酉合化金，巳申合化水，午未合化火

地支相沖：子午沖，丑未沖，寅申沖，卯酉沖，辰戌沖，巳亥沖

天干合化之理：天干合化是以本干起子至辰而化辰是數中之中五，辰又為天門之地

例一：甲己起甲子，順數到辰，得位戊辰；天干戊屬土，故甲己合化土。
例二：乙庚起丙子，順數到辰，得位庚辰；天干庚屬金，故乙庚合化金。
例三：丙辛起戊子，順數到辰，得位壬辰；天干壬屬水，故丙辛合化水。
例四：丁壬起庚子，順數到辰，得位甲辰；天干甲屬木，故丁壬合化木。
例五：戊癸起壬子，順數到辰，得位丙辰；天干丙屬火，故戊癸合化火。

六十甲子納音之理

　　納音者，先天之理也！河圖中宮五十，為洛書地符之所由衍。洛書逆轉，先天逆應之，翕聚五行，為河圖後天順旋之本。大衍之數，河、洛中宮之所衍也！五行干支順佈六十，為洛書後天流行之機，以其數納於大衍數中，以中十之餘取其子數，應先天五行之序，以見流行之必本於翕聚；故納音者，歸藏之理也！其法以大衍用數「49」盡除地十得九，自九遞降之，得「甲己子午9，乙庚丑未8，丙辛寅申7，丁壬卯酉6，戊癸辰戌5，巳亥4」之數。取干支所合配，於大衍用數中除之，視其地十外餘數之所生。

　　如餘5屬金，餘3.8屬火，餘1.6屬木，餘9屬水，餘2.7屬土，得五行凡六。又以亥子及巳午之間，交互合數，得五行凡二。蓋亥子巳午一陰一陽動極靜，靜極動之際，歸藏翕聚之真機，故至此必交互相續，為納音微妙之理也！先天八卦五行，以金、火、木、水、土為序，納音得此交互之法，則五行次第，正合先天之序，而周而復始亦凡八，而八五行之順而衍者，由於交互兩五行之逆而藏。故曰納音者，先天之理也！

金	火	木	(水)	土	金	火	(木)	水	土
甲乙子丑	丙丁寅卯	戊己辰巳	己庚巳午	庚辛午未	壬癸申酉	甲乙戌亥	乙丙亥子	丙丁子丑	戊己寅卯
34	26	23	30	32	24	26	28	30	27

金	(火)	木	水	土	(金)	火	木	水	(土)
庚辛辰巳	辛壬巳午	壬癸午未	甲乙申酉	丙丁戌亥	丁戊亥子	戊己子丑	庚辛寅卯	壬癸辰巳	癸甲巳午
24	26	28	30	22	24	31	28	20	27

金	火	木	(水)	土	金	火	(木)	水	土
甲乙午未	丙丁申酉	戊己戌亥	己庚亥子	庚辛子丑	壬癸寅卯	甲乙辰巳	乙丙巳午	丙丁午未	戊己申酉
34	26	23	30	32	24	26	28	30	27

金	(火)	木	水	土	(金)	火	木	水	(土)
庚辛戌亥	辛壬亥子	壬癸子丑	甲乙寅卯	丙丁辰巳	丁戊巳午	戊己午未	庚辛申酉	壬癸戌亥	癸甲亥子
24	26	28	30	22	24	31	28	20	27

河圖、洛書、八卦

八卦演變過程與東西四命（周易繫辭傳）

易以無極而太極，太極生兩儀，兩儀生四象，四象生八卦，八卦定吉凶，
吉凶生大業。

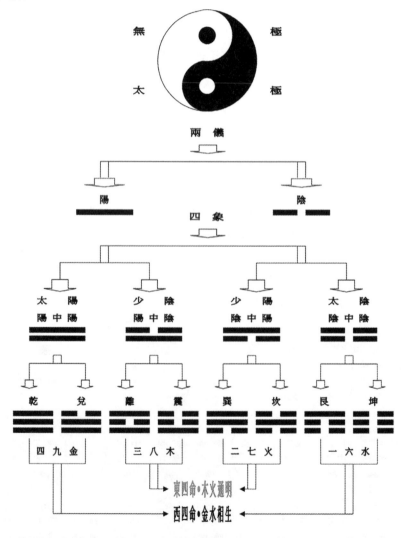

注：此圖由左而右，由下而上，一陽一陰，次第而為，八卦成矣！

八 卦 諸 義

乾元亨利貞，乾為天、乾三連
代表剛健、果決，西北、父親、頭、肺臟、六白金

兌澤英雄兵，兌為澤、兌上缺
代表喜悅、毀謗，西方、少女、口、肺臟、七赤金

離火駕火輪，離為火、離中虛
代表聰明、文書，南方、中女、目、心臟、九紫火

震雷霹靂聲，震為雷、震仰盂
代表急躁、虛驚，東方、長男、足、肝臟、三碧木

巽風吹山岩，巽為風、巽下斷
代表粗野、進退，東南、長女、股、肝臟、四綠木

坎水湧波濤，坎為水、坎中滿
代表機智、漂浮，北方、中男、耳、腎臟、一白水

艮山刈鬼肚，艮為山、艮覆碗
代表固執、阻隔，東北、少男、手、脾胃、八白土

坤地留人門，坤為地、坤六斷
代表遲緩、懦弱，西南、母親、腹、脾胃、二黑土

八卦性別的簡易分辨法：只有單一陽爻的屬男，初爻長男，二爻中男，上爻少男；單一陰爻的屬女，初爻長女，二爻中女，上爻少女。

河圖

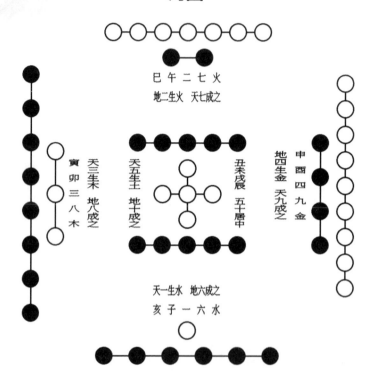

巳午二七火
地二生火　天七成之

天三集　地八成之
寅卯三八木

天五生土　地十成之

丑未戌辰　五十居中

申酉四九金
地四生金　天九成之

天一生水　地六成之
亥子一六水

　　說河圖篇：龍馬負圖之初，有點一白六黑在背近尾，七白二黑在背近頭，三白八黑在背之左，九白四黑在背之右，五白十黑在背之中。伏羲皇定以一六在下，合於北而生水，亥子屬焉；二七在上，合於南而生火，巳午屬焉；三八在左，合於東而生木，寅卯屬焉；四九在右，合於西而生金，申酉屬焉；五十在中為土，而丑未戌辰屬焉。此八字地支之數所由始也！續自圖南，先生慨易道之不明，乃以人生年、月、日、時支干配同洛書取數，而後知天地所賦之厚薄，大「易」之道煥然復明，誠可謂有功於先聖者。後之學者，苟視為玩具，幾何而不流於自暴自棄也哉！

地支配同洛書取數口訣

亥子 1、6 水，寅卯 3、8 木，巳午 2、7 火，申酉 4、9 金，丑未戌辰 5、10 土

洛書

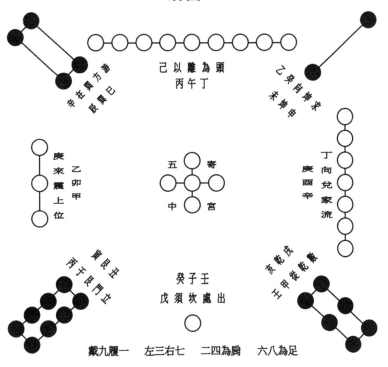

說洛書篇：夫河龜負書者非龜也，乃大龜也！其背所有之文，有一長畫二短畫。一點白近尾，九點紫近頭，二黑點在背之右上方，四碧點在背之左上方，六白點在近足之右後方，八白點在近足之左後方，三綠點在背之左方中間，七赤點在背之右方中間，五黃點在背之中，凡九而七色焉。於是則九位以定方，因二畫而生爻，以一白近尾為坎，二黑在右肩屬坤，左三綠屬震，四碧在左肩屬巽，六白近右足屬乾，七赤在右屬兌，八白近左足屬艮，九紫近頭屬離，五數居中，以維八方，八卦由是生焉，此神龜出洛之表象也！

神龜出洛八卦定位口訣

一數坎兮二數坤，三震四巽數中分，五寄中宮六乾是，七兌八艮九離門

伏羲八卦方位圖（先天八卦）

說卦傳：天地定位，山澤通氣，雷風相薄，水火不相射，八卦相錯

先天八卦：東方離3，西方坎6，南方乾1，北方坤8

東南兌2，東北震4，西南巽5，西北艮7

卦象口訣：

乾三連，兌上缺，離中虛，震仰盂，巽下斷，坎中滿，艮覆碗，坤六斷

卦意口訣：

乾為天，兌為澤，離為火，震為雷，巽為風，坎為水，艮為山，坤為地

備註1：圖中乾1，兌2，離3，震4，巽5，坎6，艮7，坤8等這些數字乃八卦生成的順序。

備註2：此圖由內往外看（內為初爻、外為上爻）。

伏羲八卦方位圖（先天八卦）

說卦傳：天地定位，山澤通氣，雷風相薄，水火不相射，八卦相錯

所有的相對方，都形成錯卦！

天地定位（南方：乾～北方：坤）※ 水火不相射（東方：離～西方：坎）

山澤通氣（西北：艮～東南：兌）※ 雷風相薄（東北：震～西南：巽）

文王八卦方位圖（後天八卦）

說卦傳：帝出乎震，齊乎巽，相見乎離，致役乎坤，說言乎兌，戰乎乾，勞乎坎，成言乎艮

東方震 3，西方兌 7，南方離 9，北方坎 1
東南巽 4，東北艮 8，西南坤 2，西北乾 6

口訣：

一數坎兌二數坤，三震四巽數中分，五寄中宮六乾是，七兌八艮九離門

注：陽宅的紫白飛星亦以此數飛奪。

備注：三卦畫之納甲法，納盡羅經盤之八天干，戊、己為中宮土。因此，戊、己二干不為八卦之三卦畫所納，三畫卦為單卦，無內、外卦。因此，乾、坤二卦只納甲、乙，自不得兼納壬、癸二天干。坎卦本納癸，所以，不得用戊，離卦本納壬，所以不得用己。主因，在於羅經盤之戊、己寄於中宮。八卦納八干，所以戊、己虛而不納也！

文王八卦方位圖（後天八卦）

說卦傳：帝出乎震，齊乎巽，相見乎離，致役乎坤，說言乎兌，戰乎乾，勞乎坎，成言乎艮

說卦傳由東方起算（順時針）

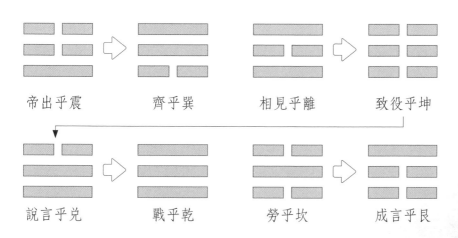

帝出乎震	齊乎巽	相見乎離	致役乎坤
說言乎兌	戰乎乾	勞乎坎	成言乎艮

洛書與先天八卦、木火通明、金水相生之關係

三畫卦之納甲：納盡羅經盤八天干，戊己為中宮土，因此戊己二干不為八卦
三畫卦所納

納法：乾納甲，坤納乙，艮納丙，兌納丁，震納庚，巽納辛，離納壬，坎納
癸

注：先天乾9，坤1，離3，坎7皆為單數屬陽，其納為：甲乙壬癸在羅
經盤上亦屬陽

坤一艮六（天一生水地六成之）太陰、陰中陰（一六共宗）
巽二坎七（地二生火天七成之）少陽、陰中陽（二七同道）
離三震八（天三生木地八成之）少陰、陽中陰（三八為朋）
兌四乾九（地四生金天九成之）太陽、陽中陽（四九為友）
五十居中（天五生土地十成之）
27火38木（木火通明，又稱東四命）※16水49金（金水相生，又稱西四命）

木火通明 金水相生

洛書與後天八卦、取數定局、納盡十干之關係

六畫卦之納甲法：納盡十天干，因六畫卦為佈渾天甲子(六十甲子)之用，故納盡十天干。

納法：乾納壬甲，兌納丁，離納己，震納庚，巽納辛，坎納戊，艮納丙，坤納乙癸。

十天干從數定位：戊一乙癸二，庚三辛四同，壬甲從六數
丁七丙八宮，己九無差別，五數寄中宮

十天干遊走卦位：壬甲從乾數，乙癸向坤求，庚來震上位，辛向巽方游
丙於艮門立，己以離為頭，戊須坎處出，丁向兌家流

口訣：

一數坎兮二數坤，三震四巽數中分，五寄中宮六乾是，七兌八艮九離門

注：河洛理數與密碼學的取數皆用此數，陽宅的紫白飛星亦用此數飛奪。

先、後天八卦與落書之關係

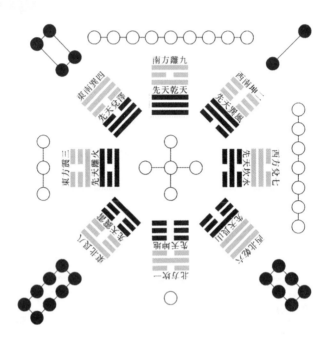

先後天同位：

離與乾，坎與坤，震與離，兌與坎，巽與兌，坤與巽，艮與震，乾與艮

備註：此圖由內往外看；內為先天八卦，外為後天八卦，最外圍為洛書。

先天：

乾九兌四（**四九金**），坤一艮六（**一六水**）＝金水相生（**又稱西四命**）

離三震八（**三八木**），巽二坎七（**二七火**）＝木火通明（**又稱東四命**）

後天：

一數坎兌二數坤，三震四巽數中分，

五寄中宮六乾是，七兌八艮九離門

十二辟卦與二十四節氣

又名：侯卦 or 諸侯之卦

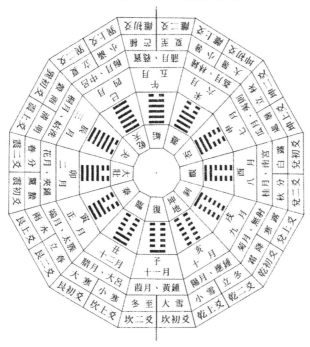

上面這個圖中心，代表太極，亦即是本體，是空無一物的。

第一、二層：十二辟卦

第三層：十二月令

第四層：十二月令又稱與樂器

第五層：二十四節氣

第六層（最外層）：節氣化工與節氣之關係

24 山陰陽、宅相、四生四旺與寶庫

24 山陰陽：三畫卦之納甲 (先天乾 9 納甲、坤 1 納乙、離 3 納壬、坎 7 納癸)
　　　　單數為陽，故其所納之天干亦為陽。(艮 6 納丙、兌 4 納丁、震 8 納庚、
　　　　巽 2 納辛) 雙數為陰，故其所納之天干亦為陰。

宅相：天干以所納之卦，地支則以子、午、卯、酉所居的卦為宅相。

坎水 (子)、離火 (午)、震木 (卯)、兌金 (酉) 的各自三合為宅相。

坎水：「申子辰」為坎宅屬陽。　**離火**：「寅午戌」為離宅屬陽。

震木：「亥卯未」為震宅屬陰。　**兌金**：「巳酉丑」為兌宅屬陰。

六十四卦方圓圖（又名伏羲先天、六十四卦方圓圖）

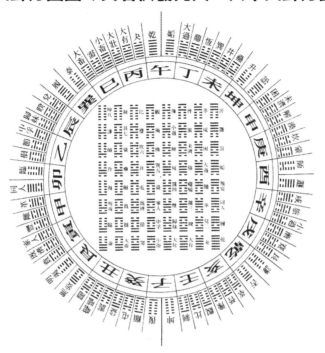

上面這個圖，圓圖是管宇宙的時間，代表宇宙的運行法則，亦可說代表太陽系統，時間運行的法則或原理，圓圖中的方圖，則管空間，代表方位方向。中間所顯現的二十四山，則是羅經盤上的二十四山，為增強羅經盤的概念，以及羅經盤與六十四卦的切身對待關係而製作的圖表。

羅經盤準確與否鑑定口訣

先將子午定山崗，再把中針來較量，虛危之間針路明，南方張度上三乘

離坎正位人難識，差卻毫釐斷不靈，更加三七與二八，莫與時節說長短

六十四卦、納甲的認知

六十四卦是由━━陽與━ ━陰兩種名為爻的符號，由下往上的次序，以六畫形象所構成。代表宇宙間的一切事物，六大變化階段的原則。爻的次序是由下往上數，則下方的初爻、二爻、三爻是為下卦又名內卦、上方的四爻、五爻、上爻是為上卦又名外卦，五爻、上爻代表天，初爻、二爻代表地，三爻、四爻代表人。天、地、人就是三才又名三極。孔子在繫傳中說六爻的道理六爻之動，三極之道也！這個三極就是指天、地、人三才。初爻、三爻、五爻居陽位，二爻、四爻、上爻居陰位。陽以九代之，陰以六代之……

乾「父親」、震「長男」、坎「中男」、艮「少男」為陽四宮

坤「母親」、巽「長女」、離「中女」、兌「少女」為陰四宮

本體卦：本體不變「本宮卦」，第一變，初 爻 變「一世卦」

第二變：二 爻 變「二世卦」，第三變，三 爻 變「三世卦」

第四變：四 爻 變「四世卦」，第五變：五 爻 變「五世卦」

第六變：下飛四往「遊魂卦」，第七變：下卦還原「歸魂卦」

例： 乾為天卦→天風姤卦→天山遯卦→天地否卦→風地觀卦→山地剝卦→
火地晉卦→火天大有。此八個卦之卦體皆屬乾金，餘類推。

注： 上爻乃宗廟，故不變也！八主卦的六親，世為上爻，應為三爻。

三才之道：立天之道曰「陰與陽」上爻、五爻是也！

立地之道曰「柔與剛」初爻、二爻是也！

立人之道曰「仁與義」三爻、四爻是也！

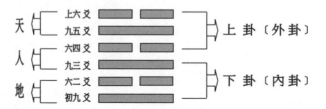

納甲

納甲：納甲之論，主因於河洛理數，八卦蘊藏其中；八卦為天干、地支加四維組合而成二十四山。然十天干立於八卦之中，而有生剋制化之理。十天干以甲為首，因此以納天干數，取名為納甲，以甲為尊，統籌十干之用。

三畫卦之納甲法：納盡羅經盤之八天干，而戊、己為中宮土。因此，戊、己二干不為八卦三畫卦所納；三畫卦為單卦，而無內、外卦。因此，乾、坤二卦，自不得兼納壬、癸二天干。而坎卦本納癸，所以不得用戊；離卦本納壬，所以不得用己。主因在於羅經盤之戊、己寄於中宮，八卦納八干，所以戊、己虛而不納也！

納法：乾納甲，坤納乙，艮納丙，兌納丁，震納庚，巽納辛，離納壬，坎納癸

六畫卦之納甲法：納盡十天干，主因六畫卦為佈渾天甲子之用。

納法：乾納甲壬，兌納丁，離納己，震納庚，巽納辛，坎納戊，艮納丙，坤納乙癸。

口訣：壬甲從乾數，乙癸向坤求，庚來震上位，辛在巽方游
丙於艮門立，己以離為頭，戊須坎處出，丁向兌家流

口訣：戊一乙癸二，庚三辛四同，壬甲從六數，丁七丙八宮，己九無差別，五數寄於中

注：此天干之數 (戊 1，乙癸 2，庚 3，辛 4，壬甲 6，丁 7，丙 8，己 9) 乃用在生辰八字年月日時取數之用。配合地支取數 (亥子 1、6 水，寅卯 3、8 木，巳午 2、7 火，申酉 4、9 金，丑未戌辰 5、10 土) 做為「易經流年」的配卦，而能知人之運勢起伏，窮通得喪。

羅經盤八卦八宮之納甲法：四正卦 (坎離震兌) 四維卦 (乾坤艮巽)

坎卦：申子辰水局，納癸，**離卦**：寅午戌火局，納壬

震卦：亥卯未木局，納庚，**兌卦**：巳酉丑金局，納丁

乾卦：納甲，**坤卦**：納乙，**艮卦**：納丙，**巽卦**：納辛

渾天甲子五行八宮

佈渾天甲子：六十四卦六親世應的對待關係（卦體五行為主、地支為輔）

父母：生我者為父母，為生氣生入，　**兄弟**：比旺者為兄弟，為旺氣相比

妻財：我剋者為妻財，為耗氣剋出，　**子孫**：我生者為子孫，為洩氣生出

官鬼：剋我者為官鬼，為八煞剋入

　　以上只有五親，為什麼稱六親呢？此乃「世、應」為一親，故稱六親也！

備註：所謂官鬼者：非官即鬼，即卦爻所屬五行，煞本卦體五行，謂之官鬼。

事實上有九煞，坎有二煞，餘各一煞，合計九煞，但因只有八卦八宮，所以稱之為八煞。注：若加上乾坤借用，六十甲子共有十一煞。

```
父母 ▆▆ ▆▆   丁未 〔應〕
兄弟 ▆▆▆▆▆   丁酉
子孫 ▆▆▆▆▆   丁亥
兄弟 ▆▆▆▆▆   丙申 〔世〕
官鬼 ▆▆ ▆▆   丙午
父母 ▆▆ ▆▆   丙辰
```

例：澤山咸卦（正月兌金）三爻變：三世卦

初爻（辰為土）土生卦體金，生我者為父母。

二爻（午為火）火剋卦體金，剋我者為官鬼。

三爻（申為金）金旺卦體金，比旺者為兄弟。

四爻（亥為水）卦體金生水，我生者為子孫。

五爻（酉為金）金旺卦體金，比旺者為兄弟。

上爻（未為土）土生卦體金，生我者為父母。

注：亥子水、寅卯木、巳午火、申酉金、丑未戌辰土。（請參閱第24頁河圖篇）

八星遊年卦變圖解

乾卦

羅經盤順時針八星方位＝＞乾六天五禍絕延生＝＞乾坎艮震巽離坤兌

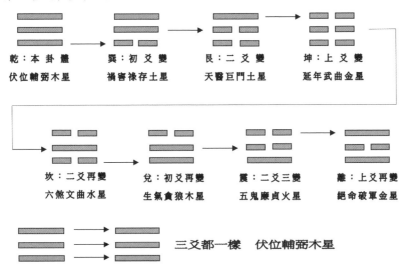

乾：本卦體	巽：初爻變	艮：二爻變	坤：上爻變
伏位輔弼木星	禍害祿存土星	天醫巨門土星	延年武曲金星

坎：二爻再變	兌：初爻再變	震：二爻三變	離：上爻再變
六煞文曲水星	生氣貪狼木星	五鬼廉貞火星	絕命破軍金星

三爻都一樣　伏位輔弼木星

兌卦

羅經盤順時針八星方位＝＞兌生禍延絕六五天＝＞兌乾坎艮震巽離坤

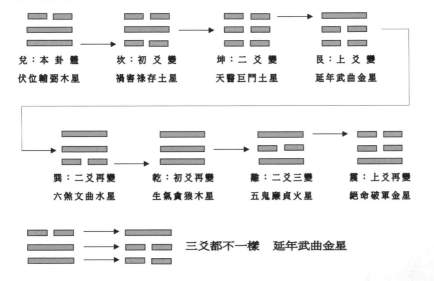

兌：本卦體	坎：初爻變	坤：二爻變	艮：上爻變
伏位輔弼木星	禍害祿存土星	天醫巨門土星	延年武曲金星

巽：二爻再變	乾：初爻再變	離：二爻三變	震：上爻再變
六煞文曲水星	生氣貪狼木星	五鬼廉貞火星	絕命破軍金星

三爻都不一樣　延年武曲金星

離卦

羅經盤順時針八星方位＝＞離六五絕延禍生天＝＞離坤兌乾坎艮震巽

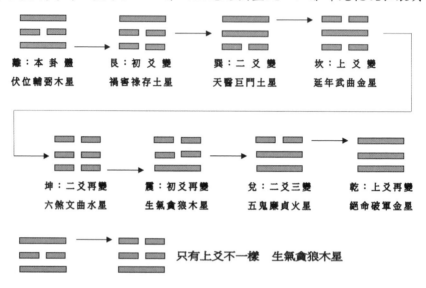

離：本卦體   艮：初爻變   巽：二爻變   坎：上爻變
伏位輔弼木星   禍害祿存土星   天醫巨門土星   延年武曲金星

坤：二爻再變   震：初爻再變   兌：二爻三變   乾：上爻再變
六煞文曲水星   生氣貪狼木星   五鬼廉貞火星   絕命破軍金星

只有上爻不一樣   生氣貪狼木星

震卦

羅經盤順時針八星方位＝＞震延生禍絕五天六＝＞震巽離坤兌乾坎艮

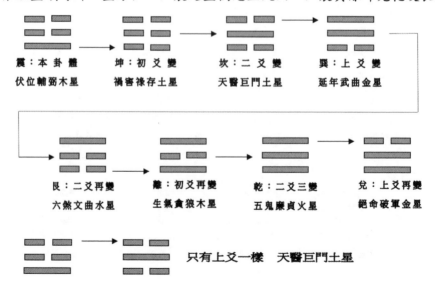

震：本卦體   坤：初爻變   坎：二爻變   巽：上爻變
伏位輔弼木星   禍害祿存土星   天醫巨門土星   延年武曲金星

艮：二爻再變   離：初爻再變   乾：二爻三變   兌：上爻再變
六煞文曲水星   生氣貪狼木星   五鬼廉貞火星   絕命破軍金星

只有上爻一樣   天醫巨門土星

巽卦

羅經盤順時針八星方位＝＞巽天五六禍生絕延＝＞巽離坤兌乾坎艮震

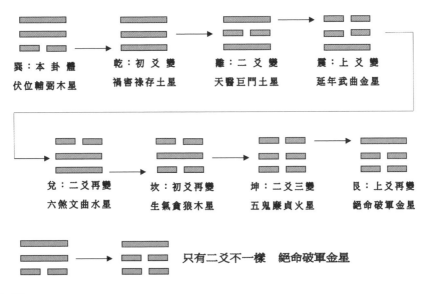

巽：本卦體　　　乾：初爻變　　　離：二爻變　　　震：上爻變
伏位輔弼木星　　禍害祿存土星　　天醫巨門土星　　延年武曲金星

兌：二爻再變　　坎：初爻再變　　坤：二爻三變　　艮：上爻再變
六煞文曲水星　　生氣貪狼木星　　五鬼廉貞火星　　絕命破軍金星

只有二爻不一樣　絕命破軍金星

坎卦

羅經盤順時針八星方位＝＞坎五天生延絕禍六＝＞坎艮震巽離坤兌乾

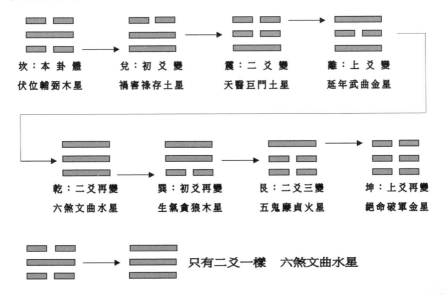

坎：本卦體　　　兌：初爻變　　　震：二爻變　　　離：上爻變
伏位輔弼木星　　禍害祿存土星　　天醫巨門土星　　延年武曲金星

乾：二爻再變　　巽：初爻再變　　艮：二爻三變　　坤：上爻再變
六煞文曲水星　　生氣貪狼木星　　五鬼廉貞火星　　絕命破軍金星

只有二爻一樣　六煞文曲水星

艮卦

羅經盤順時針八星方位＝＞艮六絕禍生延天五＝＞艮震巽離坤兌乾坎

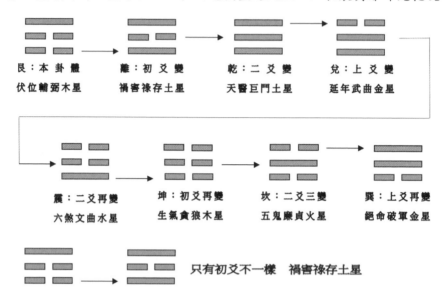

艮：本卦體　　　　離：初爻變　　　　乾：二爻變　　　　兌：上爻變
伏位輔弼木星　　　禍害祿存土星　　　天醫巨門土星　　　延年武曲金星

震：二爻再變　　　坤：初爻再變　　　坎：二爻三變　　　巽：上爻再變
六煞文曲水星　　　生氣貪狼木星　　　五鬼廉貞火星　　　絕命破軍金星

只有初爻不一樣　禍害祿存土星

坤卦

羅經盤順時針八星方位＝＞坤天延絕生禍五六＝＞坤兌乾坎艮震巽離

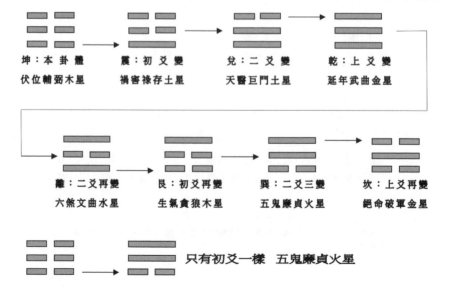

坤：本卦體　　　　震：初爻變　　　　兌：二爻變　　　　乾：上爻變
伏位輔弼木星　　　禍害祿存土星　　　天醫巨門土星　　　延年武曲金星

離：二爻再變　　　艮：初爻再變　　　巽：二爻三變　　　坎：上爻再變
六煞文曲水星　　　生氣貪狼木星　　　五鬼廉貞火星　　　絕命破軍金星

只有初爻一樣　五鬼廉貞火星

八星遊年卦變之用途

八星遊年變卦之四吉星、四凶星，用在三元風水的八宅上。

近 20 年來，出現很多生命開運靈數的說法，其數字的吉凶亦從此出。

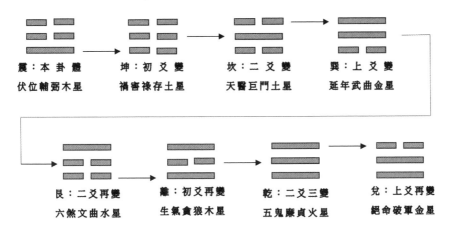

如上例：

震 3 與震 3 配得 33，伏位輔弼吉星，震 3 與坤 2 配得 32，禍害祿存凶星

震 3 與坎 1 配得 31，天醫巨門吉星，震 3 與巽 4 配得 34，延年武曲吉星

震 3 與艮 8 配得 38，六煞文曲凶星，震 3 與離 9 配得 39，生氣貪狼吉星

震 3 與乾 6 配得 36，五鬼廉貞凶星，震 3 與兌 7 配得 37，絕命破軍凶星

四吉星

生氣貪狼木星：主聰穎、財富、官星、智慧、五子催官、百慶交集。

延年武曲金星：主科甲、富貴、壽星、將星、富貴長壽、吉慶棉來。

天醫巨門土星：主忠厚、福壽、健康、安樂、富有且旺、家道安康。

伏位輔弼木星：主守財、吉祥、吝道、財星、日進斗財、吉慶漸來。

四凶星

絕命破軍金星：主狠爆、血光、盜賊、人傷、絕子傷嗣、疾病退財。

五鬼廉貞火星：主燥火、忤逆、血光、殺星、回祿之殃、盜賊劫掠。

禍害祿存土星：主桃花、科甲、刑戮、流夷、官訟刑獄、失財人傷。

六煞文曲水星：主愚頑、孤妄、盜賊、官災、官非疾病、財散人傷。

分宮卦象與八宮所屬

乾宮：分宮卦象與八宮所屬（乾宮卦體屬金，與坤地相對，無水雷澤）

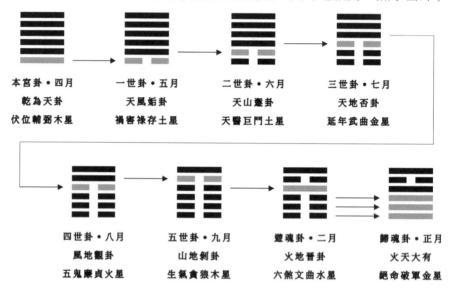

本宮卦・四月	一世卦・五月	二世卦・六月	三世卦・七月
乾為天卦	天風姤卦	天山遯卦	天地否卦
伏位輔弼木星	禍害祿存土星	天醫巨門土星	延年武曲金星

四世卦・八月	五世卦・九月	遊魂卦・二月	歸魂卦・正月
風地觀卦	山地剝卦	火地晉卦	火天大有
五鬼廉貞火星	生氣貪狼木星	六煞文曲水星	絕命破軍金星

兌宮：分宮卦象與八宮所屬（兌宮卦體屬金，與艮山相對，無天風火）

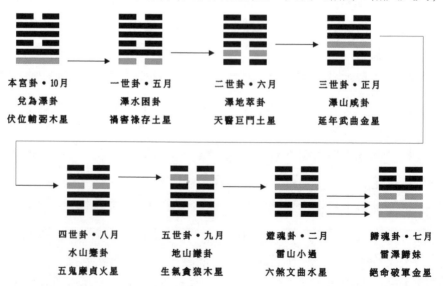

本宮卦・10月	一世卦・五月	二世卦・六月	三世卦・正月
兌為澤卦	澤水困卦	澤地萃卦	澤山咸卦
伏位輔弼木星	禍害祿存土星	天醫巨門土星	延年武曲金星

四世卦・八月	五世卦・九月	遊魂卦・二月	歸魂卦・七月
水山蹇卦	地山謙卦	雷山小過	雷澤歸妹
五鬼廉貞火星	生氣貪狼木星	六煞文曲水星	絕命破軍金星

離宮：分宮卦象與八宮所屬（離宮卦體屬火，與坎水相對，無雷地澤）

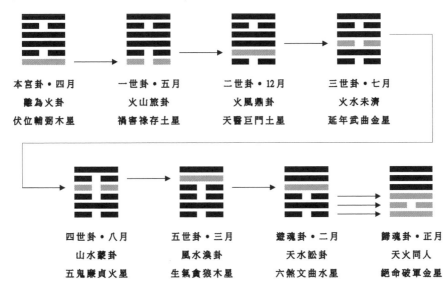

本宮卦・四月　　　一世卦・五月　　　二世卦・12月　　　三世卦・七月
離為火卦　　　　　火山旅卦　　　　　火風鼎卦　　　　　火水未濟
伏位輔弼木星　　　禍害祿存土星　　　天醫巨門土星　　　延年武曲金星

四世卦・八月　　　五世卦・三月　　　遊魂卦・二月　　　歸魂卦・正月
山水蒙卦　　　　　風水渙卦　　　　　天水訟卦　　　　　天火同人
五鬼廉貞火星　　　生氣貪狼木星　　　六煞文曲水星　　　絕命破軍金星

震宮：分宮卦象與八宮所屬（震宮卦體屬木，與巽風相對，無天山火）

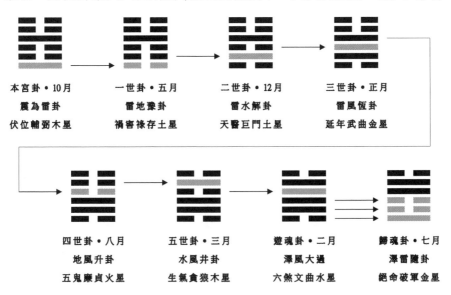

本宮卦・10月　　　一世卦・五月　　　二世卦・12月　　　三世卦・正月
震為雷卦　　　　　雷地豫卦　　　　　雷水解卦　　　　　雷風恆卦
伏位輔弼木星　　　禍害祿存土星　　　天醫巨門土星　　　延年武曲金星

四世卦・八月　　　五世卦・三月　　　遊魂卦・二月　　　歸魂卦・七月
地風升卦　　　　　水風井卦　　　　　澤風大過　　　　　澤雷隨卦
五鬼廉貞火星　　　生氣貪狼木星　　　六煞文曲水星　　　絕命破軍金星

巽宮：分宮卦象與八宮所屬（巽宮卦體屬木，與震雷相對，無地水澤）

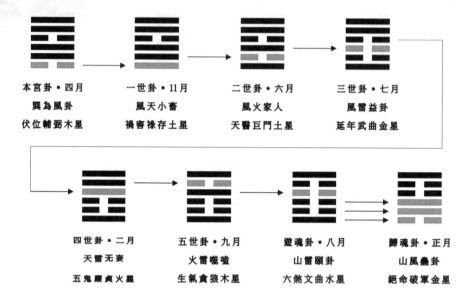

本宮卦・四月	一世卦・11月	二世卦・六月	三世卦・七月
巽為風卦	風天小畜	風火家人	風雷益卦
伏位輔弼木星	禍害祿存土星	天醫巨門土星	延年武曲金星

四世卦・二月	五世卦・九月	遊魂卦・八月	歸魂卦・正月
天雷无妄	火雷噬嗑	山雷頤卦	山風蠱卦
五鬼廉貞火星	生氣貪狼木星	六煞文曲水星	絕命破軍金星

坎宮：分宮卦象與八宮所屬（坎宮卦體屬水，與離火相對，無天山風）

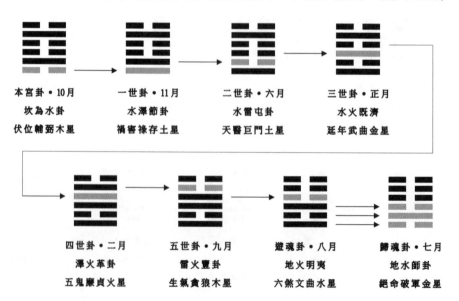

本宮卦・10月	一世卦・11月	二世卦・六月	三世卦・正月
坎為水卦	水澤節卦	水雷屯卦	水火既濟
伏位輔弼木星	禍害祿存土星	天醫巨門土星	延年武曲金星

四世卦・二月	五世卦・九月	遊魂卦・八月	歸魂卦・七月
澤火革卦	雷火豐卦	地火明夷	地水師卦
五鬼廉貞火星	生氣貪狼木星	六煞文曲水星	絕命破軍金星

艮宮：分宮卦象與八宮所屬（艮宮卦體屬土，與兌澤相對，無水雷地）

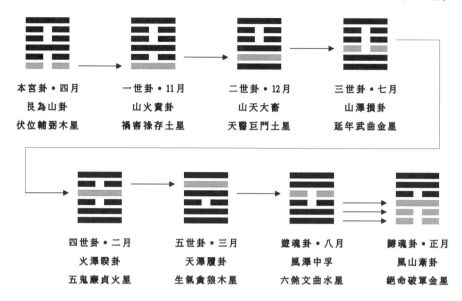

本宮卦・四月　　一世卦・11月　　二世卦・12月　　三世卦・七月

艮為山卦　　　　山火賁卦　　　　山天大畜　　　　山澤損卦

伏位輔弼木星　　禍害祿存土星　　天醫巨門土星　　延年武曲金星

四世卦・二月　　五世卦・三月　　遊魂卦・八月　　歸魂卦・正月

火澤睽卦　　　　天澤履卦　　　　風澤中孚　　　　風山漸卦

五鬼廉貞火星　　生氣貪狼木星　　六煞文曲水星　　絕命破軍金星

坤宮：分宮卦象與八宮所屬（坤宮卦體屬土，與乾天相對，無山風火）

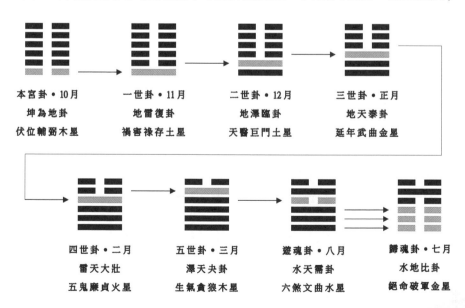

本宮卦・10月　　一世卦・11月　　二世卦・12月　　三世卦・正月

坤為地卦　　　　地雷復卦　　　　地澤臨卦　　　　地天泰卦

伏位輔弼木星　　禍害祿存土星　　天醫巨門土星　　延年武曲金星

四世卦・二月　　五世卦・三月　　遊魂卦・八月　　歸魂卦・七月

雷天大壯　　　　澤天夬卦　　　　水天需卦　　　　水地比卦

五鬼廉貞火星　　生氣貪狼木星　　六煞文曲水星　　絕命破軍金星

六十四卦納甲圖表

六十四卦八主卦六畫卦之納甲法（納盡六十甲子）

乾為天卦	坤為地卦
乾為陽首‧配納甲為用	坤為陰首‧配納甲為用
壬甲從乾數‧卦體屬金	乙癸向坤求‧卦體屬土
起地支之子配天干之甲‧順行內卦往復而行	起地支之未配天干之乙‧逆行內卦往復而行
起地支之午配天干之壬‧順行外卦往復而行	起地支之丑配天干之癸‧逆行外卦往復而行

父母 ▅▅▅ 壬戌 甲戌〔世〕
兄弟 ▅▅▅ 壬申 甲申
官鬼 ▅▅▅ 壬午 甲午
父母 ▅▅▅ 甲辰 壬辰〔應〕
妻財 ▅▅▅ 甲寅 壬寅
子孫 ▅▅▅ 甲子 壬子

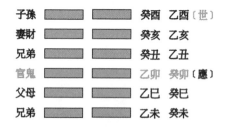

子孫 ▅ ▅ 癸酉 乙酉〔世〕
妻財 ▅ ▅ 癸亥 乙亥
兄弟 ▅ ▅ 癸丑 乙丑
官鬼 ▅ ▅ 乙卯 癸卯〔應〕
父母 ▅ ▅ 乙巳 癸巳
兄弟 ▅ ▅ 乙未 癸未

九四為八煞官鬼‧午火剋卦體乾金	六三為八煞官鬼‧卯木剋卦體坤土

艮為山卦	兌為澤卦
艮為少男‧配納甲為用	兌為少女‧配納甲為用
丙於艮門立‧卦體屬土	丁向兌家流‧卦體屬金
起地支之辰‧配天干之丙‧順行陽支而行	起地支之巳‧配天干之丁‧逆行陰支而行

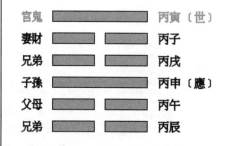

官鬼 ▅▅▅ 丙寅〔世〕
妻財 ▅ ▅ 丙子
兄弟 ▅ ▅ 丙戌
子孫 ▅ ▅ 丙申〔應〕
父母 ▅ ▅ 丙午
兄弟 ▅ ▅ 丙辰

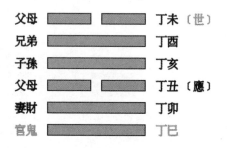

父母 ▅ ▅ 丁未〔世〕
兄弟 ▅▅▅ 丁酉
子孫 ▅▅▅ 丁亥
父母 ▅ ▅ 丁丑〔應〕
妻財 ▅▅▅ 丁卯
官鬼 ▅▅▅ 丁巳

上九為八煞官鬼‧寅木剋卦體艮土	初九為八煞官鬼‧巳火剋卦體兌金

八煞者八卦之煞也！坎有二煞，共應九煞，借用乾坤二卦，共為11煞，因八卦，所以稱八煞！

六十四卦八主卦六畫卦之納甲法（納盡六十甲子）

離為火卦

離為中女．配納甲為用

己以離為頭．卦體屬火

起地支之卯．配天干之己．逆行陰支而行

兄弟	▋▋	己巳〔世〕
子孫	▋ ▋	己未
妻財	▋▋	己酉
官鬼	▋▋	己亥〔應〕
子孫	▋ ▋	己丑
父母	▋▋	己卯

九三為八煞官鬼．亥水剋卦體離火

坎為水卦

坎為中男．配納甲為用

戊須坎處出．卦體屬水

起地支之寅．配天干之戊．順行陽支而行

兄弟	▋ ▋	戊子〔世〕
官鬼	▋▋	戊戌
父母	▋ ▋	戊申
妻財	▋ ▋	戊午〔應〕
官鬼	▋▋	戊辰
子孫	▋ ▋	戊寅

九二為八煞官鬼．辰土剋卦體坎水

九五為八煞官鬼．戌土剋卦體坎水

震為雷卦

震為長男．配納甲為用

庚來震上立．卦體屬木

起地支之子．配天干之庚．順行陽支而行

妻財	▋ ▋	庚戌〔世〕
官鬼	▋ ▋	庚申
子孫	▋ ▋	庚午
妻財	▋ ▋	庚辰〔應〕
兄弟	▋ ▋	庚寅
父母	▋▋	庚子

六五為八煞官鬼．申金剋卦體震木

巽為風卦

巽為長女．配納甲為用

辛在巽方游．卦體屬木

起地支之丑．配天干之辛．逆行陰支而行

兄弟	▋▋	辛卯〔世〕
子孫	▋▋	辛巳
妻財	▋ ▋	辛未
官鬼	▋▋	辛酉〔應〕
父母	▋▋	辛亥
妻財	▋ ▋	辛丑

九三為八煞官鬼．酉金剋卦體巽木

八主卦的官鬼在羅經盤上稱之為八煞黃泉（陰陽宅皆適用）

六十四卦六親納甲速檢表（乾）

乾為天卦（四月乾金）本體不變：本宮卦			
父母	▅▅	壬戌 甲戌 〔世〕
兄弟	▅▅	壬申 甲申
官鬼	▅▅	壬午 甲午
父母	▅▅	甲辰 壬辰 〔應〕
妻財	▅▅	甲寅 壬寅
子孫	▅▅	甲子 壬子

天澤履卦（三月艮土）五爻變：五世卦			
兄弟	▅▅	壬戌 甲戌
子孫	▅▅	壬申 甲申 〔世〕
父母	▅▅	壬午 甲午
兄弟	▅ ▅	丁丑
官鬼	▅▅	丁卯 〔應〕
父母	▅▅	丁巳

天火同人（正月離火）內卦還原：歸魂卦			
子孫	▅▅	壬戌 甲戌〔應〕
妻財	▅▅	壬申 甲申
兄弟	▅▅	壬午 甲午
官鬼	▅▅	己亥 〔世〕
子孫	▅ ▅	己丑
父母	▅▅	己卯

天雷无妄（二月巽木）四爻變：四世卦			
妻財	▅▅	壬戌 甲戌
官鬼	▅▅	壬申 甲申
子孫	▅▅	壬午 甲午〔世〕
妻財	▅ ▅	庚辰
兄弟	▅ ▅	庚寅
父母	▅▅	庚子 〔應〕

天風姤卦（五月乾金）初爻變：一世卦			
父母	▅▅	壬戌 甲戌
兄弟	▅▅	壬申 甲申
官鬼	▅▅	壬午 甲午〔應〕
兄弟	▅▅	辛酉
子孫	▅▅	辛亥
父母	▅ ▅	辛丑 〔世〕

天水訟卦（二月離火）下飛四往：遊魂卦			
子孫	▅▅	壬戌 甲戌
妻財	▅▅	壬申 甲申
兄弟	▅▅	壬午 甲午〔世〕
兄弟	▅ ▅	戊午
子孫	▅▅	戊辰
父母	▅ ▅	戊寅 〔應〕

天山遯卦（六月乾金）二爻變：二世卦			
父母	▅▅	壬戌 甲戌
兄弟	▅▅	壬申 甲申〔應〕
官鬼	▅▅	壬午 甲午
兄弟	▅▅	丙申
官鬼	▅ ▅	丙午 〔世〕
父母	▅ ▅	丙辰

天地否卦（七月乾金）三爻變：三世卦			
父母	▅▅	壬戌 甲戌〔應〕
兄弟	▅▅	壬申 甲申
官鬼	▅▅	壬午 甲午
妻財	▅ ▅	乙卯 癸卯〔世〕
官鬼	▅ ▅	乙巳 癸巳
父母	▅ ▅	乙未 癸未

六十四卦六親納甲速檢表（兌）

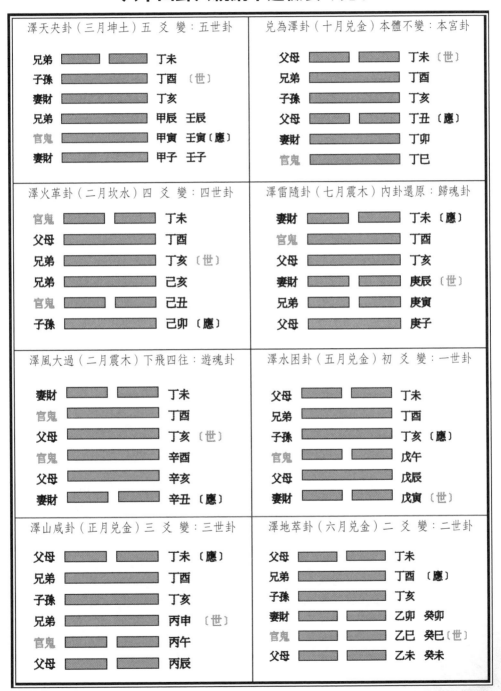

澤天夬卦（三月坤土）五爻 變：五世卦		兌為澤卦（十月兌金）本體不變：本宮卦	
兄弟	丁未	父母	丁未〔世〕
子孫	丁酉〔世〕	兄弟	丁酉
妻財	丁亥	子孫	丁亥
兄弟	甲辰　壬辰	父母	丁丑〔應〕
官鬼	甲寅　壬寅〔應〕	妻財	丁卯
妻財	甲子　壬子	官鬼	丁巳

澤火革卦（二月坎水）四爻 變：四世卦		澤雷隨卦（七月震木）內卦還原：歸魂卦	
官鬼	丁未	妻財	丁未〔應〕
父母	丁酉	官鬼	丁酉
兄弟	丁亥〔世〕	父母	丁亥
兄弟	己亥	妻財	庚辰〔世〕
官鬼	己丑	兄弟	庚寅
子孫	己卯〔應〕	父母	庚子

澤風大過（二月震木）下飛四往：遊魂卦		澤水困卦（五月兌金）初爻 變：一世卦	
妻財	丁未	父母	丁未
官鬼	丁酉	兄弟	丁酉
父母	丁亥〔世〕	子孫	丁亥〔應〕
官鬼	辛酉	官鬼	戊午
父母	辛亥	父母	戊辰
妻財	辛丑〔應〕	妻財	戊寅〔世〕

澤山咸卦（正月兌金）三爻 變：三世卦		澤地萃卦（六月兌金）二爻 變：二世卦	
父母	丁未〔應〕	父母	丁未
兄弟	丁酉	兄弟	丁酉〔應〕
子孫	丁亥	子孫	丁亥
兄弟	丙申〔世〕	妻財	乙卯　癸卯
官鬼	丙午	官鬼	乙巳　癸巳〔世〕
父母	丙辰	父母	乙未　癸未

六十四卦六親納甲速檢表（離）

火天大有（正月乾金）內卦還原：歸魂卦		火澤睽卦（二月艮土）四爻變：四世卦	
官鬼	己巳 〔應〕	父母	己巳
父母	己未	兄弟	己未
兄弟	己酉	子孫	己酉 〔世〕
父母	甲辰 壬辰 〔世〕	兄弟	丁丑
妻財	甲寅 壬寅	官鬼	丁卯
子孫	甲子 壬子	父母	丁巳 〔應〕

離為火卦（四月離火）本體不變：本宮卦		火雷噬嗑（九月巽木）五爻變：五世卦	
兄弟	己巳 〔世〕	子孫	己巳
子孫	己未	妻財	己未 〔世〕
妻財	己酉	官鬼	己酉
官鬼	己亥 〔應〕	妻財	庚辰
子孫	己丑	兄弟	庚寅 〔應〕
父母	己卯	父母	庚子

火風鼎卦（12月離火）二爻變：二世卦		火水未濟（七月離火）三爻變：三世卦	
兄弟	己巳	兄弟	己巳 〔應〕
子孫	己未 〔應〕	子孫	己未
妻財	己酉	妻財	己酉
妻財	辛酉	兄弟	戊午 〔世〕
官鬼	辛亥 〔世〕	子孫	戊辰
子孫	辛丑	父母	戊寅

火山旅卦（五月離火）初爻變：一世卦		火地晉卦（二月乾金）下飛四往：遊魂卦	
兄弟	己巳	官鬼	己巳
子孫	己未	父母	己未
妻財	己酉 〔應〕	兄弟	己酉 〔世〕
妻財	丙申	妻財	乙卯 癸卯
兄弟	丙午	官鬼	乙巳 癸巳
子孫	丙辰 〔世〕	父母	乙未 癸未 〔應〕

六十四卦六親納甲速檢表（震）

<table>
<tr><td colspan="2">

雷天大壯（二月坤土）四爻變：四世卦

兄弟 ▭▭　　庚戌
子孫 ▭▭　　庚申
父母 ▬▬　　庚午〔世〕
兄弟 ▬▬　　甲辰 壬辰
官鬼 ▬▬　　甲寅 壬寅
妻財 ▬▬　　甲子 壬子〔應〕

</td><td colspan="2">

雷澤歸妹（七月兌金）內卦還原：歸魂卦

父母 ▭▭　　庚戌〔應〕
兄弟 ▭▭　　庚申
官鬼 ▬▬　　庚午
父母 ▭▭　　丁丑〔世〕
妻財 ▬▬　　丁卯
官鬼 ▬▬　　丁巳

</td></tr>
<tr><td colspan="2">

雷火豐卦（九月坎水）五爻變：五世卦

官鬼 ▭▭　　庚戌
父母 ▭▭　　庚申〔世〕
妻財 ▬▬　　庚午
兄弟 ▬▬　　己亥
官鬼 ▬▬　　己丑〔應〕
子孫 ▬▬　　己卯

</td><td colspan="2">

震為雷卦（10月震木）本體不變：本宮卦

妻財 ▭▭　　庚戌〔世〕
官鬼 ▭▭　　庚申
子孫 ▬▬　　庚午
妻財 ▭▭　　庚辰〔應〕
兄弟 ▭▭　　庚寅
父母 ▬▬　　庚子

</td></tr>
<tr><td colspan="2">

雷風恆卦（正月震木）三爻變：三世卦

妻財 ▭▭　　庚戌〔應〕
官鬼 ▭▭　　庚申
子孫 ▬▬　　庚午
官鬼 ▬▬　　辛酉〔世〕
父母 ▬▬　　辛亥
妻財 ▭▭　　辛丑

</td><td colspan="2">

雷水解卦（12月震木）二爻變：二世卦

妻財 ▭▭　　庚戌
官鬼 ▭▭　　庚申〔應〕
子孫 ▬▬　　庚午
子孫 ▭▭　　戊午
妻財 ▬▬　　戊辰〔世〕
兄弟 ▭▭　　戊寅

</td></tr>
<tr><td colspan="2">

雷山小過（二月兌金）下飛四往：遊魂卦

父母 ▭▭　　庚戌
兄弟 ▭▭　　庚申
官鬼 ▬▬　　庚午〔世〕
兄弟 ▬▬　　丙申
官鬼 ▬▬　　丙午
父母 ▭▭　　丙辰〔應〕

</td><td colspan="2">

雷地豫卦（五月震木）初爻變：一世卦

妻財 ▭▭　　庚戌
官鬼 ▭▭　　庚申
子孫 ▬▬　　庚午〔應〕
兄弟 ▭▭　　乙卯 癸卯
子孫 ▭▭　　乙巳 癸巳
妻財 ▭▭　　乙未 癸未〔世〕

</td></tr>
</table>

57

六十四卦六親納甲速檢表（巽）

風天小畜（11月巽木）初 爻 變：一世卦		風澤中孚（八月艮土）下飛四往：遊魂卦	
兄弟 ▬▬▬ 辛卯		官鬼 ▬▬▬ 辛卯	
子孫 ▬▬▬ 辛巳		父母 ▬▬▬ 辛巳	
妻財 ▬ ▬ 辛未　〔應〕		兄弟 ▬ ▬ 辛未　〔世〕	
妻財 ▬▬▬ 甲辰 壬辰		兄弟 ▬ ▬ 丁丑	
兄弟 ▬▬▬ 甲寅 壬寅		官鬼 ▬▬▬ 丁卯	
父母 ▬▬▬ 甲子 壬子〔世〕		父母 ▬▬▬ 丁巳　〔應〕	

風火家人（六月巽木）二 爻 變：二世卦		風雷益卦（七月巽木）三 爻 變：三世卦	
兄弟 ▬▬▬ 辛卯		兄弟 ▬▬▬ 辛卯　〔應〕	
子孫 ▬▬▬ 辛巳　〔應〕		子孫 ▬▬▬ 辛巳	
妻財 ▬ ▬ 辛未		妻財 ▬ ▬ 辛未	
父母 ▬▬▬ 己亥		妻財 ▬ ▬ 庚辰　〔世〕	
妻財 ▬▬▬ 己丑　〔世〕		兄弟 ▬ ▬ 庚寅	
兄弟 ▬▬▬ 己卯		父母 ▬▬▬ 庚子	

巽為風卦（四月巽木）本體不變：本宮卦		風水渙卦（三月離火）五 爻 變：五世卦	
兄弟 ▬▬▬ 辛卯　〔世〕		父母 ▬▬▬ 辛卯	
子孫 ▬▬▬ 辛巳		兄弟 ▬▬▬ 辛巳　〔世〕	
妻財 ▬ ▬ 辛未		子孫 ▬ ▬ 辛未	
官鬼 ▬▬▬ 辛酉　〔應〕		兄弟 ▬ ▬ 戊午	
父母 ▬▬▬ 辛亥		子孫 ▬▬▬ 戊辰　〔應〕	
妻財 ▬ ▬ 辛丑		父母 ▬ ▬ 戊寅	

風山漸卦（正月艮土）內卦還原：歸魂卦		風地觀卦（八月乾金）四 爻 變：四世卦	
官鬼 ▬▬▬ 辛卯　〔應〕		妻財 ▬▬▬ 辛卯	
父母 ▬▬▬ 辛巳		官鬼 ▬▬▬ 辛巳	
兄弟 ▬ ▬ 辛未		父母 ▬ ▬ 辛未　〔世〕	
子孫 ▬ ▬ 丙申　〔世〕		妻財 ▬ ▬ 乙卯 癸卯	
父母 ▬ ▬ 丙午		官鬼 ▬ ▬ 乙巳 癸巳	
兄弟 ▬ ▬ 丙辰		父母 ▬ ▬ 乙未 癸未〔應〕	

六十四卦六親納甲速檢表（坎）

水天需卦（八月坤土）下飛四往：遊魂卦

妻財	戊子	
兄弟	戊戌	
子孫	戊申 〔世〕	
兄弟	甲辰	壬辰
官鬼	甲寅	壬寅
妻財	甲子	壬子〔應〕

水澤節卦（11月坎水）初爻變：一世卦

兄弟	戊子
官鬼	戊戌
父母	戊申 〔應〕
官鬼	丁丑
子孫	丁卯
妻財	丁巳 〔世〕

水火既濟（正月坎水）三爻變：三世卦

兄弟	戊子 〔應〕
官鬼	戊戌
父母	戊申
兄弟	己亥 〔世〕
官鬼	己丑
子孫	己卯

水雷屯卦（六月坎水）二爻變：二世卦

兄弟	戊子
官鬼	戊戌 〔應〕
父母	戊申
官鬼	庚辰
子孫	庚寅 〔世〕
兄弟	庚子

水風井卦（三月震木）五爻變：五世卦

父母	戊子
妻財	戊戌 〔世〕
官鬼	戊申
官鬼	辛酉
父母	辛亥 〔應〕
妻財	辛丑

坎為水卦（十月坎水）本體不變：本宮卦

兄弟	戊子 〔世〕
官鬼	戊戌
父母	戊申
妻財	戊午 〔應〕
官鬼	戊辰
子孫	戊寅

水山蹇卦（八月兌金）四爻變：四世卦

子孫	戊子	
父母	戊戌	
兄弟	戊申 〔世〕	
兄弟	丙申	
官鬼	丙午	
父母	丙辰 〔應〕	

水地比卦（七月坤土）內卦還原：歸魂卦

妻財	戊子 〔應〕	
兄弟	戊戌	
子孫	戊申	
官鬼	乙卯	癸卯〔世〕
父母	乙巳	癸巳
兄弟	乙未	癸未

六十四卦六親納甲速檢表（艮）

山天大畜（12月艮土）二爻變：二世卦

官鬼	丙寅	
妻財	丙子	〔應〕
兄弟	丙戌	
兄弟	甲辰 壬辰	
官鬼	甲寅 壬寅	〔世〕
妻財	甲子 壬子	

山澤損卦（七月艮土）三爻變：三世卦

官鬼	丙寅	〔應〕
妻財	丙子	
兄弟	丙戌	
兄弟	丁丑	〔世〕
官鬼	丁卯	
父母	丁巳	

山火賁卦（11月艮土）初爻變：一世卦

官鬼	丙寅	
妻財	丙子	
兄弟	丙戌	〔應〕
妻財	己亥	
兄弟	己丑	
官鬼	己卯	〔世〕

山雷頤卦（八月巽木）下飛四往：遊魂卦

兄弟	丙寅	
父母	丙子	
妻財	丙戌	〔世〕
妻財	庚辰	
兄弟	庚寅	

山風蠱卦（正月巽木）內卦還原：歸魂卦

兄弟	丙寅	〔應〕
父母	丙子	
妻財	丙戌	
官鬼	辛酉	〔世〕
父母	辛亥	
妻財	辛丑	

山水蒙卦（八月離火）四爻變：四世卦

父母	丙寅	
官鬼	丙子	
子孫	丙戌	〔世〕
兄弟	戊午	
子孫	戊辰	
父母	戊寅	〔應〕

艮為山卦（四月艮土）本體不變：本宮卦

官鬼	丙寅	〔世〕
妻財	丙子	
兄弟	丙戌	
子孫	丙申	〔應〕
父母	丙午	

山地剝卦（九月乾金）五爻變：五世卦

妻財	丙寅	
子孫	丙子	〔世〕
父母	丙戌	
妻財	乙卯 癸卯	
官鬼	乙巳 癸巳	〔應〕
父母	乙未 癸未	

六十四卦六親納甲速檢表（坤）

地天泰卦（正月坤土）三爻變：三世卦

子孫　癸酉　乙酉〔應〕
妻財　癸亥　乙亥
兄弟　癸丑　乙丑
兄弟　甲辰　壬辰〔世〕
官鬼　甲寅　壬寅
妻財　甲子　壬子

地澤臨卦（12月坤土）二爻變：二世卦

子孫　癸酉　乙酉
妻財　癸亥　乙亥〔應〕
兄弟　癸丑　乙丑
兄弟　丁丑
官鬼　丁卯　〔世〕
父母　丁巳

地火明夷（八月坎水）下飛四往：遊魂卦

父母　癸酉　乙酉
兄弟　癸亥　乙亥
官鬼　癸丑　乙丑〔世〕
兄弟　己亥
官鬼　己丑
子孫　己卯　〔應〕

地雷復卦（11月坤土）初爻變：一世卦

子孫　癸酉　乙酉
妻財　癸亥　乙亥
兄弟　癸丑　乙丑〔應〕
兄弟　庚辰
官鬼　庚寅
妻財　庚子　〔世〕

地風升卦（八月震木）四爻變：四世卦

官鬼　癸酉　乙酉
父母　癸亥　乙亥
妻財　癸丑　乙丑〔世〕
官鬼　辛酉
父母　辛亥
妻財　辛丑　〔應〕

地水師卦（七月坎水）內卦還原：歸魂卦

父母　癸酉　乙酉〔應〕
兄弟　癸亥　乙亥
官鬼　癸丑　乙丑
妻財　戊午　〔世〕
官鬼　戊辰
子孫　戊寅

地山謙卦（九月兌金）五爻變：五世卦

兄弟　癸酉　乙酉
子孫　癸亥　乙亥〔世〕
父母　癸丑　乙丑
兄弟　丙申
官鬼　丙午
父母　丙辰　〔應〕

坤為地卦（十月坤土）本體不變：本宮卦

子孫　癸酉　乙酉〔世〕
妻財　癸亥　乙亥
兄弟　癸丑　乙丑
官鬼　乙卯　癸卯〔應〕
父母　乙巳　癸巳
兄弟　乙未　癸未

六十四卦月令所屬之理與六親

　　一世卦陰主五月，一陰在午也。陽主十一月，一陽在子也。二世卦陰主六月，二陰在未也。陽主十二月，二陽在丑也。三世卦陰主七月，三陰在申也。陽主正月，三陽在寅也。四世卦陰主八月，四陰在酉也。陽主二月，四陽在卯也。五世卦陰主九月，五陰在戌也。陽主三月，五陽在辰也。八純上世陰主十月，六陰在亥也。陽主四月，六陽在巳也。遊魂四世所主與四世卦同，歸魂三世所主與三世同。一世二世為地易，三世四世為人易，五世與八純為天易。遊魂歸遊為鬼易。（如下例，餘類推）

震宮：分宮卦象與八宮所屬（震宮卦體屬木，與巽風相對，無天山火）

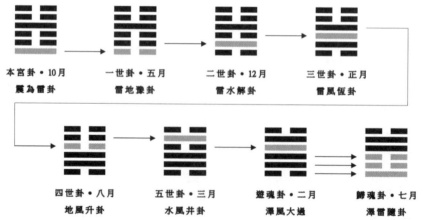

| 本宮卦・10月 | 一世卦・五月 | 二世卦・12月 | 三世卦・正月 |
| 震為雷卦 | 雷地豫卦 | 雷水解卦 | 雷風恆卦 |

| 四世卦・八月 | 五世卦・三月 | 遊魂卦・二月 | 歸魂卦・七月 |
| 地風升卦 | 水風井卦 | 澤風大過 | 澤雷隨卦 |

震為雷卦：本宮卦，世在上爻，陰主十月，陰在亥也。

雷地豫卦：一世卦陰主五月，一陰在午也。

雷水解卦：二世卦陽主十二月，二陽在丑也。

雷風恆卦：三世卦陽主正月，三陽在寅也。

地風升卦：四世卦陰主八月，四陰在酉也。

水風井卦：五世卦陽主三月，五陽在辰也。

澤風大過：遊魂四世所主與四世卦同。四世卦陽主二月，四陽在卯也。

澤雷隨卦：歸魂三世所主與三世同。三世卦陰主七月，三陰在申也。

注：本宮卦，世在上爻，陰主十月，陰在亥也，陽主四月，陽在巳也。

命理、風水基礎概念重點提示

　　前 47 頁，凡學習「命理、風水」者，應有的基礎概念，有很多不易瞭解的古文，如：六十甲子納音之理、河圖、洛書、八卦……等，個人都用圖文加以說明，讓學習者能輕易進入「命理、風水」的領域。

　　八卦常見的數理有三種：

「1」乾 1、兌 2、離 3、震 4、巽 5、坎 6、艮 7、坤 8

　　注：這是八卦生成的順序，常見於初學卜卦者，以此數取卦。

「2」乾 9、兌 4、離 3、震 8、巽 2、坎 7、艮 6、坤 1

　　坤一艮六 (天一生水地六成之) 太陰、陰中陰 (一六共宗)

　　巽二坎七 (地二生火天七成之) 少陽、陰中陽 (二七同道)

　　離三震八 (天三生木地八成之) 少陰、陽中陰 (三八為朋)

　　兌四乾九 (地四生金天九成之) 太陽、陽中陽 (四九為友)

　　五十居中 (天五生土地十成之)

　　27 火 38 木 (木火通明，又稱東四命)， 16 水 49 金 (金水相生，又稱西四命)

木火通明 金水相生

　　注：這是先天從洛書的取數，八星遊變、八宅吉凶星，亦由此演進。

「3」乾 6、兌 7、離 9、震 3、巽 4、坎 1、艮 8、坤 2

天干取數： 戊 1，乙癸 2，庚 3，辛 4 同，壬甲從 6 數，丁 7 丙 8 宮，
　　　　　　己 9 無差別，5 數寄中宮。

地支取數： 亥子 1、6 水，寅卯 3、8 木，巳午 2、7 火，申酉 4、9 金，
　　　　　　丑未戌辰 5、10 土。

　　一數坎兌二數坤，三震四巽數中分，五寄中宮六乾是，七兌八艮九離門。

　　注：這是後天從洛書的取數，紫白飛星、開運靈數……等，亦從此數。

河洛理數（卷一）

序大易源流

八卦之書，始於伏羲，有畫無文，先天之「易」也。

六十四卦，重於文王，卦下有辭，後天之「易」也。

爻象無文，則「易」道不顯，故繫之者「周公」也。

《繫辭》十傳，乃吾夫子所著，兼先後二天而總括之，至是謂中天之「易」也。乃若「乾坤・文言」，則穆姜常稱之，而夫子引之以為二卦之發揮也。

周易卦爻彖象辨

「易」始羲皇，獨名「周易」何也？蓋以「易」更四聖，至周而始大備，故名曰「周易」。

「易」者，陰陽之變，從「日、月」字會意成名爾。

「易」有二義，交易者，陰陽之對待；變易者，陰陽之流行。

卦者，掛也。如懸掛物象，以示人也。

卦必六畫，法天地之氣各六也。

畫必始於下，猶陰陽之氣，從下而生也。

爻謂彼此相交而後成，又，爻者，效天下之動者也。

文王卦下之辭，謂之曰「彖」，何也？蓋彖茅犀猛獸之名，豨神是也。犀形獨角，知幾知祥，其牙最堅，能囓物，故取以為決斷義之名。

周公繫辭，謂之大象、小象者何也？蓋象大荒之獸也，象備百獸肉有分數，如爻備百物之理也。象有十二種肉，配十二辰，如爻配十二月也。象膽不附肝，隨四時之月，變動不一，如爻趨時而至變也。

以上皆為初學未讀「易」者設也，若經生學士家則詎庸喙。

河圖運行次序

　　「河圖」之序，自北而東，左旋而相生。然對待之位，則北方一六水，剋南方二七火；西方四九金，剋東方三八木，而相剋者寓乎相生之中。蓋造化之理，生而不剋，則生者無從而制裁，其「河圖」生剋之妙有如此乎！餘請參閱第 13 頁「河圖」。

洛書運行次序

　　「洛書」之序，自北而西，右轉而相剋。然對待之位，則東南四九金，生西北一六水，東北三八木，生西南二七火，而相生者已寓乎相剋之中，蓋造化之理，剋而不生，而所剋者有時而間斷，其「洛書」剋生之妙有如此乎！餘請參閱第 14 頁「洛書」。

八字天干配卦例

　　壬甲從乾數：「乾」之數六，壬甲屬「乾」，故亦下六數。

　　乙癸向坤求：「坤」之數二，乙癸屬「坤」，故亦下二數。

　　庚來震上立：「震」之數三，庚 屬「震」，故亦下三數。

　　辛在巽方由：「巽」之數四，辛 屬「巽」，故亦下四數。

　　丙於艮門立：「艮」之數八，丙 屬「艮」，故亦下八數。

　　己以離為頭：「離」之數九，己 屬「離」，故亦下九數。

　　戊須坎處出：「坎」之數一，戊 屬「坎」，故亦下一數。

　　丁向兌家流：「兌」之數七，丁 屬「兌」，故亦下七數。

天干地支取數

天干取數定局

戊一乙癸二，庚三辛四同，壬甲從六數。

丁七丙八宮，己九無差別，五數寄於中。

甲 **6**、乙 **2**、丙 **8**、丁 **7**、戊 **1**、己 **9**、庚 **3**、辛 **4**、壬 **6**、癸 **2**

地支取數定局

亥子一六水，寅卯三八木，巳午二七火。

申酉四九金，丑未戌辰土，五十總生成。

亥子 **1**、**6** ※ 寅卯 **3**、**8** ※ 巳午 **2**、**7** ※ 申酉 **4**、**9** ※ 丑未戌辰 **5**、**10**

八字內天、地數例

天數 25，地數 30，乃「河圖」正數也。天地數：天為單數「1、3、5、7、9」，其總和為 25，故 25 稱之為天數亦稱陽數的正數，地為偶數「2、4、6、8、10」，其總和為 30，故 30 稱之為地數亦稱陰數的正數。

今演八字，當以天干「洛書」戊一乙癸二，庚三辛四同之數……等
地支「河圖」亥子一六水，寅卯三八木之數……等
然後將干支所得之數，單者為陽數聚為天數，雙者為陰數聚為地數。

看天數所得多少，除天數 25 之外，以所餘之數為卦。尚只有 25，則除 20 不用，只用 5 數，尚不滿 25 數，則除 10 不用，只用零數為卦。

看地數所得多少，除地數 30 之外，以所餘之數為卦。尚只有 30，則遇 10 不用，只做 3 數起卦；尚不滿 30，則遇 10 不用，只用零數起卦，此起數定例也。

八字天干地支數例

男 命	男 命
甲 **6** 子 **1、6**	丁 **7** 巳 **2、7**
丁 **7** 卯 **3、8**	丙 **8** 午 **2、7**
庚 **3** 申 **4、9**	壬 **6** 寅 **3、8**
庚 **3** 辰 **5、10**	辛 **4** 丑 **5、10**
天數：31　地數：34	天數：29　地數：40

女 命	女 命
庚 **3** 午 **2、7**	癸 **2** 卯 **3、8**
戊 **1** 戌 **5、10**	壬 **6** 戌 **5、10**
己 **9** 酉 **4、9**	甲 **6** 申 **4、9**
乙 **2** 亥 **1、6**	辛 **4** 未 **5、10**
天數：35　地數：24	天數：22　地數：50

　　此四命格為初學入門之法也，各有八字，不論男女，就此八字之中查，單數者共算多少，則為天數；雙數者共算多少，則為地數。

注1：不論男女，干支之數皆同。

注2：還請自行虛擬八字，邊看邊如法練習。

依洛書取卦例（男命）

一數坎兌二數坤，三震四巽數中分，五寄中宮六乾是，七兌八艮九離門。

```
┌─────────────────────────┐
│         男　命          │
│                         │
│   甲 6 子 1、6          │
│   丁 7 卯 3、8          │
│   庚 3 申 4、9          │
│   庚 3 辰 5、10         │
│   天數：31　地數：34    │
└─────────────────────────┘
```

如前：甲子、丁卯、庚申、庚辰。

天數得 31，除 25 還天數外，餘 6 數屬「乾」，是天之數得「乾」也。

地數得 34，除 30 還地數外，餘 4 數，4 數為「巽」，是地數得「巽」也。

```
┌─────────────────────────┐
│         男　命          │
│                         │
│   丁 7 巳 2、7          │
│   丙 8 午 2、7          │
│   壬 6 寅 3、8          │
│   辛 4 丑 5、10         │
│   天數：29　地數：40    │
└─────────────────────────┘
```

如前：丁巳、丙午、壬寅、辛丑。

天數 29，除 25 還天數外，餘 4 數屬「巽」，是天之數得「巽」也。

地數 40，除 30 還地數外，餘 10 數，遇 10 不用，只用 1 數，1 屬「坎」是地之數得「坎」也。

依洛書取卦例（女命）

```
┌─────────────────────────────┐
│         女　命              │
├─────────────────────────────┤
│      庚 3 午 2、7           │
│      戊 1 戌 5、10          │
│      己 9 酉 4、9           │
│      乙 2 亥 1、6           │
│   天數：35・地數：24        │
└─────────────────────────────┘
```

如前：庚午、戊戌、己酉、乙亥。

天數 35，除 25 還天數外，餘 10 數，遇 10 不用，只用 1 數，1 屬「坎」是天之數得「坎」也。

地數 24，不滿 30，除 20 不用，只用 4 數屬「巽」，是地數得「巽」也。

```
┌─────────────────────────────┐
│         女　命              │
├─────────────────────────────┤
│      癸 2 卯 3、8           │
│      壬 6 戌 5、10          │
│      甲 6 申 4、9           │
│      辛 4 未 5、10          │
│   天數：22・地數：50        │
└─────────────────────────────┘
```

如前：癸卯、壬戌、甲申、辛未。

天數 22，不滿 25 數，亦除 20 不用，只用 2 數，2 屬「坤」

是天之數得「坤」也。

地數 50，除 30 還地數外，餘 20，遇 10 不用，只用 2 數，2 屬「坤」

是地之數得「坤」也。

餘仿此類推。

八卦相蕩成卦例

（男命）

陽命男、陰命女，天數在上、地數在下。

陰命男、陽命女，天數在下、地數在上。以天地二數，相蕩而成一卦也。

男命：甲 6 子 1、6	天數：31，餘 6 數屬「乾」	
丁 7 卯 3、8	地數：34，餘 4 數屬「巽」	
庚 3 申 4、9	陽命男，天數在上、地數在下	
庚 3 辰 5、10	蕩得「天風姤卦」是也。	天風姤卦

如前：天數餘 6 數是「乾」，地數餘 4 數是「巽」。

若是甲子生人，陽命男，天數在上、地數在下，蕩得「天風姤卦」是也。

陽命男、陰命女，天數在上、地數在下。

陰命男、陽命女，天數在下、地數在上。以天地二數，相蕩而成一卦也。

男命：丁 7 巳 2、7	天數：31，餘 6 數屬「乾」	
丙 8 午 2、7	地數：34，餘 4 數屬「巽」	
壬 6 寅 3、8	陽命男，天數在上、地數在下	
辛 4 丑 5、10	蕩得「天風姤卦」是也。	水風井卦

如前：天數餘 4 數是「巽」，地數只用 1 數是「坎」。

若是丁巳生人，陰命男，天數在下、地數在上，蕩得「水風井卦」是也。

八卦相蕩成卦例（女命）

陽命男、陰命女，天數在上、地數在下。

陰命男、陽命女，天數在下、地數在上。以天地二數，相蕩而成一卦也。

女命：庚3午2、7 戊1戌5、10 己9酉4、9 乙2亥1、6	天數：35，餘10只用1屬「坎」 地數：24，只用4數屬「巽」 陽命女，天數在下、地數在上 蕩得「風水渙卦」是也。	 風水渙卦

如前：天數只用1數是「坎」，地數只用4數是「巽」。

若是庚午生人，陽命女，天數在下、地數在上，蕩得「風水渙卦」是也。

陽命男、陰命女，天數在上、地數在下。

陰命男、陽命女，天數在下、地數在上。以天地二數，相蕩而成一卦也。

女命：癸2卯3、8 壬6戌5、10 甲6申4、9 辛4未5、10	天數：22，只用2數屬「坤」 地數：50，餘20只用2屬「坤」 陰命女，天數在上、地數在下 蕩得「坤為地卦」是也。	 坤為地卦

如前：天數只用2數是「坤」，地數只用2數亦是「坤」。

若是癸卯生人，陰命女，天數在上、地數在下，蕩得「坤為地卦」是也。

注：以天數、地數二卦，共成一卦，謂之曰「蕩」。

五數寄中宮例

凡天地二數，所餘之數得 5 數者，則寄中宮。

蓋 5 與 10 數，八方無位，屬中宮故也。

寄宮詩

上元男艮女為坤，

女兌男離屬下元，

中元陰女陽男艮，

陽女陰男亦寄坤。

詳上、中、下元例

上元生人：

不論陰陽，男得五數者為「艮卦」，女得五數者為「坤卦」

上元甲子：自 1864 年起 至 1923 年止。

中元生人：

陽命男、陰命女得五數寄「艮卦」。陰命男、陽命女得五數寄「坤卦」。

中元甲子：自 1924 年起 至 1983 年止。

下元生人：

不論陰陽，男得五數者為「離卦」，女得五數者為「兌卦」

下元甲子：自 1984 年起 至 2043 年止。

注：詩內所謂陰陽男女者，蓋以「甲、丙、戊、庚、壬」生人為陽命人。

「乙、丁、己、辛、癸」生人為陰命人，以生年為準。

棄數、天地數、元堂

遇十不用例

凡遇 10 則為棄數，不用。蓋遇 10 則用 1，20 則用 2，30 則用 3 也。假如天數 35，除去 25，還天數後，餘 10 數不用，只用 1 也。如地數 30，則只用 3，地數 40 則除 30，還地數後，餘 10 數，只用 1 也。若地數 50 則除 30，還地數後，餘 20 不用，只用 2 數也。蓋大易之數，初無所謂 5 與 10，故只用 1、2、3、4、6、7、8、9，而不用 5 與 10 也。

詳元堂爻位式

凡人命所得之卦，元堂所繫最重，得其氣之吉者，為富貴、為賢良、為高壽；得其氣之凶者，為貧賤、為下愚、為夭折。元堂一定，毫釐不爽者也。其取爻之法，專以人之生時為主；凡一日有 12 時。

上六時屬陽「子、丑、寅、卯、辰、巳」是也。
下六時屬陰「午、未、申、酉、戌、亥」是也。

陽時生人，取本卦陽爻，從子時數起。陰時生人，則取本卦陰爻，從午時數起。但卦有純陽、純陰、一陰一陽、二陰二陽、三陰三陽、四陰四陽、五陰五陽，難乎一概，故又有陰陽之別，詳列於後。

起元堂訣

陰陽一二重而寄，三位雖重沒寄宮，
四五無重應有寄，純爻男女不相同。

注： 如一二陰陽則重，則而寄。如三位則可重，因陰陽各半不同，陰寄陽，陽寄陰也。如四五則當就本陰陽位算過，再寄他宮。

陰陽六爻元堂式

一陽爻元堂卦式（地水師卦）

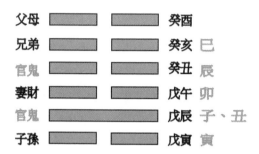

　　凡一陽爻之卦，推子、丑二時同在陽爻一位，至寅時乃寄陰爻。假如人是丑時生，得「地水師卦」，乃一陽卦也。則子、丑二時，同在二爻為元堂，寅時生，在初爻為元堂，卯時生，在三爻為元堂，辰時生，在四爻為元堂，巳時生，在五爻為元堂也。

一陰爻元堂卦式（風天小畜）

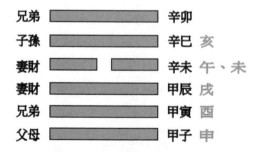

　　凡一陰爻之卦，推午、未二時同在陰爻一位，至申時乃寄陽爻；假如人是陰時生，得「風天小畜」卦，乃一陰卦也！則午、未二時，同在四爻為元堂，申時生，則以初爻為元堂，酉時生，則以二爻為元堂，戌時生，則以三爻為元堂，亥時生，則以五爻為元堂也。

二陽爻元堂卦式（澤地萃卦）

父母	▬▬ ▬▬	丁未	
兄弟	▬▬▬▬	丁酉	丑、卯
子孫	▬▬▬▬	丁亥	子、寅
妻財	▬▬ ▬▬	乙卯	
官鬼	▬▬ ▬▬	乙巳	巳
父母	▬▬ ▬▬	乙未	辰

　　凡二陽爻之卦，必以陽爻重數，兩次往復，方寄陰爻。假如人是陽時生，得「澤地萃卦」，乃二陽卦也。則子時，在四爻為元堂，丑時生，則以五爻為元堂，寅時生，復以四爻為元堂，卯時生，又以五爻為元堂，辰時生，則以初爻為元堂，巳時生，則以二爻為元堂也。

二陰爻元堂卦式（天雷無妄）

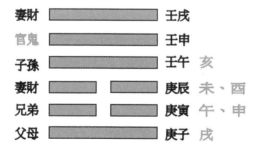

妻財	▬▬▬▬	壬戌	
官鬼	▬▬▬▬	壬申	
子孫	▬▬▬▬	壬午	亥
妻財	▬▬ ▬▬	庚辰	未、酉
兄弟	▬▬ ▬▬	庚寅	午、申
父母	▬▬▬▬	庚子	戌

　　凡二陰爻之卦，必以陰爻重數，兩次往復，方寄陽爻。假如人是陰時生，得「天雷無妄」卦，乃二陰爻也！則午時，在二爻為元堂，未時生，則以三爻為元堂，申時生，則復以二爻為元堂，酉時生，又以三爻為元堂，戌時生，則以初爻為元堂，亥時生，則以四爻為元堂也。

三陽爻元堂卦式（火山旅卦）

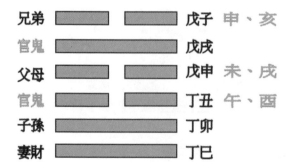

兄弟 ▬▬▬▬▬ 己巳　寅、巳
子孫 ▬▬　▬▬ 己未
妻財 ▬▬▬▬▬ 己酉　丑、辰
妻財 ▬▬▬▬▬ 丙申　子、卯
兄弟 ▬▬　▬▬ 丙午
子孫 ▬▬　▬▬ 丙辰

　　凡三陽爻之卦，只以陽爻往來，不寄陰爻。假如陽時生人，得「火山旅卦」，乃三陽爻也！子時生：則元堂在三爻，丑時生：則元堂在四爻。寅時：則元堂在上爻。卯時：則元堂復在三爻。辰時生：則元堂復在四爻。巳時生：則元堂復在上九之爻也。

三陰爻元堂卦式（水澤節卦）

兄弟 ▬▬　▬▬ 戊子　申、亥
官鬼 ▬▬▬▬▬ 戊戌
父母 ▬▬　▬▬ 戊申　未、戌
官鬼 ▬▬　▬▬ 丁丑　午、酉
子孫 ▬▬▬▬▬ 丁卯
妻財 ▬▬▬▬▬ 丁巳

　　凡三陰之卦，只以陰爻往來，不寄陽爻。假如陰時生人，得「水澤節卦」，乃三陰卦也！午時生：則元堂在三爻，未時生：則元堂在四爻，申時生：則元堂在上爻，酉時生：則元堂復在三爻，戌時生，則元堂復在四爻，亥時生，則元堂復在上爻也。

四陽爻元堂卦式（巽為風卦）

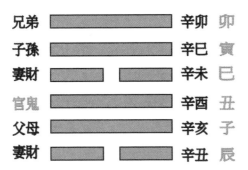

兄弟	▆▆▆▆▆▆▆▆	辛卯	卯
子孫	▆▆▆▆▆▆▆▆	辛巳	寅
妻財	▆▆ ▆▆	辛未	巳
官鬼	▆▆▆▆▆▆▆▆	辛酉	丑
父母	▆▆▆▆▆▆▆▆	辛亥	子
妻財	▆▆ ▆▆	辛丑	辰

　　凡四陽爻之卦，先以陽爻行完，然後寄陰爻。假如陽時生人，得純「巽為風卦」，乃四陽卦也！子時生：元堂在二爻，丑時生：元堂在三爻，寅時生：元堂在五爻，卯時生：元堂在上爻，辰時生：元堂在初爻，巳時生：元堂在四爻也。

四陰爻元堂卦式（震為雷卦）

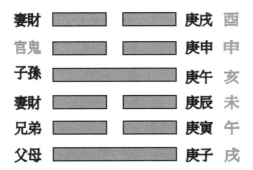

妻財	▆▆ ▆▆	庚戌	酉
官鬼	▆▆ ▆▆	庚申	申
子孫	▆▆▆▆▆▆▆▆	庚午	亥
妻財	▆▆ ▆▆	庚辰	未
兄弟	▆▆ ▆▆	庚寅	午
父母	▆▆▆▆▆▆▆▆	庚子	戌

　　凡四陰爻之卦，先以陰爻行完，然後寄陽爻。假如陰時生人，得純「震為雷卦」，乃四陰卦也！午時生：元堂在二爻，未時生：元堂在三爻，申時生：元堂在五爻，酉時生：元堂在上爻，戌時生：元堂在初爻，亥時生：元堂在四爻也。

五陽爻元堂卦式（天火同人）

子孫	▭▭▭▭	壬戌	辰
妻財	▭▭▭▭	壬申	卯
兄弟	▭▭▭▭	壬午	寅
官鬼	▭▭▭▭	己亥	丑
子孫	▭▭ ▭▭	己丑	巳
父母	▭▭▭▭	己卯	子

　　凡五陽爻之卦，必先行完陽爻，而後寄陰爻。假如陽時生人，得「天火同人」卦，乃五陽卦也！子時生：元堂在初爻，丑時生：元堂在三爻，寅時生：元堂在四爻，卯時生：元堂在五爻，辰時生：元堂在上爻，巳時生：元堂在二爻也。

五陰爻元堂卦式（雷地豫卦）

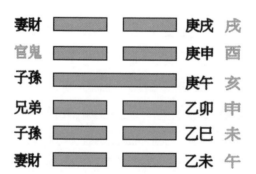

妻財	▭▭ ▭▭	庚戌	戌
官鬼	▭▭ ▭▭	庚申	酉
子孫	▭▭▭▭	庚午	亥
兄弟	▭▭ ▭▭	乙卯	申
子孫	▭▭ ▭▭	乙巳	未
妻財	▭▭ ▭▭	乙未	午

　　凡五陰爻之卦，必先行完陰爻，而後寄陽爻。假如陰時生人，得「雷地豫卦」，乃五陰卦也！午時生：元堂在初爻，未時生：元堂在二爻，申時生：元堂在三爻，酉時生：元堂在五爻，戌時生：元堂在上爻，亥時生：元堂在四爻也。

六陽爻元堂卦式（乾為天卦）

父母	▬▬▬▬▬	壬戌	申、亥
兄弟	▬▬▬▬▬	壬申	未、戌
官鬼	▬▬▬▬▬	壬午	午、酉
父母	▬▬▬▬▬	甲辰	寅、巳
妻財	▬▬▬▬▬	甲寅	丑、辰
子孫	▬▬▬▬▬	甲子	子、卯

六陽爻之卦，男女不同，必須詳慎，方無差誤。

如男得「乾為天卦」，是「子、丑、寅、卯、辰、巳」六時生人，當依羲皇三畫安元堂，自下而上重數下卦三爻；若是「午、未、申、酉、戌、亥」六時生人，當依羲皇三畫安元堂，重數上卦三爻。

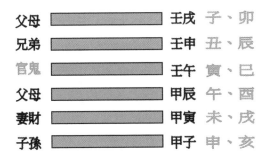

若女得六陽之卦，生於「冬至後夏至前」逆也，當自上而行下。如是陽時「子、丑、寅、卯、辰、巳」六時，則重數上卦三爻；若是陰時「午、未、申、酉、戌、亥」六時，則重數下卦三爻；若女得六陽之卦，生於「夏至後冬至前」順時也，則亦自下行上，與男例同。

注：女遇六陽之卦，行陽令，逆也。故自上而行下；女得「乾卦」而行陰令，順時也，故自下而行上。

六陰爻元堂卦式（坤為地卦）

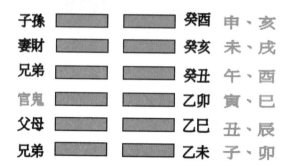

六陰爻之卦，男女不同，必須詳慎，方無差誤。

如女得「坤為地卦」，是陽時「子、丑、寅、卯、辰、巳」六時生人，當依羲皇三畫安元堂，自下而行上，重數下卦三爻；若是陰時「午、未、申、酉、戌、亥」六時生人，則重數上三爻。

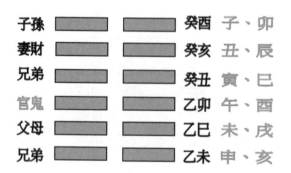

若男得六陰之卦，生於「夏至後冬至前」順時也，當自上而行下。如是陽時「子、丑、寅、卯、辰、巳」六時生人，則重數上卦三爻；若是陰時「午、未、申、酉、戌、亥」六時生人，則重數下卦三爻；若男得六陰之卦，生於「冬至後夏至前」逆也，則亦照女例，自下而上行也。

注：男遇六陰之卦，行陰令，逆也，故自上而行下；男得「坤卦」，行陽令，順時也，故自下而行上。

換後天卦例

（男命）

先天之卦既成，元堂既定，則以元堂之爻，陰陽交替，陽爻變陰爻，陰爻變陽爻，移外卦入內，內卦出外，看得何卦，此乃天旋地轉，更革之象，是為後天卦也！

假如前男命：甲子、丁卯、庚申、庚辰，辰時生人，乃陽時也。

先天之卦得「天風姤卦」元堂在上九爻，後天之卦，卻以先天在外「乾卦上爻」變而為陰，換入後天在內為「兌」，以先天在內之「巽卦」換出在外，仍為「巽」，是後天之卦為「風澤中孚」，以三爻為元堂也。

男命：甲6子1、6 丁7卯3、8 庚3申4、9 庚3辰5、10	天數：31，餘6數屬「乾」 地數：34，餘4數屬「巽」 陽命男，天數在上、地數在下 蕩得「天風姤卦」是也。	天風姤卦

先天：天風姤卦，元堂上九　　　　　**後天**：風澤中孚，元堂六三

換後天卦例（女命）

假如前女命：庚午、戊戌、己酉、乙亥，亥時生人，乃陰時也。

先天之卦得「風水渙卦」元堂在六四爻，後天之卦，卻以先天在外「巽卦初爻」變而為陽，換入後天在內為「乾」，以先天在內之「坎卦」換出在外，仍為「坎」，是後天之卦為「水天需卦」，以初爻為元堂也。

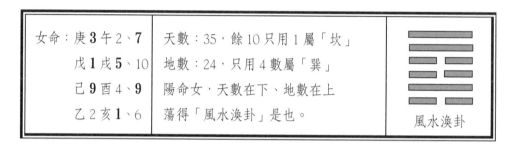

女命：庚 **3** 午 2、**7**	天數：35，餘 10 只用 1 屬「坎」	
戊 **1** 戌 **5**、10	地數：24，只用 4 數屬「巽」	
己 **9** 酉 4、**9**	陽命女，天數在下、地數在上	
乙 **2** 亥 **1**、6	蕩得「風水渙卦」是也。	風水渙卦

先天：風水渙卦，元堂六四　　　　　後天：水天需卦，元堂初九

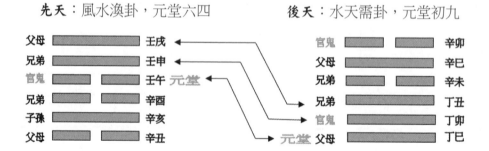

大象行年圖例

（附錄增補）

先天：火水未濟、元堂六五

▬▬▬▬▬	07 歲 - 15 歲
▬▬ ▬▬	1 歲 - 6 歲
▬▬▬▬▬	37 歲 - 45 歲
▬▬▬▬▬	31 歲 - 36 歲
▬▬▬▬▬	22 歲 - 30 歲
▬▬▬▬▬	16 歲 - 21 歲

後天：水天需卦、元堂九二

▬▬ ▬▬	79 歲 - 84 歲
▬▬▬▬▬	70 歲 - 78 歲
▬▬▬▬▬	64 歲 - 69 歲
▬▬▬▬▬	55 歲 - 63 歲
▬▬▬▬▬	46 歲 - 54 歲
▬▬▬▬▬	85 歲 - 93 歲

先天：水山蹇卦、元堂六二

▬▬ ▬▬	31 歲 - 36 歲
▬▬▬▬▬	22 歲 - 30 歲
▬▬▬▬▬	16 歲 - 21 歲
▬▬▬▬▬	07 歲 - 15 歲
▬▬▬▬▬	1 歲 - 6 歲
▬▬▬▬▬	37 歲 - 42 歲

後天：風水渙卦、元堂九五

▬▬▬▬▬	52 歲 - 60 歲
▬▬▬▬▬	43 歲 - 51 歲
▬▬ ▬▬	82 歲 - 87 歲
▬▬ ▬▬	76 歲 - 81 歲
▬▬▬▬▬	67 歲 - 75 歲
▬▬▬▬▬	61 歲 - 66 歲

　　大象行年之法：自先天卦元堂爻起，自下而上，陽爻大象管九年，陰爻大象管六年，先天卦行畢，即行後天卦，亦從後天元堂起算，自下而上。

　　圖「火水未濟、六五」元堂一局與「水山蹇卦、六二」元堂一局為式，餘例推。若後天卦行畢，年壽高者，復從先天卦元堂再行起也。

小象陽爻九年運行例

　　探人之休咎氣數，如人必有所適也。蓋卦氣必有所遊，然後見天地運行之象，周遊六虛之理，福善禍淫之機，鬼神吉凶之發，日月盈虧之道，四時順逆之佈，星辰變易之會；其一年變一卦之法，亦自本卦之爻而始也！其陽爻九年謂之大象，小象則一年一變。

　　陽爻逐年小象遊變之法有二例：如大象爻初行之年是陽年，則不必變，即以大象陽爻為本年小象，第二年變應爻為小象，第三年則變本爻為小象，第四年則變本爻之前一爻為小象，以後逐年遊變，自下而上，復變至本爻止，共得九年畢。另換上爻大象……

　　圖例：火水未濟、九二（22歲逢陽年）大象為式，餘例推。

火水未濟、九二（22歲逢陽年）	22歲	23歲	24歲
07歲-15歲　1歲-6歲　37歲-45歲　31歲-36歲　22歲-30歲　16歲-21歲	火水未濟 九二	天水訟卦 九五	天地否卦 六二

25歲	26歲	27歲	28歲	29歲	30歲
天山遯卦 九三	風山漸卦 六四	艮為山卦 六五	地山謙卦 上六	地火明夷 初九	地天泰卦 九二

小象陽爻九年運行例

陽爻大象爻初行之年如是陰年，則本爻變陰為小象，第二年變應爻為小象，第三年再變本爻復還於陽為小象，第四年變本爻前一爻為小象，以後逐年遊變，亦如前陽年行例。

亦圖：火水未濟、九二（22歲逢陰年）大象為式，餘例推。

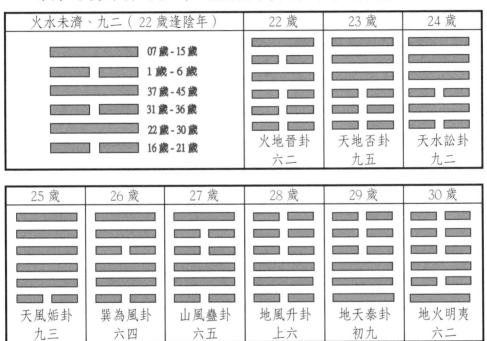

火水未濟、九二（22歲逢陰年）	22歲	23歲	24歲
07歲-15歲 / 1歲-6歲 / 37歲-45歲 / 31歲-36歲 / 22歲-30歲 / 16歲-21歲	火地晉卦 六二	天地否卦 九五	天水訟卦 九二

25歲	26歲	27歲	28歲	29歲	30歲
天風姤卦 九三	巽為風卦 六四	山風蠱卦 六五	地風升卦 上六	地天泰卦 初九	地火明夷 六二

陽爻遊變極難，切須仔細看初行之年是陰年或是陽年，方無誤矣！其陰爻六年遊變，但到處自本爻變去，一年進一爻去變，無陰陽年之分也！陽爻九年一過運，陰爻六年一過運！蓋「乾」用九、「坤」用六是也！

小象陰爻六年運行例

陰爻逐年小象遊變之法，無論初行陽年或陰年，皆從大象本爻變起，一年變一爻，自下而上，六年遊變畢，另換上一爻大象……

圖例：火水未濟、初六，大象為式，餘例推。

火水未濟			
07 歲 - 15 歲			
1 歲 - 6 歲			
37 歲 - 45 歲			
31 歲 - 36 歲			
22 歲 - 30 歲			
16 歲 - 21 歲			

16 歲	17 歲	18 歲	19 歲	20 歲	21 歲
火澤睽卦 初九	火雷噬嗑 六二	離為火卦 九三	山火賁卦 六四	風火家人 九五	水火既濟 上六

31 歲	32 歲	33 歲	34 歲	35 歲	36 歲
火風鼎卦 九三	山風蠱卦 六四	巽為風卦 九五	水風井卦 上六	水天需卦 九五	水火既濟 六二

論月卦從世應起例

月卦世應訣

陽世還從子月起，陰世還於午月生，
欲知月卦真端倪，從初數至世方分。

起月卦定式

此法雖明，必先以陰陽爻的陽月排定，然後取應爻為雙月，庶幾易曉。

陽世還從子月起，陰世還於午月生。欲知月卦真端倪，從初數至世方分。

陽世？陰世？從初數至世方分？這裡的「世」，指的就是卦的陰陽爻。

陽爻從子月「十一月」起，陰爻於午月「五月」生。而後取應爻為雙月。

假如其流年卦是「風地觀卦、上九」。上九為陽爻，從子（十一）月起。

即將流年「觀卦」前一位初六變為「風雷益卦，初九」起子（十一）月。

次變「風雷益卦，六二」為「風澤中孚，九二」一月。

次變「風澤中孚，六三」為「風天小畜，九三」三月。

次變「風天小畜，六四」為「乾為天卦、九四」五月。

次變「乾為天卦、九五」為「火天大有，六五」七月。

次變「火天大有，上九」為「雷天大壯，上六」九月。

陽爻的陽月既定，然後取陽月應爻為雙月。

如前： 子月「11月」是「風雷益卦，初九」，十二月則取「風雷益卦，初九」之應爻六四，變為「天雷無妄，九四」為十二月卦也。

如前： 一月是「風澤中孚，九二」，二月則取「風澤中孚，九二」之應爻九五，變為「山澤損卦，六五」為二月卦也。

如前：三月是「風天小畜，九三」，四月則取「風天小畜，九三」之應爻上九，變為「水天需卦、上六」為四月卦也。

如前：五月是「乾為天卦、九四」，六月則取「乾為天卦、九四」之應爻初九，變為「天風姤卦，初六」為六月卦也。

如前：七月是「火天大有，六五」，八月則取「火天大有，六五」之應爻九二，變為「離為火卦，六二」為八月卦也。

如前：九月是「雷天大壯，上六」，十月則取「雷天大壯，上六」之應爻九三，變為「雷澤歸妹，六三」為十月卦也。

起月卦定式圖解：風地觀卦、上九爻例

當歲卦爻 風地觀卦 上九	十一月 風雷益卦 初九	一月 風澤中孚 九二	三月 風天小畜 九三	五月 乾為天卦 九四	七月 火天大有 六五	九月 雷天大壯 上六

起月卦當於 流年當歲卦 爻上進一位 取						
先以陽月排 定然後再取 應爻為雙月	十二月 天雷無妄 九四	二月 山澤損卦 六五	四月 水天需卦 上六	六月 天風姤卦 初六	八月 離為火卦 六二	十月 雷澤歸妹 六三

起月卦定式

假如其流年卦是「風雷益卦，六二」。六二為陰爻，從午「五」月起。

即將流年「益卦」前一位六三變為「風火家人，九三」起午「五」月。
次變「風火家人，六四」為「天火同人，九四」為七月。
次變「天火同人，九五」為「離為火卦，六五」為九月。
次變「離為火卦、上九」為「雷火豐卦，上六」為十一月。
次變「雷火豐卦，初九」為「雷山小過，初六」為一月。
次變「雷山小過，六二」為「雷風恆卦，九二」為三月。
陰爻的陽月既定，然後取陽月應爻為雙月。

如前：午《五》月是「風火家人，九三」，六月則取「風火家人，
九三」之應爻上九，變為「水火既濟，上六」為六月卦也。

如前：七月是「天火同人，九四」，八月則取「天火同人，九四」之應
爻初九，變為「天山遯卦，初六」為八月卦也。

如前：九月是「離為火卦，六五」，十月則取「離為火卦，六五」之應
爻六二，變為「火天大有，九二」為十月卦也。

如前：十一月是「雷火豐卦、上六」，十二月則取「雷火豐卦、上六」
之應爻九三，變為「震為雷卦，六三」為十二月卦也。

如前：一月是「雷山小過，初六」，二月則取「雷山小過，初六」之應
爻九四，變為「地山謙卦，六四」為二月卦也。

如前：三月是「雷風恆卦，九二」，四月則取「雷風恆卦，九二」之應
爻六五，變為「澤風大過，九五」為四月卦也。

起月卦定式圖解：風雷益卦，六二爻例

當歲卦爻 風雷益卦 六二	五 月 風火家人 九三	七 月 天火同人 九四	九 月 離為火卦 六五	十一月 雷火豐卦 上六	一 月 雷山小過 初六	三 月 雷風恆卦 九二

起月卦當於 流年當歲卦 爻上進一位 取						
先以陽月排 定然後再取 應爻為雙月	六 月 水火既濟 上六	八 月 天山遯卦 初六	十 月 火天大有 九二	十二月 震為雷卦 六三	二 月 地山謙卦 六四	四 月 澤風大過 九五

注1： 起月卦，陽爻從「子（十一月）」起，陰爻於「午（五月）」生。

注2： 如上爻則為初爻起，初爻則二爻起，二爻則三爻起，三爻則四爻起，四爻則五爻起，五爻則上爻起。

注3： 陽爻以十一、正、三、五、七、九陽月先定。陰爻以五、七、九、十一、正、三陽月先定。再以應爻為雙月。如：十一月之應爻為十二月，五月之應爻為六月，正月之應爻為二月。餘仿此類推。

節　卦

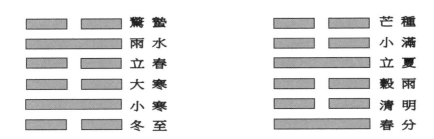

坎為水卦

初爻起冬至、二爻小寒、三爻大寒、四爻立春、五爻雨水、上爻驚蟄。

震為雷卦

初爻起春分、二爻清明、三爻穀雨、四爻立夏、五爻小滿、上爻芒種。

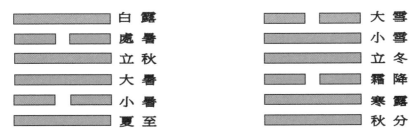

離為火卦

初爻起夏至、二爻小暑、三爻大暑、四爻立秋、五爻處暑、上爻白露。

兌為澤卦

初爻起秋分、二爻寒露、三爻霜降、四爻立冬、五爻小雪、上爻大雪。

以上「坎為水」、「震為雷」、「離為火」、「兌為澤」四卦，謂之節卦，每一卦各管九十日，自初爻至上爻，每一爻各管十五日也。

三至尊換卦不同例

坎為水卦、水雷屯卦、水山蹇卦三卦，九五君位遭不利之時，遇屯難險阻之世，不可與諸卦六子兆民變重易輕者同也。蓋九五陽之君，上六陰之主，極高至尊之爻，必當應時而動，不當同小民輕舉移易。故九五陰令變而不易，陽月則易；上六陽月變而不易，陰令則易也。

注：變者變其卦，非變琪爻。不易者，不易其位。

三至尊卦（又稱三大難卦）

坎為水卦、水雷屯卦、水山蹇卦，三至尊卦，又稱三大難卦。

坎為水卦　　　　　水雷屯卦　　　　　水山蹇卦

論元氣（年上看）

　　甲壬戌亥屬「乾」，乙癸未申屬「坤」，丙丑寅屬「艮」，丁與酉屬「兌」，戊與子屬「坎」，己與午屬「離」，庚與卯屬「震」，辛辰巳屬「巽」。

　　如甲壬戌亥生人，卦中有「乾」，謂之有元氣是也。

　　凡元氣自人當生之年干支上取，與日月時不相涉，天干逢者，謂之天元氣，地之逢者，謂之地元氣。假如甲戌生人，得「天澤履卦」，則是卦中有「乾」矣。甲屬「乾」，戌亦屬「乾」，是天元氣、地元氣皆全也。

　　夫元氣專主富貴名譽，謂之官祿星，又謂之誥命星，不論男女遇之，皆主吉慶，更得當生納音之氣尤妙。

　　注：納音之氣，如甲子生人，納音屬金之類。

逢元氣訣

　　元氣稱為誥祿星，遇者分明主富盈，
　　氣旺更兼居本位，縱然白手振家聲。

論元氣相反

甲壬戌亥逢「坤」，乙癸未申逢「乾」，丙丑寅逢「兌」，己與午逢「坎」，丁與酉逢「艮」，戊與子逢「離」，辛辰巳逢「震」，庚與卯逢「巽」。

注：如天地元氣屬「乾」卦，中無「乾」，而有「坤」，則是相反矣！

凡人與元氣相反者，平生所為不如意，事多迍蹇。主短壽，剋父母子孫，被妻佚，樂中致病，喜處生憂，更加正對反對，多至死亡，輕者痼癩，暗昧不逞之途，最忌剋制。

元氣反訣

祿星主富誥星名，只在干支元氣尋，
倘若一朝相反背，頓叫名利化灰塵。

反中有救訣

元氣雖沖莫作凶，要分節氣淺深中，
反處氣虛無剋制，應知財壽亦半隆。

「乾」反，天道失也，主夭。「坤」反，地道殘也，主貧。「坎」反，多聾耳受病。「離」反，多瞽受病。「艮」反，多癱疽氣塞。「兌」反，唇齒多缺。「震」反，多跛。「巽」反，多痼疾。「巽」為手肚也。

論化工（月時取）

冬至以後春分前「坎」，春分以後夏至前「震」，夏至以後秋分前「離」，秋分以後冬至前「兌」，每序季月「坤、艮」各旺 18 日。

凡化工，與年日時無干，只在月上取。如人是冬至後生，則水當正旺，化工屬「坎」，直管至春分前一日止。若先天後天卦中有「坎」卦者，謂之有化工。值此為例，餘可類推。

夫化工專主名譽，士人得之為科甲，已仕者為天恩眷渥。女人得之為賢良貞淑，母儀婦道。

逢化工訣

當生月令化工逢，名譽芬芳子息隆，
縱是衡茅終發達，若居富貴愈亨通。

化工反例

夏至以後秋分前逢「坎」，秋分以後冬至前逢「艮」，冬至以後春分前逢「離」，春分以後夏至前逢「巽」，每序季月 18 日逢「乾、兌」。

凡人根基不得化工，而有相反者，逢災咎橫禍，恩變成惱，蓋奪造化之權，占正伯之位，遇此無不應也。小象與大象如之，輕者訟獄，重者橫禍不測，最忌剋剝，相生則吉也！

化工反訣

當生月令化工違，嗣續功名化作灰，
若是氣虛無剋戰，縱反還堪著力為。

天元氣納甲圖（附錄增補）

乾納：壬甲	兌納：丁	離納：己	震納：庚

巽納：辛	坎納：戊	艮納：丙	坤納：乙癸

　　天元氣者：以生年天干，按此圖納甲之卦，驗其所得卦中有無元氣者
也！納甲之說，昔人取之月象，然實出於先天。先天之氣，主於歸藏，翕聚
五行，對待相錯，為後天之根基。

　　故天干五行納於其中，甲乙陰陽之首，始納「乾、坤」。以對待相錯之，
一氣逆轉相翕，甲乙逆生丙丁，卦值「兌、艮」。丙丁逆生戊己，卦值「離、
坎」。戊己逆生庚辛，卦值「震、巽」。庚辛逆生壬癸，復歸於「乾、坤」，
皆陽干納陽卦，陰干納陰卦。

　　生氣翕聚，而後天十二支流行之機，循環不息矣！「乾、坤」以甲乙
藏於壬癸之內，故曰納甲，亦天德不可為首之意。人卦中得此先天元氣者，
乃富貴之根柢也！

地元氣分年、分爻圖（附錄增補）

子年冬・丑年春	寅年・夏秋
子年・夏秋	丑年冬・寅年春
亥年冬・子年春	丑年・夏秋
卯年冬・辰年春	巳年・夏秋
卯年・夏秋	辰年冬・巳年春
寅年・卯年春	辰年・夏秋
午年冬・未年春	申年・夏秋
午年・夏秋	未年冬・申年春
巳年冬・午年春	未年・夏秋
酉年冬・戌年春	亥年・夏秋
酉年・夏秋	戌年冬・亥年春
申年冬・酉年春	戌年・夏秋

　　地元氣者：以生年地支，按此圖分年之卦，驗其所得卦中有無元氣也！後天之氣，主於流行，五氣順佈，承先天之氣而運旋之。而十二地支周流於八卦之位，分年以相應。子、午、卯、酉得四正卦之純，而四隅則倚乎四正。故丑、寅得「艮」隅，而丑之春屬「坎」，寅之冬屬「震」。辰、巳得「巽」隅，而辰之春屬「震」，巳之冬屬「離」未、申得「坤」隅，而未之春屬「離」，申之冬屬「兌」。戌、亥得「乾」隅，而戌之春屬「兌」，亥之冬屬「坎」。而八卦十二支順佈之氣循序而不忒。人卦中得此後天元氣者，乃富貴之事業也！

　　地元氣分爻：即圖中地元氣逐爻分列，地支 12 年一周天，24 爻按之，每二季得一爻。故每年之冬，必與次年之春共一爻。此可見天地終始無間之機。元氣之所以周流不息也！人卦中按此圖得所值生時之爻立元堂。如子年春得「坎」初，夏得「坎」中之類，此為真元氣。次則元堂雖不在其爻，但子年生人，卦中有「坎」體者，即為得地元氣，如前圖所列是也。夫天元氣本先天藏用之理，地元氣本後天顯仁之機。富貴皆受之於天，得之者可不凜然敬承乎？不得者可以昧然強求乎？

二十四節氣化工圖解（附錄增補）

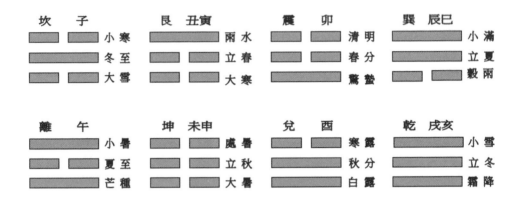

化工者：後天之帝出乎「震」，齊乎「巽」，相見乎「離」，致役乎「坤」，
說言乎「兌」，戰乎「乾」，勞乎「坎」，成言乎「艮」也。

帝者：天之主宰氣化，而神妙萬物之機，一故神，兩故化，一以宰二，
而陰陽流行於四時。

故八卦 24 爻以應 24 氣之發育，後天所以為造物之化工。人以所得卦，
按其生月 24 氣候。依此圖以驗其化工之有無。

如立春元堂得「艮」中爻，雨水元堂得「艮」上爻之類，是為真化工。
次則元堂雖不在其爻，但「大寒、立春、雨水」三候生人，卦中有「艮」體
者，即為得化工。化工主名譽、科甲、子息之喜，最為驗也。

論天地數（增補一）

春三月： 天施地生，品物流行之時。陽數須宜多，不可過盛，25 以上至 35 策；陰數須宜少，不可過弱，30 以上至 3、4 策方為合宜。

夏三月： 日中星火，景入朱明之候。陽數宜盛，25 以上至 35、45、55，不為太過；陰數 30 以下少 2、3 策，不為太弱。

秋三月： 萬物告成，金氣肅殺之際。陰數須宜多，不可過盛，30 以上至 40 策；陽數須宜少，不可過弱，25 以上至 3、4 策，方為合宜。

冬三月： 陽氣潛藏，天地閉塞之時。陰數宜盛，30 以上至 40、50、60 不為太過；陽數宜少，25 以下少 2、3 策，不為不及。

陽數不及： 自 11 月冬至起經「小寒、大寒、立春」至正月雨水前，此時陽氣方生，理當不及。

陽數得中： 自正月雨水起經「驚蟄、春分、清明」至三月穀雨前，此時陽氣方亨，理當得中。

陽數太過： 自三月穀雨起經「立夏、小滿、芒種」至五月夏至前，此時陽氣至壯，理合太過。

陰數不及： 自五月夏至起經「小暑、大暑、立秋」至七月處暑前，此時陰氣尚微，理當不及。

陰數得中： 自七月處暑起至「白露、秋分、寒露」至九月霜降前，此時陰氣正長，理當得中。

陰數太過： 自九月霜降起至「立冬、小雪、大雪」至 11 月冬至前，此時陰氣極盛，理合太過。

　注： 天地數的多寡，請以四季與節氣的不及、得中、太過參酌著評論。

論四季化工（增補二）

冬至起 至 春分之前一日止，水當正旺，化工屬「坎」。

春分起 至 夏至之前一日止，木當正旺，化工屬「震」。

夏至起 至 秋分之前一日止，火當正旺，化工屬「離」。

秋分起 至 冬至之前一日止，金當正旺，化工屬「兌」。

備註：每序季月各旺 18 日。春分、夏至、秋分、冬至為節氣之轉化點。
春分、夏至前 9 日，化工屬「坤土」。後 9 日，化工屬「艮土」。
秋分、冬至前 9 日，化工屬「乾金」。後 9 日，化工屬「兌金」。
未、辰月生人，化工逢坤艮土；丑、戌月生人，化工逢乾兌金，
不為害。

化工歌訣：

當生月令化工逢，名譽芬芳子媳隆，縱是衡茅終發達，若居富貴愈亨通。

注 1：四季化工與節氣化工，要同時考量，才比較客觀。

注 2：每序季月各旺 18 日乃是「春分、夏至、秋分、冬至」節氣轉化
之前 9 日與後 9 日，共計 18 日之意。

論六爻

其初難知，其上易知，初辭擬之，卒成之終。二與四同功而異位，二多益，四多懼，近也。柔之為道，不利遠者，其要無咎，其用柔中也。三與五同功而異位，三多凶，五多功，貴賤之等也；其柔危，其剛勝耶。

凡人得卦，只憑生時元堂定位，可以知人之賦分，亦可以卜人之性情；唯五位為佳，二則次之，三、四又次之，初上又次之。

1：凡得五二之位，卦義佳，二數足，有元氣化工，得其時，此則良賢上貴之命也！

2：凡得五位，卦義佳，而二數不足，無元氣化工，不得時，此則先行處艱苦，後大亨奮之命；僧道得此，當主大權；士夫當從左選，女人決然起家。

3：凡得君位，卦爻皆不吉，又無元氣化工，又不得時，此則自卓立艱苦中得受用之命。

4：若二數足，有元氣，又得其時，卦義又佳，而爻位獨不吉，主先富貴，而後貧賤。

5：若二數足，有元氣，但不得時，兼卦義不吉，然爻位卻好，此為富足之命。

6：若二數足，無元氣，不得時，卦又不吉，然爻位卻好，此人當自艱難中建立，先貧後富，先賤後貴之命。

7：若二數不足，無元氣，又不得時，兼卦又不吉，又得爻位好，此亦艱難中卓立之命。

注：卦無一定，不宜執著。

貴命賤命十體

貴命十吉體

1：卦名吉。　**2**：爻位吉。如得五、二、一，臣之位是也。

3：辭吉。　**4**：得時。如九月得「剝卦」、十一月得「復卦」之類是也。

5：有援。元堂坐陰位，應爻在陽爻是也，※，**6**：數順時。天地二數，有宜陰少陽多，有宜陽少陰多，需要順時，不當背反。

7：得體。如土人得艮體，乃五卦命得卦斷之。

8：當位。如陰月生人，元堂在陰爻是也。

9：合理。庚人得震，春夏是也！如金人，雖不得兌，亦宜得坤、艮土，則亦不相與背也，取其相生之意也。

10：眾宗。如五陽一陰，元堂坐一陰爻；五陰一陽，元堂坐一陽爻；謂之眾宗，觀「天風姤卦、山地剝卦、地雷復卦」可見。

　　得三、四者，選曹命；得五、六者，知道命；得七、八者，卿監侍從；得九、十者，將相王侯。前此十體，更得化工、元氣兼之，則貴極、位極、富極、壽極，五福備矣，有德之士也。

賤命十不吉體

1：卦名凶。　**2**：爻位凶。　**3**：辭凶。　**4**：不得時。

5：無援。　**6**：數逆時。　**7**：不得體。　**8**：位不當。

9：違理。　**10**：眾疾。以上不吉體，與前十吉體相反。

　　得三、四者，僧道九流，百工技藝；得五、六者，吏僧孤獨；得七、八者，夭橫凶頑；得九、十者，乞丐斬戮。

　　前此十體，非夭即賤，量其輕重，以定吉凶。或傷時犯忌，有凶多者，乃乞丐之流，斬戮之輩也。或凶多吉少，則九流僧道之命。若化工元氣兼全，則艱難中而獲福，辛苦中而苟安。若或無此，方為大凶，又在消詳之間爾。

同年同月同日同時生人如何分辨

　　普天率土，兆民夥矣。年、月、日、時彼此相同者，在處有之，而富貴、貧賤、壽夭異若白黑，議者類似東西南北方域之殊，上下四刻時辰之別；二者所論，固可以資一時口實之談，予深究之，實非的論。蓋曾見產於同里，而貴賤頓別者，則方域非所限矣。又見同時同刻產於壁鄰者，而一壽一夭，彼此迥異，則時刻非所憑矣。深唯人秉父精母血而生，其受胎之始，所繫唯最重，是以古人有河魁占房之語，誠不欲男女之苟合也。兒在母胎，有七月而生者，有八月而生者，有九月而生者，有十月而生者，有十一月而生者，有十二月而生者。其所生年、月、日、時相同，而受胎之初則異，唯其秉胎之始，得其正，則主其人為富貴榮華壽永；秉胎之始，失其正，則主其人貧賤困苦夭折。斯蓋至當不易之理。今後倘有以同年、同月、同日、同時八字相較，當究其受胎之月孰深孰淺，深者為吉，淺者為凶，則萬無一失矣。

換卦詳說

　　聖人畫卦，有象無言，皆法自然之理，使人默識其意，是以謂之精微潔淨之書也。人之命，先天之卦得矣，後天之卦成焉。或有先天之卦至吉，後天之卦至凶；或有先天之卦至凶，後天之卦至吉。在聖人則以理窺，在常人則以言悟。且如有人先天得「水雷屯卦」，後天得「水火既濟」卦，「屯」難遇「既濟」卦，則其難可逃矣；如或得「水地比卦」者，親輔也，「屯」難非親而莫依，無所輔，則愈「屯」愈難；如或得「澤雷隨卦」是謂「隨」、「屯」受難，未易逃也；如或得「水澤節卦」則或甘或苦，豈有全佳。如或得「地雷復卦」，「復」、「屯」而有吉，忽而得益，益而愈增，何時休息？

　　又如有人先天得「地天泰卦」，小往大來，亨通可至。後天之卦，如或得「地風升卦」，大升而益進；如或得「地山謙卦」，大亨可來，既盈之甚，仍欲致謙，謙而又光。偶然得「坤為地卦」，「坤」先迷而後得，反失陽亨，自「地天泰卦」而「坤為地卦」，全無佳意；如或得「雷天大壯」異常陽進陰退，陽道愈亨；如或得「澤天夬卦」，「夬」決小人，陽道愈亨，有揚於王庭之美；如或得「水天需卦」，則飲食宴樂，無為不遂；如或得「山天大畜」，則大亨而有大蓄積，雖曰富而亦可以貴，況何天之衢亨，是大通天衢，奚有不富貴哉？此乃先天之吉，後天愈吉之象。

　　舉此二卦，以察先天、後天之由，餘 62 卦，先後參詳以名可曉。其若行年小象消息，取八卦之所為，以言人逐年之休咎，自然與天地相似而不違，日月運行而不忒。八卦所為者，如人當年大象得「水雷屯卦」，主有凶撓不寧之咎，而小象得「地雷復卦」則「屯」得「復」以免禍；「復」體有「坤」、「震」之象焉，「坤」順而「震」動，宜順宜動而得吉；「震」又為大途，雖「屯」可進；「坤」又為眾進之途，既順而事無不佳，用無不利；「震」又為反生，則雖「屯」而不死，危而不憂；「坤」又為布、為囊、為裳，主有添衣進帛之悅，獲財積囊之喜。此蓋有凶中履吉之理，其在春冬乎。何以知其在春冬？蓋「屯」是冬而雷伏也。「復」是冬而陽進也。其有與大象正對反對相剋者，多致身亡。若象吉、辭平、理順，唯災而已，或有獄訟孝服之凶焉。

先後天化工元氣之旨

先天主體，當依正經，參數消詳，順理則吉，逆時則凶。唯後天之卦，變化移易，理義不同，吉凶爻分，異途異位。所以後天有吉，豈可以不明？先天有化工元氣，遇之富貴榮華。忽換後天，失此化工元氣，福去禍來，尤宜加察。或有先天兩無元氣化工，爻辭與理居位皆吉，無過溫飽，辭理爻位俱短，必貧賤。忽換後天之卦，元吉俱存乎中，貧賤中忽然富貴，得之若驚，如此消息，始知大「易」之數，與天地准矣。

論先後天納音相生之氣

假如甲寅、乙卯，水音生人，先後天二卦如無元氣，若卦中得「乾」，或得「兌」金體，是金能生水，便與元氣流行同，與五行相生仿此。

且如二月生人，安身在陰爻，若後天卦安身變陰爻為陽爻，其理長吉可知矣。

釋卦義

水雷屯卦：是卦為陰求陽也。「屯」難之世，弱者不能自濟，立必依於強以為之主，故曰陰求陽也。「勿用有攸往，乘馬班如」而自不進。蓋不得其主，無所憑也。初體陽爻處首居下，應其所求，合其所望，大得志也。

山水蒙卦：是卦陰爻亦先求陽也。夫陰昧而陽明，陰困童蒙，陽能發之，以暗求明之義。故「童蒙求我，匪我求同蒙」。故六三先倡則犯於女戒，四遠於陽則「困蒙之吝」，初比於陽則「發蒙」也！

天澤履卦：曰履，不處也；又曰履者，禮也，謙以致禮。陽處陰位，謙也，故此卦皆以陽處陰為美。

地澤臨卦：此為剛長之卦，陽剛勝柔，苟柔有其德，乃得無咎，故此卦臨爻雖美，莫過無咎也。

風地觀卦：觀之為義，以所見為美，故以近首為尚，遠之無咎。遠為童蒙，近於觀國之光也。

澤風大過：棟撓之勢，本末皆弱。體已撓矣，而守其常則見危而不扶，凶之道也。以陽居陰，拯弱之義也。故陽爻皆以居陰位為美，陽處陰位無繫應為吉，陽得位有應則凶也。

天山遯卦：小人浸長，難在於內，亨在於外，與「地澤臨卦」相對者也。「臨卦」剛長而柔危，「遯卦」柔長而剛退，「遯卦」以遠時為吉，上九則「肥遯」，初六則「厲」也！

雷天大壯：未有撝謙越禮，能全其壯也。故陽爻得以處陰位為美，用壯處壯
　　　　則「觸藩」矣！

地火明夷：為暗室之主，至於上六，初最遠之，故曰：君子慎行，五最近難，
　　　　而不能溺，故謂之「箕子之貞，明不可息也」，三處明極，西征
　　　　而暗，故曰：「南狩，獲其大首」也。

火澤睽卦：睽者，睽而通也。於兩卦之極，極睽而合，極異而同，故先見怪
　　　　而後「疑亡」者也。

雷火豐卦：以明動之卦，尚於光輝，宣陽發暢者也。小暗為沛，大暗為蔀，
　　　　暗盡則明，明盡則星見。以「豐」之為義，在乎惡暗也。

論水山蹇、雷水解二卦

　　有人得「水山蹇卦」。蹇者，難也。殊不知蹇終則解，損終則益，豈
可不推詳哉？此卦內外有日月之明，藏離在中，春夏不利，秋冬甚佳。「坎」
是冬之化工，「離」為夏之化工，月明乎冬，日明乎夏，戊子、己午，無一
不利。名雖不利，理則奇佳，不明爻義，徒用名推。豈可不慎耶。

論天地否、地天泰二卦

　　有人得「地天泰卦」。泰者，泰也。其名甚佳，殊不知「泰」極則否，
「否」極則泰，「泰」、「否」之數，損益繫焉。唯甲乙、未申、戌亥、壬
癸，「乾」、「坤」生二卦，人得為吉，餘得之未妙。蓋「泰」有春秋化工，
藏有「震」、「兌」。「否」於四時全無所有，不容不熟參其議論也。

山澤損卦：宜六五爻安身。「風雷益卦」宜六二爻安身。損頭益尾也。

論卦名吉凶之變

「否」與「泰」反對,「損」與「益」盛衰,「屯」盈、「坎」陷。

「蹇」難、「夬」決、「蠱」事、「復」長、「泰」通、「否」塞、「剝」落。

「隨」喜、「晉」進、「頤」養、「明夷」傷、「姤」遇、「萃」聚。

「豐」大、「睽」離、「無妄」災、「噬嗑」食、「大畜」時、「震」起。

「訟」親、「歸妹」終、「大有」眾、「既濟」定、「未濟」窮。下數內得如此諸卦爻位,當無不驗矣。柔遇剛,剛決柔,觀時而察變可也。

三才之道

立天之道:日陰與陽,六爻、五爻是也。立地之道:日柔與剛,初爻、二爻是也。立人之道:日仁與義,三爻、四爻是也。「易」有變動,本不拘於一,故能變而動,或剛或柔,或仁或義,或陰或陽也。

三才之道:

立天之道:日陰與陽上爻、五爻是也。

立地之道:日柔與剛,初爻,二爻是也。

立人之道:日仁與義,三爻,四爻是也。

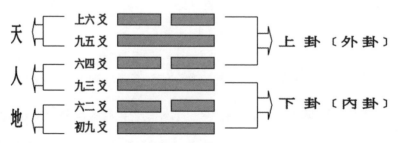

月令非時論

　　兩儀未立，神用深藏，一氣運用，玄妙隱默。於是河龍負圖，洛龜負書。羲皇畫卦，仰觀俯察，別輕清，分重濁，判八卦。宗旨之迷，根源未曉，若非 1、2、3、4、5、6、7、8、9、10 之數，何以明之？考上聖之模範，為百世之軌度，彰往察來，遍習研磨，不捨寸陰。

　　學成此數，觀之者可以經緯天地，探察鬼神，匡濟邦家，非賢明之士，不可與言始終也。學者潛心求之，庶得發明聖經之旨，而趨吉避凶之理，得月令非時之論，列之於後，學者觀之，庶幾有得矣。

　　春三月：正天施地生，品物流行之時。陽數須宜多，不可過盛，25 以上至 35 策；陰數須宜少，不可過弱，30 以上至 3、4 策方為合宜。

　　有火盛者：則木去生火，為子孫昌榮。有金盛者：則木被金剋，而刑傷破損。有水盛者：則木從水養，而發生無窮。有木盛者：則木為及時，而名位並隆。有土盛者：則木去相制，而諸事遲留，早皆不固。

　　若辰月則當令，有土不為害也。

　　夏三月：正日中星火，景入朱明之候。陽數宜盛，25 以上至 35、45、55，不為太過；陰數 30 以下少 2、3 策，不為太弱。

　　有水盛者：則火被水剋，而頓挫孤刑。有火盛者：則火生及時，而快利順達。有木盛者：則火由木生，而豪邁特英。有金盛者：則火去剋金，而殘忍蹇剝。有土盛者：則火去相生，而名利兩全。

秋三月：正萬物告成，金氣肅殺之際。陰數須宜多，不可過盛，30 以上至 40 策；陽數須宜少，不可過弱，25 以上至 3、4 策，方為合宜。

有水盛者：則金去生水，而協力相濟，萬事有成。有火盛者：則金被火制，而勞苦傷害。有土盛者：則金賴土生，而利名顯達。有木盛者：則金去相剋，而憂愁乖戾。有金盛者：則金為當時，而謀為順遂，福澤寬洪。

冬三月：正陽氣潛藏，天地閉塞之時。陰數宜盛，30 以上至 40、50、60 不為太過；陽數宜少，25 以下少 2、3 策，不為不及。

有金盛者：則水本金生，而光輝顯越。有木盛者：則水木相生相合，而志願克遂。有水盛者：則為當時，而豐亨豫泰。有土盛者：則水被土制，而貧愁困苦。有火盛者：則水去制剋，而動輒有悔，多殘仁傷義。

以上得時順節則妙，逆時背令則無用也。又當參諸卦爻，以究其吉凶消長之道，庶幾有准而無差焉。

釋卦合數合時爻位當否例

陰數盛：卦中陰爻值陰月令，居陰爻，順時也。女命得之吉。

陽數盛：卦中陽爻值陽月令，居陽爻，順時也。男命得之吉。

陰數盛：卦中陽爻多，值陽月令，居陽爻，逆時也。

陽數盛：卦中陰爻多，值陰月令，居陰爻，逆時也。

男子居陽令：位在陽爻，得陽數，順也；女子居陰令，位在陰爻，得陰數，順也。男女反此為逆數。

男居陰月令：居陰爻，得陰數，其當時得勢，爻有援辭吉，須男子居之，亦有富貴者也。

女居陽月令：居陽爻，得陽數，其當時得勢，爻有援辭吉，須女子居之，亦有富貴者也。

此天地四時之理，大概以時而觀，吉凶應時，以知動靜。

男子行陰月令：居陰爻，主心氣柔弱，而事無始終。

女子行陽月令：居陽爻，主心性剛強執拗，志過丈夫。

經云：順時者昌，逆時者亡。順時之卦，合時之爻，得時之令，又爻辭吉，卦名佳，得位有援，此富貴雙全之命。逆時之卦，反時之爻，背時之令，又爻辭凶，卦名不佳，失位無援，貧賤乖舛之命。易曰：列貴賤者，存乎位；齊小大者，存乎卦；辨吉凶者，存乎辭。信哉！

陽弱有援，陽須弱，而居陽月令，立陽爻，主有將來之榮，始雖不利，卦名爻辭俱吉，則晚貴也。

陽弱無援，陽既弱，又居陰月令，立陰爻，主一生貧賤，永無發達。更卦爻名位，凶者賤而夭，在陰令則無妨，當以陰爻辨之。

陰弱有援，陰須弱，而居陰月令，立陰爻，主有將來之福，始雖不達，卦名爻辭俱吉，則晚秀。婦人得之，主為命婦。

陰弱無援，陰既弱，又居陽月令，立陽爻，主一生貧賤，永無發達。更卦爻名位，凶者賤而夭，在陽令則無妨，當以陽爻辨之。

大凡陽弱陰弱無援者，但陽正居陰令，陰正居陽令，則先窮後利；或陽正居陰爻，陰正居陽爻，則利重名輕；若陽居陰月，又值陰爻居陽令，又值陽爻，則主貧困不利。大抵消息唯在四時，難乎一概而論也。

有悔：陰數盛，陽卦中陰爻多，又值陰令，立陰爻，是曰有悔，主人貧夭，不達而死。

有尤：陽數盛，陰卦中陽爻多，又值陽令，立陽爻，是曰有尤，主人災厄，形體傷破。

若陰陽俱平者，依卦中吉凶斷之，諸數唯此數為最，吉凶無差。蓋自大「易」原委中來，由聖人肺腑中出，不容一毫之偽。其數極定，但恐時有不定爾。如流年禍福不定，當於上下時窮之。蓋冬夏之日，夜有長短，爻氣有淺深，不在上即在下，斷之無一毫差忒。此數一依於「易」，予病其不易，故作二數以扶翼之，但乘除之內差異爾。事事物物，皆存六十四卦，唯人得其正，莊子謂：「天地與我並生，萬物與我為一」。只此三百八十四爻，夫貴賤不同，所受不等。如貴人得一吉爻，即亨通得志，賤人得一吉爻，只可快意而已。有如霖雨大沛，江湖溪潤，鼓舞澎湃，皆朝宗於海，瓶罌之器，不升斗皆盈，欲以罌瓶而比滄海，決無此理。胸中非有成「易」，未易言數，畫義不明，何知變通之道？所以互換之機，識者真少，況正伏參互，四體八體，「否」、「泰」、「損」、「益」，反對有無，時行時止，動靜陰陽，剛柔取捨，抑揚成壞之理？倘能知權宜，別休咎，識輕重，則百發百中矣。

論所得卦數吉凶

參天兩地而倚數，觀變於陰陽而立卦，窮理盡性，分剖剛柔。蓋自冬至以後雨水前，至三陽開「泰」之時，除天數 25 之外，有奇數之餘，即君子之合象也。如是偶數，是捨君子從小人，則斗筲之器，不仁之徒，詭譎奸貪，遇陽年犯時之忌，逢陰盛必遭凶殘夭橫之禍，死無疑矣。有二四者輕，六八者重。蓋二為「坤」，縱有殺，尚存慈母惜子之心，憂民之志。四者「巽」也，「巽」者順也，入也；有隱忍之心，未為其害。六為「乾」者，健也；剛明決斷，治諸子而無忍，遇陽年陽令，犯之者必主刑傷之禍，重者主凶橫。八者「艮」也，「艮」為止也，則有執法嚴亢之威，必有爭鬥配逮之兆，不然亦有自縊跌蹼之凶，又恐非橫之咎，暴傷之禍。值此凶者，十有九驗矣。

自夏至以後，處暑以前，三陰漸長之時：除地數三十之外，得陽零數者，其禍害之來亦如前例。但九七者輕，一三者重；一為「坎」，「坎」者陷也！主陷害於人，又為心病多憂慮，主血疾，以曲為直，主多災眚。三為「震」，「震」者，動也，陰盛之際，小人群陰，欲想犯分，視死如歸，豈可與之爭鬥？主雷震之禍。如至秋分後，九月十月，惡死橫凶之災，手足股肱不能保全。犯此數者，凡事宜尊重，恐小輩欺凌，謹避為吉。七者「兌」也，「兌」為悅，多巧言令色，而懷不仁之心，必有口舌毀折之患，「兌」正秋也！乃小人浸長，君子退避之時，豈不無反唇弄舌，情偽相感而利害生乎？九者，陽之亢也！值老陰之令，常有剝廬之心，不可與之交處，中有小人害君子之象，多凶少吉。

大易數妙義

　　夫大「易」之數，則陽奇陰偶也，奇則單，偶則雙，是故陰陽也。繫辭云：天一地二至天九地十是也！此數大而天地，小而微塵，兼該物理，總括萬情，須根莖無所不包。即此數也，成變化，行鬼神，辨四時，理萬物，實與天地同流，須聖人之道，亦不外乎此也。察安危，知存亡，分窮達，隱奧深匿，無不洞見。以是數辨人厚薄之分，則天下後世，可以前知。孔子曰：「不知命，無以為君子」，此之謂也。詳推此數，凡一、二、三、四、五、六、七、八、九、十之數，乃天地四時節氣也。夫天地四時，氣有清濁，有咎有祥，與其吉凶悔吝當與不當，不容一毫之妄。唯其所得之數當，則萬事隨心，千祥群集。如其不當，則萬變交生，百無一遂。若所生之時，一順天地四時之節氣，而又成卦立爻之時皆當，則富貴榮華名位祿壽定矣；若所生之時，一失天地四時之節，而又成卦立爻之時不當，則貧薄困苦，愁戚悲哀定矣，所以謂之天命也。

　　經云：天命已定，鬼神不能移，是之謂分定故也。分之既定，則天地不能移，而況乎鬼神乎？況於人乎？況於機巧乎？

論應其時合其用

　　凡人之生時居位，謂之元堂，入滋元氣之域者，蘭省登科，事事省力，仕路亨奮，官爵崇高，權勢重大，富貴顯達之人。若爻不佳，辭危不順，亦有富貴，但有漏溢高危之咎。如或爻位既佳，辭平而理又順，則為清顯廊廟之貴，達人亨士必矣。非獨正體得之為佳，互體得之尤貴。蓋得之互體，有不期之遇，適然機會，或橫發而驟成，得其時應其用，有不可量而升進矣。雖不得時不應用，亦必發達，但不能遠大而已。得時者，如壬癸在冬，甲乙在春，定應其用，合其時所宜者也。合時之宜，謂辛人得「巽」在春夏，為長養萬物之風，庚人得「震」於春夏，為濟時動物之雷，奚有不悅者哉？若在秋冬得之，則知不應其時也。餘象依此斷，若認爻畫不詳，故難知此，斯其所以為應其用合其時之所宜。若更辭佳位當，有援眾宗，未有不顯貴者也。

　　有人得「乾卦」而居九二之爻，王甲人得之，莫有不悅者。若在春夏之時，辭云：「見龍在田」，所謂理吉應其用也。若夏至後，後天變九二為「離」出「乾」之外，則是以九二之臣，明德之士，出而輔君，得「火天大有」為之，勢必成伊，周之功業矣，其貴顯可知。況夏至之後生人，「離」為正伯，斯人心運帝王之籌策，代天宏化，秉鈞持衡，貴顯極矣。

　　有人得「坤卦、初六」。乙癸、未申人得之，未有不佳。若生冬春之時，則乙春癸冬，為元氣得時，辭云：「履霜堅冰至」。及斯時也，冰泮霜消，有漸亨之美，是知辭雖不佳，理自有益，不失為顯貴之命。若後天變「坤、初六」。出外為「雷」，「雷」出地奮，則知履霜堅冰之漸外，而飛奮為豫悅之主，則必有舜、禹、伊、周之業，貴顯未可量也。況「震」乃春之化工，互「坎」為冬之正伯，居位為眾所宗，是人君荐賢於天，為天子者矣。非明「易」理，奚知之哉！

　　由此所以知天地之為化工之所施，豈在乎爻辭也耶？得非一時之制，可以反為用者，又知春夏之時，得此尚矣。又有人得「坤卦」。安元位正在初爻，正月節氣內生者，其辭云：「履霜，堅冰至」。於象曰：「履霜，陰始凝也。馴致其道，至堅冰也」。其辭不佳甚矣，然值正月三陽開「泰」之時，而在履霜堅冰之地，陰凝寒凍，非佳也。及先天卦定，變後天之卦為「雷地豫卦、九四」。霆聲一發，冰解凍消，沖融和氣，正合正月之令，設施號令，振榮萬物，其功大矣。為大有猶豫之臣，即群陰之表，眾爻宗之，高下歸之，非貴顯之士而何？其先後天變化之妙理，豈人力所能為哉？況先天「坤卦」曰：「地道也，妻道也」！其卑可知。又為冬令，乃遭冰霜之苦，及變後天為「雷地豫卦」奮然亨發，自卑而尊，自貧而富，自愚而賢。由是觀之，舉一卦而六十四卦均矣。有人得「山地剝卦、六二」之位，辭云：「剝床以辨，蔑貞凶」。己丑生人，四月得之不佳甚矣，及後天變「山地剝卦、六二」為「坎」，水出成「水山蹇卦」，以四月之節得「水山蹇卦」宜無可喜，不知升「山地剝卦、六二」出外，為「水山蹇卦、九五」，大蹇朋來。是為互「離」，「離」者日象為君，況「離」有日之明，又，巳人乃「離」元氣，於君主眼目異顧之賢，「坎」、「離」亦為消長之柄。又，丑人有「艮」元氣在內，持成始滅終之操。蓋「艮」為手，故操柄也。斯人未有不近清光異日之貴，乃執消長之權柄者也，豈由爻辭云哉？但觀其變化動止何如，斯可以知其人之貴矣。由此觀之，則知卦畫中，變化升降，有至奧至妙之理，體認爻辭卦畫，不熟能知其至者亦罕矣。大抵在乎深察熟辨爻畫之真，則天地之廣大，化工之巧妙，不難知矣。斯聖人不傳之奧妙，正在此矣。學者深明前象，則可與言終始矣。夫化工正逢之，與互德皆為福德，不可不知。又有始得終失，有終無始者，其福亦減半。又，且化工為本命之象，則必以優。又有獨得化工正伯者，但隨輕重言之，而變化之理於自然，不容苟得。又有破元氣為化工者，又有破化工為元氣者，此自然之理，唯在學者深求之，與天地同流，則吉凶無不驗矣。非天下之至機，其孰能與於此？

論天數二十五、地數三十等

論天數二十五

天數屬陽，唯利男子，喜值陽爻。夫男子受天之陽氣數而生，所生之時，得天數則為富貴之根基，男子以陽為主故也。凡男命陽數多而陰數少，無不為福。易曰：陽貴陰賤，陽為君子，陰為小人，陽尊陰卑，故男子得之為利，女子得之為不利。經云：小人乘君子之器，盜思奪之。女子乘之，未聞有不敗者也。然利於陽者，自十一月冬至後一陽生，至四月終也。

論地數三十

地數屬陰，唯利女子，喜值陰爻。夫女子受地之陰氣數而生，所生之時，得地數則為福澤之本源，女子以陰為主故也。凡女命陰數多而陽數少，無不為福；易曰：地道也，妻道也，臣道也。故女子得之為利，男子得之為不利。經云：陰疑於陽，必戰，戰必傷，故稱血焉。男子犯之遭刑下賤，事多勞碌，身處艱難，未聞有佳者也。然利於陰者，自五月夏至後一陰生，至十月終也。

天地數至弱、不足

論天數至弱

天數二十有五，只得四、五、六、七、八之數，謂之至弱。斷曰：陽數不足，男子不宜，艱辛多，歷事苦。多為少年碌碌，眷屬睽違。心志卑役，動即成非。或僧或道，或吏或卑。陰令可幸，陽令非時，陽極則夭，陽淺則虧。陰極合節，陰淺須危。陰疑有戰，斯理可悲。男為盜賊，女為娼姬。

論地數至弱

地數三十，只得八、九、十、十一、十二數者，是謂至弱。斷曰：陰數至弱，女子不堪。幼無父母，六眷難安。不得其家，或處卑寒。夫宮屢剋，子媳尤難。慳貪不已，處已無寬。壯年虛度，晚歲孤單。樂則生疾，憂慮多般。患難頻歷，至老無閒。陽極尚可，陰盛凶幹。

論天數不足

天數二十五，如得九或十一、十二、十三、十四、十五、十六，至二十四數者，謂之不足，過九是陽之一策，十八以下為一策之餘，十八以上為二策之餘，須六不足，即非至弱之比，猶可庶幾也。凡陽數不足，男子得之，多損福壽，當先喪父，陽男尤驗，陰女同論。

凡不足之數，亦當看時令之消長盛衰何如，十一月一陽生之時，陽數至弱，理所當然。十二月二陽生之時，陽數不足，理亦當然。是謂合時之宜，吉凶悔吝何自而生？若三陽交泰之時，陽氣上升，陰氣下降，君子道長，小人道消，萬物發榮。當此之時，若陽數不足而反至弱，則非所困而困焉，名必辱；非所據而據焉，身必危。是行止非時，動靜非節，凡百機會不投，何所倚恃？若成卦居爻無援，及犯忌者，碌碌貧賤可知，位居不當而復乘剛，則必遭刑憲橫夭。又當求小象參詳，可驗矣。

論地數不足

地數三十得十八者，是謂不足。如得三策之餘，十八數以上，與至弱之數少差而已。大抵此數女子得之，福力必減。若子、午、卯、酉日時而生，必主剋母，於童稚之年，或父老母少，偏生別土，存養他人，轉育遠鄉，六親疏絕之象。夏至後，立秋前，三陰未盛，則隨時合節，福壽自如。秋分以後，必至夭折，亦為失時淺蕩之人也。凡百不足，又安有全心足意之美？當

先喪母，陽男尤驗，陰女同論。

訣曰：

不足之數亦堪咻，事既成時不到頭，滿溢高危深可慮，是非相絆卒難休
望多得少因茲數，廣求不稱乃其由，每知不足陰地數，仁義成乖恩變仇

陰、陽數太過

論陽數太過

凡時月合少而多，謂之太過，四十以上至五十、六十者，三月至四月
生者無妨。得之非時，失之於亢，即「乾」之上九，「亢龍有悔」之象；亢
而非時，動靜有悔，當有凶殘夭暴之事，值之者必致謹焉。

論陰數太過

地數三十，如得五、六十以上者，皆為之太過。履霜堅冰，此時天寒
地凍，當有屈伏斂肅之象，犯者至刑傷亂，少得善終。如十一月前，十月立
冬後，未交冬至之前，卻為無害。蓋陰令極盛，與時偕行，又得卦名爻位吉
理有援，居體不入陷地，必至官榮位顯。

訣曰：

陰陽至太過，過則百事傷。性暴應多狠，福去有餘殃。
未滿先添溢，方高危續張。患難時時至，驕倨縱難當。
狠戾多奸狡，浮躁性剛強。行輕招怨誹，言過恣強梁。

得中數三等數與時損益

論得中數

凡陰陽二數，貴合乎時令，而多寡無偏勝之疵，是謂之得中。兼以爻位皆當，則百無不利，而未有不富貴者也。

訣曰： 爻位名體吉，勢援理優長，爻時數合節，辭理十分良
富貴簪纓列，赫奕自非常，官榮位更顯，撫眾必登堂

論三等數與時損益

陽數不及：自十一月冬至後，至正月雨水前，此時陽氣方生，理當不及。
陽數得中：自正月立春後，至二月春分前，此時陽氣方亨，理當得中。
陽數太過：自三月清明後，至四月小滿前，此時陽氣至壯，理合太過。
陰數不及：自五月夏至後，至七月處暑前，此時陰氣尚微，理當不及。
陰數得中：自七月立秋後，至八月秋分前，此時陰氣正長，理當得中。
陰數太過：自九月寒露後，至十月小雪前，此時陰氣極盛，理合太過。

凡所生之數，當與時偕行，時益則益，時損則損。月令所值，合多不得不多，合少不得不少；多而少名曰不及，合少而多名曰太過，少而不至於弱，多而不至於強，此為得中也。不及之數，主一生百凡不足；太過之數，主一生所為剛亢；得中之數，必主自然之榮；是以過與不及，皆不若得中為妙。如數得中，又應時合節，卦名佳，居位當，有援得勢，辭吉理優，富貴之士。若徒得中而違時悖理，乃貧乏下賤之徒，夭橫凶頑之輩。其有妄合苟合之數，爻居不當，吏儈之輩也。失位傷時，僧道之流也。困於爻辭，鰥寡孤獨也。數得中，卦名佳，爻辭雖凶而理吉，亦必八座之貴，但少嗣續，而鮮克有終，無援而位不得勢，當居鄉監。其數或至於不及太過，然居位得體，爻得其勢，理又悠長，即曹省署部郎，持節執麾，若無援勢，居位不當，則碌碌常貧，難脫選調。若見一吉一凶相半得苟合，人臣之位外，此十件得一二者，一二分福也。

論不及太過得中

按：陽數不及，在十一月冬至之後，十二月大寒之候。此時陽氣未健，而得陽數不及者，宜然也。太過者，陽氣乍至而先盛，謂之暴至湧來，未免有剛折過差之慮。若三陽交「泰」之後，陽氣有餘，而陽數得其中和之道，謂之中節。若陽數反弱，是謂屈而不伸，何能奮發？若三月四月夏至之前，陽氣極盛，陽數雖多，不為太過，蓋當時合節矣。得中次之，不及又非可喜之數也，未有陽當盛而反以不及為佳焉。更加爻位辭理無援，則非有福之人，爻辭縱得，福亦減半矣。

按：陰數不及，在五月夏至之後，六月大暑之際。此時陰氣未盛，而得陰數不及者，宜然也。太過者陰氣初至而先強，謂之驟至卒臨，未免有柔惡損弊之虞。若三陰漸長之後，陰氣有餘，而陰數得其平施之宜，謂之中節。若陰數反弱，是謂懦而不振，何能興起？若九月十月陰氣極盛，陰數雖多不為太過，蓋當時合節矣。得中次之，不及亦非可愛之數也，未有陰當盛而反以不及為佳焉。更加爻位辭理無援，則非有福之人，爻辭縱得，福亦減半矣。

論孤陽不偶數

天數二十六以上，至四十以下，餘不偶數，陰數只得三十是也，乃陽數有餘，陰數無餘。

訣曰：

孤陽不偶本非宜，值者刑妻及害兒。女犯刑夫更傷子，若非遺腹定孤兒。
更有陽爻陽極亢，剛強好辨是和非。人情寡合多招怨，浪語狂言少定期。
女子悍淫無婦道，男人鬥狠暗瞞欺。貴賤賢愚均一理，陰微陽極愈乖違。
陰爻陽令方為順，爻吉辭安福壽奇。

凡孤陽不偶之數，有陽無陰，是謂陽太燥，萬物枯槁，如歲旱之狀，似有君無臣，有夫無婦，所以「乾」之上九，亢而有悔也。又云：陽無陰不生，陰無陽不成，生成之理，必借陰陽，陽獨無陰，則不生也。得此數者，多至損妻剋子，性多剛躁，好辨是非。女命犯之，操略過於男人，悔吝之招，無所不至。若有陰和，方為不亢也。

論孤陰背陽數

地數三十二以上，至五十、六十以下，餘偶數，陽數只得二十五是也，乃陽數無餘，陰數有餘。

訣曰：孤陰背於陽，富貴豈無殃？男子遭妻抑，婦人主夫亡。
若非孤獨漢，亦合在離鄉。陰無陽做主，女子守空房。
福至終難穩，安榮未必長。陽爻男曉達，陰令女妮娟。
爻辭位不吉，安得顯忠良。男子得此數，凡百少安康。

夫孤陰背陽，乃陰凝之象，卑弱太柔，陰極之數，霜雪嚴凝，蟄困不伸，所以「坤」之上六，其道窮也。積陰之數，無陽不成，主損夫傷子，刑害重重。男子得之，多虛少實，聞見寡陋，窒而不通，甚至鰥寡淫亂，若有陽和，方得福矣。

論孤陽自偶數

天數三十、四十、五十，地數只得三十是也！

訣曰：

孤陽自偶也勞神，自立應難得六親。壯歲艱辛勤苦後，晚年得勢始榮新。
男兒起自卑微顯，女子從卑漸貴身。陽令陰爻多顯赫，陰令陽爻吉凶頻。

凡孤陽自偶之數，本無陰以應之，而陽極自生其陰，是謂陽極陰生，
即剛亢反和之象。此數若陰令生人，多是先難後易，先貧後富，先微後貴，
有後無前，六親先離後合，在辰、戌、丑、未時，必剋父於幼年，自孤苦勞。
若爻位吉，得時援辭體優長，必主橫發，必獲妻財，女子得之，必當再嫁。

論孤陰向陽數

天數二十五，地數得四十、五十、六十是也！

訣曰：孤陰獨向陽，令人好是非。妄語不堪信，行短豈宜依？
　　　狡猾無仁義，憑托必瞞欺。有陽多敗過，陰多竊盜隨。
　　　女則為娼妓，男多配徒宜。陰陽相允合，歲晚見光輝。
　　　男子猶云可，女子最非宜。若人得此數，未必肯循規。

孤陰向陽之數，本無陽以應之，而陰極自生其陽，是謂陰極陽生，即
寒谷回春之意。此數若陽令生人，多至橫發，偶成所獲之財，有小往大來之
意。亦主六親孤隔，自成自立，女子得之，恐有奔求之意。「山水蒙卦」云：
「見金夫，不有躬，無攸利」是也。若居陰爻生於陰月令，女子不妨。若居
陽爻，生於陽月令，主淫亂風聲。

論陽偏、陰偏數

論陽偏數

天數二十有五，只得四、五、六至二十四，地數有三十是也，乃陽數不足，而陰數足。此之謂有陰無陽，利女子而不利男子，合「澤風大過、九五爻」是也，枯楊生華，老嫁少夫，亦可醜也。得之者，有福無壽，有官無權，有妻無子，有子刑妻，事多勞碌，卦吉爻佳，則為庶幾，爻凶位失，大凶人也。悖逆起而得震驚之禍，險危之厄。

訣曰：

重濁輕清禍福微，喜中生怒是和非。

名虛利失全無益，福壽妻兒必不齊。

男子遇之貧且夭，女人得此尚依稀。

陰令得中尤可喜，若生陽令必孤暌。

論陰偏數

地數三十，只有十八至二十八，天數二十五是也，乃陰數不足，而陽數足。此之謂有陽無陰，利男子而不利女子，合「澤風大過、九二爻」是也，枯楊生梯之象。陽月令得之，多至富貴，陰月令得之，多至貧賤。爻位卦名不佳，貧窮之命。

訣曰：

陽數輕清氣自全，不期陰偶獨私偏。

男人得此刑傷母，若不刑傷禍患牽。

女子犯之須不剋，恐他婚嫁不當年。

陽令得之多富貴，陰令逢之百禍纏。

論以強伏弱、以弱敵強數

論以強伏弱數

　　如天數三十、四十、五十之類，地數三十以下是也。若逢陽月令則不妨，逢陰月令，頗至恃勢致凶之象。蓋陽勝陰，本理也。若勝之以理，則民服其治。若勝之不以理，則必悖亢，有此者須貴而富，不善終也。

訣曰：

陽道真君子，勝陰乃治民。

逢之無不貴，爻吉廟堂人。

陰令如逢此，以勢下於民。

爻辭而失位，暴敗也須貧。

論以弱敵強數

　　地數三十至四十、五十、六十之類，天數只得二十四以下是也。乃地數太過，天數不足，陰月令逢之尚可，陽月令逢之，必至滅頂之凶。所謂小人而犯君子，陰順陽困是也。

訣曰：

陰道為民下，何堪得勝陽。

勞而無寸益，福祿亦難昌。

陰令憂危少，陽時有大殃。

爻名俱不吉，斬戮在邊疆。

　　夫一君而二民，君子之道，乃天理也。今反以陰勝陽，下豈容罔上？臣豈容犯君？斬戮無疑。或為強梁，為悖逆，甚則為竊盜。若在陽月令，甚為可憂。更爻位體理無援，卦名多乖，此禍必及。若在陰月令，爻位體理有援，則任勇武之貴職，有聲權，或為健訟濁富之徒。

論安和自寧數、天地俱羸、陰陽戰勝數

論安和自寧數

天數二十五，地數三十是也，乃天地二數，無餘無不足。

訣曰：

二數無餘無不足，禍不深兮福不偏。爻位名佳多富貴，定須遐邇具民瞻。

此二數平和，爻位卦名俱吉，有援合時得體，主富貴榮顯，出群拔萃。如爻位卦名俱凶，無援失時，亦主安逸良善，斷非凶惡者也。

論天地得俱羸數

天數不滿二十五，地數不滿三十是也，乃陰陽二數俱弱。

訣曰：

二數俱羸不固堅，須知名利不能全。有官難顯福難守，又恐天年不久延。

得此數者，主心志卑隘，作為淺陋，或刑害剋剝，利己損人，男多為僧道，女多為妮妓婢妾。若爻位卦命值吉，得時有援，尚可立卓，但忘恩失義，有厚奉養而不顧人情，非天理也。若爻位凶無援，失時犯忌，卦名凶，必是配逮之徒，或乖戾夭橫，困苦貧窮，而難存活者也。

論陰陽戰勝數

天地二數俱多，清濁相半者也。

訣曰：

陰陽相戰必然傷，二親兄弟剋離鄉。妻子難全財不積，人事浮沉福繼殃。
貴者遇之多毀折，富人值此訟難防。爻位不佳軍吏輩，爻佳位當卻為祥。
大抵此數得之，皆非全吉，陰陽相戰，則彼此有傷，陰疑於陽必戰，陽勝於陰必亂，戰亂相會，又安得為美乎？

論五命得卦

金命：庚辛、申酉。

「乾」旺氣，主富貴。「坎」浮沉之象，禍福相繼。「艮」隱山遁林，須為益氣，益韜光斂彩。「震」金入財宮，動而得志。「巽」冷風蕭蕭之象，秋冬喜遇，春夏惡之。「離」為剋體之區，先達後窮。「坤」抱母從源，多獲福慶。「兌」得地之卦。

木命：甲乙、寅卯。

「乾」為陽健，木盛花繁，多虛少實。「坎」陷其根荄，非可久可大之象。坎者，生育之宮。「艮」木人所得，須必合時為佳。春夏吉，秋冬不利，加風尤甚。「震」木類相宜，處身榮華，動作無乖。「巽」動搖根枝。「離」損其芳榮。「坤」根壯而固，有待而發，成功不速，陰數須多，則不達爾。「兌」正秋也，板葉。

水命：壬癸、亥子。

「乾」水之發源，抱本從源，無勞碌之苦。「坎」陷宮也，或行或止，吉凶不定。「艮」山下有險，為巨壑流塞之象。「震」水東流勢急，動而不清。「巽」風起波浪，秋冬可畏。「離」戰剋相殘，或成或破。「坤」水順地勢，潤下不逆。「兌」水之來源，意與「乾」同。

火命：丙丁、巳午。

「乾」起炎好上，光明超越，爻吉則非常人。「坎」明暗相攻，或消或長，或短或長，反覆之象。「艮」火焚棄，有木引焰，益己損人。「震」動火焚燎，動則不久。「巽」因風以致，燎原之象。「離」炎上太盛，多虛少實，煙焰氣多，喜怒無厭，外好內虛。「坤」火抱陰，兩情相得。「兌」為疑為惑，以離位而遇，西方之體也。

土命：戊己、丑未戌辰。

　　「乾」喜怒相參，吉凶各半。「坎」缺陷而不高厚，復陷之象。「艮」土成山岳，高厚之勢，生於丑、未、戌、辰月，富而且厚。「震」傷木益彼，勞落多凶。「巽」揚塵簸土。「離」火土相資，陰陽氣備，福不輕薄。「坤」此為土實，厚德育物，得之可居侯牧。「兌」同「乾」理。

　　大抵五行有宜與不宜，合理當理為尚，而爻辭未可為據。雖辭吉而理有凶者，雖爻凶而理有吉者，無窮妙義，盡在其中。故一卦能變六十四，有四體八體，奧妙最為緊要。若只泥爻辭，為定禍福，猶如萬里之遠。必要四體八體常在目前，非詳於「易」者，未易見也。「乾」、「坤」二卦，六爻俱純，自無難見。至如六子之卦，渾「乾」、「坤」為體，剛柔迭用之象，則變動不居，其情義之妙，周流六虛。如四體八體不寓目前，不居心內，則難明矣。

　　焦延壽云：一爻有一理，一時有一用，吉凶由是，而生悔吝，由是而著，豈有一毫之妄？要知無窮之妙，曉然明白，則不違天地四時。化工之妙，固當熟認深詳，推至五行，互體不足遂及變，變不足遂及卦畫，爻義即明，則吉凶悔吝，安危存亡，舉皆知矣。

　　管輅曰：「易」有天理、義理、物理、至理。天理廣大，無所不包。義理明白貫通。物理深遠，辨析當然。至理無窮，報應有准。以此四理，順人性命，洞達聖經，「易」道大著矣。

論卦變爻變

（乾為天卦）

乾為天卦：健也，天也。為金、為玉、為六白、為圓、為駿馬、為士夫、為龍，居西北方戌亥之地也。主人性氣剛強，規模廣大，頭額方圓，操略洞明，多主英烈之賢，玉潤冰清，精神堅爽。

初九日：潛龍勿用。

主人執事多悔，吝嗇進退，勞碌汩沒，少得賢明，難得清顯。變為「風天小畜」、六四。必主血疾手足之厄。若夏至之後，冬至之前，己、丁、酉、辛、辰、巳生人，得之為佳，餘命主疾，而有折腰之患。

九二曰：見龍在田，利見大人。

君子得之，胸襟瀟灑，仁義忠信，豁達高明，風姿俊敏。後天變「離」在外，為「火天大有」之六五曰：厥孚交加，威如，吉。夏至之後，冬至之前，己、午、丁、酉生人，得之必當榮顯，躋公卿大夫之位也，餘得之者，亦能發福。

九三曰：君子終日乾乾，夕惕若，厲無咎。

主人惻隱知機之士，剛明英賢，主大貴，有滔天之福，祿位並隆。變後天值「澤天夬卦」之上六曰：無號，終有凶。若丁、酉生人，秋分後得之，必英烈威顯，廊廟之人也。餘得平常，應遭刑傷，多有毀折。

九四曰：或躍在淵，無咎。

是重光相逼，上下無常，陰陽多懼，必又因循之咎，無妄之災，時雖貴顯，亦多險難，或因跌蹼車馬之傷也。後天變「天風姤卦、初六」，為一陰之主，五陽眾宗。若辛、午、辰、巳生人，在夏至之交，未有不貴者也。此乃監卿郎佐之命。

九五曰：飛龍在天，利見大人。

君主之位，大人之辭，少年俊逸，利達名顯，心純貌美，內外洞明，超群拔萃，權剛重大，聲音響亮，氣概宏遠，世間人英。後天變為「天火同人、六二」，己、午生人，若夏至之後，得之為佳也。餘得之者，平常富足。

上九曰：亢龍有悔。

貴而無位，亢極則動而有悔也。其人性氣剛勇，偏急少情，人多怨謗，有官無權，有夫無婦，有子無妻，主帶頭目疾損。後天變「天澤履卦」之六三：履虎尾，咥人，凶。冬至後夏至前，己、午、丁、酉生人得之，不失貴位，但有高危滿溢之患，亦難全其福矣！餘得之者，竟為不吉之數。

（震為雷卦）

震為雷卦：為雷、為木、為的顙，為萆足、為大途、為長子、為龍，居東方，甲乙之炁也。震驚百里，主人聲音響亮，大驚小怪，相貌骨格，或立性異常，易嗔亦喜，多不耐心，或營謀商賈，或遊蕩江湖。春夏乃貴，秋冬不利。

初九曰：震來虩虩，後笑言啞啞。

主人有威權，為眾人所懼，應事接物，先難後易。春分之後，庚、卯生人得之，富貴雙全，清顯之士也。變出後天「地雷復卦」之六四：中行獨復，以從道也。雷聲入地，不為佳也。乙、癸、未、申生人得之，卻為美也，乃聰明之士，鉅富之人。

六二曰：震來厲，乘剛也。

主人有冒妄威心，繫所欲而不忍，陷虎口而不知避者。若春分之後，庚、卯生人，得之必貴，餘得之者，碌碌庸庸，足腹心疾，少全清節。變出後天「澤雷隨卦」之九五曰：孚於嘉，吉，位中正也。若丁、酉生人，秋月得者，有為仁人之儔。在「巽」為長養之風，秋分見之，「兌」為科甲，丁、酉得之，主為濟世救物之君子，匡時輔世之英賢，庸有不達者乎。

六三曰：震蘇蘇，位不當也。

處位不當，於理不順，主人多妄求苟合，虛偽不實。春分之後，卻為科甲顯赫之人。庚、卯命得之，福祿滿盈，餘者不佳。變出後天「火雷噬嗑」之上九曰：何校滅耳，聰不明也。夏至後生人，自生逢凶返吉，餘者應獄訟口舌。秋分之後，冬至之前，多是斬戮囚禁死者，斷無吉祥。若有孤貪目足之疾，方可解也。

九四曰：震遂泥，未光也。

位居四陰之中，為上卦之主。若冬至之後，夏至之前，為富貴明達之士，機謀深遠，處事難以測度。變出後天「雷地豫卦」初六曰：鳴豫，凶。辭名雖不為佳，秋冬得之，雷乃發聲，乙、癸、未、申生人得之，施為奮發，福多優恬，餘命不佳。

六五曰：震往來厲，危行也。

在於無援之地，主人性剛，雷霆空霹靂，雲雨竟虛無，心狂膽大，處事不成，作計從謀，更招殃禍。若庚、卯命得之，及夏至之前，冬至之後，雖顯煥發福，亦主有疾，妨子息之刑剋。變出後天「雷澤歸妹」之九二曰：眇能視，未吉也。秋分最貴，夏得可喜，春為甘澤，冬極乖張，非貧則夭。

上六曰：震索索，視矍矍。

崇高無不達。變後天「雷火豐卦」之九三曰：豐其沛，不可大事也。折其右肱，終不可用也。春夏則凶，戊、己、子、午生人為益，餘得之，耳目手足之疾，獄訟之災也。

舉此二卦升降變化為例，引而伸之，宜仔細詳究，無窮之奧，不易之理，可識也。苟學者精思，一毫之分，千里之隔，則人命不差，報應如響。

論貴顯變化順時格

乾為天卦：馬嘶風格「午時生人」是也。

坤為地卦：牛悖風格「丑時生人」是也。

艮為山卦：為狗為虎笑風格「丑寅時生人」是也。又曰：春夏秋冬要居位，當看何爻弄風也。又云：虎飲大澤格。又云：虎飲清泉格，在下為地澤清泉地。最要看何爻飲泉，恐遭陷井險折之地。又曰：猴飲天泉格。

巽為風卦：為雞，曰：附風乘風格。又曰：沖天格「酉時生人」是也。

震為雷卦：為龍，曰：雲從龍格「辰時生人」是也。

又曰：龍躍天門格。又曰：雲附青龍格「甲辰飛龍，丙辰潛龍，戊辰見龍，庚辰淵龍，壬辰亢龍」。

兌為澤卦：為澤，上為天澤，下為地澤「酉時生人」是也。

又曰：天澤承恩格。

離為火卦：為雉，曰朱雀面君格「午時生人」是也。

坎為水卦：為豕，曰玄武當權格「亥時生人」是也。

山風蠱卦：為虎弄風格「寅時生人」是也。

風雷益卦：為魚化龍門格「辰巳時生人」是也。

火風鼎卦：為馬嘶風格「午時生人」是也。

天山遯卦：為馬嘶風格「午時生人」是也。

山水蒙卦：為虎飲清泉格「寅時生人」是也。

地風升卦：為牛悖風格「丑時生人」是也。

天風姤卦：為馬嘶風格「午時生人」是也。

風地觀卦：為牛悖風格「丑時生人」是也。

澤火革卦：為虎變風從格「寅時生人」是也。

論時令定數

巽為風卦：為魚吞舟，蛇吞象格「春分後巳生人」是也。

風澤中孚：為鶴鳴九皋格「秋分後吉」。

雷風恆卦：為魚化龍門格。又曰：龍奮天池「三月春分後，子辰巳時生人，得之為吉也」。

雷水解卦：玉兔玩蟾格「卯申生人是也」，雲從龍格「卯辰生人是也」。

離為火卦：戊子、己丑生人，七、八月時生，居二陰爻。名：神龜宿火格。

坎為水卦：戊子、癸亥生人，春分前生，居一陽爻。名曰：玄武當權格。

火天大有：戊午、己未生人，七、八月生，居六五爻。曰：太陽當天格。

水天需卦：戊子、戊戌、己亥生人，七、八月生，居九五爻。曰：太陰升天格。

澤天夬卦：丁酉、丁亥生人，八月時生，居上六爻。曰：天澤承恩格。又曰：化鳳面君格。又曰：翔天鸞風格，又曰：沖天格。

水雷屯卦：丙申生人，冬至後生時，居九五爻。曰：玉兔玩蟾格。
庚辰三月生者。名曰：龍躍天池格，又名：雲附青龍格。

水地比卦：戊申生人，時居二五爻。曰：玉兔玩月格。
十二月、正月為得地也。又名曰：猴天泉格。

風山漸卦：秋生人，合理名。曰：秋風送鴻格。

以上諸格，主生膺重寄權柄非常，更詳安身爻位，得時與不得時也。精考其位，以別貴賤；深考其數，以辨賢愚。

假令例（1-4）

假令例（1）

陽命男：處暑後一日生人

歲次：庚午「3、2、7」，甲申「6、4、9」，丙申「8、4、9」，丁酉「7、4、9」

天數：44（離，上）　　　　　　　地數：28（艮，下）

先天：火山旅卦，元堂初六　　　後天：離為火卦，元堂九四

如：紹興庚午（1150 年）七月二十二日酉時生，男命：庚午、甲申、丙申、丁酉。照制置二篇之策，陽數 44，除天數 25，剩 19 數，除 10 數不用，而用 0 數，9 數屬「離」卦也；陰數得 28，無 30 地數，而只用 0 數，8 數屬「艮」。以二數推，合得「火山旅卦」酉時元堂在初六，辭云：旅瑣瑣，斯其所取災。象曰：旅瑣瑣，志窮災也。七月二十一日處暑，二十二日生，係處暑後一日生，以「離」為化工，而月令乃屬否卦。三陰以生其人，所得之卦有三陰三陽，其九三、九四、上九皆非得時者，唯初六、六二、六五得時，其人在初爻，係第一陰卦，其辭不佳，陰居陽位，不當其數，陽多陰少，亦不為佳；然「旅卦、初爻」獨有九四為援，其九四乃是「離」體，是為化工；九四乃是大臣地位，初六應之，大臣援也，其貴可知；況「離」是午人地支元氣，若得元氣援己，尤為妙處。四十六年後換後天，而為重「離」，升「旅」之初爻，為「離」之九四，大臣之位皆是化工元氣，所以貴顯而秉權。然「離」乃是地支元氣，凡天干元氣好殺，此人純「離」皆是地支元氣，故為威權。是以制置之秉生殺之權，超封端明殿大學生，莫非其造化之使然矣。

假令例（2）

陰命男：白露後二日生人

歲次：乙亥「2、1、6」，乙酉「2、4、9」，

　　　戊寅「1、3、8」，庚申「3、4、9」

天數：26「坎、下」　　　　地數：26「乾、上」

先天：天水訟卦，元堂初六　　後天：澤天夬卦，元堂九四

子孫	壬戌 40 - 48 歲		兄弟	丁未 67 - 72 歲
妻財	壬申 31 - 39 歲		子孫	丁酉 58 - 66 歲
兄弟	壬午 22 - 30 歲		妻財	丁亥 49 - 57 歲 元堂
兄弟	戊午 16 - 21 歲		兄弟	甲辰 91 - 99 歲
子孫	戊辰 07 - 15 歲		官鬼	甲寅 82 - 90 歲
父母	戊寅 01 - 06 歲 元堂		妻財	甲子 73 - 81 歲

如：紹興乙亥年(1155年)八月初三日申時生，男命：乙亥、乙酉、戊寅、庚申。天數 26 除 25 數，只剩 1 數，地數 26，剩 6 數，陰男天數在內，一為「坎卦」，六為「乾卦」，故得「天水訟卦」，其申時在「訟」之初爻為元堂。辭云：不永所事，小有言，終吉。象曰：不永所事，訟不可長也。雖有小言，其辨明也。論曰：初一是白露，後二日生，尚得「乾卦」化工，月令屬「否卦」。然三陰已生，四陰將生，其「訟卦」四陽皆不得地，只有二陰爻得時，合得二陰為佳。「訟卦、初爻」是第一陰為元堂，上有「乾」為化工，又有「乾」為元氣，況「坎」、「乾」相交，初六有援於九四，是謂元氣、化工援己，自合貴矣。至 49 歲換後天之卦為「夬」，「夬」者決也。以「坎」水在「乾」天之上，而為兌澤，是謂升水上天，而內澤及生，先天元堂居大臣之位，居健訟之地，曰待清光，職為參政，豈非造化自然之理乎？況五陽互「乾」，為亥生人元氣，由是詳之，其貴不亦然乎！

假令例（3）

妻財 ▦	丙寅 01‑09 歲	元堂
子孫 ▦ ▦	丙子 34‑39 歲	
父母 ▦ ▦	丙戌 28‑33 歲	
妻財 ▦ ▦	乙卯 22‑27 歲	
官鬼 ▦ ▦	乙巳 16‑21 歲	
父母 ▦ ▦	乙未 10‑15 歲	

子孫 ▦ ▦	癸酉 58‑63 歲	
妻財 ▦ ▦	癸亥 52‑57 歲	
兄弟 ▦ ▦	癸丑 46‑51 歲	
官鬼 ▦ ▦	乙卯 40‑45 歲	元堂
父母 ▦ ▦	乙巳 70‑75 歲	
兄弟 ▦ ▦	乙未 64‑69 歲	

假令：開禧二年 (1206 年) 丙寅 10 月 28 日亥時生。男命：丙寅、庚子、丙子、己亥。天數 18 除 10 數，以 8 為卦，地數得 42，以 2 為卦。用二篇之策，合得「山地剝卦」，上九為元堂。辭曰：碩果不食，君子得輿，小人剝廬。象曰：君子得輿，民所載也。小人剝廬，終不可用也。論曰：10 月 29 日，子時交大雪節，人於 28 日亥時生，係大雪前一日也，正陰氣之時，演而為「剝」。「剝」落也，萬物剝落也。其名不佳，殊不知天數得 18，陰數得 42，陽少陰多，且大雪後，乃陰之至極，而陽豈宜多也？地數至一之時，二數俱是偶體，是氣數與時偕行，人之氣合四時之序，以為大人君子。數合節氣，其卦名雖「剝」，自小雪後至大雪，陰氣正隆時屬純「坤」，「坤」則陰氣也。夫月令得「剝」，正陰之極，而陽將生之位，為群陰之表率者，一陽來復之時，尚有半月。此是息機而變者，況眾所推之貴，理亦可知。其辭曰：君子得輿，小人剝廬。若所生非時，而得上九爻辭，必為世所棄，眾所不服，此小人而合得剝廬之殃。今生得其時，是為君子，而萬民之所載，其貴可知矣。況丙生人，以艮為元氣而生寅，地支元氣，天地之氣全中，莫敢不服，是此卦得勢合時。況「艮」為手，「坤」為柄，此人異日必持權柄也，自合為宰執，惜無時之化工，亦可為侍從知州。況後天換「艮」為「坤」，地道也，臣道也，未交冬至半月，正屬「坤卦」，主權在其人，後天之「坤」，自從班署，菡帥閫之顯必矣。況以先天剛健純粹之資，而為後天柔順重厚之德，職居三公之位，位乃陽位，是先天後天不改其剛健純粹之資，安得不為之名臣大儒乎？且「坤」之辭，又有「以時發」，「知光大」之辭，其顯達又不言可知矣。

假令例（4）

歲次：戊子(1、1、6)、甲子(6、1、6)、癸巳(2、2、7)、癸亥(2、1、6)

天數：11「坎、上」　　　　　　地數：30「震、下」

先天：水雷屯卦，九五　　　　後天：雷地豫卦，六二

兄弟	▬▬　▬▬	戊子 10 - 15 歲	妻財	▬▬　▬▬	庚戌 70 - 75 歲
官鬼	▬▬▬▬▬	戊戌 01 - 09 歲　元堂	官鬼	▬▬　▬▬	庚申 64 - 69 歲
父母	▬▬　▬▬	戊申 37 - 42 歲	子孫	▬▬　▬▬	庚午 55 - 63 歲
官鬼	▬▬　▬▬	庚辰 31 - 36 歲	兄弟	▬▬▬▬▬	乙卯 49 - 54 歲
子孫	▬▬　▬▬	庚寅 25 - 30 歲	子孫	▬▬　▬▬	乙巳 43 - 48 歲　元堂
兄弟	▬▬▬▬▬	庚子 16 - 24 歲	妻財	▬▬　▬▬	乙未 76 - 81 歲

假令：紹興三年，戊子 11 月 23 日亥時生，男命：戊子、甲子、癸巳、癸亥。天數 11 而用 1，地數 30 而用 3，一為「坎」，三為「震」，二篇之策，合得「水雷屯卦」。論曰：冬至是 16 日已交，其人生於 23 日，是冬至後七日生，應冬至七日來復之義。天數得 11，1 亦是陽數，數雖不足，一陽來復，未為弱也，此天數弱而佳者也。地數 30，原無餘剩，亦無不足。一陽微生，其形方露，眾陰俱消，而不敢有餘，以氣數紐合，此時節氣必是貴人之命，然又成卦「屯」之九五為元堂。其辭云：屯其膏，小貞吉，大貞凶。當為不利，殊不知剛柔始交而難生，動乎險中大亨貞。冬至後陽已長，陰已生，此剛柔始交之時，而此卦應其時，九五為元堂。為救「屯」之子。冬至後「坎」為化工，「坎」又為戊人天之元氣，其子為「坎」，亦地之元氣，此天地元氣化工同體，又是天數內安元堂，乃為廟廊之貴。易者，相移之義，與時流行，寒往則暑來，暑往則寒來，春去復秋，冬去復夏，生極則殺，殺極則生，天地之相繼相承，未始絕也。故數之至妙，莫若與時流行。如陰道至極，陽道時生，氣勢得接，陰陽之數尤妙，於是求其訣旨，斯思過半矣。看數之要，先看天地二數足與不足，方看爻象得地與不得地，則禍福定矣。先天爻象不吉，又看後天變得是何卦。若後天卦與爻俱吉，此為返魂格，當先貧後富。按：「乾卦」有六爻，如 11 月冬至生元堂，居初爻之位，為順時也，乃與天地同其造化，但須得陽數，少不過 18 策，無不富貴榮華。

如「坤卦」夏至後，居初六爻，陰數不過 16 策，女命得之無不榮顯，但恐子少女多，益夫起家，為眾之表率，內外欽服。陽數得 27 為老陽祿數，18 為少陽福數，利男而不利女。陰數得 24 為老陰祿數，32 為少陰福數，利女而不利男子。予嘗經一村野，見一老翁，形體如垂死之人，問其平居何業，對曰：予年四十有五，一向羸疾。試得其年月推之，得「火地晉卦」之六二。予甚疑之，必是時之誤也。因取上下二時推究，得「山地剝卦」之六四，其中休咎皆與卦合，乃知村野之中，命時多不定。蓋冬夏之日有長短，時刻有先後，若戌亥子丑之時，則尤為難定，需要眼力之至，若看不至，執是為非，大「易」之理，往往輕易看過，將何以取驗哉？

凡人根基，如下數不得化工者，災禍尤重。

山地剝卦：亥時生人元堂在上九。
水雷屯卦：午時生人元堂在六二。
火山旅卦：午、酉時生人元堂在初六。
天水訟卦：午、申時生人元堂在初六。

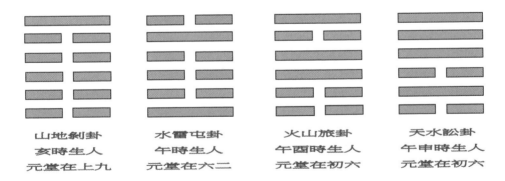

山地剝卦　　　水雷屯卦　　　火山旅卦　　　天水訟卦
亥時生人　　　午時生人　　　午酉時生人　　午申時生人
元堂在上九　　元堂在六二　　元堂在初六　　元堂在初六

推賤命法

凡所得之卦，其名凶，是貧賤命也，此大略言之。凡卦名不利者，非夭則橫，乞丐之人，凶多吉少；僧道九流之命，吉多凶少，強弱之造也。如有化工元氣者，艱難獲福，但吉多凶少者為強，吉少凶多者為弱，全凶者至災至夭，全吉者至富至壽。以大「易」之理察之，則可以通神明之德，知鬼神之情狀，知死生之定數，淺學常流，焉能達此祕也。

反卦在首尾，雖災亦輕「首尾者，初爻上爻是也」。若在中間，加數不及，遇陽年尤甚，凶莫能救。卦無元氣，須看互體，如丁酉生人，得「雷山小過」之卦，中雖無「巽」、「兌」元氣，然互體中有個「巽」、「兌」，即看互體，又看彼此相生，為火人得土卦，金人得水卦，亦謂之相生。凡得水火卦等類，若卦無元氣流年，或有元氣，此年亦主稱意。如土人得「巽」，金人得「離」，水人得土之卦，卦雖是凶，但有元氣亦不甚害。

先天後天，若得純「離」者，多有失明之疾；得「山風蠱卦」、「澤風大過」、「地火明夷」者，多有宿疾纏身；得「火雷噬嗑」、「天雷無妄」、「天水訟卦」者，多有爭竟。

若流年小象得「山風蠱卦」、「澤風大過」者，多招白眼；凡得「火雷噬嗑」、「地火明夷」、「天雷無妄」、「雷天大壯」、「火澤睽卦」、「山地剝卦」、「水雷屯卦」者，多有坎坷。

須於流年交接虛實，仔細推之，萬無一失。爻位雖佳，不若流年爻象皆佳，未有不應者。若流年多凶，身爻雖佳，亦奚以為。若行後天，連三爻不吉，必多坎蹇。若過了第四爻，遇值凶爻，十死八九。若流年連三年不吉，本身卦又不佳，可以死斷之。有僧人爻凶尤極。後天之數者，物外人所奉者薄，故能盡其天年。

先儒論數印證

　　或謂康節曰：此數不許行至後天五爻，行至四爻方可斷人生死。今人不滿二十而卒者，亦有八、九十而死者，禍福安在？對曰：此人不達物理，貴賤夭壽，吾數已備言之矣。今更熟看，卻未商量。伊川晚年得此數甚喜，卻謂門人邢敦夫曰：予平生休咎，毫髮皆見，何必窮陰極陽，推算草率，以為「易」之理耶！又謂尹和靖曰：此數極正大，言禍福皆本正經，非尋常談陰說陽之比，誠不輕易傳授庸俗之輩，輕洩天機。伊川曰：予有一僕，眉宇甚秀麗，以其年月推之，得「乾」之九四爻，雖天數不足，問之則喪其父。平生休咎，問之皆然。予愛而厚遇，交十九而暴亡。蓋無名野草，生出一枝好花，絕非佳物。今味伊川之言，卻是陽男無疑，故以天數不足，故先喪父，行「乾」之九四、九五二爻，共十八年，交十九則上不變，正是亢龍有悔，遇極則反。窮則變，變則通，在小人豈當君子之卦？既不變何能通，正謂窮極之災也。何疑焉？小人得吉卦者，更看爻位何如。如爻位復吉，又看數之足與不足，得時與不得時，以數求之，必得其精，小人得吉卦爻，暴發必死。

　　君子亦有卦爻皆不吉者，又看其大象。如「火雷噬嗑」之象曰：雷電噬嗑，先王以明罰敕法。可以用威於小人。如得「山地剝卦」之象曰：山附於地，剝，上以厚下，安宅。亦當潛心以應之。（占卦當如此體認）

　　昔東坡行年得「山火賁卦」之六二，本朝文體，三蘇為之一變，豈非文飾之象歟？東坡曰：予爻雖佳，行年吉凶相半，不得全美，既歸夏謫，平生多坎坷，以斯數三復。而自寬曰：聖人得我心矣，復何憾乎？山谷謂陳無己曰：黃龍晦堂，其長老有道者也。常問「易」於予，遂授以斯數，未已，退席問其故。渠曰：予往歲行「火雷噬嗑」之上九，橫遭官府凌辱，明年復行「噬嗑」，故著杜門行其志。予曰：公物外人也，何慮乎此？渠曰：人託陰陽以生，豈有逃其數？予雖學出世法，豈能免形骸之累？予曰：公獨不聞棲賢之僧乎？渠曰：間或有此矣，其為人誠謹如此。山谷初謫梧州別駕，謂

邢敦夫曰：予今年得「水雷屯卦」之二爻，將極十年之數，方得歸。及安置
溶州，謂其子曰：想吾先年得「水雷屯卦」之六二，有可得歸之理，今得「地
雷復卦」上六曰：迷復之凶，吾無歸矣。果卒於溶州。

富鄭公以本身卦及流年，大書於中庭壁上，遇一凶爻，即誡弟子曰：
予今年爻象不吉，汝等切勿生事以累吾，其恐懼修省蓋如此。

李文靖公得「坤」之六二曰：直、方、大不習無不利。謂友人曰：予
平生所得，皆要合於聖經。及得「離」之九四，謂友人曰：予明年必死，至
期果然。時當六月，無點穢氣，蓋其平生踐履之驗也。

范文正公得「火天大有」之九二曰：大車以載。象曰：積中不敗也。
果似為人，遂已經世為己任焉。

冠萊公有孤注之禍，是行年得「澤水困卦」之六三爻，謂友曰：予不
復反矣。果死於貶所，其得數之應驗如此。

司馬溫公曰：圖南此數，大有益於吾輩。可謂存心養性之書，誠而得之，
福可致而禍可避，可不謂之大有益乎？溫公曰：看卦須看其大象，或得某卦
某爻，或吉或凶，皆是造物分定之理，有大象辭意，依而行焉。如「地勢坤，
君子以厚德載物」，則須厚其德，弘其度，以應之。如山下出泉，蒙。君子
以果行育德。又須果敢其行，養育其德。小象亦然。

凡辨卦考數，在仔細參詳，所得之卦，合得合理，爻居何位，有何吉凶，
知是何等人，則卦之吉凶，各從其類。然以名尋數，不若以理尋數，一時之
吉可反而凶，一時之制可反而用。如「否」、「泰」之制，反有天衢後喜，
復陞繫遁，動止無常，屈伸有變，非以理推，固難洞見。

論陰陽消息例

地雷復卦：十一月冬至後，一陽生於子。是時也，萬物有萌動之機，天數不可過多，地數不可有餘。若陽始生而過多，或又至於太過之極，在人必有傾敗橫夭毀折之患，所謂春行冬令是也。一陽既生，陽當盛於陰，而猶有不足之數。如四、五以下者，失之於弱，在人亦豈有健成之理，厚發之福乎？唯有得中，則不失乎！天地致中和之氣，其人必處逸樂之中，居崇高之位矣。始生之陽，有得八、九以至十一、十二者為佳，至十八為太多，十九至二十五為太過。學者當以時而觀乎動靜，則吉凶悔吝，自不能逃也！

地澤臨卦：十二月陽生於丑，二陽既生之時，萬物以榮於內，而未洩於外；內實外虛，內榮外辱；藏蟄者翻身，屈伏者少振；陽氣漸健，而陰氣內充，故土內虛而外堅；水氣上騰，故污濁在下，澄清在上，視之而不見。當此之時，陽氣不可太少，亦不可太多也。陽數稍盛，陰數稍弱。若卦中陽爻多，又見太盛，過於二十五數以上者，在人雖吉，終必有禍，雖貴顯終不永於壽年，雖安逸終不免於危厲。唯其得中，乃為順時序之宜也！

地天泰卦：正月三陽出於寅，三陽至而「泰」道成，小往大來，上下交通，草木甲拆，氣清爽朗。當此之時，陽數不可不足，宜健以敵於陰；若陰數多陽數少，而又所得之數，只有十二、十四、十六、十八者，便合成卦立爻，於陰則是失之於太弱，在人必為時之所捨，或居貧賤，或遭夭橫，或為僧道，福不能安，貴不能久。唯陽數無不及太過之愆，則貴顯清高豐飫充實，其人必非下流矣。若其數又過於二十五數上者，而或相倍蓰者，則又失之於過高，其人必主驕亢傲奢，剛果淫欲，好勇鬥狠，亦未為善也！如值陰數太多，必有春寒之兆，百作俱遲。東風解凍之候，尚陰多而陽少，非春寒乎？

雷天大壯：二月陽生於卯，四陽爻曰壯，帝出乎震之時也。仲春之時，氣象暄和，萬物榮華，芳菲巧麗，雷霆電輝，蟄藏者出，屈伏者伸，陽氣壯甚，陰道消殞，仁風暢達之日也。天地發生之候，陰數不宜乎多，陽數不宜乎少，唯得中得宜。得中者，數不過於九數十數之下，亦不過二十五之餘。不及者，九數十數而止矣！太過越乎二十之餘，至二十五、三十以上是也，陽數太過者是也！春行夏令，必致大旱，酷氣早來，蟲螟為害，得此之數，當榮不及，始吉而終凶。先須富貴升達，後必名辱德喪，而有非妄之禍。不及者，陰寒尚多，春行冬令時，物必乖而有傷，始發虛華而不實，人生居此，主吉未成而凶已就，事未合而毀已隨。如春和有悅，而和氣勿奪，爻位更佳，辭理居體更吉，則富貴榮華才高業廣，六親有情，萬事和睦，天地至祥之氣數乎！此所以得中之為貴也。

澤天夬卦：三月五陽生於辰，五陽既生，則精氣勇決，英結實成，陰道消而陽道長，君子眾，而小人獨。當此之時，陽數雖多，不為太過，若陰數過多敵陽，必至傷氣損時，終無久慶之理。苟於此而陽數有不及之偏，亦非應時合節，其為人不拘士民，皆無成矣。且爻位卦體值此時，不可援陰以自附。蓋陽數既不及，又居陰爻，是君子居於小人之列，名利俱損，非君子之數，必至寒暄相紊，成敗相兼，戰敵交爭，非時所利，貧賤困窮，不必言矣。唯陰少陽多，與時偕行，未有不悅者也。更卦爻吉體理安，則主人聰明貴顯無疑也。

乾為天卦：四月六陽生於巳，乃純陽之月。當此之時，陽數雖多，不為太過，天行健也。得健之數，何不利之有？苟所得之，數既已合宜，又復得位當權，有援不屈，其辭凶而理卻吉，不知為富貴利名之人。若更辭吉理長，則是特達高明幹旋大順之賢士，經邦濟世之哲人，豈庸常而已哉？於此而陽數或有不及，是失之懦弱，萬事必難成矣。如陰數太過，而成卦名位反勝陽者，又為強梁黥配之徒。更理凶而體惡，必是反戮斬逆之賊也。陽數至此，雖是可盛，卻於立夏小滿前可也。如芒種之後，則太亢非宜，雖辭吉理佳，則富不能久，貴不可長矣。蓋陽極而陰將生，苟不知機，而災患豈能免乎？！

　　天風姤卦：五月夏至後，一陰生於午。太陽纏度，既成初刻，陰氣在下漸長，卦名曰「姤」。陽道漸消，陰道日長，萬物實收，無夏有再榮之理。天道左旋，地道右轉，陽氣已逆，陰氣自順，陰陽至此，分奪造化。君子於此，平心息氣，以順天之氣。當此之時，陽數不可太多，陰數不可太盛。如陰道盛而成卦爻辭名理又不吉，則必男孤女寡，九族離散，終身困窮，必是輕薄群小之人。以陰數而不至太過，使陽數而自來援陰，謂二十五之外餘偶者，必是富貴簡要之賢人。若爻位理辭更吉，此尤佳也，必是榮顯崇高之名臣。大概陽數無有餘不足之患，得其中者為貴也！

　　天山遯卦：六月二陰生於未，而陰既長，溫風盛熱，腐草為螢，陽道遁匿，所以為「遯卦」之令。君子於此，當迴避潛隱，庶可避咎。若縱其奔逐，居其前轍，則悔吝之難免矣。蓋逆天地之常，豈有安慶之理乎？生於此際，而值此卦，若陽數少，而陰數得中，又成卦爻理體皆得其宜，則百為遂意，萬事稱心，必為公卿大夫之流，爻位雖凶，亦不失為豐衣足食之人也。倘陰數太過，而爻位又不得其當，則必是貧窮困苦賤惡凶險之徒矣。蓋二陰方長之時，未可太盛故也。

　　天地否卦：七月三陰生於申，三陰既長，「否」道方成，天地不交，萬物蕭索，上下不和，志氣不通，其道乃窮，君子不可榮於祿。當此之時，陽數不可太多，陰數須多，盛亦不可使過於陽，須得其宜，則必為富貴顯達之士。若陰數反弱不及於陽，又兼卦體辭皆不能勝於陽，則亦貧賤夭折鰥寡孤獨之徒，終身禍難災憂，豈能免乎？

　　風地觀卦：八月四陰生於酉，四陰既長，是名「觀卦」，觀其徵也！乃求為之象。故酉屬「兌」，而為蕭殺之時，晝夜平均，雷收聲，蟄藏戶，陽日衰，陰日長，而漸盛，百物收斂，草木黃落，水將枯涸。當此之時，陰數須當隆盛，不宜太多也。使陽數多而陰數少，則是秋行夏令，蟄蟲不藏，五穀難結。得此數者，必至乍富乍貧，時發時毀，兼以卦爻理體，又不得其當，則其凶敗必不能救矣。使陰數多而陽數少，則為順時適宜，五穀登而萬物實。得此數者，必主顯達豐隆富貴榮華，兼以卦爻理體又得其宜，則吉祥不可勝言矣。然陰須當盛旺，終不可過乎陽也。若不見機，而求大盛，則其為陰之福，又豈能長久乎？

　　山地剝卦：九月五陰生於戌，五陰長而陽剝蕩，鴻雁來而玄鳥去，雀入水化而為蛤，天地閉塞，霜降水涸，物實歸根。當此之時，是謂老陰之地，陰數不應不足，陽數不應太過，使陽數而太多，而陰數反不足，則是令行失時，而陰生人必主萎靡不振，不能有為；其陽生人必致妄行取困，行險僥倖，乍富乍貧，或作或廢，兼以卦爻理體俱失，則凶害不可勝計矣。俟陰數多而陽數少，則是時序順佈，其在人不拘陰命陽命，皆獲其福，常則必當豐富，顯則必為公卿大夫，兼以卦爻理體俱吉，則吉祥不可勝計矣。且微陽與陰為援，亦最清吉。若陰盛反援於陽，斯是苟容妄倚，似非正理。有此數者，必是鼠竊狗偷凶徒惡逮之輩，亦必要陰陽之數得中為貴，否則，孤陰不自立也。

坤為地卦：十月六陰生於亥，六陰既長，乃純陰之時，肅殺之氣至此，陰之極也。陰氣成冰，蟄蟲不食，虹藏不見，雉入水而為蜃，天地不通，陰陽閉塞。當此之際，陰數雖多不為太過，使陽數過於陰，又居陽爻，辭凶理短者，必為淺薄失時之人，終招其災殃，百為皆不利矣。使陰數多於陽，又居陰爻，辭吉理當者，必為貴顯馳名之人，終成其事業，凡謀無不遂矣。然數之隆盛，唯宜立冬後小雪前可也。若大雪後冬至將臨，陰數過盛，甚非所宜。何也？蓋陰凝至此，勢力極盛，陰極而陽將生，當有戰爭傷血之咎，須宜得中，切莫太過，學者宜深明也。

聖人測度陰陽四時，無不合令中時者，唯大「易」、「河」、「洛」而已。且不遭秦火之禍，而簡編獨存者，乃天之所致，非人之所能也。其吉凶悔吝，動靜得失，貧富壽夭，窮通利鈍，非聖賢之人，其孰能之？學者慎勿輕洩，必須得其人而後傳，不然，獲罪於天，豈能免乎？

十二辟卦：又名諸侯之卦（圖示）

地雷復卦‧十一月	地澤臨卦‧十二月	地天泰卦‧一 月	雷天大壯‧二 月
澤天夬卦‧三 月	乾為天卦‧四 月	天風姤卦‧五 月	天山遯卦‧六 月
天地否卦‧七 月	風地觀卦‧八 月	山地剝卦‧九 月	坤為地卦‧十 月

論內卦出外例（乾卦）

「**乾卦**」變初九為「**巽**」、為風，春風融和利物，夏風散雨收雲，秋風物物收斂，冬風寒水成冰。

變九二為「**離**」、為火，春日無處不蒙和熙，夏日萬域畏其炎熱，秋日旱乾而萬物焦枯，冬日可愛，而天下皆暴其昭明之德。

變九三為「**兌**」、為澤，春澤有滋息之甘，夏澤有長育之利，秋澤有西成之望，冬澤有寒凝之苦。

變初九出外，卦為「**風天小畜**」，四爻以一陰而畜眾陽，本有傷害憂懼，以其與上合志，故「血去惕出，無咎」也。

變初九在內為「**天風姤卦**」，初爻一陰漸長，五月之卦也，靜正則吉，往進則凶，陰道須得志，亦不可恃勢妄為。

變九二在外為「**火天大有**」，五爻恩威並行，人情悅服，而百無不遂。

變九二在內為「**天火同人、六二**」，同人於宗，交接不廣，利澤有限。

變九三出外為「**澤天夬卦、上六**」，三月之卦，黨已盡，無有呼號，若不謹慎自恃，難免傾危之殃。

變九三在內為「**天澤履卦、六三**」，履虎尾，咥人，凶，小則為剛惡強硬，大則為暴君酷吏，唯謙恭自保，則可免禍害之患也。

論內卦出外例（坤卦）

　　「坤卦」變初六為「震」、為雷，雷出地中，奮達疾速，威聲遠赫，有寒木生春之意，萬匯咸亨，品物流行，發榮茂盛，無適不宜。春分以後，夏至以前，得之尤佳，或為宰輔，或為憲台，名位祿壽之兼隆。冬而得此，遇而不遇，舉動必乖，恐成災眚，蓋雷行失令違時則不利矣。

　　變六二為「坎」、為水，夫坤為致役，變「坎」為勞，是地本平寧，而忽為崎嶇險峻，任重不堪，安中伏危之象。春夏之時，土被陽氣而內攻，浮虛陷害而怨生，恩中必有崩毀之乖。秋得水而退，土氣不浮，可謂少亨，疑非大安，尤防不測之咎，唯不致傷耳。冬得水乾，培植焦熬，終多費力，不若無之，終為美也。冬至以後是謂化工，主勞役凋敗之餘，有偶然橫發之機。

　　變上為「艮」也，地起於山自下而上，有積小成高之勢。春生夏長，暢茂條達，富有之象也。秋得則萬物告成，外雖不足，而內實有餘。冬得之則草木凋零，隨毀隨譽，驟落驟榮，旋消旋長，而聚散無常。

　　變初六出外，為「雷地豫卦」四爻，猶豫無疑，志大意廣。

　　變初六在內，為「地雷復卦」初爻，十一月之卦，一陽復生始進，以正悔吝，出而吉祥集。

　　變六二出外，為「水地比卦」五爻，治行化美，王業大振。

　　變六二在內，為「地水師卦」二爻，下懷萬邦，上承天寵。

變六三出外，為「**山地剝卦**」上爻，一陽有復生之機，君子有得輿之美，小人有剝廬之殃。

變六三在內，為「**地山謙卦**」三爻，無伐善，無施勞，萬民服而事業盛也。

前舉「**乾**」、「**坤**」二卦，升降變化為例，餘則引而伸之，則了然於心矣。

論元堂變體

（震卦）

「**震卦**」變上為「**離**」、為火，乃雷散日出，晦極生明，主人器識高遠，鑑察深遠。秋夏雷興日熾，損物焦類，樂處生哀，美中不足。春天雷奮日和，萬類發生。冬天雷隱日暖，溫飽自足，凡事稱意。

變中為「**兌**」、為澤，雷澤交施，春夏震動，滋息之有賴，而萬象直遂。秋則雷澤以濟枯槁，而秋陽不得曝物。冬則雷澤失令，而萬類憔悴。

變下為「**坤**」、為地，雷入地中，雨澤不施也，必致饑荒，主人無識，蕭索乖戾，中生多阻，秋冬得宜，春夏不利。

論元堂變體（艮卦）

「**艮卦**」變下為「**離**」、為火，日出於山巔，為朝為旦。主人升上近貴，洞曉明徹，高下瞻仰，福祿兼備。夏秋酷烈，山木焦損。春冬融暖，山木舒暢。

變中為「**巽**」、為風，風生岩谷，山虛石出，居高多險，任重多危。春夏生蠱，秋冬損物，不如天風和時為美也。

變上為「**坤**」、為地，捨崇高而從卑下，脫崎嶇而履平坦。土命逢之，溫厚和平，成始成終。春夏土膏肥厚，生物榮華。蓋山中地，地中山，正類謙尊而光，卑而不可逾，無往不利也。

論元堂變體（坎卦）

「**坎卦**」變初爻為「**兌**」、為澤，水入澤中，內塞不流，終難遠大，秋冬不利，春夏則為霖為澤，自盈自滿，橫流充溢，四海有利，必成敗是非，或先難後易，先憂後喜。

變中為「**坤**」、為地，水入地中，防浸滲之乖，有壅塞不通之兆，萬事有始無終，而無快便順適之利。春夏暄乾不利，水人得此，多夭折，秋冬合理。

變上為「**巽**」、為風，水氣乘風，飄逸高遠，類多潤濕，春夏為露，滋助長養。秋為湛露，凋零萬物，施毒害人，而人多怨謗。冬為霜露，主人艱辛勞苦者也。

論元堂變體（巽卦）

「**巽卦**」變初爻為「**乾**」、為天，風收雲靜，寥廓一清，春暖夏炎，秋爽冬溫，四時俱美，萬物咸亨，吉無不利。風恬浪靜，人物繁華，風塵不動，日月昭明，星辰榮曜，尊卑永蔭，始終太平。

變中爻為「**艮**」、為山，風勢入山，動搖山岳，令命上行，人多敬畏。春風入山，草木榮茂，人多賢豪，入則可以把麾揚節。夏風入山，巽木成林，峰巒蓊郁，貴顯非常。秋風入山，風藏山谷，草木漸凋，有始無終，先達後窮，人難久耐。冬風最冷，果落枝枯，蕭索憔悴，先困後達，難中獲易。

變上爻為「**坎**」、為水，風入水面，為浪為波，漂泊勞碌，小人尤畏，亦為渾濁之乖，少全清節，有推岸覆舟之虞。春風入水，水縠成紋，人多奇巧，繁鮮榮華。夏風入水，水漸日乾，人必慳貪悔吝。秋風入水，水浪滔天，岸摧舟覆，有不戒之虞，有不期之禍，人當思患預防。冬風入水，水竭流遲，結冰成凍，物象寒苦，艱辛貧乏，隱伏阻滯者也！

論元堂變體（離卦）

「**離卦**」：離為火、為日，吐焰發耀，光照天下，太陽之象。長育之君，萬象資明，百物附麗。

變初為「**艮**」、為山，日入於山，光輝晚照，早年蹇剝，老景亨泰。春日明暗相攻，喜怒多頓。夏日入山，草木成林，遮蔭有賴，不致酷熱。秋日入山，焦燥亢厲，萬象易於枯槁。冬日入山，煎逼愁顏，萬事闌珊，不能長久。

變中為「**乾**」、為天，日落於天，晚景逼迫，光華隱藏，難以超越。春天無日，陰雨連綿，物難發生，榮中有辱。夏天無日，暗晦陰暝，火勢消滅，物難長養，一曝十寒，凶荒必致。秋冬遇此，愈加迍邅，雨雪連連，民多愁嗟。

變上為「**震**」、為雷，雲翳光明，掩火不炎。春天得之，雷電並行，震動發生，夏秋雷施物利，冬則非宜。

論元堂變體（兌卦）

　　「兌」乃正秋之神，其象為澤。初九變為「坎」、坎為水，名謂積水而成，「坎」陷天澤，交施於「坎」水，川流盈溢，所至俱宜，物物得利。春得此象，雨澤霏霏，萬物滋榮，富貴可期，人多拔萃。夏得此象，長養有功，榮舒萬匯，人生多遇，不苟不貪，富則金帛盈室，貴則宗廟之衛。秋得此象，水澤交加，禾穗雙成，人生值此，得民之情，慶留後裔。冬得此象，水澤相交，民物空虛，茲非廣惠。

　　九二變「震」、為雷，名謂雨澤加雷，動威致潤，啟悴發枯，六合榮和，物皆秀麗，森森仁恩，天澤滂沛，小往大來，斯為至貴。春而得此，生榮萬物。夏而得此，長養隨宜。秋而得此，歲功樂成。冬而得此，卻非所宜。雷聲陷伏，號令收藏，安可出外？若出謂之非時，恐致災眚。

　　變六三為「乾」，乾為天，名謂雨收澤竭，天籟清虛，人物從容，眾情多悅。春得熙和，物物欣榮，巧麗人多繁飾，傑出群倫，自然稱意。夏秋得此象者，有仰青天，雨澤不施，水乾流竭，無豐多歉，飢饉怨望，自多傷折。冬得此象，寒凝少作，歲內豐稔，人亦富饒，自然亨泰也。

　　八卦之象，四季合宜則吉，悖之則凶，值月侯者，不得執此論。

六十四卦立體

乾為天卦：六畫純陽，天之道也，君道也，夫道也。有剛健之德，有發育之功。且賢人君子，則不可擋。庸凡得此卦，則有災眚，凶之道也。

天澤履卦：上「乾」下「兌」，中存「離」、「巽」。日明於天，風動雨施，晦蝕其明，柔履乎剛，不得其位，則有履薄冰之憂，君子則為履驚懼之象，得時合五行最吉。

天火同人：上「乾」下「離」，中存「乾」、「巽」。柔得位而應乎「乾」，虛心順之光明盛大，柔濟以剛，行健不以武，而以文明，用之相應，不以邪，而以正中。君子得之，則為和同之象。

天雷無妄：上「乾」下「震」，中存「巽」、「艮」。雷發於天之下，山之中，巽風扇揚，吹噓萬物，主人甚有威權聲譽，雷震驚怖，巽風動搖，而減災眚。凡事不可妄為，最宜謹守。君子得之，則為無妄之象。

天風姤卦：上「乾」下「巽」，中存「乾」象。柔遇剛也，風行天下，發榮萬物，命令發施，動化萬民，眾為君子，寡為小人，則其身在貴，必成其美。君子得之，則為「姤」遇之象。

天水訟卦：上「乾」下「坎」，「巽」、「離」存乎其中。外剛內險而不相合，「巽」風方動而水欲施，又為月明於天上。是卦也，陽多陰少，陽尊陰卑，二氣相薄，陰陽不和，君子則為爭訟之象。

天山遯卦：上「乾」下「艮」，中存「乾」、「巽」。天之下有山，山之中有木，為風動搖枝葉不寧，或飄或落，又無物以濟之，在人日用之事，宜自退避。君子得之，則為遁逃之象。

天地否卦：上「乾」下「坤」，中存「巽」、「艮」。風行山地之中，方欲扇揚，萬物又為「艮」所止，不能發，又無雷澤相應，山地之中，草木就燥，甲不能拆，秀不能實，壅遏不通，君子則為否塞之象。

澤天夬卦：上「兌」下「乾」，中存「乾」象。陽決陰之時，五陽獨亢，一陰至柔。陽為君子，陰為小人，是卦陽多陰少，無小人莫養君子，莫能行其剛健，無柔德可以濟之，必至凶惡。君子得之，則為「夬」決之象。

兌為澤卦：上下皆「兌」，中存「巽」、「離」。日明於雨澤既行之後，晦而又明，又得風扇揚其光，無物不麗，萬物咸悅。君子得之，則為兌悅之象。

澤火革卦：上「兌」下「離」，中存「乾」、「巽」。天之下有風，發揚吹扇，萬物生長，此「天風姤」之象。天之上有澤霑濡，天之下有風日相交，融和條暢，如春夏秋生最吉，萬物增新而改舊。若安身在「乾」剛之地，多至凶矣。君子得之，則為改革之象。

澤雷隨卦：上「兌」下「震」，中存「巽」、「艮」。山之中有草木，雷動風翻，雨澤萬物，風雨雷電，相隨而行，造化不違，物全其性。君子得之，則有隨順相從之義。

澤風大過：上「兌」下「巽」，中藏「乾」象。剛亢居中，本末俱弱，首尾不能運掉，心性剛強，徒自勞爾，必致災難。君子得之，則為「大過」之象。

澤水困卦：上「兌」下「坎」，中存「離」、「巽」。日欲光而上下無應，水欲通而造化之功壅塞阻滯。君子得之，則為「困」頓之象。

澤山咸卦：上「兌」下「艮」，中存「乾」、「巽」。剛柔相應，二氣相合，陰陽交暢，萬物相感，各有所成。「巽」風發乎天之下，山之中，扇揚萬物；「兌」澤施乎天之下，山之上，沾潤萬物，二氣相召，陰陽和而萬物成。君子得之，則為「咸」感之象。

澤地萃卦：上「兌」下「坤」，中存「巽」、「艮」。山地相為培植，「兌」澤自上而降，灌溉滋潤，草木之本根益固，枝葉茂盛。但見其林木繁多，不可勝用。君子得之，則為「萃」聚之象。

火天大有：上「離」下「乾」，中存「兌」、「乾」。剛柔相濟，明暗相交，二氣循環，陰陽得位。明者「離」之日也，晦者「兌」之澤也。交雜乎火之上，日之明能照萬物，而物受其氣，故有相感之意。君子得之，則為「大有」之象。

火澤睽卦：上「離」下「兌」，中存「坎」、「離」。日月之光輝並照，當使萬物明麗光華，中又有「坎」陷所遏，二氣不能交通，否塞壅滯，又值「兌」澤施晦氣以干之，則不能全其明。君子得之，則為「睽」間之象。

離為火卦：內外皆「離」，中存「兌」、「巽」。上下皆明，天下之人，悅其照耀光輝盛美，又為順而從之，事皆照彰，令譽顯著。君子得之，則為「離」明之象。

火雷噬嗑：上「離」下「震」，中存「坎」、「艮」。為日月之明，主人有智有力，乃為日月之象。然噬者，齧也，嗑者，合也。凡物之間齧而合，君子則為噬嗑之象，又主官非爭訟之事。

火風鼎卦：上「離」下「巽」，中存「乾」、「兌」。天之上有澤有日，天之下有風扇榮。普天之下，江河山川，陽明照麗，雨澤霑濡，巽風生長，精神秀麗，氣象更新。君子得之，則為鼎新之象。

火水未濟：上「離」下「坎」，互體存乎其中。二氣相逢，陰陽不順，事皆倒置，蓋火在水上，兩無所成。君子得之，則為「未濟」之象。

火山旅卦：上「離」下「艮」，中存「巽」、「兌」。日正明而雨下，二氣相薄，陰陽不和，山之中有風，風落山下，有山風「蠱」之意，物皆傷壞，事事乖忒。君子得之，則為羈旅之象。

火地晉卦：上「離」下「坤」，中存「坎」、「艮」。山地之間，百物仰賴乎天，枯則潤之，濕則曬之，欲曬之以日，其水欲行止之，以險水不能動；欲潤之以水，其日欲升，則止而陷之，使不能通其造化之妙，存亡進退不已之功。君子則為晉進之象。

雷天大壯：上「震」下「乾」，中存「乾」、「兌」。天之中雷震發動，「兌」澤旁施，普天之下，浸漬霑濡，物受其利，能成豐稔之發。君子得之，則為「大壯」之象。

雷澤歸妹：上「震」下「兌」，中存「離」、「坎」。長男豈可與少女交，則少女有所不樂。今悅以動，女所必歸從也。人倫大義，於此反背。君子得之，則為「歸妹」之象。

雷火豐卦：上「震」下「離」，中存「兌」、「巽」。雷動雨施，陰晦不光。忽然雲收雨散，而日麗照耀四方，晦昧皆明，陰氣正衰，而陽氣獨盛，光明正大，無所不燭。君子得之，則為豐大之象。

震為雷卦：內外皆「震」，中存「坎」、「艮」。震雷驚奮，命令施設，威聲廣播，雷聲一震，山岳動搖。是卦也，一卦二雷太過，其聲震驚百里，得之非時，恐致災害。又主為聲名振揚，才華溫厚。君子得之，則為震雷之象。

雷風恆卦：上「震」下「巽」，中存「乾」、「兌」。自天之中，雷動風行，雨澤於下，雷風相與，剛柔相應，皆無壅遏阻滯之患。君子得之，則為恆久之象。

雷水解卦：上「震」下「坎」，中存「坎」、「離」。雷聲一發而雨作，日方欲明，內外皆陷，使陰陽相搏，水澤通行，洽濡萬物，故曰：險以動，動而免乎險。君子得之，則為患難解散之象。

雷山小過：上「震」下「艮」，中存「兌」、「巽」。「艮」山之上，萬物
　　　　　叢聚，「巽」風為之扇揚。「兌」澤為之滋潤，枝幹茂盛，物物
　　　　　順悅，無不如意。但其中震雷發動，未能全靜。君子得之，則為
　　　　　「小過」之象。

雷地豫卦：上「震」下「坤」，中存「坎」、「艮」。上方動險，中方滿險，
　　　　　下又止之，則其險無所用矣。雷在地上，震驚萬物，屈者伸，藏
　　　　　者露，順以動之，動以順豫。君子則為逸豫之象。有眚，合五行
　　　　　吉。

風天小畜：上「巽」下「乾」，中存「離」、「兌」。日在天上而明，風自
　　　　　天上而發，雨澤自天上而施，日能照耀，風能發揚，雨能滋潤，
　　　　　物受其利，故有積蓄之義。君子得之，則為小畜積聚之象。

風澤中孚：上「巽」下「兌」，中存「震」、「艮」。風行當發，雨澤施沛，
　　　　　天地之間，草木皆受其潤。剛得中則止，柔在內則順，悅以巽人，
　　　　　無乖爭巧竟。君子得之，則為「中孚」之象。

風火家人：上「巽」下「離」，中存「離」、「坎」。交互日月之明，主為
　　　　　人聰慧智識，大明輝耀，得風以扇揚之，其焰愈熾，中又有水以
　　　　　濟之，以為堤防之地。蓋防者，乃防閒之義。初九曰：閒有家。
　　　　　君子得之，則為「家人」之象。

風雷益卦：上「巽」下「震」，中存「艮」、「坤」。山之下有地，地之上
　　　　　有山，其地深厚益固，上而有山，巍巍高大，「巽」風發榮於山
　　　　　地之間，震雷發動於山地之下，君子得之，則為進益之象。

巽為風卦：上下皆「巽」，中存「離」、「兌」。風日交和，萬物悅順，在「離」明之地，照耀光華，風行令佈，民皆悅服。君子申命行權，則為巽順之象。

風水渙卦：上「巽」下「坎」，中存「艮」、「震」。山下有雷，動搖草木，根枝不寧。但於「坎」險之中，雷動為難，雷聲阻險，不行奮發，發則物受其害。是卦也，居爻行數，不吉反為災難，逢吉則為患難渙散之象。

風山漸卦：上「巽」下「艮」，中存「離」、「坎」。有日月之明，聰明光華，水行於險，「艮」又止之，風和日暖，適當其時，可使雨水施佈，以茲生長之功。萬物受利，自此有成。君子得之，則為有漸之象。

風地觀卦：上「巽」下「坤」，中存乎「艮」。地之上有山，積為垣牆之義，成高大之勢，山地之上又得「巽」風為之扇揚，高大光厚，威儀盛美，必有可觀者焉。君子得之，則為壯觀之象。

水天需卦：上「坎」下「乾」，中存「離」、「兌」。日月之明，主為人聰明智慧。日在於天，正當光耀，雨澤又自天而下，日為雲所蔽，欲待雲收雨散，方著其明，「需」者，待也，有儒者席珍待聘之義，君子則為待時之象。

水澤節卦：上「坎」下「兌」，中存「艮」、「震」。山之下雷聲一動，蟄蟲皆伸出露其狀。而又得水澤以潤之，物皆受其利，必有成功之日。造化至此，萃露於中，又為民所遏，方欲升進，「艮」又止之，凡事多阻。君子得之，則為阻節之象。

水火既濟：上「坎」下「離」，中存「離」、「坎」。有日月之明存乎其中，
水在火上，下發其焰，鼎沸物熱，事無相違，中存互體，即亦如
此。水能浣濯而清潔，火能照耀而光明。二氣相感，以成其功。
君子得之，則為「既濟」之象。

水雷屯卦：上「坎」下「震」，中存「艮」、「坤」。雷在地中，「復」未
為亨通。「震」雷發動，水澤方施，又為「坎」陷所逼，君子則
為屯蹇未亨之象。

水風井卦：上「坎」下「巽」，中存「離」、「兌」。井之中有水，其來不
竭，井深而脈長，則日以華麗。春水溫則風暖，夏水熱則風溽，
秋水冷則風清，冬水寒則風冽。「井」之德有常，而不變所守，
君子則為「井」之象。

坎為水卦：上下皆「坎」，中存「震」、「艮」。山之中興雷致雨，草木發
秀，主人伶俐，但凡事多有阻難，內方欲動，又為險所陷，「艮」
所止，進退不能。君子得之，則為「坎」陷之象。

水山蹇卦：上「坎」下「艮」，中存「離」、「坎」。日月之明，水火相濟。
是卦也，水澤所行，為「艮」所止，陽明欲麗，為「坎」所陷，
水阻折而不通，日虧昃而不耀。君子得之，則為「蹇」難之象。

水地比卦：上「坎」下「坤」，中存乎「艮」。山中地，地中山，正類謙光
四益。蓋山地之上皆水，草木受潤，上險下順，外縱行險，內順
從之，則其險何所施焉？縱或危險，又知所止，無非柔順和樂，
君子則為比和之象。

山天大畜：上「艮」下「乾」，中存「震」、「兌」。山在天之上，既高而又處高，震雷動而雨澤施，致潤乎山，物皆滋益，天與山皆藏蓄乎物。君子得之，則為「大畜」之象。

山澤損卦：上「艮」下「兌」，中存「坤」、「震」。雷在地中復，未能發聲，則雨澤安能沛然而下？雷震而雨方行，雷既下施，山地之上，物無滋潤，枯槁可知，君子得之，則為虧損之象。

山火賁卦：上「艮」下「離」，中存「震」、「坎」。山之下日方「離」麗，使百穀草木光明正大，雖雷動而雨欲施，將使其明者晦矣。又為上險而不可行，止過而不可動。其為日也，獨耀其明，而不為邪陰所傷，小人欲犯君子，而不可得。君子得之，則為文飾之象。

山雷頤卦：上「艮」下「震」，中存「坤」象。山之下有地，地之上有山，積累高大，培植草木，山地之下有雷，非應時不發，當行則行，當止則止，有所涵養。君子則為頤養之象，是卦順時則吉而富貴。

山風蠱卦：上「艮」下「巽」，中存「震」、「兌」。於文則為血，蠱風落山，謂之蠱，又謂三蟲食血之義。女人感男，山下有風，山中有雷有澤，其蠱為風扇揚所發，雷震動而出為澤，草木皆受其食，不能生長。君子得之，則為蠱壞之象。蠱者，事也，惑也，又為多事惑亂之象。

山水蒙卦：上「艮」下「坎」，中存「坤」、「震」。山之下有險，「震」動「坤」靜。動泉靜土，未知所適，君子則為蒙昧之象，又有富貴者當參究，合五行則吉。

艮為山卦：內外皆「艮」，中存「震」、「坎」。雷動於險，「艮」又止之，發聲動威，不能行其令，內外皆阻，中存險陷。君子得之，則為「艮」止之象。

山地剝卦：上「艮」下「坤」，中存「坤」象。陰多陽少，小人眾而君子獨，陰剝陽之時，小人犯君子之義也。是卦多為災眚，夭亡之象。然眾陰剝去，其陽使無其位。剝者，落也。君子則為剝落之象。

地天泰卦：上「坤」下「乾」，中存「震」、「兌」。雷動澤施於天之象，雷澤行地之下，物受其潤，正天地交泰之時，陰陽和暢，草木蓄茂，君子則為大通之象。富貴之說，得時合節則吉。

地澤臨卦：上「坤」下「兌」，中存「坤」、「震」。地之下有雷有澤，雷動山岳，命令下行，澤潤草木，恩波下逮，有為政治之實。君子得之，則為臨蒞之象。

地火明夷：上「坤」下「離」，中存「坎」、「震」。日方欲明華麗之耀，又為雷動雨水散行。是卦陰多陽少，致使陽明之氣，竟為邪氣所干，陰盛陽衰，不能自立，自傷其明。日落平地，沉墜埋沒。其光輝之在我。君子得之，則為「明夷」之象。

地雷復卦：上「坤」下「震」，中存「坤」象。雷在地中，未能亨奮，唯利冬月生人，餘月皆致災眚。又云：陰月生人，雷未應時，當復於地中，其時未震。震驚百里，物即亨奮。君子得之，則為興復之象。

地風升卦：上「坤」下「巽」，中存「震」、「兌」。雷動風行，雨澤滂沱，
地上有物，受其潤澤，枯者榮而秀者實矣，咸有收成之功。君子
得之，則為「升」進之象。

地水師卦：上「坤」下「坎」，中藏有「震」。雷出於地，震搖山岳，命令
下行。雷一動而雨澤施，浸潤萬物，剛中而應，行險而順。主為
人出眾，敢為服眾，有作有守，君子則為師眾之象。

地山謙卦：上「坤」下「艮」，中存「震」、「坎」。地下有山，山上有地，
培植高厚之勢，滋養萬物。「震」動雷行，「坎」滿而溢，發生
茂盛，皆自此始。山在地中，愈高愈卑。君子得之，則有謙光之
象。

坤為地卦：六畫純陰，地之道也，臣道也，妻道也。有柔順之德，厚載之功，
含弘光大，安貞無疆。女命得之，無不盡善。

論出後天六合伏體要旨

凡天地之道，窮則變，變則通，通則久。夫人生有出六合之外者，是為極數。此必仙姿道骨，夙善因緣，當宜推究。有出後天至九五、六五、上九、上六者，有應援伏體，有元氣化工，辭理優長，為能極也。卻將九五、上九、六五、上六，即起流年推之，若遇反對，爻凶理失，則壽之所終也，此遊魂伏體之法。否則，終能殃及子孫，必多災眚，其人自非其疾，亦必孤獨。所謂數極，有京城，有山林。京城者福，山林者苦；京城減壽，山林崇高，即與舟去齒附翼兩足之義也！

詳說伏體要旨

如後天之氣數，行至君爻之位，此為數足，到此必死。無陰驚者，千日之前便死。如遇小象與大象反對，定死無疑。有陰驚者，到君位陽爻，延至九年必死。屯蹇夭眚之患，縱到君爻，亦不許行至上極之爻，壽必不至此。或有到此者，必主大變之禍，凶暴之撓。或生異疾，或殃及子孫，或反本復始之失。所謂反本復始者，先無官，後有官，必致反其官為無官之人，先無財後有財，必反失其財。損人傷口，喪幼泣卑，百種千端，妖怪並發。蓋氣數如此，先是後非，反治為亂，是物窮則變，變則極矣。有過此上極之爻，當為超凡越世之士，乃避世之賢，乃逃出先後天之命，不繫數中，不屬天地所拘，非繫仙姿道骨，安能有此也哉？所謂逃出六合之外，乃命之最者，斯可與並論矣。

河洛理數《卷一》終……

考訂河洛理數便覽
（附錄增補）

考訂河洛理數便覽（附錄增補）

　　太極所謂理，太極生陰陽、生四象、生五行者，氣也。一生二，二生三，至於萬萬不可極者，數也。故數中有氣，氣中有數。天地以數中之，氣有生有殺；萬物以氣中之，數有吉有凶。故知氣中之數，可以盡人；知數中之氣，可以事天，得其理也。「河洛理數」者，世傳於圖南，司馬溫公謂：圖南此數，存心養性之書，大有益於吾輩。存心養性者，所以事天也。故得其理，而後知其數。因感溫公之言，而增補之。

元堂爻位、變體

元堂爻位

　　元堂在陽爻，逢陽令為得時，居陽位為得正；在陰爻，逢陰令為得時，居陰位為得正。陰陽在二五皆為得中。陽盛而居三為過剛，居上為亢。陰盛而居三為不正，居上為窮。陽弱而應以陰，陰弱而應以陽，為有應；應爻卦體吉為得援，得時則順，失時則逆；得正則安，失正則危；得中則吉，亢窮則災；得援則利，無援則困。

元堂變體

乾卦：元堂

乾變巽： 春風融和利物，夏風散雨收雲，秋風物物收斂，冬風寒水成冰。

乾變離： 春日和煦，夏日炎威，秋日焦枯，冬日可愛。

乾變兌： 春澤滋息，夏澤長育，秋澤有西成之慶，冬澤有寒凝之苦。

坤卦：元堂

坤變震： 雷出地中，奮達疾速。春夏品物咸享，冬則失令，或有災眚。

坤變坎： 水由地中行，通達之象，然亦為「易」中變險安中伏危之象。故春夏之土，陽氣內攻，防有虛陷崩損，恩中生怨。秋得水而炎退，土氣不浮。冬得水乾，培值焦熬。冬至化工在「坎」，勞役凋敝之餘，有橫發之機。

坤變艮： 山起於地，積小高大之勢，春生夏長，秋成之機。冬則草木凋零，消長無定。

震卦：元堂

震變坤： 雷入地中，雨澤不施，乖戾無識。春夏不利，秋冬得宜。

震變兌： 春夏雷澤交施，萬象滋息。秋澤以濟枯槁，冬則失令，萬物憔悴。

震變離： 雷散日出，器識高邁。春則雷奮日和，萬類發生。冬則雷隱日暖，溫飽稱意。秋夏雷興日熾，損物焦類，美中不足。

巽卦：元堂

巽變乾： 風收雲靜，寥廓一清。春暖夏炎，秋爽冬溫，四時俱美，萬物咸享。

巽變艮： 風勢入山，動搖山岳，令行人畏。春風入山，樹林榮茂，人多賢豪，把麾揚節。夏木成林，峰巒蓊郁。秋冬木落枝枯，山風憔悴。丑月困中得達。

巽變坎： 風入水面，為浪為波，漂泊勞碌，或渾濁之乖，少全清節。春風水縠成文，人多奇巧，鮮榮華茂。夏風水漸日乾，慳貪悔吝。秋風水浪滔天，思患時防。冬風水竭流遲，寒凝伏滯。

坎卦：元堂

坎變兌： 水入澤中，內塞不流。秋冬不利，春夏為霖為澤，自盈自滿，橫流充溢，利敗相兼，或先憂後喜。

坎變坤： 水入地中，防浸滲之乖，有壅塞不通之兆。春夏暄乾不利，水人多夭折。秋冬合理。

坎變巽： 水氣乘風，春夏為露，滋助長養。秋露凋零，毒物招謗。冬為霜雪，艱辛勞苦。

離卦：元堂

離變艮： 日入於山，光輝晚照。春日明暗相功，喜怒多頻。夏日入山，草木成林，遮蔭有賴。秋日入山，焦燥亢厲。冬日入山，煎逼愁顏，萬事闌珊。

離變乾： 日落於天，晚景逼迫，春物難生，榮中有辱。夏暗火滅，一暴十寒。秋冬雨雪愁嗟，迍邅愈甚。

離變震： 春日雷電並行，震動發生。夏秋雷施物利，冬則非宜。

艮卦：元堂

艮變離： 日出於山，為朝為旦，洞徹升榮。夏秋酷烈，山木焦損。春冬融暖，山木舒暢。

艮變巽： 風生岩谷，春夏生蠱，秋冬損物，不如天風和時為美也。

艮變坤： 捨高從卑，脫險履易。土命逢之，溫厚和平，成始成終。春夏土膏肥厚，生物榮華，無往不利。

兌卦：元堂

兌變坎： 雨澤交施，川流盈溢，所至俱且，物物得利。春夏萬匯滋榮，秋禾雙穗，冬亦有慶。

兌變震：雨澤加雷，啟悴發枯，六合滂沛，春生夏長，秋成之利，冬則非時，恐致災眚。

兌變乾：雨收澤竭，天籟清虛，人物從容，眾情多悅。春得熙和，欣榮巧麗。夏秋雨澤不施，饑歉怨望。冬則寒凝少作，歲內豐稔，人亦富饒，自然亨泰也。

　　備註：以上諸條，不過舉卦爻之大略，更當通考象數，參究全體，審其消息盛衰之機，窮其交互變通之情，不可執一而論也！

十二辟卦陰陽消息

　　陽生於冬至，極於芒種。陰生於夏至，極於大雪。陽長則陰消，陰長則陽消。氣有盛衰，數有強弱，相順相逆，而吉凶生。人受天地陰陽之氣，以所得年、月、日、時「河」「洛」之數，核其陰陽多寡，按之所值月卦消息之氣，考其強弱盛衰之逆順，而後印之正變二卦爻位理體之象，而吉凶之機思過半矣。

　　一、三、五、七、九，五陽之數，合之得二十五。二、四、六、八、十，五陰之數，合之得三十。故天數二十五，地數三十，為「河圖」之正數。正數以上為有餘，有餘之極為太過。正數以下為不足，不足之極為至弱。我弱而彼亦弱，為陰陽俱羸；我強而彼亦強，為陰陽相戰。我餘而彼無餘，有孤陽孤陰之患；彼足而我不足，有陽偏陰偏之損。或陽數得盈而陰不足，則以陽凌陰；陰數得盈而陽不足，則以陰犯陽。

　　二數既定，而後合之十二辟卦之氣候，大抵自子月至巳月，天數宜漸盛，地數宜漸弱；自午月至亥月，地數宜漸盛，天數宜漸弱。

陰、陽 至弱、不足數，有餘、太過數

陽至弱數

天數自 4 至 8 為陽至弱，陰多而陽至弱者，當一陽之候，不為甚病，如卦值陽爻得位者吉。當二陽之候，則為非宜，事多缺陷。當三四陽盛長之候而得此數者，心志卑役，艱難困苦，眷屬睽違。若陰再過盛，應遭橫夭，否亦非良善之徒，或盜賊娼妓之流也。當五六陽及一二陰之候，必主夭折。三陰之候，貧困無依，四陰之候，其病尚淺。五陰六陰之候不為害。

陰至弱數

地數自 8 至 12，為陰至弱，陽多而陰至弱者，當一陰之候不為病，卦值陰爻中正者吉。當二陰之候，雖病尚淺。三陰四陰之候，則慳貪鄙窄之徒，卑寒夭折，鰥寡孤獨之輩。五六陰及一二陽之候，更夭折不堪。三陽之候，貧蹇無聊。四陽之候，亦多虧損。五六陽之候，不為甚病。

陽不足數

天數自 9 至 24 為陽不足。陰多而陽不足者，當一陽二陽之候為宜，三四陽之候為不吉，更爻位不當無援，則行止非時，動靜非節，機會不投，碌碌貧賤之輩。五陽之候，孤苦無成，甚者夭折。此時卦爻，或陽居陰位，是猶君子居小人之列；或陽倚陰援，是以君子附小人之勢，寒暄相紊，成敗相兼，戰敵交爭，名利俱損，乃自取困窮者也。六陽之候，多主夭折，否亦一事無成。一陰之候，亦困苦懦弱之人。二陰之候，陰數得中則吉，否則非宜。三陰之候，亦有虧損。四陰之候為宜，卦爻體理佳則吉。五六陰之候為福，大抵陽弱及不足者，淬厲神明，以志帥氣，庶幾能有為焉。

陰不足數

地數自 13 至 29 為陰不足。陽多而陰不足者，當一陰二陰之候為合宜，三四陰之候不吉，更卦爻體理不當，貧苦之人，六親疏絕，失時淺蕩，萎靡不振。五六陰之候，當夭折。一陽之候亦多虧損，二陽之候不為病，三陽至六陽之候俱佳。大抵陰弱及不足者，困勉自勵，不慕榮華，庶幾能有立焉。

陽有餘數

天數 26 至 39 以下，為陽數有餘。當一陽二陽之候不為美，三陽之候吉，四五陽之候更為合宜，卦爻復得位當權則大吉。一陰之候亦吉，二陰之候，陽當知幾，稍有餘者不為病，多則悔吝不免。三四陰之候，多至愆尤，不可不慎。五陰之候，更逢陽生人，卦爻體理不當，不免妄行取困，僥倖致凶，乍富乍貧，或作或廢。六陰之候，更屬淺薄失時之人，百為皆不利，卦爻不當，則自取災殃而已，須詳其餘數之差等以分之。大抵陽有餘者，持盈之道，宜兢兢焉。

陰有餘數

地數 31 至 49 以下，為陰數有餘。當一陰二陰之候為非宜。三陰之候，稍餘者吉，多則為病。四、五、六陰之候為合時，卦爻體理得當則大吉。一陽之候亦佳，二陽之候亦不為病，三陽之候稍有餘者尚可，多則有春寒之兆，百作俱遲，失東風解凍之令矣。四陽之候，陰寒尚多，則春行冬令，時物乖傷，華而不實，吉未成而凶或兆，事未合而毀已隨。五六陽之候，妄行取凶，並以餘數差等及卦爻當否以分之。大抵陰有餘者，審機之道宜兢兢焉。

陽太過數

天數40至60者為陽太過。一陽之候，失之太過，冬行夏令，必有傾敗、橫夭、凶暴、毀折之患。二陽之候，亢而非時，動靜有悔，雖貴而不得其壽，雖安而不免於危。三陽之候亦主剛決好勇，驕亢奢淫，豈得為福？四陽之候，春行夏令，必致大旱，酷氣早來，蟲螟危害之象，雖榮不久，雖吉終凶，宜防有非妄之災。五陽之候無害，卦爻吉，體理安，亦主聰明富貴。六陽之候，雖宜陽盛，而亢極則凶。蓋是時陽極而陰將生，苟不知機，難免災患，雖卦爻得吉，亦富貴難久。如卦爻過剛不正，體理凶惡，則強梁黥配之徒，甚則悖逆斬戮之輩爾。一、二、三陰之候，陽不知機，縱其奔逐，凶咎難免。四陰之候，秋行夏令，蟄蟲不藏，五穀難結，災害莫救。五六陰之候，凶悖失時，不可問矣。大抵陽太過者，無論卦爻當否，皆宜惕厲省躬，栗栗危懼，庶幾免焉。

陰太過數

地數50至60以上者為陰太過。一陰之候，失之太過，卦爻不吉，必輕薄群小之人，孤寡離散終身困窮之輩。二陰之候，亦貧窮困苦賤惡凶險之徒。三陰之候，驕倨不節，患難時生。四陰之候，盛而不檢，福豈能長？五陰之候，卦爻當亦為佳，是時陽氣已微，得陰為援，亦屬清吉。大抵陰雖當盛，亦要陽數得中，否則孤陰不自立也。然苟陰盛而反賴援於陽，斯是苟容妄倚，當為鼠竊狗偷凶徒惡逮之輩爾。六陰之候，雖宜陰盛，而過極則凶。蓋陰極而陽將生，過盛不止，必有戰爭傷血之咎。一二陽之候，凍極寒甚，非微陽所能堪。卦爻不當，必有驕狠殘暴浮躁奸狡之病，或不得善其終。三四陽之候，陰不知時，妄行取凶。五六陽之候，百事傷殘，悖戾之氣，自取刑禍。大抵陰太過者，無論卦爻吉否，皆宜惕過懼罪，如在冰淵，庶幾免焉。

陰陽正數、得中數，俱贏、相戰數

陰陽正數

　　天數 25，地數 30，皆無餘不足，謂之安和自寧之數。若卦爻理體佳，主富貴福澤。如卦爻不佳，亦安逸良善，非凶惡之比。得此數者，能履中蹈和，以無負天地之數，其斯為吉人矣乎！

陰陽得中數

　　二數合乎時令，應多而多，應少而少，無偏勝之疵，是為得中。兼以卦爻得當，富貴久長，百無不利。若徒得中，而卦爻理體皆凶，則亦貧賤之輩爾。得此數者，任天而動，順時而應，窮達不失其理，其斯為君子哉！

陰陽俱贏數

　　天地二數皆不足、皆弱者，為陰陽俱贏，主心志卑隘，作為淺陋。一陽一陰之候，陰不能養陽，陽不能御陰，六親難靠，名利不全，福力淺薄，天年不久。若二陽二陰至六陽六陰，氣愈盛，則贏數愈凶，或刑官剋剝利己損人，男多僧道，女多妓妾。若卦爻吉，得時有援，尚可利卓，但亦不免為忘恩失義之人。若卦爻凶，無援失時，必配逮之徒，或乖戾夭橫，窮苦難以存活者也。又當視其不足與至弱之差等，以審其重輕。得此數者，勤於修己，順受其正可也。

陰陽相戰數

　　天地二數俱多則戰，多之極則戰之甚，九族離散，妻子難全，錢財不積，禍福相繼。更卦爻不佳，則軍吏之輩。如爻佳位當，亦得無害。然唯二陽二

陰，三陰三陽之候，二氣相敵，審其卦象安吉，能解釋戰爭之氣者，可得吉祥富貴。四陽四陰之候次之，其卦體爻位不吉，或亦有戰剋及反覆等象者則不吉。若當一陽一陰之候，宜安靜而止爭，或五陽五陰、六陽六陰之候，兩不相伏，必兩敗俱傷，貴者亦多毀折，富人必啟爭訟。卦爻雖吉，又安得為美乎？得此數者，汲汲於懲忿修慝改過遷善可也。

孤陽、孤陰數

孤陽數

地數恰滿 30，而天數得 26 以上者，乃陰無餘，陽有餘，謂之孤陽。孤陽所餘之數有三等。

一等：如餘得偶數者，是陽中有陰，只以有餘太過照前例分等論之，不必謂之孤。

二等：如餘得奇數者，是純陽無陰，謂之孤陽不偶。陽氣太燥，萬物枯槁，如歲旱之狀，刑剋多端，更卦居陽爻，不中過亢，必主剛強好辯，浪語狂言，寡合招怨，女子悍淫不道，男子鬥狠欺瞞，百事乖違。若陰爻陽合，卦吉辭安，亦得福壽，又當視其有餘太過之深淺以詳之。得此數者，宜謙以自牧，不逞其剛，乃無咎也。

三等：如餘得天 5 之數，或 15，或 25，或 35 者，五得五而成十，謂之孤陽自偶。「河圖」天五居中，陽孤而歸於中，則陽極自生其陰，此亢剛反和之象，早年不免孤苦勞神，辛勤自立，先難後易，先貧後富，先微後貴，六親先離後合。卦爻有援當位，體理順吉，必主橫發，或得妻財。但女子得之，須防再嫁之虞。凡得此數者，堅守其正，終始不渝，必得吉也。

孤陰數

天數恰足 25，而地數得 31 以上者，乃陽無餘，陰有餘，謂之孤陰，孤陰所餘之數亦有三等。

一等： 如餘得奇數者，是陰中有陽，亦只以有餘太過照前例分差等論之，不必謂之孤。

二等： 如餘得偶數者，是純陰無陽，謂之孤陰背陽。此陰氣凝結，蟄困不伸之象。積陰之數，無陽不成，雖富貴亦難久恃，當有災殃。女人損夫傷子，刑害重重。男子志不忠良，多虛少實，聞見寡陋，窒而不通，或遭妻抑，或在離鄉，甚至鰥孤淫亂。男逢陽令，多主佻達。女逢陰令，或為尼娼。若得陽和之卦，陽爻得位，辭體皆吉，亦可獲福，亦視其有餘太過之深淺以詳之。得此數者，宜親賢愛眾，誠一不欺，乃無咎也。

三等： 如餘得地 10 之數，或 20，或 30 者，數過 10 而歸一，謂之孤陰向陽，「河圖」地十居中宮以抱天五，陰孤而歸於中，則陰自就於陽，有寒谷回春之機，六親睽隔，自成自立。卦爻得當，晚歲光輝。陽令生人，多至橫發，偶成所獲之財，有小往大來之意。但陰極向陽，恐言行無據，不可信託心存狡猾，事多欺瞞，好是非，佩規矩。卦體陽盛居陽，應能改過，若陰多居陰，則必竊盜之輩，配徒之流爾。此數女子尤非所宜，恐有奔求之意，陰爻陰令，尚不妨，陽爻陽令，恐有淫亂風聲，卦體陰多而不正，娼妓之流爾。凡得此數者，閑邪窒慾，見利思義，方為美也。

陽偏、陰偏數，陽凌陰、陰犯陽數

陽偏數

地數足 30，天數只 24 以下者，陰足而陽不足，謂之陽偏。女子尚可，男子非宜，有妻無子，有子刑妻，名利虛無，事多勞碌，或有福無壽，有官無權，秋冬陰令，尚或可喜。若三、四、五、六陽及一、二陰之候，益主孤睽。卦吉爻佳，尚可庶幾；爻凶位失，則有震驚之禍，險危之厄，仍當視其弱與不足之差等以分之。凡得此數者，修德以自強，堅定以立身，可以得吉也。

陰偏數

天數足 25，地數只 29 以下者，陽足而陰不足，謂之陰偏。陽令卦吉，多致富貴，三陰二陽之候，多主貧賤，刑傷母妻，卦爻不吉，貧甚多災。女得此數，婚嫁失時，諸事更多不利，並當視其弱與不足之差等以分之，凡得此數者，敬順以蓄德，安貞以待時，無不利也。

陽凌陰數

天數 30、40、50、60 得盈數，地數只 29 以下，謂之陽凌陰。以強伏弱，以勢逼人之象。陽本有勝陰之理，然勝之以理則服，勝之不以理，則必致悖亢，雖富貴亦暴敗不終。陽令卦吉，尚可無妨；陰令爻凶，恃勢取禍。仍當視其強弱之差等以審之。凡得此數者，當知禍福倚伏之機，滿必招損，謙必受益之義，乃無咎也！

陰犯陽數

　　地數 40、50、60 得盈數，天數只 24 以下，謂之陰犯陽。以弱敵強，以下罔上，以小人犯君子之象。陽令生人，甚為可憂，更爻位理體無援，詞義多乖，或強梁之徒，竊盜之輩，悖逆之小人，必致滅頂之凶。若在陰令，憂危尚少，更得卦吉有援，仍當富貴。主有聲權，或任勇武之職，下之或亦濁富健訟之徒。並視其強弱差等以審之。凡得此數者，恭順以自持，敦厚以接物，審機度理，去其躁妄，乃無咎也。

　　以上強弱各數，為得卦之根。故必先審其數，與陰陽消息之候，或順或逆，而後觀其卦體爻象之吉凶。大抵數順而卦吉者上，數不順而卦吉者次之，數順而卦平常者又次之，數順而卦凶者不利，數逆而卦凶者下。然唯數不順而卦吉者，尤當審其卦與數之相涉與否。

　　如數凶而無礙於卦理，則於數得刑剋，於卦得富貴之類，事應並見，各不相涉。如數凶而害於卦，如正變得「坤」、「復」，以微陽得安靜，故有漸長之吉，而數或相戰，則失其安靜之養而不得長矣。

　　如數凶而卦能解之，如陰陽相戰必傷，而卦得陰陽之和，如天地交「泰」，水火「既濟」之類，又當陰陽均平之候，則卦理足以解其戰爭之氣，必得大吉矣。如斯之類，當以意通，非可執一。故物生有時、有氣、有數、有理；由數以審氣，可以順天地之時；由氣以察數，可以窮性命之理。修身寡過，茲不其有助矣乎！

化工元氣統論（附錄增補）

　　化工元氣，乃天地陰陽生生化化之理，人受其氣以生，必所得卦中有此二體，而後能致身功名富貴。利益萬物者理也，故陰陽二數強弱既定，即須看其卦中有無化工元氣，如化工與本命五行相生相比，或與本命納音相生相比，必主科甲。元氣得本命納音之氣，及納音相生之氣，或得生月旺相之氣，必主富貴顯達。或化工與本命及納音相剋，元氣當月令四絕之時，則力量淺薄，數順者尚好，數逆者則不佳。若無化工元氣，或爻位得當，詞義吉，卦體五行無剋剝之病，亦中人能自立者。若爻不當，詞又不吉，五行相悖，則為貧苦之人。

　　凡卦中無化工，而合四時旺氣，如春得「震」、「巽」，夏得「離」，秋得「乾」、「兌」，冬得「坎」，四季十八日得「坤」、「艮」。內有化工者固吉，不盡合化工者，亦與化工無異，當得功名順利。舊說以「坎」、「離」、「震」、「兌」按二分二至起化工，本「易緯」卦氣之說，不甚驗。又以「坤」、「艮」附四季，四氣繼續，非帝出神妙之全理，且七月金令，而以「離」火為化工，宜不驗者多也。

　　凡卦中無元氣，而金人得「乾」、「兌」，木人得「震」、「巽」，水人得「坎」，火人得「離」，土人得「坤」、「艮」，亦與元氣無異。金人謂「庚辛申酉」生人是也。又或得本命納音，及納音生氣，亦以元氣無異。如納音水，得「坎」及「乾」、「兌」是也！

　　凡上下二體，無化工元氣，而互體有化工元氣者，與正體同論。互體者，二、三、四爻合一體，三、四、五爻合一體，與上下二正體，共合四體也。

凡正、互四體之外，更有包之一體，如澤山「澤山咸卦」、「雷風恆卦」，皆「坤」體包「乾」。「山澤損卦」、「風雷益卦」皆「乾」體包「坤」。「水山蹇卦」、「雷水解卦」，皆「坤」體包「離」。「風火家人」、「火澤睽卦」，皆「乾」體包「坎」。「火地晉卦」之「艮」包「艮」。「地火明夷」之「震」包「震」。「水天需卦」之「兌」包「兌」。「天水訟卦」之「巽」包「巽」之類。如「水天需卦」，若「兌」為化工元氣，則力量愈大，重重喜慶。若「震」為化工元氣，或木命之人，則「兌」金煞中藏煞，大為不妙矣。如「雷風恆卦」，若「巽」為化工元氣，下卦得「巽」似吉，然「乾」在「坤」中，成其相包之體，「坤」體成於外，則「巽」為「乾」所破，不成化工元氣。「乾」金「坤」土皆與「巽」木剋戰，斯真不妙矣。若「坤」為化工，「乾」為元氣，是化工包元氣，真大器量大事業之人，雖「震」、「巽」木體，豈能與之剋戰哉？

　　凡卦內無化工元氣，有得夾體化工元氣者，力量尤大。夾體凡六，「雷山小過」夾「坎」。「風澤中孚」夾「離」。「地澤臨卦」夾「震」。「風地觀卦」夾「艮」。「天山遯卦」夾「巽」。「雷天大壯」夾「兌」是也。得夾化工者，科甲最利。得夾元氣者，富貴最隆。或數不甚佳，氣候不合，亦得福壽，行年得之，必大有喜慶。

　　凡無化工，而元氣秀麗，或卦體有文明清秀氣象，及爻位中正，詞義爾雅者，亦得科甲。又有無化工而行年得化工，體理凝重有力者，亦利科名。大抵化工固主科甲，亦不得遽執本卦之有無以定之也。

　　凡正卦有化工元氣，變卦無之。甚或除上一爻，下五爻皆卦畫相對；除初一爻，上五畫皆相對；除中一爻，上下五畫皆相對，以與正卦化工元氣相沖相破者，皆不吉。或一事無成，或先成後敗，或乖戾取凶。若正卦不吉，變卦得化工元氣，則先難後易，先貧賤後富貴矣。

　　凡化工元氣，皆忌反體。反體有四：「震」反「兌」。「兌」反「震」。「巽」反「艮」。「艮」反「巽」是也。先天四正卦，有正對，無反對，唯四隅，「震」、「艮」相反，「巽」、「兌」相反。

　　反者，動之極，動極必變，「震」反為「艮」，則「艮」變成「兌」，而陰金剋陽木矣。「艮」反為「震」，則「震」變成「巽」，而陰木剋陽土矣。「巽」反為「兌」，則「兌」變成「艮」，而陽土戰陰木矣。「兌」反為「巽」，則「巽」變成「震」，而陽木戰陰金矣。

　　故「震」為化工元氣，而卦中得「兌」，「兌」為化工元氣，而卦中得「震」之類，為大忌。化工反，則功名難遂。若氣旺多剋戰，必逢災咎，或嗣續多敗，或無子息。若無剋戰，尚不為害。元氣反，則名利虛無，事多屯蹇。若氣旺多剋戰，破敗刑傷，多病夭亡。若氣虛逢月令四絕，不相剋戰，則無害。爻當詞吉，亦得財壽也。

　　舊說反體謂「震」、「巽」相反。「艮」、「兌」相反。「坎」、「離」，「乾」、「坤」相反。此正對非反對也。先天皆正對相錯，天地定位，山澤通氣，雷風相薄，水火不相射。此正造化之妙，故人卦體及行年，往往或有「艮」為化工而得「兌」。「兌」為化工而得「艮」。與「震」得「巽」，「巽」得「震」，「坎」得「離」，「離」得「坎」。「乾」得「坤」，「坤」得「乾」。而得登科甲百事亨通者，以此先天相錯二氣交通之故，此安得謂之反耶？

　　故凡六畫卦正對相沖，行年遇之，雖或不吉，而至八純卦及六夾體卦，往往或得大吉者，亦以其卦象不雜，故得先天相錯之妙爾。故化工元氣「震」、「兌」、「巽」、「艮」有反，「乾」、「坤」、「坎」、「離」無反也。

凡化工元氣，有有象之反，更有無象之反。化工為天地生育之機，所謂仁也。元氣為川流敦化之理，所謂誠也。不仁者，或失其本心，或傷殘害物，此化工之反。不誠者，或怠於自修，或悖理而行，此元氣之反。有象之數雖吉，能勝此無象之反之凶耶？

故卦中之「震、兌、巽、艮」易防，心中之「震、兌、巽、艮」難測。必涵養化工，保合元氣，而後可以順天地之數也！

行年論

行年之理，大小象皆吉更佳，大象不吉而小象吉者亦佳，大象雖吉而小象不吉者不佳，大小象皆不吉者，凶咎難免。如卦體大象無天地元氣，而小象得之者，吉慶可知。如得化工者，士可成名，官得恩眷。如卦體有化工，而小象反之，剋制之，防有災咎，或致獄訟，重者橫禍，嗣續功名，化作灰塵。如卦有元氣，而小象反之，剋制之，憂危消耗，疾病刑傷。更得正對反對之卦，體理凶逆者，多致死亡，並兼看其爻詞，如象吉而詞吉，象凶而詞凶，即看其詞之吉凶字義，斷章取驗。其卦象無甚吉凶，而詞有吉凶者，亦取其字義斷之。若象果吉而詞或凶，象果凶而詞或吉者，詞即不應，不當泥詞求驗也。又視其詞與大象詞義關涉與否，以斷章驗之，又參看大小象納甲，與年命相關涉處，審其休咎，仍當與八字大運吉凶合看。總之，變動多端，不可拘泥。凡行年得本身卦大象之正對反對者，亦不可謂之不吉。如與本卦反悖剋戰，或本卦有化工元氣，而行氣正反對破之，更兼詞義乖戾，自是凶咎。若並無剋戰，或本卦無元氣化工，而正反對得之，更詞義吉者，反當得吉。又陰爻變至六年，未有不正對者，故不可以此便言凶也。

六十四卦中，唯「乾、坤、坎、離、頤、大過、中孚、小過」八個卦有正對，無反對，餘五十六卦，皆有正對，有反對。六爻皆變為正對，顛倒觀之為反對。如「山水蒙卦」正對為「澤火革卦」，反對為「水雷屯卦」。「水雷屯卦」正對為「火風鼎卦」，反對為「山水蒙卦」之類。

月卦日卦之法，姑以舊說存之，不必拘泥。大抵君子審機度理，只須看行年小象，足以知一年吉凶悔吝之機，省身寡過，於此已得其大端。若必逐逐於日月諸卦，瑣屑推求，便是溺於術數，不免得失利害之私心矣。

凡爻詞吉凶悔吝多有並見者，在人之應之。如君子得輿，小人剝廬，君子吉，小人否，嘻嘻嗃嗃，腓凶居吉之類，吉凶禍福，皆由自取。蓋天地原有一定不可易之數，亦原有隨人轉移之數，所以「易」兼三才而兩之，數之自人與自於天地，確然有並行不悖之理。孟子謂：莫非命也，順受其正，修身以俟之。又曰：禍福無不自己求之者。惠迪從逆之言，出於錫洛演疇之聖。故理不違數，數亦不違理。「易」為萬古言理數之祖，天地人之道貫通一致，人不能求其理，則強者心多僥倖，弱者多自暴棄矣。司馬溫公謂：此數有益吾輩。又謂：看卦須法其大象傳行之，如君子以厚德載物，君子以果行育德之類。李文靖公得「坤、六二」曰：余平生所為要當合聖經。范文正公得「大有、九二」慨然以經世為己任。富鄭公大書行年卦，誡弟子曰：爾等切勿生事，其恐懼修省如此。然則得吉象者，不知勉於為善；得凶象者，不知勤於省過，又烏足以言河洛之數哉？是故不知命者，不足以知義，不知義者，不足以知命。

注：考訂河洛理數便覽終……

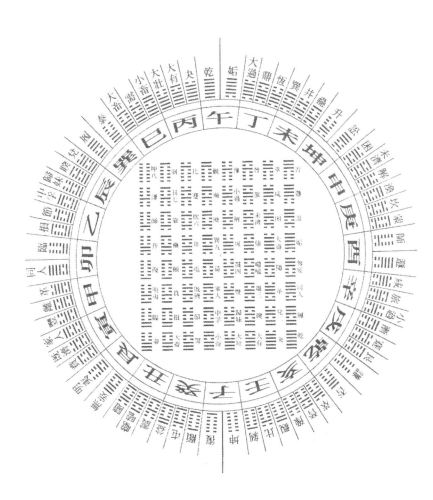

河洛理數（卷六）

河洛理數（卷六）

參評祕訣辨

　　客有以河洛見訪者，相與上下論議，談及參評祕訣，乃曰：此數自圖南傳於邵氏，富貴貧賤，吉凶禍福，毫髮不爽矣。今復以參評之說加之，寧不謂疣贅耶？予謝之曰：昔孟夫子不以好辯為得已，予於斯數，敢以疣贅為諱也？蓋河洛卦中，有辭吉則吉者，有辭凶則凶者，此固易從易知。至於卦內有辭吉而理凶者，有辭凶而理吉者，此則由乎節氣之淺深，爻位之當否。初學遇之，如水月鏡花，未易把捉，必以此數參評品騭，庶幾如著裘者之挈其領，舉網者之提其剛。

　　考諸數內，有「**金玉、龍麟、桂蘭、星斗**」之類，則為富貴子息之命。若數內有「**刀箭、雪霜、旱雲、爭鬥、空缺**」之類，則為鰥寡孤獨、非貧則夭、或多官非橫禍。更數中多用故典，即須參考故典吉凶斷之。

　　如：馬陵書大字，鬥志有孫龐。此凶數也。
　　如：御泃一紅葉，流水出深宮。此吉數也。

　　大運流年一一如此參評，則雖眾命森列於前，出吾之數以參別之，則如王良之馭馬，庖丁之解牛，絕無控閑折刃之患矣。故參評之加，雖似疣贅，然與初學解惑決疑，其亦不得已之心哉！

河洛參評例

1、 數有《水、火、木、金、土》五部，不拘男女之命，各循其部而求之，斯無錯誤也。

2、 此數名目，謹依皇極之例，以千百十零為定局。但彼則從右而左橫下，今更而直下，蓋欲學者便於觀察。

   如水部 3330

   上層「洞門無鎖鑰，便是一閒人」二句，乃男子之命。

   中層「閨門深似海，應不染紅塵」二句，乃女人之命。

   下層「半空明月稀，一枕清風靜」二句，乃男女相共大運流年也。

   2231

   上層「月在清波底，維舟向樹邊」二句，乃男子之命。

   中層「年來十二月，月長日西沉」二句，乃女人之命。

   下層「酒醒何處去，柳岸晚風輕」二句，乃男女相共大運流年也。

   舉此二數為例，餘可類推。

3、 中層女命數空無字者，乃貧賤夭折之命。

4、 下層大運流年數空無字者，重者損壽，輕者破耗刑剋，或空一二字者，即一二分之災咎也。

起參評祕訣金鎖銀匙歌

陰陽俱用二千祖，日至生時百中數

時日皆從子上輪，十零本位月休睹

歲君水火廿七加，木金虛度五十土

再將一二三四五，配卻水火木金土

得策尋納看當生，時日順沖還共語

起大運例

陰陽俱用二千同，只將大運替時輪。

其餘一一依前例，萬命堪憑斷吉凶。

起流年例

流年之法是何如，千上同前自不殊。

只把日支對太歲，替卻日時一例推。

釋明打數定局

金鎖銀匙之法，並不用八字天干，只用年上納音，與日支、時支為重，月令干支俱棄去而不用。再憑年庚所屬，或水、或火、或木、或金、或土，照其納音所屬之部尋之，斯無差錯也。

逐句釋明「水部」金鎖銀匙歌訣

陰陽俱用二千祖

此句：虛擬八字是「乙卯、戊子、壬戌、壬寅」，不論陰陽男女，須將 2000 之數，先行定下。所謂「陰陽俱用二千祖」是也！

日至生時百中數

此句只就日時地支說，不用天干。如前八字是「壬戌日、壬寅時」，只將日支戌字數至時支寅字，「戌、亥、子、丑、寅」共 5 個字，一字准 100 數算，5 個字做 500 數算。將此 500 數，加前定數 2000 共是 2500 數也。所謂「日至生時百中數」是也。

時日皆從子上輪，十零本位月休睹

此二句：亦只就日時地支說，不用天干。所謂「皆從子上輪」者，如前「壬戌日，壬寅時」，除天干不用。日支是「戌」，從「子」字輪起，至日支「戌」字，「子、丑、寅、卯、辰、巳、午、未、申、酉、戌」共 11 個字，一字准 1 數算，共 11 字記 11 數。

再以壬寅時，除天干不用，時支是「寅」，從「子」字輪起，至時支「寅」字，「子、丑、寅」共 3 個字，一字准 1 數算，共 3 字記 3 數。故曰「時日皆從子上輪」是也。

連前日支得 11 數，時支得 3 數，共得 14 數。把此 14 數加在十位與零位上。通前 2500 再加此 14 數共得 2514 數也。

其曰「月休睹」者。謂此數只以日時為要，月令干支俱不入數。故曰「月休睹」也。

歲君水火廿七加

此句就當生年上納音說。如前八字「乙卯」生,納音屬水,再加 27 數。如前數 2514 再加 27 數,共得 2541 數也。

木金虛度五十土

其曰《木金虛度》者,謂當生年上納音屬木屬金者,則不必加數,所謂「木金虛度」是也。其曰《五十土》者,謂當生年上納音屬土者,則加 50 數是也!納音不屬土者,則不必加。

再將一二三四五,配卻水火木金土。此二句亦就年上納音說

年上納音屬水,則配加 1 數
年上納音屬火,則配加 2 數
年上納音屬木,則配加 3 數
年上納音屬金,則配加 4 數
年上納音屬土,則配加 5 數

故曰「再將一二三四五,配卻水火木金土」是也!

如前數 2541 今又以年上「乙卯」納音屬水,再配加 1 數,共得 2542 數是也。

得策尋納看當生（策：即數也。納：即納音。）

此句謂八字之數算畢，看所得之數多少，然後尋當生年上納音。水火木金土五部。依其納音所屬之部而尋之便是！如前「乙卯、戊子、壬戌、壬寅」總數得 2542，乙卯生人納音屬水。即於水部去尋 2542，其詩曰「掌中秋月扇，舉動好風生」此乃一武將八字也。

時日順沖還共語（沖：即逆也。）

此一句因前《日至生時百中數》之句尚欠詳備，故再言此以明之。蓋人八字演出之數，其詩有兩句者，有四句者，其故何也？蓋由此數順數有一個，逆數有一個。

如前「壬戌日、壬寅時」，從日支「戌」字數至時支「寅」字，共 5 個字，作 500 數算，去前順算日至生時 500 之數，再以逆算 900 之數加上，是此數得 2942，亦以水部去尋 2942。

其詩曰：「玉壺無別物，赤蟻聚蜂屯」是也。

順沖之說，其法固當如此。然此數中間，或有順逆各有其詩者，或順有而逆無者，或逆有而順無者，不可執泥也。水、火、木、金、土五部皆同。

逐句釋明「火部」金鎖銀匙歌訣

陰陽俱用二千祖

虛擬八字是「丙寅、戊戌、壬戌、辛丑」，不論陰陽男女，須將 2000 之數，先行定下。所謂《陰陽俱用二千祖》是也！

日至生時百中數

此句只就日時地支說，不用天干。如前八字是「壬戌日、辛丑時」，只將日支《戌》字數至時支《丑》字「戌、亥、子、丑」共 4 個字，一字准 100 數算，4 個字做 400 數算。將此 400 數，加前定數 2000 共是 2400 數也！所謂《日至生時百中數》是也！

時日皆從子上輪，十零本位月休睹

此二句亦只就日時地支說。如前八字是「壬戌日、辛丑時」，除天干不用日支是「戌」。從「子」字輪起數至日支「戌」字「子、丑、寅、卯、辰、巳、午、未、申、酉、戌」共 11 個字，一字准 1 數算，共 11 字記 11 數。

再以辛丑時，除天干不用，時支是「丑」。從「子」字輪起數至時支「丑」字「子、丑」共 2 個字，一字准 1 數算，共 2 字記 2 數。

故曰「時日皆從子上輪」是也。

連前日支 11 數，時支 2 數共得 13 數。把此 13 數加在十位與零位上。通前 2400 再加此 13 數共得 2413 數也。所謂「十零本位」是也。

其曰「月休睹」者。謂此數只以日時為要，月令干支俱不入數。

故曰「月休睹」也。

歲君水火廿七加

此句就當生年上納音說。如前八字「丙寅」生，納音屬火，再加 27 數。連前 2413 再加 27 數，共得 2440 數也。

木金虛度五十土

此句就當生年上納音說。其曰「木金虛度」者，謂當生年上納音屬木屬金者，則不必加數，虛度也。其曰「五十土」者，謂當生年上納音屬土者，則加 50 數是也！如前八字「丙寅」納音屬火，則與此句無關。

再將一二三四五，配卻水火木金土。此二句亦就年上納音說

年上納音屬水，則配加 1 數
年上納音屬火，則配加 2 數
年上納音屬木，則配加 3 數
年上納音屬金，則配加 4 數
年上納音屬土，則配加 5 數

故曰「再將一二三四五，配卻水火木金土」是也！

如前數 2440 今又以年上「丙寅」納音屬火，再配加 2 數，共得 2442 數是也。

得策尋納看當生

此句謂八字之數算畢，看所得之數多少，然後尋當生年上納音。水火木金土五部。依其納音所屬之部而尋便是。

如前丙寅生，納音屬火。即於火部去尋 2442。

其詩曰：「太白騎龍馬，禹門波浪輪」此乃一參政命也！

時日順沖還共語

此一句因前「日至生時百中數」之句尚欠詳備，故再言此以明之。蓋人八字演出之數，其詩有兩句者，有四句者，其故何也！蓋由此數順數有一個，逆數有一個。

如前「壬戌日、辛丑時」從日支「戌」字數至時支「丑」字，共 4 個字，做 400 數算，是順也！即前 2442。

其詩曰：「太白騎龍馬，禹門波浪乾」是也。

再從時支「丑」字數至日支「戌」字，「丑、寅、卯、辰、巳、午、未、申、酉、戌」共 10 個字，一字准 100 數算，共 10 字做 1000 數算，得數 3042，亦於火部去尋 3042。

若火部尋不見 3042，則只有前 2442。

其詩曰：「太白騎龍馬，禹門波浪乾」一個數，無第二個數，餘仿此。

逐句釋明「木部」金鎖銀匙歌訣

陰陽俱用二千祖

虛擬八字是「壬子、癸丑、己卯、己巳」，不論陰陽男女，須將 2000 之數，先行定下。所謂「陰陽俱用二千祖」是也。

日至生時百中數

此句只就日時地支說，不用天干。如前八字是「己卯日、己巳時」，只將日支卯字數至時支巳字，「卯、辰、巳」共 3 個字，一字准 100 數算，3 個字做 300 數算。將此 300 數，加前定數 2000 共是 2300 數也。所謂「日至生時百中數」是也。

時日皆從子上輪，十零本位月休睹

此二句亦只就日時地支說。如前八字是己卯日，則從「子」字輪起數至日支「卯」字，「子、丑、寅、卯」共 4 個字，一字准 1 數算，共 4 字記 4 數。再以己巳時。則從「子」字輪起數至時支「巳」字，「子、丑、寅、卯、辰、巳」共 6 個字，一字准 1 數算，共 6 字記 6 數。故曰「時日皆從子上輪」是也。

以日支 4 數合時支 6 數共得 10 數。把此 10 數加在十位與零位上。通前 2300 再加此 10 數共得 2310 數。所謂「十零本位」是也。

其曰「月休睹」者。謂此數只以日時為要，月令干支俱不入數。故曰「月休睹」也！

歲君水火廿七加

此句就當生年上納音說。如前八字「壬子」納音屬木，則與此句無關！

木金虛度五十土

此句就當生年上納音說。其曰「木金虛度」者，謂當生年上納音屬木屬金者，則不必加數，虛度也。其曰「五十土」者，謂當生年上納音屬土者，則加 50 數是也！如前八字「壬子」納音屬木，木金虛度也。

再將一二三四五，配卻水火木金土。此二句亦就年上納音說

年上納音屬水，則配加 1 數

年上納音屬火，則配加 2 數

年上納音屬木，則配加 3 數

年上納音屬金，則配加 4 數

年上納音屬土，則配加 5 數

故曰「再將一二三四五，配卻水火木金土」是也！如前數 2310 今又以年上歲君「壬子」納音屬木，再配加 3 數，共得 2313 數是也。

得策尋納看當生

此句謂八字之數算畢，看所得之數多少，然後尋當生年上納音。水火木金土五部。依其納音所屬之部而尋便是。

如前「壬子」生人，納音屬木。即於木部去尋 2313。

其詩曰：「禹門波浪急，冬月井中魚」，此乃一狀元命也。

禹門波浪，本變化之象。唯冬月水旺則吉。井者乃汲井之井，乃兩個廿字，謂 40 上下登科及第時也。生於春夏月者不利，秋稍次之。

時日順沖還共語

此一句因前「日至生時百中數」之句尚欠詳備，故再言此以明之。蓋人八字演出之數，其詩有兩句者，有四句者，其故何也！蓋由此數順數有一個，逆數有一個。

如前八字是「己卯日、己巳時」，從日支「卯」字數至時支「巳」字，「卯、辰、巳」共 3 個字，做 300 數算，是順也！即前 2313。

其詩曰：「禹門波浪急，冬月井中魚」是也。

再以逆算，從時支「巳」字數至日支「卯」字，「巳、午、未、申、酉、戌、亥、子、丑、寅、卯」共 11 個字，一字准 100 數算，共 11 字做 1100 數算，得數 3113 亦於木部去尋 3113，此逆數也！若木部尋不見 3113，則只有前 2313「禹門波浪急，冬月井中魚」一個數，無第二個數。

餘仿此。

逐句釋明「金部」金鎖銀匙歌訣

陰陽俱用二千祖

虛擬八字是「壬申、己酉、戊申、庚申」，不論陰陽男女，須將 2000 之數，先行定下。所謂「陰陽俱用二千祖」是也！

日至生時百中數

此句只就日時地支說。如前「戊申日、庚申時」，只將日支「申」字數至時支「申」字，「申、酉、戌、亥、子、丑、寅、卯、辰、巳、午、未、申」共 13 個字，一字准 100 數算，13 字做 1300 數算。將此 1300 數，加前定數 2000 共是 3300 數也。所謂「日至生時百中數」是也！

時日皆從子上輪，十零本位月休睹

此二句亦只就日時地支說。如前戊申日之時，除天干不用，日支是申。從「子」字輪起數至日支「申」字，「子、丑、寅、卯、辰、巳、午、未、申」共 9 個字，一字准 1 數算，共 9 字記 9 數。

再以庚申時，除天干不用，時支亦是申。則從「子」字輪起數至時支「申」字，「子、丑、寅、卯、辰、巳、午、未、申」共 9 個字，1 字准 1 數算，共 9 字記 9 數。故曰「時日皆從子上輪」是也。

以前日支 9 數合時支 9 數共得 18 數。把此 18 數加在十位與零位上。通前 3300 再加此 18 數共得 3318 數也。所謂「十零本位」是也。

其曰「月休睹」者。謂此數只以日時為要，月令干支俱不入數。故曰「月休睹」也！

歲君水火廿七加

此句就當生年上納音說。如前八字「壬申」納音屬金，則與此句無關！

木金虛度五十土

其曰「木金虛度」者，謂當生年上納音屬木屬金者，則不必加數，虛度也！其曰「五十土」者，謂當生年上納音屬土者，則加50數是也！

如前八字「壬申」納音屬金，只虛度而過，木金虛度也。

再將一二三四五，配卻水火木金土。此二句亦就年上納音說

年上納音屬水，則配加1數
年上納音屬火，則配加2數
年上納音屬木，則配加3數
年上納音屬金，則配加4數
年上納音屬土，則配加5數

故曰「再將一二三四五，配卻水火木金土」是也。如前數3318今又以年上「壬申」納音屬金，再配加4數，共得3322數是也。

得策尋納看當生

此句謂八字之數算畢，看所得之數多少，然後尋當生年上納音。水火木金土五部。依其納音所屬之部而尋便是。

如前3322，壬申生人，納音屬金。即於金部去尋3322。
其詩曰：「圭田如玉潔，一點不生塵」，此乃一狀元命也。

時日順沖還共語

此一句因前「日至生時百中數」之句尚欠詳備，故再言此以明之。蓋人八字演出之數，其詩有兩句者，有四句者，其故何也！蓋由此數順數有一個，逆數有一個。

如前八字是「壬申日、庚申時」，從日支「申」字數至時支「申」字，「申、酉、戌、亥、子、丑、寅、卯、辰、巳、午、未、申」共 13 個字，做 1300 數算，是順也。即前 3322。

其詩曰：「圭田如玉潔，一點不生塵」是也。

再以逆算，從時支「申」字數至日支「申」字，「申、酉、戌、亥、子、丑、寅、卯、辰、巳、午、未、申」共 13 個字，一字准 100 數算，共 13 字，做 1300 數算，得數 3322，此逆數也，故順逆相同也。

逐句釋明「土部」金鎖銀匙歌訣

陰陽俱用二千祖

虛擬八字是「庚午、癸未、癸亥、乙卯」，不論陰陽男女，須將 2000 之數，先行定下。所謂「陰陽俱用二千祖」是也！

日至生時百中數

此句只就日時地支說，不用天干。如前八字是「癸亥日、乙卯時」，只將日支亥字數至時支卯字，「亥、子、丑、寅、卯」共 5 個字，1 字准 100 數算，5 個字做 500 數算。將此 500 數，加前定數 2000 共是 2500 數也。所謂「日至生時百中數」是也！

時日皆從子上輪，十零本位月休睹

此二句亦只就日時地支說。如前癸亥日、乙卯時，除天干不用，日支是亥。從「子」字輪起數至日支「亥」字，「子、丑、寅、卯、辰、巳、午、未、申、酉、戌、亥」共 12 個字，1 字准 1 數算，共 12 字記 12 數。

再以乙卯時，除天干不用，時支是卯。從「子」字輪起數至時支「卯」字，「子、丑、寅、卯」共 4 個字，1 字准 1 數算，共 4 字記 4 數。

以日支 12 數合時支 4 數共得 16 數。把此 16 數加在十位與零位上，通前 2500 再加此 16 數共得 2516 數也。

其曰「月休睹」者。謂此數只以日時為要，月令干支俱不入數。故曰「月休睹」也！

歲君水火廿七加

此句就當生年上納音說。如前八字「庚午」納音屬土，則與此句無關！

木金虛度五十土

其曰「木金虛度」者，謂當生年上納音屬木屬金者，則不必加數，虛度也！其曰「五十土」者，謂當生年上納音屬土者，則加 50 數是也。

如前「庚午」納音屬土，再加 50 數，連前 2516 再加 50 共得 2566 數也。

再將一二三四五，配卻水火木金土。此二句亦就年上納音說

年上納音屬水，則配加 1 數
年上納音屬火，則配加 2 數
年上納音屬木，則配加 3 數
年上納音屬金，則配加 4 數
年上納音屬土，則配加 5 數

故曰「再將一二三四五，配卻水火木金土」是也！如前數 2566 今又以年上「庚午」納音屬土，再配加 5 數，共得 2571 數是也。

得策尋納看當生

此句謂八字之數算畢，看所得之數多少，然後尋當生年上納音。水火木金土五部。依其納音所屬之部而尋便是。

如前 2571，庚午生人，納音屬土。即於土部去尋 2571。

其詩曰：「陽春三月景，杜鵑花正開」，此乃一尚書命也！

時日順沖還共語

此句因前「日至生時百中數」之句尚欠詳備，故再言此以明之。蓋人八字演出之數，其詩有兩句者，有四句者，其故何也！蓋由此數順數有一個，逆數有一個。

如前「癸亥日、乙卯時」，從日支「亥」字數至時支「卯」字，「亥、子、丑、寅、卯」共5個字，做500數算，是順也。即前2571。

其詩曰：「陽春三月景，杜鵑花正開」是也。

再以逆算，從時支「卯」字數至日支「亥」字，「卯、辰、巳、午、未、申、酉、戌、亥」共9個字，1字准100數算，共9字做900數算。得數2971，亦於土部去尋2971，此逆數也。

其詩曰：「嫦娥在月宮，鏡照紅顏改」是也。

河洛「水部」參評歌訣

水部 子日時	男　　命	女　　命	歲　　運
3330 子	洞門無鎖鑰・便是一閒人	閨門深似海・應不染紅塵	半空明月稀・一枕清風靜
2231 丑	月在清波底・維舟向樹邊	年來十二月・月長日西沉	酒醒何處去・柳岸晚風輕
2332 寅	商山秦嶺花・開向三冬雪	花果一時新・回首四面隔	商山採藥去・意望做神仙
2433 卯	元宵好燈燭・卻向五更明	紫燕語離情・新巢重引子	將軍欲斷橋・謀為何計策
2534 辰	三年不言道・夢傳說旁求	牛女星方度・誰家波浪生	梅花開雪下・已自壓群花
2635 巳	觀鼎取其象・稼穡下艱難	花上鶯聲急・東風嘆短長	蒼鷹與良犬・須自漸從游
2736 午	結繩代書契・八卦未曾成	革故取鼎新・姻緣事非偶	駿馬已登途・阻防蹄暫住
2837 未	華渚星虹動・海棠雲雨飛	羅帳怕霜侵・雲外衣裳冷	鳳鳴在高岡・百鳥皆集視
2938 申	鴻毛飛白雪・羊角上清霄	唯願日長好・旬西還自東	用扇做飛簾・糞塵如風捲
3039 酉	魚蝦北海過・海水變桑田	葛藟縈樛木・前程自有期	鑿井得逢泉・先勞而後暢
3140 戌	唯魚與熊掌・二者豈能兼	清沟自澄徹・莫使決污泥	生義人所欲・二者豈能兼
3241 亥	虎皮包干戈・華山未歸馬	江天欲暮時・惆悵神仙侶	蝴蝶上天飛・尋花去上苑

水部 丑日時	男　　命	女　　命	歲　　運
3332 丑	自牖看天心・咫尺天顏近	春風酒一壺・明月人千里	雲滿芳郊外・此心唯是憂
2233 寅	月出四更靜・長天雁字橫	要知天不曉・月色轉三更	定前須向日・何在更登樓
2334 卯	海棠三月開・雨洗胭脂臉	梅子墜金風・不見釵頭鳳	馬過危橋上・提防足下空
2435 辰	白露結珠花・東邊太陽上	明珠生老蚌・莫戲綠楊津	○○○○○・○○○○○
2536 巳	繡針為鐵柱・江海暗中瀛	鐵磬與銅盆・相剛方穩當	得薪又無米・恍惚又憂惶

2637午	二氣包鼇極・五行猶未分	天邊問明月・已度又還圓	夜深聞雷聲・疑有所思時
2738未	花箋黑水染・空月五雲飛	仙曲何人和・玉簫吹夜寒	扁舟兼得舫・向後飛出常
2839申	赤電閃紅旗・黑雲拖鐵騎	月中丹桂子・開處待秋風	蛇蟠當道上・進退自為憂
2940酉	巫山千里遠・欲聽鳥聲音	鄭北春風生・霜雪摧蒲柳	禽蟹脫雲谷・振羽欲飛時
3041戌	龍舟爭勝負・欲定一時名	東風蒲柳花・西風何太急	畫舫過洪波・掉短難得度
3142亥	樲棘共梧檟・取養在場師	鮑魚混芝蘭・馨香依舊在	桂林無雨露・山澤有風雲

水部寅日時	男　　命	女　　命	歲　　運
3334寅	物均衡斗正・益寡以衰多	楊朱惡修身・難遇天仙子	閒更聽駐笛・躁進恐無由
2235卯	龍蛇爭一室・飛向百花叢	雲開月色新・陰晴猶未保	猛虎居林叢・笑吼自生風
2336辰	高下花飛處・鶯聲春畫間	水二府蓮花・塵中留不住	三月豔陽天・融和生宇宙
2437巳	水入犀牛角・龍蛇出海來	極目高樓上・太陽天上天	野火自燒山・禽飛並兔走
2538午	坐井觀天象・明知八陣圖	荷葉疊青錢・鴛鴦水面風	飛鷹思得兔・反獲豈容嗟
2639未	荊棘凱風吹・枝頭煙一抹	春光重首○・何人落少年	立地待行人・長江空渺渺
2740申	玉兔與金烏・東西任來往	芙蓉在秋江・風露已高聲	江山千里外・遇處可為家
2841酉	剝果見花開・時人逞爛熳	雨餘雲半飛・○濟自東出	腐草化為螢・難於分明白
2942戌	玉壺無別物・赤蟻聚蜂屯	氣情貞玉德・豐薄奇佳人	暗室偶逢燈・自然分明白
3043亥	江梅開雪下・先報一枝春	對鏡看青鸞・光陰來不再	折梅逢馹使・寄與隴頭人

水部卯日時	男　　命	女　　命	歲　　運
3336卯	紅蓮依綠水・搖影動龍魚	○○○○○・○○○○○	枯魚時得水・喜躍自無窮

2237 辰	龍行蛇穴去・飛雁過風吹	一枝林下竹・難脫錦棚兒	春雷自收聲・蟄蟲從此振
2338 巳	點火茂林頭・猛風吹蔓草	日月兩團圓・天地應難曉	得弓無箭用・欲射不能為
2439 午	燭心做樑棟・不假釜斤成	日月願長明・天地先來禱	朝霜逢暖日・立便減寒威
2540 未	射隼於高墉・飛鳥已先散	寶釵金鏡裡・重整舊家風	淺水內藏魚・莫送優悠性
2641 申	九州四海凶・舉目是我家	若問好姻緣・紅絲牽傀儡	鴉與人同群・吉凶還自異
2742 酉	火星流入西・草際飛螢出	春山與秋水・幾度撼東風	中秋月夜明・何方不照耀
2843 戌	方寸木不揣・可使高岑樓	○○○○○・○○○○○	片片○雲塞・難分始與終
2944 亥	江山千里外・草木放精神	風損花枝折・醫治待神仙	清秋天宇闊・雁字寫長空

水部 辰日時	男　　命	女　　命	歲　　運
3338 辰	三月豔陽景・一襟風月閒	朱顏枝上花・萬里雲空碧	二龍爭一珠・一得還一失
2239 巳	風流天地間・還波水常性	○○○○○・○○○○○	鷺鷥覺魚釣・昂頭須觀步
2340 午	蒼湘湖水上・應有洞庭人	可惜花開處・天公嘆不常	風雲相會處・平步上青天
2441 未	雪浪震天鼓・扁舟在下行	雪浪震天鼓・扁舟水上行	塞花紅日近・迤邐有疏通
2542 申	掌中秋月扇・舉動好風生	春風玉鏡臺・莫落他人手	大鵬生六畜・其羽可為儀
2643 酉	流轉運元氣・陰陽有準繩	水上種仙花・花開根未穩	秋露既成珠・團圓多不久
2744 戌	兩羊排山崖・披煙看鉤棧	庭竹長尤孫・歲寒風雪裡	燕雀出巢來・自有飛騰志
2845 亥	登山延木設・桃吐落楊花	嫣婉○宜求・難教霜點鬢	蛇鼠正相觸・難道無兩活

水部 巳日時	男　　命	女　　命	歲　　運
3340 巳	一點浮雲翳・鴻羽逐風飛	畫堂人散後・燭影怕當風	夜月望青天・悠悠生意緒

	男　　命	女　　命	歲　　運
2241 午	舟放浪波飛・洞庭風送雁	梅花迥出群・清香自瀟灑	好禮富人家・未若貧而樂
2342 未	華亭鳴鶴唳・雲月出西山	井畔聽瑤琴・知音且如此	冬霖忽晴霽・有炊盡忻顏
2443 申	琴上掛田租・移人於河東	姻女乘龍去・猶疑結子昌	池畔撫琴聲・游魚已出聽
2544 酉	虎兕出於匣・征夫不能行	好生橫翠黛・曉露洞方環	戰勝凱歌回・論功先後處
2645 戌	軒轅揚清風・虛心皆自貫	煙柳弄輕風・垂絲繫白日	廟廊重百器・寶鼎玉居先
2746 亥	乘舟渡日月・天表慶煙波	鸚鵡在金籠・聲嬌得自由	野渡自逢舟・先勞而後豫

水部 午日時	男　　命	女　　命	歲　　運
3342 午	岩畔青松樹・根磐石上生	井上種仙花・子結玲瓏蕊	鳳簫無孔竅・何用奏韶音
2243 未	金波浸明月・雷電捧天香	芝蘭誰種得・還羨滿庭芳	勿升被雲大・時下暗光輝
2344 申	蜂釀百花酒・其甘與世殊	春歸當斷路・梅子釀酸時	卞和獻璞玉・先辱後榮恩
2445 酉	竹花開石上・結果不生筍	琵琶江上曲・回首重堪悲	大風多拔木・根本難兩留
2546 戌	點火入九淵・匱中有龜玉	花開桃岸雨・子結桂林霜	良田種松竹・節操自盤根
2647 亥	寸陰唯我惜・稼穡為君愛	春園恣竹閒・士女競光陰	風恬浪自靜・過渡不為憂

水部 未日時	男　　命	女　　命	歲　　運
3344 未	泰宇清明地・無言獨履霜	繩繩○在堂・要接連天宇	夜雨正逢春・宇宙生和氣
2245 申	雲電鬥星見・石路馬蹄輕	齊大非吾偶・姻緣自己排	登樓眺望間・乘興立千里
2346 酉	北斗日中見・斯言傳古今	白璧一雙好・留心手內擎	○○○○○・○○○○○
2447 戌	初生嫩松柏・栽向雪霜中	○○○○○・○○○○○	○○○○○・○○○○○
2548 亥	惟我有用禾・一井供萬灶	秋月當空滿・雞鳴又向西	決水東西流・難定從彼勢

水部 申日時	男　命	女　命	歲　運
3346 申	茅屋蕆供祭・百神皆享之	蕙帳共蘭房・春風與明月	筍生於林下・長養自萌芽
2247 酉	煙霞朝日食・吾道不雷同	綠衣緣自部・何用假黃裳	唯魚與熊羆・二者豈能兼
2348 戌	去鼓天上鼓・跣足履冰霜	晚風留芍藥・須避筑風台	背月登樓望・風生星斗移
2449 亥	紅添綠減處・鳥啼三月天	月娥留桂子・圓缺又同情	雞兒方出殼・各自奔前程

水部 酉日時	男　命	女　命	歲　運
3348 酉	丘陵勢自殊・井地分經界	為問女佳人・春光能有幾	機事不密成・反遭其悔吝
2249 戌	太歲屬木人・厥德從風掩	草羨蠡斯好・青天露不宜	○○○○○・○○○○○
2350 亥	天為蓬島屋・風雲作錦屏	迷失從前路・桃源尚可尋	遙望海漫漫・不見蓬萊島

水部 戌日時	男　命	女　命	歲　運
3350 戌	邃屋密房間・鳳凰在鼠穴	好修清淨緣・莫入風塵隊	園林過風處・草木自修然
2251 亥	提劍北方起・飛金雪嶺塵	百花蜂戀採・勤苦為誰忙	蓬萊須日見・遙望水漫漫

水部 亥日時	男　命	女　命	歲　運
3352 亥	雨過長江急・煙波萬頃潮	天邊有明月・何處照人間	古鏡復重磨・百金須有喜

河洛「火部」參評歌訣

火部子日時	男　　命	女　　命	歲　　運
3331子	宇宙世三才・乾坤猶未足	空中光焰出・調鼎事重新	食鼠有餘糧・大數皆前定
2232丑	卻將三尺竿・來作中流柱	喜鵲營巢久・鳩居忽變遷	急水補漏舟・狂波難砥柱
2333寅	天表霓虹見・風吹向洌泉	莫報東風急・好花春日開	倉庫鼠損處・小虧有大盈
2434卯	鳳簫無一竅・不用奏韶音	雖無金銼刀・解使琴弦斷	孤雲才出嶺・○去便無回
2535辰	杯水成海河・乾坤自我持	青天雷一聲・驚散樑間燕	紅塵百花處・蜂蝶兩交加
2636巳	田即授以井・心寧安厥常	龜鶴期高壽・風光恐暗移	三足鼎分峙・缺一尚不可
2737午	穴居而野處・棟宇自清涼	魚水百年間・錦鱗三十六	扶梁憑短棹・得渡過江東
2838未	清波泛百川・引出蓼浦澤	出海珊瑚樹・枝柯只自垂	呂公遇鍾離・得丹須變觀
2939申	閑鎖芳亭月・門扃細柳春	身在寶瓶中・莫行金井畔	燕期秋社歸・遙遙看初路
3040酉	一蟲生兩翅・飛入百花叢	麗日正芬芳・春風吹綠柳	黃蜂與粉蝶・撩亮百花叢
3141戌	拱把之桐梓・斫為棟樑材	孤舟流水急・○向溪灘○	工師得大木・必去勝其任
3242亥	田獵在高山・邇麟棄麋鹿	春風花始開・枝頭慳結子	良馬羈其足・百鞭亦難進

火部丑日時	男　　命	女　　命	歲　　運
3333丑	秋天霖雨集・平地水中行	玉樹好移根・東風終結子	輕舟將過浪・一喜一憂驚
2234寅	獨將一葉舟・去向桃花浪	丁香連豆蔻・結果玉梢頭	燈光夜結花・吉兆先期報
2335卯	金錢實松竹・白雲深處栽	○○○○○・○○○○○	道途皆平坦・涉履更何憂
2436辰	燭與月爭光・飛空天上絮	寶瑟十三弦・更張韻更清	舟行得水脈・波浪不為憂
2537巳	壁上畫山水・四時維如一	春風應轉蕙・秋水有明珠	過江及思飲・臨渡卻思回

	男　命	女　命	歲　運
2638 午	鐵船再江水・船內有魚游	秋月來天上・清光照世間	老驥強伏櫪・志在遠方游
2739 未	冬生秦嶺上・蘭蕙出蓬蒿	金石兼盟好・光陰自短長	捕禽與得兔・凡事無心出
2840 申	律己非繩尺・修身無斧斤	寢寐將何倚・雌雄在河洲	百花開爛熳・蜂蝶戲春園
2941 酉	九年禹洪水・七載湯亢陽	親親人未久・重整舊家風	銅壺並滴漏・一定不由人
3042 戌	舟停綠水上・雁字寫長空	寒梅空自白・芳草為誰新	秋天淨如洗・雁字寫長空
3143 亥	飯糗猶茹草・被袗衣鼓琴	前生緣分定・虛度幾重山	深潭龍自躍・變化得其時

火部 寅日時	男　命	女　命	歲　運
3335 寅	廣寒深邃處・凜凜扇寒風	東君休歎老・花謝又還生	神仙居洞府・欲括世榮枯
2236 卯	晝間人秉燭・直入洞房中	夫人神氣定・綽有林下風	入山去採木・自可求良匠
2337 辰	蓬萊隔弱水・子女生舟中	○○○○○・○○○○○	風急水漫漫・不見蓬萊島
2438 巳	麥秋天氣到・燕語晝梁頭	烏鵲駕天橋・佳賓莫空負	鼎中兼有物・濟事自無虧
2539 午	鴻影淚秋塘・月中星斗見	有鹿自銜花・無猿誰獻果	寶劍試重磨・光芒須復現
2640 未	椒花守歲除・剝棗已先爛	滌器有長才・玉容何惜整	寒雁偶失群・難期排陣序
2741 申	天地我屋宇・坎離為戶庭	莫誇魚水樂・提防泛柏舟	李下去彈冠・自可生疑慮
2842 酉	影浸秋波下・聲傳空谷中	花開春正好・人不在長安	呢喃雙紫燕・春日自融和
2943 戌	霓裳羽衣曲・不鼓缶而歌	紅蓮開水面・青草怕飛霜	春燕日事巢・須分前後至
3044 亥	青天一輪月・卻向五更出	長空月一鉤・卻向五更出	旱苗逢時雨・秀實得其宜

火部 卯日時	男　命	女　命	歲　運
3337 卯	鯤浪上扁舟・縱橫隨波動	瓜葛本相連・荊棘何勞爾	雛雞將出聲・五德有鳴期

	男 命	女 命	歲 運
2238 辰	泥橋逢雨雪・淺水釣金鱗	玉容那改移・只恐花驚鏡	旱枯井水竭・魚鱉豈容身
2339 巳	連峰接雲漢・秋月照空山	秋風麗日中・蜂恨花須落	負鼎去三場・遂成湯天下
2440 午	飲泉流脈乾・將見水中月	江梅花正開・春色風中度	青天闊萬里・月皎鵲驚飛
2541 未	月宮吾欲往・摘草作天梯	無根卻有根・結果難為果	○掛在高山・大用須成器
2642 申	鳳德幽深遠・駒陰過玉台	薺甘與苦茶・卻在下場頭	曲直自從繩・正直元須取
2743 酉	巫山十二峰・不與凡人上	天上神仙女・人間富貴家	意欲構舟子・○○○○濟
2844 戌	海棠花爛熳・獨立雨中看	父子聚嘻嘻・風光保無恙	將薪去傳火・立便見煙成
2945 亥	流水下高山・孰能相止過	日月有陰晦・求賢難獨難	運籌帷幄中・決勝千里外

火部 辰日時	男 命	女 命	歲 運
3339 辰	燕廈鳳凰台・江山活計中	居柔卻用剛・剛柔能既濟	一蟲生兩翅・飛入百花叢
2240 巳	煙焰逐浮雲・月明金井地	鳳凰飛去後・明月見光輝	燥火助太陽・青天雲斂盡
2341 午	開樽乘月夜・曲水暗中流	綺羅媚春風・好花容易過	對景邀明月・杯中酒不空
2442 未	太白騎龍馬・禹門波浪乾	天邊瑞氣凝・牡丹花露濕	狂風吹殘燭・光陰誠難住
2543 申	日本眾陽主・三更避鬥牛	曉風殘月影・別為一枝香	田獵無一禽・徒勞費駑駕
2644 酉	萬里迢迢路・旁溪曲徑通	斜陽人喚渡・流水泛天涯	九月去登高・福中還發福
2745 戌	花發向波心・天香施水面	菡萏波中出・鴛鴦水面游	能任成大器・負鼎去千湯
2846 亥	秋色來天上・寒光到世間	香蘭終月滿・桂子落秋風	風雲三吐哺・盡禮詩書賢

火部 巳日時	男 命	女 命	歲 運
3341 巳	牡丹花樹下・蜂蝶結雲屯	蜂蝶怕春寒・好花風裏過	狂蛟來憾草・節操自然端

217

2242午	春晝玉壺閒・桃花芳草陌	海棠花正發・惆悵五更風	百花開似錦・春日自融和
2343未	蚍蜉生兩翅・飛向九重天	海棠春正發・夜雨濕胭脂	遺刀還得劍・見喜有其年
2444申	避害以趨利・虹霓做渡橋	出水珊瑚樹・春風費力栽	一雨過三千・青山峰色好
2545酉	太虛中大廈・鴛瓦接青霄	花果修才好・葫蘆水上浮	海水自生采・優悠星火曜
2646戌	躬行於萬境・聲色在吾為	夫唱婦相隨・永終在謀始	如人初食蔗・自尾及其頭
2747亥	蜈蚣入蜂巢・得見蜂王面	失葉怕春風・吹破桃李萼	鶯雛初出谷・飛羽自欹斜

火部午日時	男　　命	女　　命	歲　　運
3343午	春深花卉發・細柳為誰青	玉樓防失足・金菊暗傷情	巨魚跳龍門・須憑三尺浪
2244未	榴花枝上火・風動擬空燒	風雨雞鳴夜・春風欲暮時	百煉忘真金・自然添火力
2345申	南柯鸞鳳立・天表景星行	蜂釀百花酒・其甘與世殊	青山才雨過・清興逸無窮
2446酉	御溝一紅葉・流水出深宮	二六巫山遠・朝雲何處飛	深山藏日久・威勢自英難
2547戌	浮舟上急水・飛躍多鳶魚	何東獅子吼・好事歡難完	雲收兼霧散・萬里見晴光
2648亥	八維內寒暑・其端自我持	一家人盡喜・提防井上安	草廬三顧間・明良相濟遇

火部未日時	男　　命	女　　命	歲　　運
3345未	道是無形器・四時萬物生	參昴正當天・江月半分破	鬼佛兩同途・善惡皆相懼
2246申	背水相傳信・行看花影風	黃花晚節香・老圃見秋光	有雷無雨下・旱處可憂煎
2347酉	大海變桑田・宏開日月落	西月正東上・皎清又西墮	美玉末分明・逞光挑隋蔭
2448戌	積雪待來年・雲開逢暖日	飛雪上梅花・沛雲開暖日	古鏡又重磨・終是顏先在
2549亥	持刀破魚腹・珍異在其中	雙飛鸞鳳曲・莫道怨知音	伯夷君子節・自不改初終

火部申日時	男 命	女 命	歲 運
3347 申	鴻毛草上風・陰陽互寒暑	天寒雁影孤・月落銷金帳	萬里迢迢路・旁溪曲徑通
2248 酉	足踏雲霄上・蓬人弱水流	○○○○○・○○○○○	雀羽喜當生・摩空須有漸
2349 戌	暴虎以憑河・砣然為砥柱	瑤池人宴後・明月夜空寒	太公未遇時・日釣渭江邊
2450 亥	渭水有肥魚・竿頭無釣餌	花開難結實・策杖且扶身	停帆順風後・躁進恐成憂

火部酉日時	男 命	女 命	歲 運
3349 酉	紀綱吾掌上・網漏吞舟魚	夫征與婦育・天際一浮雲	孤舟如遇浪・險阻謹提防
2250 戌	舉足達紫微・梅花隨雪墮	蟠桃花未實・不用怨東風	為祥不為災・得名兼得利
2351 亥	西風送行色・斜日照丹墀	琴彈廣陵散・無語怨黃昏	長蛇自退皮・勞神並改性

火部戌日時	男 命	女 命	歲 運
3351 戌	彤弓架朱箭・用射石麒麟	福星雖燦爛・孤星也照臨	花門逢杜蒳・多不減芸香
2252 亥	梁園花木綻・東苑徹金風	積木起高樓・風月事分破	樂變損丹爐・神空已度設

火部亥日時	男 命	女 命	歲 運
3353 亥	御沟流不盡・水脈到甘泉	琴彈山水曲・曲曲自知音	斜日欲流西・光輝已先散

河洛「木部」參評歌訣

木部 子日時	男　　命	女　　命	歲　　運
3305 子	雲霞文發散・舞動錦飛鸞	魚向水中游・須防天降旱	飛花自騰遠・不須風雨翻
2206 丑	洞庭風葉舞・撫手上南山	鷗鷺泛江天・不與皎龍拼	求之於規矩・自可取方圓
2307 寅	身坐乾坤甑・自行炎暑威	休彈陌上箏・莫娶桑間女	佯狂並設詐・苟有風災危
2408 卯	水銀鎛鑄鼎・日月煮黃粱	鸚鵡尚聲嬌・佳人空自老	織錦停機柔・機邊看錦花
2509 辰	微漲天河流・冬江雪浪起	夕陽無限好・怎奈易黃昏	沒井遇泉枯・何由得濟渴
2610 巳	金城千里地・舉目望征人	春暮飛花急・暗隨流水邊	夢魂千里遠・空怨離恨多
2711 午	木牛出祁山・流馬入斜谷	冬天暖似春・江梅花正吐	春蘭與秋蕙・各自及時香
2812 未	強瀾既四倒・地道有常經	姻緣同比翼・風送上天去	雷聲才出地・遠近自然驚
2913 申	秋月照寒水・飛雁落沙汀	風吹香夢醒・天暝子規啼	蕭何定律法・輕重自分明
3014 酉	鵲巢高樹上・風雨絕塵埃	冷淡是生涯・何須花簇簇	桃花三月景・百草一齊新
3115 戌	趙人兼晉璧・歡時起利心	活計水中萍・姻緣風裡絮	登高復臨水・傳命探梅花
3216 亥	梭擲錦機中・花紋隨後起	天長地久時・只怕多風雨	浮雲將蔽日・先暗後光明

木部 丑日時	男　　命	女　　命	歲　　運
3307 丑	椿松在槐棘・月色染雲霓	春閨人夢斷・明月又當前	明鏡自當台・何憂不照燭
2208 寅	木人逢此地・平步上青雲	雨餘天欲霽・江上好峰青	臨橋玉壺春・鴛鴦解鳴雨
2309 卯	漏水自天漿・八方皆可去	玉杯出清淡・龍蛇多爭室	鑿井得甘泉・源源自流出
2410 辰	牡丹花影中・走馬弓弦上	池中多污泥・忽出蓮花新	走馬過危橋・不道成愁悵
2511 巳	東山有入麥・生向雪霜中	高木蟬聲躁・安知紅樹秋	舉足蹈紫微・青雲生平地

	男　　命	女　　命	歲　　運
2612午	蠶營簇上繭・宛轉吐絲綸	神仙不用求・自有桃源路	抱薪就火燃・謹當慎自主
2713未	掌火焚山澤・連天草木除	白鬢喜相逢・齊眉並舉案	鶯籠才得出・飛動有其時
2814申	萬籟清風裡・吹簫秋月明	一聲秋夜雷・明月落誰家	雙燕巢梁間・呢喃自相語
2915酉	舉目仰天人・用除三伏暑	紅蓮初出水・春草怕飛霜	儷珠將照水・光耀自如然
3016戌	水影照天文・森羅成萬象	片雲天外飛・方見雲中月	自牖看天心・咫尺天顏近
3117亥	子產畜生魚・校人得烹食	萬里白雲繞・江南日暮春	守株而待兔・空滯好光陰

木部寅日時	男　　命	女　　命	歲　　運
3309寅	牛溲馬渤功・不假金丹術	此木非尋常・堪作高堂室	喜生不測處・枯木再逢春
2210卯	芳枝開月下・秋葉舞春風	深園空夜月・琴調幾知音	流水與高山・自在真佳趣
2311辰	當道雪中草・青蛇用蔽身	利器手中持・消息長無苦	車無軏與軏・其可以行路
2412巳	玉蕊凝絲竹・蟾宮火上山	還解馨香祝・清虛度化生	玉兔東方出・夕陽留彩虹
2513午	花渠暗水流・出沒世難識	風蒲美轉定・能化青蛇劍	海岸系孤舟・何須憂浪竭
2614未	攘臂取珊瑚・擊破生鐵柱	鸞鳳引雛飛・只緣多兒戲	涇渭分流處・一濁一清源
2715申	假山生柳桂・秋月散金花	種出無方藥・方知造化神	風雨栽培處・可待長萌菜
2816酉	冰霜得令節・以候辨陰陽	芳草正連天・那看黃梅雨	倒把龍泉劍・義手空相傷
2917戌	江上一犁雨・芳菲起淡煙	月兔夜光圓・向晚金鳥出	風生浪濤靜・莫可息憂懷
3018亥	溪漾浮萍草・流芳自吐奇	雞棲生鳳子・回首隔塵埃	欲求魚與兔・須用得筌蹄

木部卯日時	男　　命	女　　命	歲　　運
3311卯	朔風從北起・冰鑒照青天	芝蘭出蓬蒿・莫染花間塵	金堂步紫微・玉殿生芳草

	男 命	女 命	歲 運
2212 辰	分慶誕辰中·花下人相顧	水邊多綠草·翠竹喜相逢	舉杯邀明月·花下人相覷
2313 巳	禹門波浪急·冬月井中魚	日日任東風·女子貞不字	○○○○○·○○○○○
2414 午	瓦冷霜華重·飛灰葭管中	豈料狂風惡·花開落嫩紅	准定用權衡·輕重當自取
2515 未	騎牛逐麋鹿·前程路不迷	木非凡木比·可用作門楣	龍蛇爭一室·飛向百花叢
2616 申	斗秤皆均物·權衡有萬殊	流鶯語燕嬌·日暮花飛雨	風過大林中·草木皆回偃
2717 酉	柳線繫春光·暮天色已定	傳言桃李春·為惜桑樹是	鵲噪喜白日·信通心更切
2818 戌	掌上握風雲·前生已先定	蘭房花正開·門悵人如玉	閒人風送遠·正醒心自樂
2919 亥	駕屋橋樑上·依山又帶河	寒人下秋天·連芳濕五彩	月白與風清·因斯知有待

木部 辰日時	男 命	女 命	歲 運
3313 辰	景星移北陸·熒惑出南宮	雲雨歸何處·巫山十二峰	晝行人秉燭·直入洞房中
2214 巳	牡丹花影中·靈清海棠濕	月之長大照·片雲天外遮	桂枝花下影·秋月弄金風
2315 午	多少魚蝦出·波流天日紅	紅梅映蒼竹·唯有歲寒情	久晦遇晴明·已慰眾人望
2416 未	金烏未出海·玉兔已先沉	莫恨花飛急·枝頭子漸垂	金烏拜玉兔·各自列東西
2517 申	金魚沟內躍·風動紙鳶飛	玉雲荷盤裡·瓊珠碎碎圓	舟行望峰移·自生疑惑處
2618 酉	身自攜筐去·憂勤等採薇	○○○○○·○○○○○	燈光夜結花·喜信必須得
2719 戌	夜寢遊仙夢·通靈各有神	江水映秋風·水落花去速	穴居而野處·棟宇自接涼
2820 亥	清淡梧桐樹·風搖金井間	鶯花三月景·天氣又重新	陸行如推車·是以常自苦

木部 巳日時	男 命	女 命	歲 運
3315 巳	荏苒風霜至·竹梅花自開	上林花正發·只恐起東風	自我來西郊·密雲空不雨

	男　　命	女　　命	歲　　運
2216 午	萬里桑麻地・魚龍相約侵	春花太逼人・蝶向誰家宿	幸結殘花實・喜生枯樹枝
2317 未	江漾南山影・雁從雲外飛	姚黃並魏紫・相遇五更風	鴛鴦宿池塘・姻緣自相守
2418 申	地軸天輪轉・壺中日月長	采蓮曲未終・扁舟空蕩漾	紅芳看滿地・蜂蝶繞花叢
2519 酉	能開頃刻花・結果不能食	要祝花宜壽・須求菊蕊仙	遇水得逢橋・憂心酩什然
2620 戌	碧落出鳥輪・眾星拱北斗	難許自由身・是心難飛走	○○○○○・○○○○○
2721 亥	雷是震天鼓・青天無片雲	金杯休覆水・琴瑟再調弦	行人立渡頭・得船空已久

木部 午日時	男　　命	女　　命	歲　　運
3317 午	泉源並土脈・雨露作根基	菱花空谷響・桂子落重川	視形頻把鏡・內外不相同
2218 未	採山堪茹美・釣水鱸魚藏	斑扇重狂風・安知炎暑退	有矢恨無弓・先階後須放
2319 申	木筆寫青天・硯內龍蛇動	杏花須自紅・苐菲定不美	黃蜂采蜜成・久後誰甘苦
2420 酉	仗劍斷鰲足・鴻飛荒野山	杖頭春玉李・一朵綻先紅	箭射南山虎・仗劍斬龍蛇
2521 戌	把扇作飛簾・冀塵咸席捲	○○○○○・○○○○○	寶劍藏深匣・光芒不等閒
2622 亥	八荒惟我室・變動體無常	峨眉月圓缺・桂子漫傳香	游魚戲新荷・在沼樂其樂

木部 未日時	男　　命	女　　命	歲　　運
3319 未	萬里有循環・陰陽無久駐	錦繡藹春閨・梧桐在金井	紅芳成豔色・俱起動花心
2220 申	惟斯屬木人・水清在陰地	雪裡出梅花・猶待春風至	錯節與盤根・自然別利器
2321 酉	尋釣夢春澤・投身北海間	暮去更朝來・春花幾芳馥	花開向波心・天香施紅味
2422 戌	東海植扶桑・西海戴弱水	天外雁聲孤・喚醒佳人夢	萬里迢迢路・徑行不見蹤
2523 亥	蛇門鄭門中・廣陵盟亦載	把鏡稱月影・朱顏渾未改	斛水用藏龍・淹回其雲氣

木部 申日時	男　命	女　命	歲　運
3321 申	井上有綠李・鹽梅氣味同	花開向春晚・花謝果還稀	野猴啼夜月・衰草更逢春
2222 酉	紅波推畫舫・綠棹逐蛇龍	江上月清明・金鞭何處去	大廈與高堂・燕雀生成就
2323 戌	三月無根柳・空中舞柳花	梨花滿院香・莫收春帶雨	陽春三月景・柳絮滿天飛
2424 亥	波中生日月・鏡底見乾坤	螺蠃負蟭蛉・新枝發舊花	杏花雨濛濛・喜蘇人耘犁

木部 酉日時	男　命	女　命	歲　運
3323 酉	將燈入洞坐・洞裡有輕風	水畔插垂楊・孫陽黃金屋	線斷釣沈底・深嗟不已情
2224 戌	溿沱冰雪飛・足蹤履冰跡	鑿池通流水・開闢天外風	藍關逢雪擁・駿馬不能行
2325 亥	蓮花隨步起・風雨過池塘	芳草碧連天・塵襟臨弦索	羝羊觸其角・何苦自傷殘

木部 戌日時	男　命	女　命	歲　運
3325 戌	斧柄在我手・山行隨意行	水邊佳會處・休唱阿奴嬌	駕箭與彎弓・偶射須百中
2226 亥	四境風雲起・金烏照太空	四野風煙暝・飛花落野泥	斲輪將有就・乘鸞在當時

木部 亥日時	男　命	女　命	歲　運
3327 亥	地形接霄漢・在下有星辰	風煙欲暝天・日暮江南樹	○○○○○・○○○○○

河洛「金部」參評歌訣

金部 子日時	男　命	女　命	歲　運
3306 子	鶴在白雲樓・鷗號不翔舉	花開花上花・風起風中絮	鴻鵠丈夫志・豈能知歲雀
2207 丑	白雲隨月出・引嶺拜舟墀	李桃貪結子・莫恨五更風	日出自扶桑・眾人皆仰視
2308 寅	大樹蜉蝣撼・精神百怪通	銀燭照紅妝・莫遣佳人睡	燕雀雨間飛・一生遇一死
2409 卯	花鈿委地中・沙暖見春雲	水面群鷗浴・風來浪拍天	枯木經春發・憂老遇孤霜
2510 辰	梧桐金井上・枝葉接松筠	生來在塵中・不作塵中人	洞門無鎖鑰・便是一閒人
2611 巳	鐘聲徹萬里・食後上樓敲	人間喜夢覺・孤月又常空	琴瑟弦忽斷・難便正音傳
2712 午	下漏在軍門・日中留客飲	玉簫聲未斷・重結好姻緣	籠鸚雖巧語・猶自被羈絆
2813 未	井井浮陽氣・新田禾黍繁	夜雨滴梧桐・春風損桃李	當逢千尋木・折令遇其時
2914 申	猶苑沟渠裡・翩翩一點紅	紅葉有前緣・水流何大急	寒犬吠明月・空自賈情懷
3015 酉	兩曜循天地・五星惟順纏	黃菊有佳色・秋光何太遲	雷是震天鼓・青天無片雲
3116 戌	千駒馬弗視・甘心惟步行	管弦醉春風・何如枯冷淡	舟行帆自卷・欲進路無由
3217 亥	桑麻天地產・不必問耕桑	奈有仙風骨・壺中日月閒	一箭射胸中・萬事能假從

金部 丑日時	男　命	女　命	歲　運
3308 丑	草木年年改・山河竟自好	枯楊生綠柳・雪裡自陽春	銅鏡未會人・暫時生塵垢
2209 寅	金命即如此・天花桂影風	欲指神仙路・雲山幾萬重	冒暑去投林・當途風少息
2310 卯	舉箭射青天・月淡星稀候	春日種梅花・秋風生桂枝	月明與星稀・鳥鵲南飛起
2411 辰	酒罷醉和風・蛾眉山上色	福祿從天降・不求保自生	遨遊成秀地・不覺日平西
2512 巳	丹崖萬仞高・中有蜉蝣上	秋風動桂枝・桂子應難有	停帆遇順風・千里終須到

225

2613午	麾蓋漾虛空・白雲深處出	兔絲負女蘿・纏綿成一家	虎落在阱中・地偶難回避
2714未	九河循故道・蚯蚓繞山行	桑麻深雨露・桃李正芳菲	渴時須飲水・臨井又無泉
2815申	高枝投宿鳥・廣廈上林燕	風月宴年年・更闌人散後	曉日離雲陣・寒威漸漸分
2916酉	扁舟過夏口・赤壁火燒天	君子期偕老・江山逝若川	子期逢伯牙・正是好知音
3017戌	桂林無雨露・山澤有雷風	雙燕春風暖・孤鴻落日斜	月被烏雲掩・光明暫一時
3118亥	寶鏡當空照・光明人自知	庭前有丹桂・肌膚帶天香	匈奴降蘇武・漢節不能屈

金部寅日時	男　　命	女　　命	歲　　運
3310寅	貓鼠崇墉上・安居備不虞	青春花不發・冬嶺伴蒼松	憂辱無所怨・安居且慮危
2211卯	重重又重重・好彈無弦琴	鴛鴦飛水面・花落又花新	琴瑟忽斷弦・便不同音韻
2312辰	將火照明月・浮雲一點無	自有好姻緣・方識今日鏡	風吹水上萍・東西任來去
2413巳	都門千餘里・成闕煙生塵	東園花易開・西園果先熟	投身向弱水・剖蚌取明珠
2514午	蝴蝶在林中・採花為麴藥	吹簫人去後・仙境又重登	上陣長槍遇・前途須我約
2615未	崑崑數仞牆・不得其門入	當生金不多・誰知來路難	木生毫末間・從微須著至
2716申	芝草穿珍珠・玉堂高掛地	並蒂雙蓮出・風光共一家	織女未乘機・精神自頻緒
2817酉	藻芹離泮水・爐火蒸明香	著意栽桃李・須防困蒺藜	和風吹折柳・光景與天同
2918戌	日照雪中山・銀河波自起	春花方競秀・夏日又成陰	寒鴉終夜噪・恍惚有驚疑
3019亥	綺羅裁剪下・一線逐針行	更深玉漏殘・月裡嫦娥去	大匠欲斲輪・勞費繩與尺

金部卯日時	男　　命	女　　命	歲　　運
3312卯	孤軍臨大敵・剖竹可分符	寒梅空自白・芳草為誰青	和羹用鹽梅・苦旱用霖雨

2213 辰	辰卯從草人・玉殿生芳草	短長由自己・苦樂在他人	水映千江月・山含萬木春
2314 巳	山上水仙花・非是江河養	蓮花綠水香・莫怨秋風早	丹崖萬仞高・中有蜉蝣上
2415 午	楓葉蘆花岸・滿江秋月明	嬌鶯細柳中・春暮多風雨	急浪自呼舟・求濟何時脫
2516 未	四方風一動・古木自縱橫	綠柳正搖風・雪花飛天上	東鄰殺時牛・不如西禴祭
2617 申	衣裳藏在笥・鎖鑰不相投	紅葉手中持・春殘花未開	月內一蟾蜍・影收光又散
2718 酉	雨輕風作緯・欲織一機羅	鳳飛鸞亦飛・雞鳴子正和	急浪回晚棹・進退自徘徊
2819 戌	冀土築城牆・使人高數仞	明月逐人來・風塵隨馬去	黃蜂作蜜后・己苦別人甜
2920 亥	井給奠西井・舟行載日光	青繩曾系足・何事又伐柯	問其造處士・取捨在人間

金部辰日時	男　　命	女　　命	歲　　運
3314 辰	掉舟過蒼海・風雲生八荒	蕙蘭花一處・各自逞馨香	蕙蘭花一處・各自逞馨香
2215 巳	青天江海流・前定事如是	斷雲殘雨後・缺月又重輝	無根三月柳・花絮滿天飛
2316 午	月明春水滿・四面八方流	飲泉風吹美・不覺浪花番	玄豹菱成虎・喜意自非常
2417 未	金風疏落葉・趙璧保珊瑚	萬木怕秋風・桂獨一枝花	○○○○○・○○○○○
2518 申	因赴武陵約・桃花逐水流	繡帶綰春羅・塵滿菱花鏡	吞釣魚上鉤・沉機大小淵
2619 酉	壺口孟津間・冀州先載水	鏡裡花顏改・枝頭果未圓	祥日頻曉日・輪轉有祥光
2720 戌	夜寢遊仙夢・通靈各有神	莫訝今朝景・修緣好閒空	有舟無棹處・過渡有憂疑
2821 亥	挾山超北海・緣木以求魚	昔日青天上・風光再主持	電光爍秋月・方寸自生疑

金部巳日時	男　　命	女　　命	歲　　運
3316 巳	斗柄橫雲漢・西山曉月浸	東風才得意・夜月改梨花	竹筍已抽簪・成林自有日

2217午	細柳新蒲綠・夕陽流彩紅	兼織回文錦・重圍月影光	蜂蝶競爭雄・可存芳樹上
2318未	斗牛星會處・蘭麝自馨香	紫穗吐奇芳・光陰遂流水	魚潛水上藻・思躍有其時
2419申	魚鳧在虎穴・鸞鳳宿花叢	嫩筍出階前・楊花飛滿院	鎔金欲鑄印・成用有其時
2520酉	輆耒不耕莘・行車遇霖雨	前定四時春・只怕東風惡	旅食在他鄉・何時歸本地
2621戌	明堂空谷中・不納三伏暑	斷橋流水急・准擬上扁舟	苦求藥用之・于人又何咎
2722亥	舟下急流中・山陰不可去	屏間金孔雀・那個是前緣	刀箭既相怨・此心懷一快

金部午日時	男　　命	女　　命	歲　　運
3318午	織女機上梭・往來同日月	雖不是丁蘭・刻木也成形	高堂懷棟梁・架椽無所靳
2219未	神仙居洞府・欲活爛柯棋	玄霜誰擣就・只恐又姻緣	斗牛星會處・蘭麝自馨香
2320申	竹影連山影・松聲間水聲	芙蓉秋夜花・莫怨東風錯	明月三杯酒・清風一曲琴
2421酉	青天蜀道難・背劍跳雲棧	祿馬度前橋・須還跳井口	劍斬長橋蛟・箭射白額虎
2522戌	青天如水淨・旱魃化雲霓	水面宿鴛鴦・鳳凰那時出	大旱望雲霓・沛然天下雨
2623亥	心是無星秤・均同一氣形	箕帚自相當・瓦璋猶未定	多禽見鷹鸇・不測自刑傷

金部未日時	男　　命	女　　命	歲　　運
3320未	松柏悉滋漫・丹青石上生	綠顏流水急・誰念百花新	大冶可淘金・必定成金器
2221申	積雪遇和日・池塘春草生	可惜花開處・風光嘆不常	臨春花柳香・好遂邀遊世
2322酉	揚竿釣渭水・忍恥向淮陰	種樹於途邊・行人受綠陰	白頭為釣叟・晚節遇文王
2423戌	金風西嶺月・光炎射楊花	天地無憑準・空餘燕子樓	烏江不可渡・患害豈非常
2524亥	草做擎天柱・難當盛暑風	望月伴嫦娥・只空浮雲翳	淡雲來掩日・殘雲暫收光

金部 申日時	男　　命	女　　命	歲　　運
3322 申	圭田如玉潔・一點不生塵	自得操持手・何須男子為	于斯有美玉・求善價沽諸
2223 酉	天河玉浪起・爭奮鴻雁飛	天臺劉阮遇・時景又雲飛	莫望紅塵遠・出門天地寬
2324 戌	擊柝重門外・機邊看錦花	佳人天上月・圓缺照誰家	錦機梭過處・隨即起波紋
2425 亥	假山中草木・鳥獸豈容藏	天邊有明月・何處照人間	春水初泮處・任便戲新魚

金部 酉日時	男　　命	女　　命	歲　　運
3324 酉	大道藏無極・鴻蒙隱八維	金多必有傷・及早修緣事	殺雞煩鼠終・忠信自無疑
2225 戌	月華透梅雪・水淨見山陰	殘燈半空月・爭奈五更長	花渠暗水流・出沒世難測
2326 亥	形畫麒麟閣・毫端爭一莖	孤猿枝上啼・明月空中落	陽氣喜初生・萌芽將復展

金部 戌日時	男　　命	女　　命	歲　　運
3326 戌	牽牛過堂下・問是梁惠王	仙壇與佛塔・功果好修為	大旱望雲霓・青天空靂霹
2227 亥	風行江上去・松竹競爭春	古稱朱陳村・只恐花難老	○○○○○・○○○○○

金部 亥日時	男　　命	女　　命	歲　　運
3328 亥	吾身何踐履・天外有煙霞	畫堂春正濃・楊柳輕飄絮	社燕自營巢・不安期得便

河洛「土部」參評歌訣

土部 子日時	男　　命	女　　命	歲　　運
3357 子	蜘蛛結網羅・箭射空中雨	天邊有彩鸞・風舉乘雲路	臨淵空羨魚・取捨難為事
2258 丑	蓬蒿棲鳳凰・瞻望隨堤柳	臘日消殘雪・紅杏又著花	涼風並水閣・散髮又披襟
2359 寅	龍門舟未出・蚯蚓載坤輿	紫燕營新巢・呢喃又無水	梨園遇猴宿・果熟不能存
2460 卯	桃李浮瓜景・廣寒宮似冰	孤帆太湖遠・休上望夫山	再磨龍劍用・銳氣徹青空
2561 辰	投身向弱水・剖蚌取明珠	柳絮舞春風・晴雲番暮雨	春柳發萌芽・濃陰堪待暑
2662 巳	置郵符馹使・傳命折梅花	莫待塵緣結・皈依好向空	旅懷千里遠・日暮急奔程
2763 午	廣寒宮枕簟・內有風雪生	藤蘿引高松・陰陽調律呂	鸞弓兼得箭・際遇莫踟躕
2864 未	蝴蝶夢方回・尋花天上去	玉女逢佳偶・天風吹佩環	築壇來拜將・萬世好名揚
2965 申	牆外生斑竹・莖長接上蒼	換葉移根樹・花開子未圓	陽春三月景・桃李自芬芳
3066 酉	魚鹽版筑人・心志自先苦	一疋紅綾好・春風幾度求	曲木轉形影・運動影隨身
3167 戌	山徑之蹊間・介然而成路	香草出河邊・寂寞春歸晚	鵲巢鳩打破・有始卻無終
3268 亥	河洛出圖書・伏羲不再畫	春光沸管弦・秋風換羅綺	笙歌頻聒聒・自可樂歡顏

土部 丑日時	男　　命	女　　命	歲　　運
3359 丑	萬里長城去・黃河猶舊流	香盟于山岳・未信晴雲輕	梨園過猴宿・果熟不能存
2260 寅	大旱望雲霓・青霄隔風阻	風煙隔明鏡・膏沐為誰容	萬物原于天・密雲渾不雨
2361 卯	風吹海水動・巨蟹四方游	桃花人面去・黃菊又三秋	寒光有重焰・從此再回生
2462 辰	四海塵埃起・隨風散九天	花落東流水・高堂望杏紅	○○○○○・○○○○○
2563 巳	對月登樓望・風生星斗移	妙手連環解・姻緣事不由	日暮強奔程・狂走途還失

2664午	壺頭山上鼓・終日伏波聞	氣味芝蘭美・光陰日月行	龍吟深大澤・逸樂有其之
2765未	獨舞菖蒲劍・三軍不可擋	風山花零落・春風趁馬蹄	雄雞齊唱曉・曙色未分明
2866申	燕期秋社中・遙指神仙路	月中丹桂子・開時待秋風	大寒將索裘・已失先期備
2967酉	身在青雲裡・天街我獨行	天地春風裡・江山夕照中	春遊時得喜・駿馬自馳驅
3068戌	旱天逢雨集・溝澮自皆盈	○○○○○・○○○○○	虎鹿圖一雀・一悲還一喜
3169亥	眾逐虎負隅・攘臂下車博	重重天色晚・何處彩雲飛	猛虎依平林・收威並失勢

土部寅日時	男　　命	女　　命	歲　　運
3361寅	江心秋月色・魚隱在心中	竊香人去後・月色又黃昏	猛虎居山岩・前凶而後吉
2262卯	竹叢蜂蝶聚・落葉露珠傾	暴虎馮河婦・如何柔濟剛	正當駿馬時・情懷難自捲
2363辰	白日片雲收・青天一點雪	薰風吹石榴・秋風破酸子	田獵而獲食・自知得如願
2464巳	蔓草與長松・遠看同一色	姻緣竟若無・浮雲落流水	瑞雲飛出洞・聚散不為常
2565午	正當三伏暑・畫寢覆青氈	目斷楚天空・星河何處覓	杏花紅十里・歸去馬如飛
2666未	豫州城似鐵・強弩不能穿	汀蘭並岸芷・泛宅奉浮家	大廈要扶持・誠然非一木
2767申	天漢彩雲橫・斗牛星不動	花開幾度春・日月應難光	眾棹若扶持・一時須得渡
2868酉	南畝金城外・一鞭風月清	龍鳳喜回巢・乾坤風景異	蜂蝶戲春深・先益而後損
2969戌	三月清明節・桃源不老春	黃鶯出空谷・燕來落花泥	舉足傾天河・用除三伏暑
3070亥	王事不敢廢・抽矢扣車輪	桃花逐水流・空鎖武陵春	春天喜勝遊・冬日真可愛

土部卯日時	男　　命	女　　命	歲　　運
3363卯	九穗嘉禾起・吳江風月情	南國有佳人・花影空中霧	魚龍在釣餌・志樂在其中

2264辰	古道多芳草・武陵花自紅	芙蓉不怕霜・霜裏好開花	夜光流星落・中心亦可憂
2365巳	虹霓射日光・五彩空中散	一曲神仙引・風吹別調聞	青天當午日・迤邐有藏雲
2466午	身登竹葉舟・更不假篙楫	機錦織成花・未許金刀剪	子房遇黃石・受履顯光榮
2567未	高山雨露深・一人騎虎至	賞花人散後・金勒馬嘶風	春遊知得意・信步自忘勞
2668申	白日青天裡・東方出五星	春光媚華堂・秋月照穹空	未雨時先雷・陰雲空密布
2769酉	桃浪江深處・蛇從螃蟹行	霜風似刀劍・斫斷飛鴛侶	田獵出無心・捕禽而得兔
2870戌	歲寒知松柏・猶自藹柔芽	○○○○○・○○○○○	初生新出月・皎白有明時
2971亥	嫦娥會月宮・鏡照紅顏改	絕代有佳人・青鏡朱顏改	琴瑟不調和・其弦急可整

土部辰日時	男　　命	女　　命	歲　　運
3365辰	泰山添土壤・春草自鋪毯	一曲醉金卮・野煙生碧樹	方澤水溶溶・魚龍俱得勢
2266巳	嫦娥伴玉兔・醉倒桂花叢	嫦娥在月窟・三五圓又缺	彎弓弦忽改・悵望獨咨嗟
2367午	龍脫初生骨・飛潛花苑中	離菊綻金錢・玉露生秋草	浮雲迷皎月・暫時處朦朧
2468未	山中有一道・不露神仙跡	綠蟻其佳人・巫山連楚夢	病久遇良醫・貴人相提挈
2569申	珠履騰空去・一雙鳧上天	要看枝上花・卻看花稍月	流水下高山・誰能相止過
2670酉	英雄一上將・來作負荊人	春草暗連山・王孫應恨別	珍珠俱已成・何須多草艾
2771戌	畫屏堂半開・上有丹青筆	○○○○○・○○○○○	舜日得升空・堅冰須盡化
2872亥	江漢源流水・同來井路中	月煙夜光圓・向曉金烏出	黃鶯聲百轉・其可樂春遲

土部巳日時	男　　命	女　　命	歲　　運
3367巳	廟堂知重器・寶鼎玉居先	春樹發新條・風光喜戀新	旅況在窮途・得薪又無火

2268午	采薇除蔓草・蝴蝶在紅塵	鸞鳳乘何遠・熊羆夢憶回	荒田多野草・空自負耕犁
2369未	當途白日虎・草下現其身	好花臨水畔・風雨隔前林	葉落為辭樹・正不為幹枝
2470申	聚沙為五岳・一簣豈容虧	自是閨門好・須防半疾殊	柏樹長高崗・喬枝須出群
2571酉	陽春三月景・杜鵑花正開	名園花果香・春風皆吹暝	良畫惟歸祝・志存楊柳間
2672戌	即墨得神仙・飛鳥悉翔舞	嫦娥在月宮・秋光共誰處	二將競爭功・一得須一失
2773亥	松筠侵日月・星斗見長天	芍藥花開遍・清和轉夏天	水由地中行・江淮朝宗漢

土部午日時	男　　命	女　　命	歲　　運
3369午	飛雲隨水起・燕雀語花陰	浮雲蔽白日・彷佛見參商	風動水中萍・往來無定處
2270未	修行下螻蟻・銜泥疊太山	牡丹花半開・春色無留意	雨雨忽交鋒・自當宜謹慎
2371申	橫池龜曳尾・入水散清波	姻緣此日兼・只恐姻緣阻	癡心問人影・否泰出何心
2472酉	白水對青山・玉衡齊七政	春色天涯遠・燕歸人亦歸	田欲成秀苗・必先除草芥
2573戌	柳岸春風處・波紋漾碧天	寶鏡畫堂前・莫遣青鸞舞	路遙頻馬往・心困與神疲
2674亥	義兵不用詐・背水戰何因	灼灼枝上花・春時天又雨	喬松方出土・難得生嫩枝

土部未日時	男　　命	女　　命	歲　　運
3371未	博浪沙中立・海濱車駕行	天生連理枝・莫遣風霜苦	有金無火煉・作器恐無期
2272申	隨山刊古木・鮮食莫山川	緣分宜嬌客・難教桂丁香	明珠生蚌內・方寸自然光
2373酉	上陽宮裏人・相伴白雲宿	天外彩雲飛・化作白雲去	工師得大木・以勝棟樑材
2474戌	庭月射花影・散作五更怨	雖是好羅裙・猶同紗帽裡	廣大置車輪・行難由正路
2575亥	馬陵書大字・鬥志有孫龐	鶯花春世界・咫尺近春逢	春魚方跳躍・得勢漫東流

土部 申日時	男　　命	女　　命	歲　　運
3373 申	象取斗中氣・天邊柳絮飛	樓上有神仙・人間無去客	鞭生庭下長・養竹自萌芽
2274 酉	用缶納自牖・泥途中得興	冰骨玉肌膚・夏日當炎暑	一刀還兩段・過意即分明
2375 戌	金燈對月華・燕疊畫樑巢	紅顏對明鏡・幾度插花新	男兒衣祿好・女子命還危
2476 亥	水由地中行・江漢朝宗海	結髮望齊眉・莫負恩與愛	酩酊見銜杯・性真正自在

土部 酉日時	男　　命	女　　命	歲　　運
3375 酉	東山煙霧佈・本棹入扁舟	風動玉欄杆・驚醒花間夢	戰馬得金聲・雄心期便振
2276 戌	鴻鵠競飛鳴・深居而簡出	夏木黃鸝語・梧桐葉早秋	聲傳空谷中・影浸清波下
2377 亥	天崖一望中・燕雀任來往	一花雙結子・唯恐到頭難	石上磨玉簪・不測中有折

土部 戌日時	男　　命	女　　命	歲　　運
3377 戌	雷聲震天地・草木絕其根	晝夕掩重門・虛空久寂寞	固壘池深處・提防有不虞
2278 亥	乘桴浮海上・四面任風吹	骨肉前緣定・修持好閒空	遊舟入水中・進退不由己

土部 亥日時	男　　命	女　　命	歲　　運
3379 亥	八尺長燈檠・清光射白晝	長檠照珠翠・燭影怕風吹	塞翁須失馬・反禍又成福

土部：內一數

土部	男　　　命	女　　　命	歲　　　運
2869	陰陽皆失位·無極自失宜	流年如遇火·一死復何疑	

注：此數不該出現！之所以會出現，告訴我們，凡事要「戒慎恐懼」，要「用心」！

河洛理數（卷六）參評祕訣……終

此書闡「河圖」之源，發「先後天」之旨，明「八卦」之機，解「數理」之妙。是打開《易經》來源與《易經》應用之門的一把「鎖匙」。熟讀此書，不但可以領悟《易經》預測學的奧妙，而且是揭開《易經》神祕面紗的關鍵。

河洛理數卷之六「參評祕訣」是與「易經流年」相輔相成。告訴我們今生的角色定位，如何「趨吉避凶」而達到或超越這個定位點。甚或有「不祥」之兆，如何找出「不祥」的癥結，從此避開「不祥」之厄，就是我們該努力的目標。

著作：陳摶（宋 872 年－989 年），字：圖南。號：扶搖子、希夷先生（注：希者，視而不見，夷者，聽而不聞）。常被視為神仙，尊稱為：陳摶老祖、希夷祖師……等。

轉述：邵康節（宋 1011 年－1077 年），字：堯夫。又稱安樂先生、百源先生。諡康節。後世稱邵康節。北宋五子之一，北宋理學家。

校訂：史應選（明 1616 年），字：譚懷。丙辰科進士，生平不詳。著有：周易來注，並與念沖甫根據周易所編之八卦「河洛理數，歲運六十四卦斷訣」三卷，為後代術家所推崇。

河洛理數（卷七）
起大小運

河洛理數（卷七）起大小運

逐句釋明起大運金鎖銀匙歌訣

陰陽俱用二千同，只將大運替時輪。其餘一一依前例，萬命堪憑斷吉凶。

陰陽俱用二千同

此句謂起大運法，與起八字法一般，俱須用定數 2000 算上。

只將大運替時輪

此句謂起大運，無別方法，只將人八字時支，棄去不用，以大運地支，逐運對日地支算便是。

其餘一一依前例，萬命堪憑斷吉凶

所謂「一一依前例」者，謂起運之法，句句依照金鎖銀匙歌打算，如起八字法一般，看得數多少，即於水火木金土納音五部，尋之便是。

逐句釋明推流年金鎖銀匙歌訣

流年之法是如何，千上同前自不殊。只把日支對太歲，替卻日時一例推。

流年之法是如何，千上同前自不殊

此二句亦只說，與虛加二千祖一般。

只把日支對太歲，替卻日時一例推

此二句謂不用日時地支打算，只將流年太歲地支與大運地支，句句依金鎖銀匙之法推算，看得數多少，即於水火木金土納音五部，尋之便是。

起大運、小運訣

陽命、陰命「年上看」

陽命：「甲、丙、戊、庚、壬」生人。

陰命：「乙、丁、己、辛、癸」生人。

其法：陽男陰女，順數月柱未來，謂之順運。陰男陽女，逆數月柱已往，謂之逆運。但以三日為一歲，多一日除一日，少一日借一日也。

1、大運只管「陽爻九年，陰爻六年」，不用子平之運。

2、先把月柱，遵照陰陽男女的順逆排定，此即為大運。

3、以大運地支，逐運對日支算便是。

4、再以大運年之「水、火、木、金、土」部去尋，即得大運歌訣。

流年取參評歌訣法

1、小運流年逆順由時。先把時支的順逆排定。

2、以時支，逐運對當歲大運地支算便是。

3、再以流年之「水、火、木、金、土」部去尋，即得流年歌訣。

起大、小運之重點提示

1、月柱遵照陰陽男女的順序，先行排定，此即為大運。

2、河洛數內，只以陽爻九年、陰爻六年為大運，不用子平之運。

3、先後天卦共有 12 爻，故需取 12 個順逆。

4、以大運地支，逐運對日支算便是。

5、再以大運年之「水、火、木、金、土」部去尋，即得大運歌訣。

6、小運逆順由時，先把時支的順逆排定，以時支逐運對大運地支算便是。

7、再以流年之「水、火、木、金、土」部去尋，即得流年歌訣。

起大運例證

虛擬八字 (癸酉 (**金**)、庚申、甲寅、辛未) 如有雷同，純屬巧合。

節　氣：1933 年 立秋：8 月 8 日辰時 8：26 白露：9 月 8 日巳時 10：58

陰命男：天數「29、巽、下」　　地數「38、艮、上」

先天「山風蠱卦、六四」　　　　後天「風火家人、初九」

▬▬▬▬ 13 - 21 歲	▬▬▬▬ 85 - 93 歲
▬▬ ▬▬ 07 - 12 歲	▬▬ ▬▬ 76 - 84 歲
▬▬▬▬ 01 - 06 歲	▬▬ ▬▬ 70 - 75 歲
▬▬▬▬ 37 - 45 歲	▬▬▬▬ 61 - 69 歲
▬▬ ▬▬ 28 - 36 歲	▬▬ ▬▬ 55 - 60 歲
▬▬▬▬ 22 - 27 歲	▬▬▬▬ 46 - 54 歲

參評祕訣總運歌訣

虛擬八字「癸酉 金 、庚申、甲 寅 、辛 未 」如有雷同，純屬巧合。

金部 寅日時	男　　　命	女　　　命	歲　　　運
2615 未	崑崑數仞牆・不得其門入	當生金不多・誰知來路難	木生毫末間・從微須著至
2815 申	高枝投宿鳥・廣廈上林燕	風月宴年年・更闌人散後	曉日離雲陣・寒威漸漸分

以上是此虛擬八字參評祕訣的一生總評，無陰陽男女或陰陽年之分。

虛擬八字(癸酉(金)、庚申、甲寅、辛未)如有雷同，純屬巧合。

節　氣：1933 年 立秋：8 月 8 日辰時 8：26，白露：9 月 8 日巳時 10：58

陰命男：天數「29、巽、下」，地數「38、艮、上」

先天「山風蠱卦、六四」　　　後天「風火家人、初九」

13 - 21 歲		85 - 93 歲
07 - 12 歲		76 - 84 歲
01 - 06 歲		70 - 75 歲
37 - 45 歲		61 - 69 歲
28 - 36 歲		55 - 60 歲
22 - 27 歲		46 - 54 歲

陰命男大運逆行：月柱「**庚申**」逆行 9 天到立秋，3 歲逆行起大運。

月柱：**庚申**逆行

己未、戊午、丁巳、丙辰、乙卯、甲寅、癸丑、壬子、辛亥、庚戌、己酉、戊申

起大運：八字時支，棄去不用，以大運地支，逐運對日支「甲寅」算便是。

大運「己未」逆行：1935 乙亥(火)年「**3-6 歲**」山風蠱卦、六四，日支「甲寅」

大運「戊午」逆行：1939 己卯(土)年「**7-12 歲**」山風蠱卦、六五，日支「甲寅」

大運「丁巳」逆行：1945 乙酉(水)年「**13-21 歲**」山風蠱卦、上九，日支「甲寅」

大運「丙辰」逆行：1954 甲午(金)年「**22-27 歲**」山風蠱卦、初六，日支「甲寅」

大運「乙卯」逆行：1960 庚子(土)年「**28-36 歲**」山風蠱卦、九二，日支「甲寅」

大運「甲寅」逆行：1969 己酉(土)年「**37-45 歲**」山風蠱卦、九三，日支「甲寅」

大運「癸丑」逆行：1978 戊午(火)年「**46-54 歲**」風火家人、初九，日支「甲寅」

大運「壬子」逆行：1987 丁卯(火)年「**55-60 歲**」風火家人、六二，日支「甲寅」

大運「辛亥」逆行：1993 癸酉(金)年「**61-69 歲**」風火家人、九三，日支「甲寅」

大運「庚戌」逆行：2002 壬午(木)年「**70-75 歲**」風火家人、六四，日支「甲寅」

大運「己酉」逆行：2008 戊子(火)年「**76-84 歲**」風火家人、九五，日支「甲寅」

大運「戊申」逆行：2017 丁酉(火)年「**85-93 歲**」風火家人、上九，日支「甲寅」

注：先把先後天卦爻排定，才能知各大運所管轄的陽爻九年或陰爻六年。

大運陽爻九年，陰爻六年

大運陽爻九年、陰爻六年的參評祕訣如例

如例：1960 庚子（**土**）年「**28-36 歲**」有逆無順

即於《**土**》部去尋：日支「**甲寅**」與大運「**乙卯**」。即得如下

大運「**乙卯**」逆行：1960 庚子（**土**）年「**28-36 歲**」山風蠱卦、九二，日支「**甲寅**」

土部寅日時	男　　命	女　　命	歲　　運
2262 卯	竹叢蜂蝶聚‧落葉露珠傾	暴虎馮河婦‧如何柔濟剛	正當駿馬時‧情懷難自捲

再如：1987 丁卯（**火**）年「**55-60 歲**」有順無逆

即於《**火**》部去尋：大運「**壬子**」與日支「**甲寅**」。即得如下

大運「**壬子**」逆行：1987 丁卯（**火**）年「**55-60 歲**」風火家人、六二，日支「**甲寅**」

火部子日時	男　　命	女　　命	歲　　運
2333 寅	天表霓虹見‧風吹向洌泉	莫報東風急‧好花春日開	倉庫鼠損處‧小虧有大盈

再如：1993 癸酉（**金**）年「**61-69 歲**」順逆皆有

即於《**金**》部去尋：大運「**辛亥**」與日支「**甲寅**」。即得如下

大運「**辛亥**」逆行：1993 癸酉（**金**）年「**61-69 歲**」風火家人、九三，日支「**甲寅**」

金部寅日時	男　　命	女　　命	歲　　運
3019 亥	綺羅裁剪下‧一線逐針行	更深玉漏殘‧月裡嫦娥去	大匠欲斲輪‧勞費繩與尺
2419 申	魚黿在虎穴‧鸞鳳宿花叢	嫩筍出階前‧楊花飛滿院	鎔金欲鑄印‧成用有其時

餘仿此類推。

242

參評祕訣之起流年例證

虛擬八字(癸酉(金)、庚申、甲寅、辛未)如有雷同,純屬巧合。

節 氣:1933 年立秋:8 月 8 日辰時 8:26,白露:9 月 8 日巳時 10:58

陰命男:天數「29、巽、下」　　地數「38、艮、上」

先天「山風蠱卦、六四」　　　後天「風火家人、初九」

13 - 21 歲	85 - 93 歲
07 - 12 歲	76 - 84 歲
01 - 06 歲	70 - 75 歲
37 - 45 歲	61 - 69 歲
28 - 36 歲	55 - 60 歲
22 - 27 歲	46 - 54 歲

陰命男:大運地支不動,與時支隨行

小運流年逆順由時,陽男陰女,從生時逐一順去;陽女陰男,則從生時逆數而行

時支「辛未」逆行:庚午、己巳、戊辰、丁卯、丙寅、乙丑、甲子、癸亥、壬戌

　　時支「庚午」逆行:1960 庚子(土)年「**28 歲**」,大運「乙卯」

　　時支「己巳」逆行:1961 辛丑(土)年「**29 歲**」,大運「乙卯」

　　時支「戊辰」逆行:1962 壬寅(金)年「**30 歲**」,大運「乙卯」

　　時支「丁卯」逆行:1963 癸卯(金)年「**31 歲**」,大運「乙卯」

　　時支「丙寅」逆行:1964 甲辰(火)年「**32 歲**」,大運「乙卯」

　　時支「乙丑」逆行:1965 乙巳(火)年「**33 歲**」,大運「乙卯」

　　時支「甲子」逆行:1966 丙午(水)年「**34 歲**」,大運「乙卯」

　　時支「癸亥」逆行:1967 丁未(水)年「**35 歲**」,大運「乙卯」

　　時支「壬戌」逆行:1968 戊申(土)年「**36 歲**」,大運「乙卯」

如前例:1960 庚子(土)年「**28-36 歲**」

以流年之「水火木金土」部去尋,時支順逆與當歲大運。即得如下

參評祕訣之起流年例證

如例：1961 辛丑 (**土**) 年「**29 歲**」有逆無順

即於《**土**》部去尋：時支「己巳」與大運「乙卯」。即得如下

土部 卯日時	男　　　命	女　　　命	歲　　　運
2365 巳	虹霓射日光・五彩空中散	一曲神仙引・風吹別調聞	青天當午日・迤邐有藏雲

再如：1963 癸卯 (**金**) 年「**31 歲**」順逆相同

即於《**金**》部去尋：時支「丁卯」與大運「乙卯」。即得如下

金部 卯日時	男　　　命	女　　　命	歲　　　運
3312 卯	孤軍臨大敵・剖竹可分符	寒梅空自白・芳草為誰青	和羹用鹽梅・苦旱用霖雨

再如：1967 丁未 (**水**) 年「**35 歲**」順逆皆有

即於《**水**》部去尋：時支「癸亥」與大運「乙卯」。即得如下

水部 卯日時	男　　　命	女　　　命	歲　　　運
2944 亥	江山千里外・草木放精神	風損花枝折・醫治待神仙	清秋天宇闊・雁字寫長空
2544 酉	虎兒出於匣・征夫不能行	好生橫翠黛・曉露洞方環	戰勝凱歌回・論功先後處

餘仿此類推。

虛擬八字 (癸酉、庚申、甲寅、辛未) 如有雷同，純屬巧合。

節　氣：1933 年 立秋：8 月 8 日辰時 8：26，白露：9 月 8 日巳時 10：58

陰命女：天數「29、巽、上」　　地數「38、艮、下」

先天「風山漸卦、六二」　　　　後天「巽為風卦、九五」

31 - 39 歲	55 - 63 歲
22 - 30 歲	46 - 54 歲
16 - 21 歲	88 - 93 歲
07 - 15 歲	79 - 87 歲
01 - 06 歲	70 - 78 歲
40 - 45 歲	64 - 69 歲

陰命女大運順行：月柱「**庚申**」順行 24 天到白露，8 歲順行起大運。

月柱：**庚申**順行

辛酉、壬戌、癸亥、甲子、乙丑、丙寅、丁卯、戊辰、己巳、庚午、辛未、壬申

起大運：八字時支，棄去不用，以大運地支，逐運對日支「甲寅」算便是。

大運「辛酉」逆行：1940 庚辰 (金) 年「**08-15 歲**」風山漸卦、九三，日支「甲寅」

大運「壬戌」逆行：1948 戊子 (火) 年「**16-21 歲**」風山漸卦、六四，日支「甲寅」

大運「癸亥」逆行：1954 甲午 (金) 年「**22-30 歲**」風山漸卦、九五，日支「甲寅」

大運「甲子」逆行：1963 癸卯 (金) 年「**31-39 歲**」風山漸卦、上九，日支「甲寅」

大運「乙丑」逆行：1972 壬子 (木) 年「**40-45 歲**」風山漸卦、初六，日支「甲寅」

大運「丙寅」逆行：1978 戊午 (火) 年「**46-54 歲**」巽為風卦、九五，日支「甲寅」

大運「丁卯」逆行：1987 丁卯 (火) 年「**55-63 歲**」巽為風卦、上九，日支「甲寅」

大運「戊辰」逆行：1996 丙子 (水) 年「**64-69 歲**」巽為風卦、初六，日支「甲寅」

大運「己巳」逆行：2002 壬午 (木) 年「**70-78 歲**」巽為風卦、九二，日支「甲寅」

大運「庚午」逆行：2011 辛卯 (木) 年「**79-87 歲**」巽為風卦、九三，日支「甲寅」

大運「辛未」逆行：2020 庚子 (土) 年「**88-93 歲**」巽為風卦、六四，日支「甲寅」

注：先把先後天卦爻排定，才能知各大運所管轄的陽爻九年或陰爻六年。

　　虛擬八字參評祕訣的一生總評，與前陰命男同，不贅言。

大運陽爻九年，陰爻六年的參評祕訣如例

如下 1972 壬子 (木) 年「**40-45 歲**」有順無逆

即於《木》部去尋：日支「甲**寅**」與大運「乙**丑**」。即得如下

大運「乙**丑**」逆行：1972 壬子 (木) 年「**40-45 歲**」風山漸卦、初六，日支「甲**寅**」

木部 丑日時	男　　命	女　　命	歲　　運
2208 寅	木人逢此地・平步上青雲	雨餘天欲霽・江上好峰青	臨橋玉壺春・鴛鴦解鳴雨

再如：1987 丁卯 (火) 年「**55-63 歲**」有逆無順

即於《火》部去尋：大運「丁**卯**」與日支「甲**寅**」。即得如下

大運「丁**卯**」逆行：1987 丁卯 (火) 年「**55-63 歲**」巽為風卦、上九，日支「甲**寅**」

火部 寅日時	男　　命	女　　命	歲　　運
2236 卯	晝間人秉燭・直入洞房中	夫人神氣定・綽有林下風	入山去採木・自可求良匠

再如：1996 丙子 (水) 年「**64-69 歲**」有逆無順

即於《水》部去尋：大運「戊**辰**」與日支「甲**寅**」。即得如下

大運「戊**辰**」逆行：1996 丙子 (水) 年「**64-69 歲**」巽為風卦、初六，日支「甲**寅**」

水部 寅日時	男　　命	女　　命	歲　　運
2336 辰	高下花飛處・鶯聲春晝間	水二府蓮花・塵中留不住	三月豔陽天・融和生宇宙

餘仿此類推。

參評祕訣之起流年例證

虛擬八字 (癸酉、庚申、甲寅、辛未) 如有雷同，純屬巧合。

節　氣：1933 年立秋：8 月 8 日辰時 8：26，白露：9 月 8 日巳時 10：58

陰命女：天數「29、巽、上」　　地數「38、艮、下」

先天「風山漸卦、六二」　　　後天「巽為風卦、九五」

31 - 39 歲	55 - 63 歲
22 - 30 歲	46 - 54 歲
16 - 21 歲	88 - 93 歲
07 - 15 歲	79 - 87 歲
01 - 06 歲	70 - 78 歲
40 - 45 歲	64 - 69 歲

陰命女：大運地支不動，與時支順逆隨行

小運流年逆順由時，陽男陰女，從生時逐一順去；陽女陰男，則從生時逆數而行

時支「辛未」順行：壬申、癸酉、甲戌、乙亥、丙子、丁丑、戊寅、己卯、庚辰

時支「壬申」逆行：1987 丁卯 (火) 年「**55 歲**」，大運「丁卯」

時支「癸酉」逆行：1988 戊辰 (木) 年「**56 歲**」，大運「丁卯」

時支「甲戌」逆行：1989 己巳 (木) 年「**57 歲**」，大運「丁卯」

時支「乙亥」逆行：1990 庚午 (土) 年「**58 歲**」，大運「丁卯」

時支「丙子」逆行：1991 辛未 (土) 年「**59 歲**」，大運「丁卯」

時支「丁丑」逆行：1992 壬申 (金) 年「**60 歲**」，大運「丁卯」

時支「戊寅」逆行：1993 癸酉 (金) 年「**61 歲**」，大運「丁卯」

時支「己卯」逆行：1994 甲戌 (火) 年「**62 歲**」，大運「丁卯」

時支「庚辰」逆行：1995 乙亥 (火) 年「**63 歲**」，大運「丁卯」

如前例：1987 丁卯 (火) 年「**55-63 歲**」

以流年之「水火木金土」部去尋，時支順逆與當歲大運。即得如下

參評祕訣之起流年例證

如例：1987 丁卯 (火) 年「**55 歲**」順逆皆有

即於《火》部去尋：時支「壬**申**」與大運「丁**卯**」。即得如下

火部 卯日時	男　　命	女　　命	歲　　運
2642 申	鳳德幽深遠·駒陰過玉台	薺甘與苦茶·卻在下場頭	曲直自從繩·正直元須取
2842 酉	影浸秋波下·聲傳空谷中	花開春正好·人不在長安	呢喃雙紫燕·春日自融和

再如：1990 庚午 (土) 年「**58 歲**」順逆皆有

即於《土》部去尋：時支「乙**亥**」與大運「丁**卯**」。即得如下

土部 卯日時	男　　命	女　　命	歲　　運
2971 亥	嫦娥會月宮·鏡照紅顏改	絕代有佳人·青鏡朱顏改	琴瑟不調和·其弦急可整
2571 酉	陽春三月景·杜鵑花正開	名園花果香·春風皆吹暝	良畫惟歸祝·志存楊柳間

再如：1994 甲戌 (火) 年「**62 歲**」順逆相同

即於《火》部去尋：時支「己**卯**」與大運「丁**卯**」。即得如下

火部 卯日時	男　　命	女　　命	歲　　運
3337 卯	鯤浪上扁舟·縱橫隨波動	瓜葛本相連·荊棘何勞爾	雞雛將出聲·五德有鳴期

餘仿此類推。

河洛理數（卷二）預測詳解

河洛理數（卷三）六十四卦預測詩訣

注1：此「卷三」融入「卷二」，而成預測詳解，方便查閱。

注2：流年卦「卷四」，月卦「卷五」，此兩卷，是把64卦384爻的流年卦與月卦的遊變，都完整呈現，這部份應可從缺。

如下例：

河洛理數卷四「流年卦、月卦」樣式

陽爻九年一過運，陰爻六年一過運。蓋「乾」用九、「坤」用六是也。

乾為天卦、初九，逢陽年不變

乾卦・初>小畜・四>巽卦・初>漸卦・二>觀卦・三>否卦・四>晉卦・五>豫卦・上>震卦・初

乾為天卦、初九，逢陰年必變

姤卦・初>巽卦・四>小畜・初>家人・二>益卦・三>無妄・四>噬嗑・五>震卦・上>豫卦・初

乾為天卦、九二，逢陽年不變

乾卦・二>大有・五>離卦・二>噬嗑・三>頤卦・四>益卦・五>屯卦・上>比卦・初>坎卦・二

乾為天卦、九二，逢陰年必變

同人・二>離卦・五>大有・二>睽卦・三>損卦・四>中孚・五>節卦・上>坎卦・初>比卦・二

坤為地卦、初六

地雷復卦・初>地澤臨卦・二>地天泰卦・三>雷天大壯・四>澤天夬卦・五>乾為天卦・上

坤為地卦、六二

地水師卦・二>地風升卦・三>雷風恆卦・四>澤風大過・五>天風姤卦・上>乾為天卦・初

河洛理數卷四「流年卦」樣式

風雷益卦、初九，逢陽年不變

益卦・初＞無妄・四＞否卦・初＞訟卦・二＞姤卦・三＞巽卦・四＞蠱卦・五＞升卦・上＞泰卦・初

風雷益卦、初九，逢陰年必變

觀卦・初＞否卦・四＞無妄・初＞履卦・二＞乾卦・三＞小畜・四＞大畜・五＞泰卦・上＞升卦・初

風雷益卦、六二

風澤中孚・二＞風天小畜・三＞乾為天卦・四＞火天大有・五＞雷天大壯・上＞雷風恆卦・初

風雷益卦、六三

風火家人・三＞天火同人・四＞離為火卦・五＞雷火豐卦・上＞雷山小過・初＞雷風恆卦・二

風雷益卦、六四

天雷無妄・四＞火雷噬嗑・五＞震為雷卦・上＞雷地豫卦・初＞雷水解卦・二＞雷風恆卦・三

風雷益卦、九五，逢陽年不變

益卦・五＞中孚・二＞損卦・五＞臨卦・上＞師卦・初＞坤卦・二＞謙卦・三＞小過・四＞咸卦・五

風雷益卦、九五，逢陰年必變

頤卦・五＞損卦・二＞中孚・五＞節卦・上＞坎卦・初＞比卦・二＞蹇卦・三＞咸卦・四＞小過・五

風雷益卦、上九，逢陽年不變

益卦・上＞家人・三＞既濟・上＞蹇卦・初＞井卦・二＞坎卦・三＞困卦・四＞解卦・五＞未濟・上

風雷益卦、上九，逢陰年必變

屯卦・上＞既濟・三＞家人・上＞漸卦・初＞巽卦・二＞渙卦・三＞訟卦・四＞未濟・五＞解卦・上

此流年卦爻，請各研究學者，排盤時自行推演，累積經驗，增益實力。故可從缺。

河洛理數卷五「月卦」樣式

水雷屯卦、初九（陽爻子「十一」月起）

十一月節卦・二＞一月需卦・三＞三月夬卦・四＞五月大壯・五＞七月大有・上＞九月鼎卦・初

十二月臨卦・五＞二月小畜・上＞四月大過・初＞六月豐卦・二＞八月睽卦・三＞十月蠱卦・四

水雷屯卦、六二（陰爻午「五」月生）

五月既濟・三＞七月革卦・四＞九月豐卦・五＞十一月離卦・上＞一月旅卦・初＞三月鼎卦・二

六月家人・上＞八月咸卦・初＞十月大壯・二＞十二月噬嗑・三＞二月艮卦・四＞四月姤卦・五

水雷屯卦、六三（陰爻午「五」月生）

五月隨卦・四＞七月震卦・五＞九月噬嗑・上＞十一月晉卦・初＞一月未濟・二＞三月鼎卦・三

六月萃卦・初＞八月歸妹・二＞十月離卦・三＞十二月剝卦・四＞二月訟卦・五＞四月恆卦・上

水雷屯卦、六四（陰爻午「五」月生）

五月復卦・五＞七月頤卦・上＞九月剝卦・初＞十一月蒙卦・二＞一月蠱卦・三＞三月鼎卦・四

六月臨卦・二＞八月賁卦・三＞十月晉卦・四＞十二月渙卦・五＞二月升卦・上＞四月大有・初

水雷屯卦、九五（陽爻子「十一」月起）

十一月益卦・上＞一月觀卦・初＞三月渙卦・二＞五月巽卦・三＞七月姤卦・四＞九月鼎卦・五

十二月家人・三＞二月否卦・四＞四月蒙卦・五＞六月井卦・上＞八月乾卦・初＞十月旅卦・二

水雷屯卦、上六（陰爻午「五」月生）

五月比卦・初＞七月坎卦・二＞九月井卦・三＞十一月大過・四＞一月恆卦・五＞三月鼎卦・上

六月萃卦・四＞八月師卦・五＞十月巽卦・上＞十二月夬卦・初＞二月小過・二＞四月未濟・三

　　君子審機度理，只須看行年小象，足以知一年吉凶悔吝之機，於此已得其大端。若必逐逐於日月諸卦，瑣屑推求，便是溺於術數，故可從缺。

預測詳解、歌訣目錄

預測詳解、歌訣

坤	艮	坎	巽	震	離	兌	乾
地天泰卦 正月 坤土 三世 225	山天大畜卦 12月 艮土 二世 193	水天需卦 八月 坤土 遊魂 161	風天小畜卦 11月 巽木 一世 129	雷天大壯卦 二月 坤土 四世 097	火天大有卦 正月 乾金 歸魂 065	澤天夬卦 三月 坤土 五世 033	乾為天卦 四月 乾金 本宮 001
地澤臨卦 12月 坤土 二世 229	山澤損卦 七月 艮土 三世 197	水澤節卦 11月 坎水 一世 165	風澤中孚卦 八月 巽土 遊魂 133	雷澤歸妹卦 七月 兌金 歸魂 101	火澤睽卦 二月 艮土 四世 069	兌為澤卦 10月 兌金 本宮 037	天澤履卦 三月 艮土 五世 005
地火明夷卦 八月 坎水 遊魂 233	山火賁卦 11月 艮土 一世 201	水火既濟卦 正月 坎水 三世 169	風火家人卦 六月 巽木 二世 137	雷火豐卦 九月 坎水 五世 105	離為火卦 四月 離火 本宮 073	澤火革卦 二月 坎水 四世 041	天火同人卦 正月 離火 歸魂 009
地雷復卦 11月 坤土 一世 237	山雷頤卦 八月 巽木 遊魂 205	水雷屯卦 六月 坎水 二世 173	風雷益卦 七月 巽木 三世 141	震為雷卦 10月 震木 本宮 109	火雷噬嗑卦 九月 巽木 五世 077	澤雷隨卦 七月 震木 歸魂 045	天雷无妄卦 二月 巽木 四世 013
地風升卦 八月 震木 四世 241	山風蠱卦 正月 巽木 歸魂 209	水風井卦 三月 震木 五世 177	巽為風卦 四月 巽木 本宮 145	雷風恆卦 正月 震木 三世 113	火風鼎卦 12月 離火 二世 081	澤風大過卦 二月 震木 遊魂 049	天風姤卦 五月 乾金 一世 017
地水師卦 七月 坎水 歸魂 245	山水蒙卦 八月 離火 四世 213	坎為水卦 10月 坎水 本宮 181	風水渙卦 三月 離火 五世 149	雷水解卦 12月 震木 二世 117	火水未濟卦 七月 離火 三世 085	澤水困卦 五月 兌金 一世 053	天水訟卦 二月 離火 遊魂 021
地山謙卦 九月 兌金 五世 249	艮為山卦 四月 艮土 本宮 217	水山蹇卦 八月 兌金 四世 185	風山漸卦 正月 艮土 歸魂 153	雷山小過卦 二月 兌金 遊魂 121	火山旅卦 五月 離火 一世 089	澤山咸卦 正月 兌金 三世 057	天山遯卦 六月 乾金 二世 025
坤為地卦 10月 坤土 本宮 253	山地剝卦 九月 乾金 五世 221	水地比卦 七月 坤土 歸魂 189	風地觀卦 八月 乾金 四世 157	雷地豫卦 五月 震木 一世 125	火地晉卦 二月 乾金 遊魂 093	澤地萃卦 六月 乾金 二世 061	天地否卦 七月 乾金 三世 029

乾為天卦（四月、乾金、本宮卦）

父母	▬▬▬▬▬	壬戌
兄弟	▬▬▬▬▬	壬申
官鬼	▬▬▬▬▬	壬午
父母	▬▬▬▬▬	甲辰
妻財	▬▬▬▬▬	甲寅
子孫	▬▬▬▬▬	甲子

　　上下皆乾「天」！六畫純陽，天道也！君道也！夫道也！剛健之德，發育之功！且賢人君子，則不可擋。庸凡得此卦，則有災眚，凶之道也！

乾為天卦：元、亨、利、貞，用九：見群龍無首，吉。

象　　曰：大哉乾元，萬物資始，乃統天。雲行雨施，品物流形，大明始終，六位時成，時乘六龍以御天。乾道變化，各正性命，保合大和，乃利貞。首出庶物，萬國咸寧。

文 言 曰：元者，善之長也！亨者，嘉之會也！利者，義之和也！貞者，事之幹也！君子體仁，足以長人。嘉會，足以合禮。利物，足以和義。貞固，足以幹事。君子行此四者，故曰「乾」元、亨、利、貞。

總　　論：乾以六龍取象，生於二月至八月以前，得時也，為福之深。蓋此卦屬四月，納甲是甲子、甲寅、甲辰、壬午、壬申、壬戌，借用甲申、甲午、甲戌、壬子、壬寅、壬辰。若生於四月及納甲本命者富貴。雖失爻位，亦為福善之人。乾金秋旺，如不及時不納甲者貧賤，雖爻位常，亦有奔走勞役矯詐之徒也！

其　　一：運覆無窮立建功，乾分四德萬方同。龍飛變化九天去，男子升騰定位隆。

二　　陽：佳謀密用且潛藏，逆理枉圖必見傷。直待龍蛇興變日，從前名利始亨昌。

三　　陰：望桂蟾宮遠，求珠海水深，終須名利足，只恐不堅心。

卦　　理：闡釋凡事必須超然於事物之外，客觀的觀察分析，掌握變化的法則，適切因應，才會無往不利。運用法則而不被法則拘束，唯有冷靜、客觀、不衝動、不逞強、不妄動，通權達變，才能掌握變化，善用法則。

乾為天卦，初九：潛龍勿用，陽在下也！

註　　解：此爻是隱德之象，而是以固守之占者也！

故 協 者：因深學廣，心懶志疑，好靜無求，名利不耀。

不 協 者：隱居下處，刑剋太重，奴僕少力。

歲運逢之：在仕退阻。在士淹留。在商窒滯。唯僧道隱逸羽衣之流，則盤桓
　　　　　安樂。女命則興家業，孕生子。風人利用幽靜，若一動作即生災
　　　　　疾，謀事則有咎，且變得「**天風姤卦**」，謹防小人染污之咎。

其　　一：陽氣方生昧未明，潛藏勿用破幽榮。離明一照四方火，進位高攀
　　　　　便出群。

其　　二：玉韞石，珠藏淵。羽翼一旦上青天，名利須知有異緣。

乾為天卦、九二：見龍在田，利見大人，德施普也！

註　　解：此爻是大人德與時顯，而天下不失望者也！

故 協 者：貴而有利名，龍象也，富有產業。

不 協 者：亦主中直，多見潤澤。

歲運逢之：在仕者，逢明主，居要津。在士者，擢高科，弛名譽。在農者，
　　　　　進田園，增金帛。商賈獲利，僧道加持，常人得貴人提攜。
　　　　　然「**龍、田、德、普**」四字或是官職姓名字也！若女命則居富配
　　　　　貴。

其　　一：得意宜逢貴，如龍已出淵。利名終有望，十五月團圓。

其　　二：已出塵泥跡，聲名動四方。風雲將際會，千載遇明良。

其　　三：龍見田中立，身心同貴人。利名應可見，進退有科名。

乾為天卦、九三：君子終日乾乾，反覆道也！夕惕若，厲無咎！

註　　解：此爻是因占設戒，而示以憂勤補過之占也！

故　協　者：最是公正之人，有名利，勤學力行，見識之廣，憂慮之深，每逢
　　　　　難事，變而為易。

不　協　者：乍勤乍怠，無敬畏之心，有躁動之失。

歲運逢之：在仕必主兼職重之任，而事多繁冗，能惕若憂勤則可免咎。在士
　　　　　進取艱辛，而佳會難逢。在常俗必往來不停，而財利艱獲。凡事
　　　　　詳審，躁動者失。女子主性躁，刑剋太重，難於內助。

其　　一：步履行無阻，先憂後必昌。飛龍形不見，西北是其鄉。

其　　二：憂且不成憂，憂裡笑盈眸，聲明相久遇，目下暫淹留。

乾為天卦、九四：或躍在淵，進無咎也。

註　　解：此爻是能審於進退，而不輕於動者也！

故　協　者：可行則行，可止則止，進德修業，及時行道，有志之士，多見科
　　　　　甲之遂。

不　協　者：雖有富貴之慕，進退多疑，終不成事。

歲運逢之：在仕則停缺待職。在士則藏器待時。在庶俗則百為艱難，疑而未
　　　　　定。
　　　　　若女命與僧道，則安樂富貴矣！

其　　一：欲行懷珠，片帆千里。玉藏遠山，徘徊未已。

其　　二：天布彤雲色，花繁落影多。霏霏斜日照，帆便泛漢波。

乾為天卦、九五：飛龍在天，利見大人。

註　　解：此爻是德位之隆而下觀，不容已者也！

故 協 者：立大功名，享大富貴。

不 協 者：難當此任，雖有高飛遠舉之志，亦難克遂成立之願，如升天之不
　　　　　易也。

歲運逢之：在仕未遂清高之職位。在士必飛黃騰達之有階。在庶俗必遇尊貴
　　　　　之抬舉，而謀遂志得。養晦者或近勢大宦家，或造甲帝王家，或
　　　　　建龍宮殿宇。
　　　　　女命則兼男權，難免孤克。爻拆數凶者，有見官之兆。

　其一：隱姓埋名實待時，飛龍天上大人輝。正當守位動無咎，終保聲名
　　　　四海知。

　其二：上下皆同德，風雲際遇時。如天施雨露，萬物盡光輝。

　其三：日邊音信至，佳會在風雲。青紫人相引，時和到處春。

乾為天卦、上九：亢龍有悔，盈不可久也！

註　　解：此爻是履盛之危者也！

故 協 者：貴而無位，高而無民，能知謙戒，則可長守其富貴。

不 協 者：自尊自大，欺公玩法，招尤啟釁，難於成立。
　　　　　若是女命，其性必悍，內助艱辛。

歲運逢之：在仕則退職遭貶。在士則高荐後當有損折。在庶俗則有過剛取凶
　　　　　之禍。60 以後者不壽。

　其一：知進當知退，居安必慮危。心中無過咎，雖悔必堪追。

　其二：安靜宜無咎，思來便有災。前途飛走外，憂事更防來。

　其三：心戚戚，口啾啾。一番思慮一番憂，宜欲休時便好休。

天澤履卦（三月、艮土、五世卦）

兄弟	▰▰	壬戌
子孫	▰▰	壬申
父母	▰▰	壬午
兄弟	▰ ▰	丁丑
官鬼	▰▰	丁卯
父母	▰▰	丁巳

上乾「天」下兌「澤」中存「離、巽」。日明於天。

風動雨施，晦蝕其明，柔履乎剛，不得其位，則有履薄冰之憂，君子得之，則為履驚懼之象。

得時合五行者最吉。

天澤履卦：履虎尾，不咥人，亨。

履　　者：踐履，有所躡而進之義也！以兌遇乾，和說以躡剛強之意。

象　　曰：履，柔履剛也！說而應乎乾，是以履虎尾，不咥人，亨。剛中正，履帝位而不咎，光明也！

象　　曰：上天下澤，履。君子以辨上下，安民志。

總　　論：此乃「艮宮」五世卦，屬三月。納甲是丁巳、丁卯、丁丑、壬午、壬申、壬戌，借用甲戌、甲午、甲申。如生於三月及納甲者，功名富貴人也！又「乾、兌」二體屬金，正秋之時，乃逢旺地，方為得體。

其一：上下之可居，居山家必遷；去處無憂患，楚地既周旋。

其二：見立未安身，傳斯用破心；幾回驚險處，方得遇知音。

其三：逢山傾作險，遇水亦防憂；得遂相關日，方知二尾牛。

卦　　理：闡釋實踐理想，履行責任的原則。因此以「履虎尾」象徵，充滿危機，不可不戒懼。應以柔順和悅中庸的態度，小心翼翼去踐履，堅定志向，心胸坦蕩，甘於寂寞，不被世俗誘惑，貫徹到底。

天澤履卦、初九：素履，往，無咎，獨行願也！

註　　解：此爻是達不離道，而得尚進之宜者也！

故 協 者：剛立有守，質實不浮，達則兼善天下，而無剝民玩君之志。

不 協 者：獨善其身，而廉隅壁於清修之地；或儒科自奮，或遇親眷，或做僧道。

歲運逢之：在仕則弘化有道，而升遷有期。在士則幼學壯行，而名成立就。在庶俗則營謀有計，而財利日增。數凶者，有皓素之象。

其一：素來緣正道，務實去浮囂；獨守行常理，他人莫動搖。

其二：努力求謀事已通，天邊守舊亦難沖；孤飛鴻雁湘江遠，見個佳人書一封。

其三：不遠不近，似難似易；等閒入手，雲中笑指。

天澤履卦、九二：履道坦坦，幽人貞吉，中不自亂也！

註　　解：此爻是以隱自高者也！

故 協 者：抱道自樂，無歉於中，無鐘鼎之榮，有田里之樂。

不 協 者：多作清閒之人，而榮辱不加，飽暖無求。

歲運逢之：在仕則有吉休之兆。在士則有難遇之嗟。在庶俗則有安居自足之美。

大抵宜行實地，謀為審擇，則人事和諧，而貞吉可得。

數凶者有幽冥之應。

其一：幾番風雨送行舟，空惹離人一轉愁；便使掀天擎地手，不同蝦蟹逐波流。

其二：幽人能獨守，喜慶自來臨；常切提防志，他人暗地侵。

其三：月落事未成，物見人不見；好借一番風，奇哉逢快便。

天澤履卦、六三：眇能視，跛能履。履虎尾，咥人，凶。武人為於大君。

註　　解：此爻是失所履之道，而有以致凶者也！

故 協 者：自用自尊，而藐視天下，旁若無人，而謀獻難於設施，剛暴足以取禍。

不 協 者：或為軍卒配徒之流，或為鼓目跛足之輩，或為愚賤夭折之人。

歲運逢之：在仕則遭貶斥之禍。在士則招屈降之辱。
　　　　　在庶俗則招爭訟囚獄之撓，甚者家破身亡。

其一：視履皆非正，乘危必見傷；能為皆小利，切戒用剛強。

其二：有足不能行，有目眇能觀；虎尾一驚防，危處自退避。

其三：桃李謝春風，西來又復東；家中無意緒，船在浪波中。

天澤履卦、九四：履虎尾，愬愬終吉，志行也！

註　　解：此爻是事君以敬，而得其志者也！

故 協 者：以敬慎事君上，以柔順服強暴，雖行於今而志剛懷乎古，可以易危為安，轉凶為吉。

不 協 者：或艱辛起家，平易結果。

歲運逢之：在仕則有虛符將帥之兆。在士則有虎榜提名之應。
　　　　　在庶俗則有履危蹈險之患。為謹畏自持，可免災患。
　　　　　女命得此，多是刑剋太重，敗家淫亂之婦也！

其一：孚信心方懼，鹿行常近君；馬飛更改吉，愬愬道居身。

其二：前憂後，後憂前；彼此意流連，人圓月也圓。

天澤履卦、九五：夬履，貞厲，位正當也！

註　　解：此爻是自待其所履而有傷者也！

故 協 者：勇於進德，力於行道，斥逐邪人，舉揚善類，而是非利害之不願。

不 協 者：人情寡合，徒汲汲塵途，而禍害旋踵，成立艱苦。

歲運逢之：在仕則功高天下而不賞。在士則道高人表而名不成。

　　　　　在庶俗則躁動妄行而禍害疊至，甚則喪亡無日矣！

　其一：位尊施德薄，剛乘則防刑；睽擲孤飛雁，銜蘆過遠山。

　其二：狂風吹起黑雲斂，日低人心遮不得；時間多事暫相關，到老依然
　　　　無刑剋。

　其三：戒意無凝滯，前程速著鞭；登山並涉險，莫放馬蹄閒。

天澤履卦、上九：視履考祥，其旋元吉，大有慶也！

註　　解：此爻是盡所履之道，而有以致福者也！

故 協 者：為高才大德之貴人，行無虧欠，福必厚裕。

不 協 者：變為引兌之小人，行不正之道，而福祉難獲。

歲運逢之：仕顯者退旋，以享安靖和平之福。士人進取必做魁元。庶俗亦有
　　　　財帛。數凶者，有喪亡之兆，蓋「考」字之意也！
　　　　凡有為者，不可輕易反聽信外言，恐有傷於後慮。

　其一：處事須中正，終當無後災；周旋皆中體，萬福自駢來。

　其二：萬國周旋靡不安，上宮有慶喜嚴寒；四方幸有安家處，好向深波
　　　　下釣竿。

　其三：古鏡重磨掃舊塵，梅花先報隴頭春；天邊貴客齊相梭，推出長霄
　　　　碧玉輪。

天火同人（一月、離火、歸魂卦）

子孫	▬▬▬▬▬	壬戌
妻財	▬▬▬▬▬	壬申
兄弟	▬▬▬▬▬	壬午
官鬼	▬▬▬▬▬	己亥
子孫	▬▬ ▬▬	己丑
父母	▬▬▬▬▬	己卯

上乾「天」下離「火」中存「乾、巽」。柔得位而應乎乾，虛心順之光明盛大，柔濟以剛，行健不以武，而以文明，用之相應，不以邪，而以正中。

君子得之，則為和同之象。

天火同人：同人於野，亨。利涉大川，利君子貞。

同　人：與人同也！內文明而外剛健。以離遇乾，火上同於天。

象　曰：同人，柔得位得中，而應乎乾，曰同人。同人曰，同人於野，亨。利涉大川，乾行也！文明以健，中正而應，君子正也！唯君子為能通天下之志。

象　曰：天與火，同人。君子以類族辨物。

總　論：此乃「離宮」七世卦名歸魂卦，屬正月。納甲是己卯、己丑、己亥、壬午、壬申、壬戌，借用甲午、甲申、甲戌。生於正月及納甲者，功名富貴人也！

其　一：久否終能濟，當於笑後招；大川無不利，進步上青霄。

陽訣：玉兔銜刀借力時，此時平地上天梯；不慚虛譽流傳事，方得成名不失期。

陰訣：誰家女子倒戈予，利祿須知向此求；到得嶺頭須快樂，更防忻喜卻成憂。

卦　理：闡釋和同的原則。安和樂利，不會憑空而來，需要積極追求，應破除私見，不計小異，以道義為基礎，異中求同，積極的與人和同，必先苦而後甘。不能與人同流合污，更不可自鳴清高，應脫離孤僻的態度。

天火同人、初九：同人於門，無咎。

註　　解：此爻是為格物之象，而必善其占者也！

故 協 者：量大能容，至公無私。其門字之義，為類甚多，小則為門館，大
　　　　　則為門下平章事，黃門、金門、轅門、帳門之類。當看卦爻推其
　　　　　輕重而詳之。

不 協 者：多離祖戶，或就妻家，或做商旅，或做僧道。

歲運逢之：在仕則入內台而升遷有地。在士則出學門而登荐有機。在庶俗則
　　　　　協心同志以其事，而經營獲利。或出家遠行，或修造門戶，或身
　　　　　在於他門。

　　其一：十里同人會遇時，斷金仁義孰能為；承時迎風九霄去，月畔人來
　　　　　喜笑嘻。

　　其二：中心無系咨，內外自和同；怨咎皆消釋，千門喜氣隆。

　　其三：心和同，事和同；門外好施功，交加事有終。

天火同人、六二：同人於宗，吝道也！

註　　解：此爻是比而不協者也！

故 協 者：才高識廣，但心僻性偏，或為科目之魁，或為宗室之賓，或為宗
　　　　　師之官。

不 協 者：終不遠大，常懷憂戚，或過房同宗，婚姻他室，或作山林之人。

歲運逢之：在仕則局於地位，而爵祿不廣。在士則利於小誠，而飛騰難為。
　　　　　在庶俗則事多不定，或宗俗朋友不睦，或彼愛此惡，而猜忌日招，
　　　　　或近合遠違而是非日起。

　　其一：宗係同人咨，山前有二峰；青松四時秀，西日又升東。

　　其二：本是同家黨，人人各系私；未能同一志，羞咨自相疑。

　　其三：愛一人，惡一人；憎愛處，咨難分。

天火同人、九三：伏戎於莽，敵剛也！升其高陵，三歲不興，安行也！

註　　解：此爻是非份以相求，而不能致其用者也！

故　協　者：好強逞勢，欲前欲後，志向不一，多驚多慮，心事難測，或為吏卒，或為軍戎，或為草莽之耕士，或為丘陵之隱逸。

不　協　者：放溢為非，玩法悖義，甚則招禍遭刑而悔不及。

歲運逢之：在仕防失職之憂。在士有升高之兆。在庶俗則有喪親獄訟之患。

其一：休兵林內久，三歲不能興；守吉無他望，妄行不免驚。

其二：意諄諄，心戚戚；要平安，防出入。

其三：前路多荊棘，圖謀欲進升；但宜當自用，不可信他人。

天火同人、九四：乘其墉，弗克攻，吉。

註　　解：此爻是能以義裁勢，而善之者也！

故　協　者：見機而退，知足不貪，臨事而揆之以義，處物而能反之以理，或貴而鎮守過域，或富而高大牆垣，非小器者比也。

不　協　者：進取費力，卓立費心，或得上人信用，下人奉承。

歲運逢之：在仕則專誠守士，修築城池，因功受爵。在士則有登墉弗克之嗟。在庶俗則有猜疑忌斜之事。

　　　　　榮中有辱，士後見榮，大概凡事貴未然之防，則得吉也。

其一：乘勢攻人短，將來自致凶；何如謙退守，吉慶日相逢。

其二：亮攻多見敗，退隱內無凶；家有陽光照，江邊一事通。

其三：淺水起波瀾，平地生荊棘；言語虛參商，猶恐無端的。

天火同人、九五：同人，先號咷而後笑。大師克相遇。

註　　解：此爻是先睽後合，而不能不假於力者也！

故 協 者：中正君子，有才德，有名利，初難後顯，或貴為師帥，或總領大師，或中書、中奉、直殿等職。

不 協 者：先厲艱辛，早見刑傷，晚雖有遇，福淺禍深。

歲運逢之：在仕則居言路，先謫後起。在士始阻終遇。
　　　　　在庶俗則先難後易，悲歡迭見，是非不一。

　其一：執直行正道，他人未順從；必須資眾力，相遇乃成功。

　其二：陰陽相隔絕，後笑克師征；二五吉相遇，離宮有貴人。

　其三：悲一番，笑一番；相戰又相戰，其中事卻歡。

天火同人、上九：同人於郊，無悔。

註　　解：此爻是特立自守，而可以自得者也！

故 協 者：心地寬大，才德清高，富貴瀟灑之流。

不 協 者：為僧道而處於郊野，為商旅而志有未得。

歲運逢之：在仕則常初遠郡。未仕者則難逢嘉會。庶俗守舊安常，淡薄生涯。
　　　　　數凶者，不利。

　其一：人情多阻隔，內外不同憂；離方行得志，終須無悔尤。

　其二：一水繞一水，一山旋一山；水穿盡山處，名利不為難。

　其三：求合事和同，功名未足夸；堪嗟志悲悴，他卻亦榮華。

天雷無妄（二月、巽木、四世卦）

妻財 ▬▬▬▬	壬戌
官鬼 ▬▬▬▬	壬申
子孫 ▬▬▬▬	壬午
妻財 ▬▬ ▬▬	庚辰
兄弟 ▬▬ ▬▬	庚寅
父母 ▬▬ ▬▬	庚子

上乾「天」下震「雷」中存「巽、艮」。雷發於天之下，山之中，巽風扇動，吹噓萬物，主人甚有威權聲譽，雷震驚怖，巽風動搖，而減災眚。凡事不可妄為，最宜謹守。君子得之，則為無妄之象。

天雷無妄：元、亨、利、貞。其匪正有眚，不利有攸往。

無　　妄：實理自然之謂，無所期望而有得焉者，其義亦通。

象　　曰：無妄，剛自外來，而為主於內。動而健，剛中而應，大亨以正，天之命也！其匪正有眚，利有攸往。無妄之往，何之矣！天命不祐，行矣哉！

象　　曰：天下雷行，物與無妄；先王以茂對時，育萬物。

總　　論：此乃「巽宮」四世卦，屬二月。納甲是庚子、庚寅、庚辰、壬午、壬申、壬戌，借用甲午、甲申、甲戌。如生於所屬之二月至八月及納甲者，功名富貴人也！此卦最喜二月至八月，為及時得祿深，餘月為失時得福淺。

　　其一：震雷一震好乘時，威令施張茂盛宜；匪正悔生宜改正，有人相引上雲梯。

　　其二：入仕本從科甲出，奮身不在禹門中；筑岩釣渭非常士，須信英雄立大功。

卦　　理：闡釋不虛偽的道理。不虛偽當然有利，但也不能保證，一定就有善報，甚至反而會有災害，然而不虛偽，是天理，人道必然應當如此的道理，立身處世，必須剛正無私不逞強，不存非份的奢望，不計較得失，當為則為，盡其在我，才能夠心安理得。

天雷無妄、初九：無妄，往吉，得志也！

註　　解：此爻是以誠而動，則行無不得者也！

故 協 者：重德清名，知時識勢，謀獻大展，志願大遂，必為國家之重器，而福祿攸崇。

不 協 者：亦為吉人，彼無惡，此無斁，心有誠實，事無妄舉，平生安穩。

歲運逢之：在仕則得君得民。在士則進取成名。庶俗主獲利。

　　其一：坐中千里至，暫伴便前行；虎兔林中走，長途山上青。

　　其二：事相扶，在迷途；反覆終可圖，風波一點無。

天雷無妄、六二：不耕穫，不菑畬，則利有攸往。

註　　解：此爻是心之公，而行之利者也！

故 協 者：中正之才，柔順之德，不謀利而利自得，不計功而功自至，富貴天然，平生安逸。

不 協 者：怠荒自恣，流蕩自驕，生計艱難，不務根本，志向無定。

歲運逢之：在仕則進職。在士則中試，皆不勞心。富人或進田產，商賈外求獲利。在庶俗則未利多，而粱稻寡。

　　其一：本無期望志，所得出無心；有往皆有利，相將遇好人。

　　其二：不耕不穫有吉利，不菑不畬往無成；雞鳴獲菑方應候，一番利帛外方來。

　　其三：休妄想，且誠心；須防平地起荊棘，萬里青山萬里程。

天雷無妄、六三：無妄之災，或繫之牛，行人之得，邑人之災。

註　　解：此爻是本無致災之由，而災自至者也！

故 協 者：德足以禳災，善足以遺禍，而富貴福澤，可以保於無虞。

不 協 者：奔波詭詐，招尤啟禍，得失無常，憂樂不一，家業難興。

歲運逢之：在仕利郡守，行人之得也，不利邑宰，邑人之災也。田家或進牛
　　　　　財，商賈多獲利息。在士人必主難於進取。在庶俗或閒事繫絆，
　　　　　破財損己。

　其一：一得還一失，逢剛勿自先；繫牛牛不定，進步有升遷。

　其二：舊喜惹新愁，事事多爭競；也慮暗中人，風波尤未定。

天雷無妄、九四：可貞，無咎，固有之也！

註　　解：此爻是能守正自安，斯可以寡過者也！

故 協 者：為才德君子，守正不阿，執德不回，獨善其身，福量寬洪。

不 協 者：亦平生安逸，衣食豐足。

歲運逢之：在仕守期長職。在士保其常份。在庶俗守其舊業，圖謀有實，不
　　　　　致虛浮。

　其一：德廣位尤謙，親君臣道盡；靜守方無虞，即有佳音報。

　其二：琢器成環器未完，上天未定志尤堅；雖然不是中秋月，亦有神光
　　　　　射九天。

天雷無妄、九五：無妄之疾，勿藥有喜。

註　　解：此爻是君臣一德，而擬以意外之變，不勞而彌之者也！

故 協 者：有陽剛中正之德，足以拯溺享屯，御災悍患，上有益於朝廷，下有益於身家，矜式常時，標準後世。

不 協 者：有福之人，而災害不生，喜慶多至。

歲運逢之：在仕進之列者，縱有變出不測，禍起無虞，不辨自明，不解自釋。在庶俗有疾不藥自癒，謀為有成生育可喜。

爻　訣：疾過無用藥，未來事不憂；一更西北轉，帆便逐行舟。

天雷無妄、上九：無妄，行有眚，無攸利。

註　　解：此爻是信之固，而卒用於信者也！

故 協 者：執而能通，固而知變，足以防筆杜患，身家可保，福澤無憂。

不 協 者：志大謀拙，馳驅不停，孤獨不倚，災害不離。

歲運逢之：在仕則不達於政，而貶逐難逭。在士則不達於理，而恥辱難逃。在庶俗則不語於事，而是非迭生，唯變通以趨附免禍。數凶者，不保其終。

爻　訣：妄動提防不必求，隨謀守舊始成宜；水邊一朵月中桂，花開正值歲寒時。

天風姤卦（五月、乾金、一世卦）

上乾「天」下巽「風」中存「乾」象。柔遇剛也，風行天下，發榮萬物，命令發施，動化萬民，眾為君子，寡為小人，則其身在貴必成其美。君子得之，則為姤遇之象。

父母 ▓▓▓▓▓	壬戌
兄弟 ▓▓▓▓▓	壬申
官鬼 ▓▓▓▓▓	壬午
兄弟 ▓▓▓▓▓	辛酉
子孫 ▓▓▓▓▓	辛亥
父母 ▓▓ ▓▓	辛丑

天風姤卦：女壯，勿用取女。

姤　者：遇也！本非所望，而卒然值之，如不期而遇者，故為「遇」也！

象　曰：姤，遇也！柔遇剛也。勿用取女，不可與長也！天地相遇，品物咸章也！剛遇中正，天下大行也！姤之時義大矣哉！

象　曰：天下有風，姤。后以施命誥四方。

總　論：此乃「乾宮」一世卦，屬五月。納甲是辛丑、辛亥、辛酉、壬午、壬申、壬戌，借用甲午、甲申、甲戌。如生於五月及納甲者，功名富貴人也！

其一：嬰女方多不足憂，巨濤歸去一孤舟；馬行托始直無咎，後命將施恐未周。

其二：天邊缺月又重圓，原上枯枝色更鮮；不識桃園歸去路，誰知今日遇神仙。

卦　理：闡釋防範邪惡的法則，於邪惡邂逅之初，應當嚴厲將其制止，採取圍堵的手段，防止邪惡的影響擴大，即或在孤立無援的困境中，也不可企圖利用邪惡的力量。不過，天地間沒有絕對的善惡，依時機與運用，惡行也有善用的一面，端視動機如何。因而包容邪惡，即可防範邪惡的擴散，在時間的演變中，即可使邪惡自然而然的銷匿於無形。

天風姤卦、初六：繫於金柅，貞吉，有攸往，見凶，羸豕蹢躅。

註　　解：此爻是戒小人當自守者也！

故 協 者：學古之勤，行道之力，雖不能設施以建立事業，亦善區畫而修身保家。

不 協 者：才短力微，妄行取困。

歲運逢之：在仕有貶降之虞。在士有難進之憂。在庶俗或遇尊貴信朋，或得金帛進入，或陰人必得生育。數凶者，防疾訟憂虞，陰人不潔之事。

　其一：小人將道長，杜絕在防微；靜正方為吉，攸行終致非。

　其二：謠言羸壯豕，居卑卻上尊；見凶宜莫進，佳信復臨門。

　其三：動靜莫急，急路莫登；道途危且阻，來往絕行人。

天風姤卦、九二：包有魚，無咎，不利賓。

註　　解：此爻是以君子而遇乎小人，以能止為正者也！故「包魚」之象。

故 協 者：有大才寬量，容物愛民，得賢者佐助，民心服從。

不 協 者：鄙吝富人，不好賓朋，損人益己，固執不通。

歲運逢之：在仕則遷除，有錫金魚銀魚之兆。在士則門下無人，而難於賓興之選。在庶俗有金帛水利之多，或進取奴僕，婦人有孕。

　其一：莫信光也月，宜知不利賓；正身無奪犯，喜氣向江濱。

　其二：人方相會遇，其志在於專；取捨由諸己，終為無咎愆。

天風姤卦、九三：臀無膚，其行次且，厲，無大咎。

註　　解：此爻是以剛而與人無所遇也！故不免於厲焉。

故 協 者：以之求名則不足，以之營家則有餘。

蓋變為「訟、三爻」食舊德之象，或承祖恩，或守田業，無初有
終。

不 協 者：孤立無助，作事艱辛，或腰足生疾，福量淺狹。

歲運逢之：在仕退步遭謫。在士則進取唯利於殿。蓋「臀」字去月，有殿頭
之兆故也。在庶俗則有災眚杖責之虞。

其一：當行不可行，要行防小厲；怯過無大咎，小艇怕連繫。

其二：前進足次且，求安失所居；須危無大咎，妄動有災危。

天風姤卦、九四：包無魚，起凶，遠民也！

註　　解：此爻是遇民者失其正，故有無魚之凶者也！

故 協 者：貴而無位，高而無民，知機固守，可免災害。

不 協 者：求名望利，多失機會，孤立寡與，奴僕少力。

歲運逢之：在仕擯斥之殃。在士有停降之辱。在庶俗有訟爭之憂。在老者不
利於壽。

其一：民遠君臣俱失居，庖廚何必再緣魚；一朝風起防蛇大，遺卻當年
所得珠。

其二：居上當親下，人心易散離；事機從此失，萬事盡皆隳。

其三：物失八體，慮在兩頭；雲煙相隔，心事淹留。

天風姤卦、九五：以杞包瓜，含章，中正也！有隕自天，志不捨命也！

註　　解：此爻是以陽制陰，而示以靜制之道者也！

故 協 者：寬宏大量，包納群生，文章克積，志不捨命，而富貴利澤，爾職爾昌。

不 協 者：亦學問之勤，器量之大，爵祿之榮，亦可成其富有之業。

歲運逢之：在仕棟樑之才。以者加秩「章」字為平章之類，「天」字有登天府，受天恩之兆。常人必遇尊貴提攜，而所獲出於非望。婦人有孕育之喜。

　　　　　數凶者，折壽。

　其一：中正居遵命有施，地基生杞自當時；果然守正相逢遇，猴兔牛蛇再有輝。

　其二：以尊而接下，附己以招延；為蘊忠臣德，休祥降即天。

　其三：雞成鳳，魚化龍；大器欲成就，功名路必通。

天風姤卦、上九：姤其角，上窮吝也！無咎。

註　　解：此爻是以剛而與人無所遇，故不免於吝者也！

故 協 者：高名清譽，出萃冠倫，忠言正論，多阻於邪議，而祿位不穩。

不 協 者：氣大志剛，不近人情，結仇構怨，勞碌不暇。

歲運逢之：在仕必為僚長，防過高之誚。在士進取必居魁首。

　　　　　僧道住持，常人獨立無助，營謀艱辛。

　其一：志謀進非遇，情深豆不悲；有期何妖角，時利奪疑基。

　其二：見不見，也須防；背面遇不遇，到底無憑據。

天水訟卦（二月、離火、遊魂卦）

子孫	▬▬▬▬	壬戌
妻財	▬▬▬▬	壬申
兄弟	▬▬▬▬	壬午
兄弟	▬▬ ▬▬	戊午
子孫	▬▬▬▬	戊辰
父母	▬▬ ▬▬	戊寅

上乾「天」下坎「水」中存「巽、離」。外剛內險而不相合，巽風方動而水欲施，又為月明於天上。是卦也，陽多陰少，陽尊陰卑，二氣相薄，陰陽不和。君子得之，則為爭訟之象。

天水訟卦：有孚，窒惕，中吉，終凶，利見大人，不利涉大川。

訟　　者：爭辯也！上乾下坎，乾剛坎險，上剛以制其下，下險乙伺其上。又為內險而外健，又為己險而彼健，皆訟之道也！

象　　曰：訟，上剛下險，險而健訟，訟有孚，窒惕，中吉，剛來而得中也！終凶，訟不可成也！利見大人，尚中正也！不利涉大川，入於淵也！

象　　曰：天與水違行，訟，君子以做事謀始。

總　　論：此乃「離宮」六世卦名遊魂卦，屬二月。

納甲是戊寅、戊辰、戊午、壬午、壬申、壬戌，借用甲午、甲申、甲戌。生於二月及納甲者，功名富貴人也！

其一：黃犬嗷嗷兩度危，金豬初喚見亨期；若逢午鼠前途去，一向安榮事事宜。

其二：言防口舌易成功，不說須歸兩大中；賴有高人相喜合，終須人語不為凶。

其三：舉步往荊棘，見凶需要防；若逢天占口，榮順不須傷。

卦　　理：闡釋在事業的進行中，難免發生爭執，引起爭訟，但告誡不可爭訟。爭訟多半因為內心險惡，行動過於剛強，會使信實蒙羞，招來憂傷，必須警惕。不可自以為得理而逞強，反而使自己陷入泥淖。爭訟不會有結果，宜於化解，不可拖延過久，以致不可收拾。應當退讓，自我反省，於爭訟之前就應當謹慎，不可輕啟爭端，逞強爭勝，惹禍上身。

天水訟卦、初六：不永所事，訟不可長也！雖有小言，其辯明也！

詳　　解：此爻是不能終訟，始雖屈而終得伸者也！

故 協 者：心性明慧，度量寬宏，觀變知機，全身遠害，順則入言路，修國史，而終無尤孽之招。

不 協 者：亦能酌事機，料勢變，少有成就。次則有作為而不能長久。

歲運逢之：在仕必遭讒謗，不辯而明。在士則小有言傷，而終無大害。在庶俗則有是非，起災訟，而終可獲伸，有病者不藥自癒。數凶者，壽不延永。

其一：嘹亮征鴻獨出群，高飛羽翼未離份；正宜奮翅行前進，好個聲音處處聞。

其二：處事宜中正，當知不可長；但當明辯說，終是獲休祥。

天水訟卦、九二：不克訟，歸而逋，其邑人三百戶，無眚。

詳　　解：此爻是訴訟之人，以情中而得吉者也！

故 協 者：或守宰戶曹，而責不受殃，或隱居退處，而富不招孽。

不 協 者：動則為難，心不服人，進則阻滯，退則守己，亦不失為守常之士。

歲運逢之：在仕則有食邑之榮。在士則保守而毀辱不逮。在庶俗則戶口安寧而無眚。如元數凶者，主訟起戶婚，甚則逐竄流逃，而難返者也！

其一：目下皆仇怨，時聞理義明；且宜先退讓，方可免災危。

其二：不進須當退，方無否塞憂；貴人相佐下，王事出奇留。

其三：事不足，防反覆；月落寒江，一榮一辱。

天水訟卦、六三：食舊德，貞厲，終吉。或從王事，無成。

詳　　解：此爻是安份之人，以退讓而獲吉者也！

故 協 者：或承祖父之恩，或蔭襲以承天寵，或守田園之業，而因人以成其
　　　　　事功。

不 協 者：先難後易，始辱終榮，剛而不虐，威而不猛，守常不竟，自足無
　　　　　咎。

歲運逢之：在仕則恪守常職而難於刲除。在士則保全常分而停降不加。
　　　　　在庶俗則不失其常而百難不犯。

其　一：積德相隨便可期，庭前枯木鳳來棲；好將短事成長事，莫聽傍言
　　　　說是非。

其　二：運方興，笑語頻；降玉女，在河邊。

其　三：守舊安居正，雖危獲吉亨；狂謀圖進用，枉費覺無功。

天水訟卦、九四：不克訟，復即命，渝安貞，吉。

詳　　解：此爻是能自處以正，而不陷於有過之地者也！

故 協 者：志剛心慈，聞善必行，有過必改。「命字、安字」之義，有爵命、
　　　　　壽命、安國、安家之兆。女人為女人，命婦貞潔。

不 協 者：多越份凌節以犯上，不能察文理就義以自省，吉不可得也。

歲運逢之：在仕則閒中復職。在士則進取不失。在庶俗則改過遷善，而官訟
　　　　　不撓。吉則為平安，凶則為安置，又當預防之可也！

其　一：遇時方未利，詞辨未能寧；改變從貞吉，應須不失情。

其　二：名懼親君位，安貞吉有餘；得人相贈處，擇地有安居。

其　三：風吹雲散月華明，枯木開花滿戶庭；舊恨新歡且休問，須知從此
　　　　復安榮。

天水訟卦、九五：訟，元吉，以中正也！

詳　　解：此爻是德位兼隆，而為訟者之利見者也！

故 協 者：文章高世，學問冠倫。其元之義，有進取三元之兆。

　　　　　「正」字之義，有正郎正卿之應。

不 協 者：亦中正謙恭，知機固守，而不失為鄉里之善士。

歲運逢之：在仕則除授封之大。在士則登科及第之顯。在庶俗則營謀求利之

　　　　　必遂。

　　　　　「正」字正奉、正言、正拜。

　其一：心中從正道，聽訟得其平；公訟如逢此，公庭理必伸。

　其二：元吉無迸事所宜，君尊臨下有功歸；策鞭可取木邊子，便見平生

　　　　不負虧。

　其三：簷前鵲噪喜翩翩，憂慮潛消理自然；一人進兮一人退，末梢卻有

　　　　好姻緣。

天水訟卦、上九：或錫之鞶帶，終朝三褫之。

詳　　解：此爻是能終訟，始勝而終必敗者也！

故 協 者：喜功貪謀，圖遠果敢，有為而不願名分道理，行人之所不能行，

　　　　　可以幸爵苟祿。

不 協 者：禍起蕭牆，悔生意外，始得終失，而身家難保。

歲運逢之：在仕則有成有敗，有進有退。在士則進取必見捷報之佳。

　　　　　在庶俗或見爭訟，或承重服。用之終訟則凶，以之自訟則吉。

　其一：有錫不須歡，時當隱遁安；困來宜擇避，枯木奈嚴寒。

　其二：口啾啾，人事尚須憂；心戚戚，恍惚兩三頭。

天山遯卦（六月、乾金、二世卦）

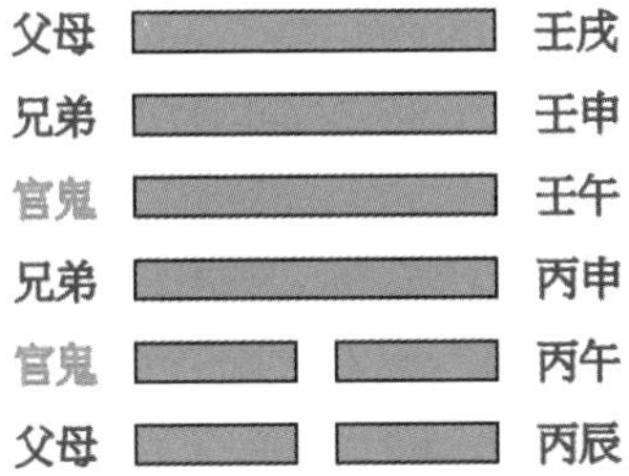
父母 壬戌
兄弟 壬申
官鬼 壬午
兄弟 丙申
官鬼 丙午
父母 丙辰

上乾「**天**」下艮「**山**」中存「**乾、巽**」。天之下有山，山之中有木，為風動搖枝葉不寧，或飄或落，又無物以濟之，在人日用之事，宜自退避。

君子得之，則為遁逃之象。

天山遯卦：亨，小利貞。

遯　　者：退避也！是卦二陰浸長，陽當退避，故曰「遯」也！六月之卦。

彖　　曰：遯亨，遯而亨也！剛當位而應，與時行也！小利貞，浸而長也！遯之時義大矣哉！

象　　曰：天下有山，遯。君子以遠小人，不惡而嚴。

總　　論：此乃「乾宮」二世卦，屬六月。納甲是丙辰、丙午、丙申、壬午、壬申、壬戌。借用甲午、甲申、甲戌。如生於六月及納甲者，功名富貴人也！

其一：莫嘆常迍蹇，久茲事漸通；欲知成就處，須在馬牛中。

其二：危厄不須防，災消福漸昌；所為遲則發，陰小卻須防。

卦　　理：闡釋退避的道理。極端恆久，必然動盪，而演變成小人勢長、君子退縮的局面。退避也是正當的手段，並非消極的逃避，而是隱忍，等待積極行動最有利的時機。當這一最難抉擇的時刻來臨，應當覺悟，滿招損的必然法則性，積極對抗，徒然造成傷害，毫無意義。因此應退則退，必須隱忍，不可妄動，斷然拋棄一切，急流勇退，不可眷戀，或隱沒於世俗之中，或超脫於世俗之外，以等待時機。

天山遯卦、初六：遯尾，厲，勿用有攸往。

詳　　解：此爻是舉遯爻之危，而戒其能遯，則無患者也！

故　協　者：先起卑微，後至高大，先厲艱危，後享安逸。

不　協　者：常懷憂慮，動受辛苦，縱有提攜，不能設施。

歲運逢之：在仕則見機解組。在士則藏器待時。在庶俗則營謀迍邅。
　　　　　安常守份，則免災咎。

　其一：避遯林中吉，須當自謂通；求謀忌咎咎，守靜喜離沖。

　其二：遯者宜恬退，陰陽迭盛衰；晦藏能靜守，自可免災迍。

　其三：路險更途窮，飛騰入水中；退藏宜自守，進用大無功。

天山遯卦、六二：執之用黃牛之革，莫之勝說。

詳　　解：此爻是擬其固守之志者也！

故　協　者：固守素志，遠絕群邪，以中順之德見用於世，必為執符黃堂，近
　　　　　而郡宰之官。

不　協　者：性疏志鄙。

歲運逢之：先看根基，在仕位高者以宰執言路。士人進取。
　　　　　牛則為解星，亦為黃榜、黃門、黃堂、黃甲之兆。農人有進牛畜
　　　　　之喜。
　　　　　數凶者：則訟起家人，牽執不悅，或防下人侵侮。安常守份則免
　　　　　災咎。

　其一：窮達皆前定，前程未易論；若能堅固守，吉慶可勝言。

　其二：中位職中執，先謀心匪搖；當時能固志，不動吉安緜。

　其三：兀兀塵埃久待時，幽深靜處有誰知？運逢青紫人相引，財利聲名
　　　　　始可期。

天山遯卦、九三：系遯，有疾厲，畜臣妾，吉。

詳　　解：此爻是當遯而有所係，不能遯以取危者也！

故 協 者：明哲以保其身，勇退以避其難。或得賢室以成其內助之功，或得童僕以足其使令之任。

不 協 者：溺於宴安，貪財悅色，疾厲系纏，舉動無措，或下句縮，奴婢連累。

歲運逢之：在仕有希功固寵之虞。在士進取不能成大事。在庶俗多疾厄驚危之禍。數吉者：得妻之力，進人口之應。

其一：疾遯須防吝，非陰小事堅；壯心謀大計，歧路要音傳。

其二：進退兩艱難，都緣用意慳；舊親多四散，月在暗雲間。

其三：陰私相牽絲，速去莫遲遲；低恐生憂患，因循或致非。

天山遯卦、九四：好遯，君子吉，小人否。

詳　　解：此爻是決志於遯，而深有望於君子者也！

故 協 者：卓有定見，確有定守。出仕之早，而英銳足以發其志，勇進之速，而利祿不足以攖其信念，全身遠害，福澤永遠。

不 協 者：貪得無厭，趨赴權勢；或技藝立身，或官幹公使，或厭世無求。

歲運逢之：在仕則告休以避難。在士則際遇非時，而難於進取。
在庶俗雖得小人之陰庇，而終防陰禍之繫纏。

其一：捨小高謀不可籌，臨危不覺總堪憂；離明騎馬報音信，漸進前程爵祿優。

其二：君子存剛德，為能絕己私；小人牽所愛，陷辱致身危。

其三：一得一失，欲先欲後；路通大道，心自安逸。

天山遯卦、九五：嘉遯，貞吉，以正志也！

詳　　解：此爻是美其遯之善，而因以示占者也！

故　協　者：必為撥亂反正、綱維世道之大人。

不　協　者：亦中正守己，恬淡養性，平生安樂，勞辱莫加。

歲運逢之：在仕升遷，必得嘉會。在士及常人，必近尊貴，或招慶祉。

其一：正值宜嘉遯，迢迢去路長；寶中金玉出，貞吉慶無傷。

其二：時止與時行，佳祥日日臻；謀事得良策，前進坦然平。

其三：燈破几殘花，池蓮綻異葩；一門和氣合，喜信到天涯。

天山遯卦、上九：肥遯，無不利，無所疑也！

詳　　解：此爻是遯之裕者，而嘉其保身之哲也！

故　協　者：福祿豐厚，宅心正大，而寵辱不以為憂樂，決事快便，而禍福不以為忻戚。

不　協　者：亦得衣食滋深，而無是無非，無榮無辱。

歲運逢之：在仕退閒。在士待時。在常人營謀獲利。家肥業厚，無往不利。

其一：肥遯無不利，初非反覆心；悔言成感動，回首二三番。

其二：上九無淹滯，飄飄物外人；綽然有餘裕，何事不比亨。

其三：一番桃李一番春，欲識陽春氣象新；休下水邊為活計，利人心下快人心。

天地否卦（七月、乾金、三世卦）

父母	▊▊▊	壬戌
兄弟	▊▊▊	壬申
官鬼	▊▊▊	壬午
妻財	▊ ▊	乙卯
官鬼	▊ ▊	乙巳
父母	▊ ▊	乙未

上乾「天」下坤「地」中存「巽、艮」。風行山地之中，方欲扇揚，萬物又為艮所止，不能發，又無雷澤相應，山地之中，草木就燥，甲不能拆，秀不能實，壅遏不通。君子得之，則為否塞之象。

天地否卦：否之匪人，不利君子貞，大往小來。

象　　曰：否之匪人，不利君子貞。大往小來，則是天地不交，而萬物不通也！上下不交，而天下無邦也！內陰而外陽，內柔而外剛，內小人而外君子。小人道長，君子道消也！

象　　曰：天地不交，否。君子以儉德避難，不可榮以祿。

總　　論：凡得此卦、上三爻為君子之道，吉；下三爻為小人之道，凶。
此乃「乾宮」三世卦，屬七月。納甲是乙未、乙巳、乙卯、壬午、壬申、壬戌，借用癸卯、癸巳、癸未、甲午、甲戌、甲申。生於七月及納甲者，功名富貴人也！

其一：居祿不榮祿，謀高位未高；自酬君子志，一進挺英豪。

其二：去路縱如千里遠，沖天難得一回飛；彩雲秋後真堪羨，酌酒高歌對落暉。

其三：天時未至且韜光，逐祿求名事可傷；但得良晨光欲發，此時著力又何妨。

卦　　理：闡釋由安泰到混亂，由通暢到閉塞，小人勢長，君子勢消的黑暗時期，終於到來的應對原則。泰極而否，為必然現象，小人一旦得勢，無所不用其極，應當時刻警惕，避免遭受傷害，無謂犧牲。當小人勢力顯露衰敗跡象，也不可輕舉妄動，必須謹慎，集中力量，把握時機，給以致命的一擊，更應特別防範，小人窮凶惡極的反擊。

天地否卦、初六：拔茅茹，以其彙，貞吉亨。

詳　　解：此爻是能反於正，則得吉者也！

故 協 者：多名譽之人，改祖外立，違近從遠，志在憂君，心不私己，不為
　　　　　國家之患，不失在己之福。

不 協 者：度時而進，知機而退，唯逢艱難之時，難行中正之道，謹可保其
　　　　　身家，而無傾危之憂。

歲運逢之：在仕則受職者待缺，居位者防讒。在士則機會難逢，庶俗守舊。
　　　　　蓋小人道長之時，縱爻辭美，不足羨也，防小人牽連之事。

　其　一：守靜而株退不宜，濟時否泰兩來期；鹿行前進本無咎，鼠帶文書
　　　　　可預知。

　其　二：相引更相牽，陰陽喜自然；施為無利祿，愁事轉團圓。

　其　三：前途方否塞，同眾且安常；靜守無非吉，狂圖便致災。

天地否卦、六二：包承，小人吉，大人否亨。

詳　　解：此爻是小人而無傷善之心，而得吉者也！

故 協 者：為中正貴人，寬而有容，靜以待動，自能撥亂反治，轉否為泰，
　　　　　而福澤無虧，雖時阻挫，亦無累也。

不 協 者：為流俗，處賢否之間，有名非正，有祿非真，為宜愛護，保守免
　　　　　禍。

歲運逢之：在仕宜見機早作。在士宜藏器待時。在庶俗宜包羞忍恥，以保全
　　　　　身家。不然，是非好惡難明，而災害難逃。

　其　一：否塞臨時利小人，大人處正也無屯；孤鴻飛去雲霄外，頓覺前程
　　　　　不亂群。

　其　二：居下為身計，為當曲奉承；大人堅自守，雖否亦亨通。

　其　三：時下亂意緒，可求不可圖；驀地清風白，一場歡笑娛。

天地否卦、六三：包羞，位不當也！

詳　　解：此爻是小人志於傷善，而未能者也！

故 協 者：遇貴人君子信用庇護，或有卑職亦有阻滯，虛名無實，唯僧道宜之。

不 協 者：不能守道，窮斯濫矣！

歲運逢之：在仕告休。在士防辱。在庶俗防是非爭訟之撓。

其一：否居尊位自包羞，陰氣將降理可求；直待馬行千里遠，臨期正應在三秋。

其二：人情方未順，動作可疑猜；休信讒邪語，提防禍有胎。

其三：無蹤亦無跡，遠近終難覓；平地起風波，悲怨返成泣。

天地否卦、九四：有命，無咎，疇離祉。

詳　　解：此爻是際天人之會，而因與其同道之受福者也！

故 協 者：功名之人，獲壽命，納福祉，變為「觀」則觀光上國，利用賓於王，乃得志行道而無阻也。

不 協 者：亦有福壽，有田園，多動少靜。

歲運逢之：在仕則朋僚助力，而爵祿日加。在士則得人荐舉，而名譽日著。在庶俗則田業日增，而吉慶多集，或庇蔭子孫，而受福祉之遠。

其一：把命持權日，威名大振通；用者無咎吉，君子幸時逢。

其二：窮達皆天命，何須更怨尤；得時行正道，福祉及朋儔。

天地否卦、九五：休否，大人吉。其亡其亡，繫於苞桑。

詳　　解：此爻是與其開太平之人，而示以保太之術者也！

故 協 者：重德君子，防患有道，處事公正，謹慎詳審，固守不失，能休時之否，而富貴可以長享。

不 協 者：有德有才，而難於設施，亦不失為中正之吉人，無咎無譽，平生安逸。

歲運逢之：舊禍已去，新福將來。忌我者退，尚繫者名，利居家進田園，桑麻足而倉稟實。且變為「晉、五爻」，有憂者喜矣！失者得矣！在仕必居正位，大夫之任。數凶者，有損亡刑剋。

　其一：危世居尊利大人，小舟遠岸反生驚；晉明守固保無咎，猴與蛇行非可輕。

　其二：太盛方休否，安中每致危；人當先事處，防患未然時。

　其三：身不安，心不安；兩兩意相看，憂來事卻難。

天地否卦、上九：傾否，先否後喜。

詳　　解：此爻是能傾時之否，而獲亨者也！

故 協 者：剛大之志，設施過人，先歷艱辛，後享安逸，蓋物極而必反故也。

不 協 者：名利難遂，骨肉刑傷，為僧道最宜。

歲運逢之：在仕失職者復職，閒缺者復補。在士停降者復取，淹滯者復伸，久困者利達，久訟者解散。數凶有變，故上爻有「咨嗟涕洟」之辭，壽算難久。

　其一：蹇後道還通，否過終成泰；一遇木邊人，百事成吉大。

　其二：濁波無處有清流，新喜應來破舊愁；從此自然臨大造，更無一事掛心頭。

　其三：事當窮則變，既變乃能通；否極應還泰，千門喜事重。

澤天夬卦（三月、坤土、五世卦）

兄弟 ▆▆ ▆▆	丁未
子孫 ▆▆▆▆	丁酉
妻財 ▆▆▆▆	丁亥
兄弟 ▆▆▆▆	甲辰
官鬼 ▆▆▆▆	甲寅
妻財 ▆▆▆▆	甲子

上兌「澤」下乾「天」中存「乾」象。陽決陰之時，五陽獨亢，一陰至柔。陽為君子，陰為小人。是卦陽多陰少，無小人莫養君子，莫能行其剛健，無柔德可以濟之，必致凶惡。君子得之則為夬決之象。

澤天夬卦：揚於王庭，孚號，有厲，告自邑，不利即戎，利有攸往。夬者：決也！陽決陰也！三月之卦也！五陽去一陰，決之而已。然其決之也！必正名其罪，而盡誠以呼號其眾，相與合力，然亦尚有危厲，不可安肆。又當先治其私，而不可專尚威武，則利有所往也！

象　　曰：夬，決也！剛決柔也！健而說，決而和，揚於王庭，柔乘五剛也！孚號有厲，其危乃光也！告自邑，不利即戎，所尚乃窮也！利有攸往剛長乃終也！

象　　曰：澤上於天，夬。君子以施祿及下，居德則忌。

總　　論：此乃「坤宮」五世卦，屬三月。納甲是甲子、甲寅、甲辰、丁亥、丁酉、丁未，借用壬子、壬寅、壬辰。如生於三月及納甲者，功名富貴人也！「乾、兌」二體屬金，若生於秋月，亦為及時也！

其一：主訟多豐足，施恩及下宜；大人宜相見，有勵不成危。

其二：綠柳堤畔貴人來，半是憂疑半是猜；好把舊謀重改變，莫教空去卻空回。

卦　　理：闡釋消除邪惡的原則。決斷小人不能不戒慎恐懼，應當剛柔並濟，不可冒進，把握時機，一舉殲滅，免被反擊。決斷小人，應把握中庸原則，用柔以感化使其改過遷善。總之，小人勢力，雖得意一時，終將毀滅。

澤天夬卦、初九：壯於前趾，往，不勝為咎。

詳　　解：此爻是君子不能慮勝以決小人，而不免有激變之危者也！

故 協 者：觀時以尚往，見危而知避，雖不能行道濟世，亦能全身遠害。

不 協 者：無德而逞志，夸能處下，而爭高抑薄，禍患疊生，摧抑難支。

歲運逢之：在仕遭躁動之斥。在士遭幸圖之尤。在庶俗罹妄行之患。

　　其一：欲決未決，欲行未行；為咎尚多咎，憂患氣盈門。

　　其二：暗中明，明中暗；去就兩無功，莫下餌魚線。

澤天夬卦、九二：惕號，莫夜有戎，勿恤。

詳　　解：此爻是有備，斯無患者也！

故 協 者：整治於未亂，保邦於未危，中道足以服眾，威望足以彌暴，文中成名，武中有功。

不 協 者：多謀多變，憂喜無常，或因功得祿，或從戎而得名。

歲運逢之：在仕多掌兵戎之權。在士進取武選為高。在庶俗多驚危憂號寇盜之事。

　　其一：惕若無憂懼，號呼須自防；卒然防禍患，終可免禍殃。

　　其二：浪內萍無定，山前木有凋；穿窬生悔咎，無望鶴沖霄。

　　其三：勿信暗中憂，到老展眉頭；孤舟煙火靜，只怨向中流。

澤天夬卦、九三：壯於頄，有凶。君子夬夬，獨行遇雨，若濡有慍，無咎。

詳　解：此爻是決小人過於剛，而因示以善處之道者也！

故協者：才大志剛，機深慮遠，為國除害，而上有補於朝廷，為民除敝；而下有補於風俗，功名遠大，奸暴消除。

不協者：好勇鬥狠，招尤啟釁，孤獨寡親，常懷憂懼。

歲運逢之：在仕有除奸反噬之殃。在士有含慍違世之嗟。在庶俗有爭訟結枸之虞。大抵從正則吉，從邪則凶。宜見幾，初見艱難，終受安靜。

　其一：情慮生私愛，除之決不疑；時間雖慍怒，終可免憂疑。

　其二：伏虎前來去莫狂，足生一疾去東方；獨行遇雨期無咎，滿日花開道路旁。

　其三：人在舟中，幸得入海；到底無言，一時驚駭。

澤天夬卦、九四：臀無膚，其行次且，牽羊悔亡，聞言不信。

詳　解：此爻是去小人而未能，而因示以善決之術者也！

故協者：才德頗高，智識稍大，立功而不遑能以爭先，聞善而能樂聽以信從，志得謀遂，功成名舉。

不協者：執迷不明，謀為頓挫。或聾跛不便，或牧養生涯。

歲運逢之：在仕有才力不及之謫。在士進取落後。唯初利於殿試，蓋「臀」字去月有殿頭之兆。在庶俗則必有爭訟杖責之虞，或瘡痍耳足之厄。

　　蓋以「且」者，不前之意也！

　其一：牽生反次且，如何雲生澤；悔吝有道貞，四九無咎責。

　其二：意躊躇，心恍惚；一朝雲捲舒，清風和明月。

澤天夬卦、九五：莧陸夬夬，中行無咎。

詳　　解：此爻是人君能決小人而不勇，而因戒以必決之為善者也！

故協者：見明而不墮於小人之奸，中道而不激乎小人之變，上肅朝綱，下清民俗，事功宏大，福澤遠深。

不協者：畏縮多而欠乎果斷，偏僻而不合乎中道，好行小惠，災眚莫測。

歲運逢之：在仕防柔邪之侵害。在士進取小利而未光。久淹者心通，閒官者必復任，在庶俗營謀遂意。訟者伸，疾者癒。

其一：處正攻邪佞，誰人敢抗衡；用剛無大過，貴在得中行。

其二：大君為立德，夬決在中行；無咎樂日至，天然慶及庭。

其三：難、難、難，忽然平地起波瀾；易、易、易，談笑成功終有遂。

澤天夬卦、上六：無號，終有凶，不可長也！

詳　　解：此爻是小人之黨類已盡，而災不能退者也！

故協者：雖為富貴，多恃高壓眾，盜物弄權，陰賊良善，終不遠大。
且變為「亢龍」亦「有悔」矣！

不協者：人己相忌，舉目無親，動則有悔，終不能長久。

歲運逢之：在仕難於久任，而勇退為佳。在士難於進取，而藏修為愈。
在庶俗難於營謀，而安常為美。甚則骨肉刑剋，是非括撓。老難於壽。

其一：女泣江邊水，冥行終有凶；一逢西北去，棄鹿卻尋功。

其二：千里其徘徊，休傾別後杯；暮天人影散，遲日照松梅。

兌為澤卦（十月、兌金、本宮卦）

父母	▓▓ ▓▓	丁未
兄弟	▓▓▓▓	丁酉
子孫	▓▓▓▓	丁亥
父母	▓▓ ▓▓	丁丑
妻財	▓▓▓▓	丁卯
官鬼	▓▓▓▓	丁巳

上下皆兌「澤」中存「巽、離」。日明於雨澤既行之後，晦而不明，又得風扇揚其光，無物不麗，萬物咸悅。君子得之，則為兌悅之象。

兌為澤卦：亨，利貞。

兌　者：說也！一陰進乎二陽之上，喜之見乎外也！其象為澤，取其說萬物，又取坎水而塞其下流之象。

彖　曰：兌，說也！剛中而柔外，說以利貞，是以順乎天，而應乎人。說以先民，民忘其勞；說以犯難，民忘其死；說之大，民勸矣哉！

象　曰：麗澤，兌；君子以朋友講習。

總　論：此乃「兌宮」本世卦，屬十月。納甲是丁巳、丁卯、丁丑、丁亥、丁酉、丁未。如生於十月及納甲者，功名富貴人也！

　其一：得用在西方，講習自悅懌；桃李遇春風，化龍千里疾。

　二陽：悅懌事當先，行人暫息肩；暫無勞苦撓，爭得事迍邅。

　其三：利澤秋天盛，恩沾在此時；名成兼利就，口舌不須疑。

卦　理：兌卦與巽卦，是綜卦，謙遜使人喜悅，自己也喜悅，互為因果。闡釋和悅的原則，使人喜悅，自己也喜悅，可促使人際關係和諧。使人喜悅，動機必須純正，應以正當有利，使人喜悅，與人和悅，應當明辨是非，光明正大，而非阿諛諂媚，應內剛外柔，堅持原則，以誠信為本，動機純正，手段正當，而不可鄉愿，應當斷然排除邪惡。

兌為澤卦、初九：和兌之吉，行未疑也！

詳　　解：此爻是以處眾，斯得民心之應者也！

故 協 者：神情凝遠，器宇沖和，道德潤身，專心聖賢之學，文章華國，耀
　　　　　乎星河之煥，功名早遂，福澤愈洪。

不 協 者：安常處順，和光同塵，雖無爵祿之榮，亦有田園之廣。

歲運逢之：在顯仕者臣鄰賡歌於一堂之上，次則同寅揖恭而政事有聲。在士
　　　　　朋友有麗澤之益，而且利於進取。在庶俗人情和合，而百謀皆遂。
　　　　　在夫婦有相守之宜。數凶者，變「困、初爻」有幽冥官訟之兆。

其一：去就無牽制，何須諛佞為；上交和且悅，吉慶更何疑。

其二：和兌之和，利名奔波；一遇木君，遂意琢磨。

其三：兩兩和同，一舉成功；休疑休慮，風虎雲龍。

兌為澤卦、九二：孚兌之吉，信志也。

詳　　解：此爻是人臣一誠以結乎君心，斯得之尊而無媚悅之非者也！

故 協 者：才德出眾，誠信之至，上可以得乎君，下可以得民，事功成垂於
　　　　　一世，聲名播及於海宇。

不 協 者：亦能結交以信，處事以和，吉祥疊至，休咎不生。

歲運逢之：在仕有升遷之兆。在士有進取之喜。在庶俗有百為和順之休。
　　　　　暗昧者由是而光明，結枸者由是而和解。

其一：友朋同講習，所責在孚誠；信實無私意，應當悔吝輕。

其二：玉出昆山上，舟離古渡頭；行藏俱有望，用捨不須憂。

兌為澤卦、六三：來兌之凶，位不當也！

詳　　解：此爻是佞悅以取凶者也！

故　協　者：上結勢權，下交富豪。雖不能振拔有為，以高大其事功，而贊助有賴，亦可以安守其職業。

不　協　者：阿順為榮，逢迎為悅，非唯不足以得人之與，而且有以取天下之惡，淪於污濁，難免恥辱。

歲運逢之：在仕有邪媚諂瀆之尤。在士有奔竟之嗟。在庶俗有詭隨苟合之禍。

　　　　　甚則失道忘身。

　其一：一決城崩倒，來修未見功；釣綸涉危嶺，山兌有艱辛。

　其二：思慮許多般，心難事亦難；路危舟未穩，休往復休還。

兌為澤卦、九四：商兌，未寧，介疾有喜。

詳　　解：此爻是絕邪以忠君，而獲福之隆者也！

故　協　者：多見其去邪遠奸，欽賢讓能。物至而善於揆度，德立而介然有守。事功立於可大，得業衍於無窮。

不　協　者：混於賢否之間，趨向無定。心事有不寧之嗟，作為無變通之美。先逆後順，帑可支持。

歲運逢之：在仕必居要津，而為遂佞之謀，遷升有賴。在士有進選之喜。商賈獲利，常人進人口，次則疾病少安，心志未寧。

　其一：利害相交際，紛紛尚未寧；介然能守正，吉慶自來臨。

　其二：介疾亦當避，客來時未寧；吹噓千里信，感動四方心。

　其三：易非易，難非難；只恐年來少歌笑，笑歌須聽兩三番。

兌為澤卦、九五：孚於剝，有厲。

詳　　解：此爻是人君有所恃，而誤用奸邪，以招害者也！

故 協 者：有陽剛之德，居崇高之位；但誤用奸邪，而事功有傾覆之厄。

不 協 者：心志無定，或正或邪，任意妄為，委任非人，招尤啟釁，損益不
　　　　　一。

歲運逢之：在仕有讒邪之謗。在士有失奪之嗟。在庶俗有陰邪憂害。

其一：一堆草裡蛙鳴鼓，三犬巢邊夜吠家；剝厲有時終解散，一輪明月
　　　照丹霞。

其二：小人輕信用，君子反相疏；自己防侵害，尤當戒不虞。

其三：鶯語燕呢喃，花開滿院間；北窗春夢覺，無語欲消魂。

兌為澤卦、上六：上六引兌，未光也！

詳　　解：此爻是專務悅人者也！

故 協 者：上引君於正道，下引民以悅澤，和氣薰於力有，福澤履於不替。

不 協 者：為奸邪蠱惑之人，為世所忌而謀望未光。

歲運逢之：在仕為引宰，為引道，同聲相悅於朝堂。在士為引進，為引領，
　　　　　但上達有未光之欠。在庶俗為和光同塵，而營謀不顯。
　　　　　甚則害眸之厄，或受污濁之類。

其一：秋月與春花，光輝景物佳；只緣時未到，心事亂如麻。

其二：兌添言是說，口舌戒凱覦；有月還為脫，同心悅有餘。

澤火革卦（二月、坎水、四世卦）

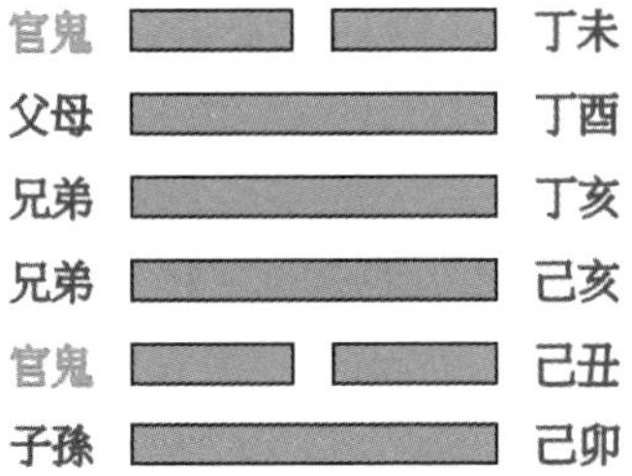
官鬼 丁未
父母 丁酉
兄弟 丁亥
兄弟 己亥
官鬼 己丑
子孫 己卯

上兌「**澤**」下離「**火**」中存「**乾、巽**」。天之下有風，發揚吹扇，萬物生長，此天風姤之象。天之上有澤霑濡，天之下有風日相交，融和條暢，如春夏秋生人最吉，萬物增新而改舊。若安身在乾剛之地，多致凶矣。君子得之，則為改革之象。

澤火革卦：巳日乃孚，元亨，利貞，悔亡。

革　　者：變革也！兌澤在上，離火在下。內有文明之德，外有和說之氣。

彖　　曰：革，水火相息，二女同居，其志不相得，曰革。巳日乃孚，革而信之。文明以說，大亨以正，革而當，其悔乃亡。天地革而四時成，湯武革命，順乎天而應乎人，革之時大矣哉！

象　　曰：澤中有火，革；君子以治曆明時。

總　　論：此乃「坎宮」四世卦，屬二月。納甲是己卯、己丑、己亥、丁酉、丁亥、丁未。如生於二月及納甲者，功名富貴人也！

其一：久亂終須振，謀安一阜無；治明無暗晦，滿目自鮮妍。

其二：本是迍邅下，雖憂不足疑；取新宜去舊，方得兩相宜。

其三：革故仍還新，施為利變更；東南為穩當，西北是深坑。

卦　　理：闡釋變革的原則。盛極而衰，腐敗顯露，就必須採取變革的非常行動，變革的原則，應先鞏固自己，等待時機成熟，不可急功好利，必須誠信，剛柔並濟，不畏怯，不妄進，以身作則，徹底革新。

澤火革卦、初九：鞏用黃牛之革，不可以有為也！

詳　　解：此爻是無變革之任，故以不革為革者也！

故 協 者：雖有才獻，而多阻於職業之未就，安常守份，居易以俟命。

不 協 者：自處卑下，執一不通，雖無禍患，鄙哂可恥。

歲運逢之：在仕保位，不可懷出位之思。在士安己，不可圖幸進之舉。
　　　　　在庶俗謹守常度，不可存妄為之念。

　其一：乘牛一向乘前去，跨馬何須問後津；逢著水邊人有力，此時名利
　　　　一番新。

　其二：堅心宜固守，小利有施為；切莫輕更改，安身自致危。

　其三：意違事不違，事寬心不寬；欲知端的信，猶隔兩重關。

澤火革卦、六二：巳日乃革之，行有嘉也！征吉，無咎。

詳　　解：此爻是從容以觀變，得善變之道者也！

故 協 者：能查乎時勢，能燭乎事機。通變以宜民，創立於一人，達諸四海
　　　　　而不悖，更化以善治，建立於一時，傳諸萬世而無窮。上承君寵，
　　　　　下繫民望。

不 協 者：亦存心忠厚，處事得宜，革先人之弊，成一代之規模。

歲運逢之：在仕遷職。士子成名。庶俗多喜事之作。

　其一：革故逢秋已地好，看他來處待蛇行；白馬行防有阻擋，孤鴻飛去
　　　　自無遷。

　其二：改革宜從緩，非宜遽變更；前程無阻隔，吉慶保元亨。

　其三：暖日當庭樹色新，望中家信事難傳；舟行或達應非晚，從此欣欣
　　　　四光榮。

澤火革卦、九三：征凶，貞厲，革言三就，有孚。

詳　　解：此爻是當革之任，病於燥而貴於審者也！

故 協 者：從容周密，相時以更其弊，持重詳審以觀其變，事功崇高，功名
　　　　　遠大，群情允協，百代欽仰。

不 協 者：輕舉妄動，成少敗多，卓立艱辛，營謀頓挫。

歲運逢之：在仕有躁動失政之謫。在士復試三就之舉。在庶俗多紛嘩之憂安
　　　　　不一。數凶者，夭折。

　　其一：躁進輕更革，攸行反致凶；當懷危懼志，正順以從公。

　　其二：一成復一廢，一靜忌仍遷；萬事征逢遠，言孚恐不全。

　　其三：黑白滔光，往來不通；雲捲未分明，雲開方見月。

澤火革卦、九四：悔亡，有孚改命，吉，信志也！

詳　　解：此爻是協民以革政，斯治道難新者也！

故 協 者：道大德宏，謀遠志高。補弊救偏，以成莫大之功名，革故鼎新，
　　　　　以成可久之制度。上有以協乎君心，下有以孚乎民情。
　　　　　「命」字，有爵命壽命之吉兆。

不 協 者：宅心忠厚，區畫有方，先難後易，改祖外立，生涯奈久。

歲運逢之：在仕有升遷之驟。在士有登荐之榮。在庶俗有增美之吉。
　　　　　「改命」二字，亦有深意。

　　其一：利害紛紛際，施為更變時；事宜先有斷，閒語總成非。

　　其二：改革無危險，安中家吉康；雲端逢月處，冬嶺秀孤松。

　　其三：改革始知期，更新事更宜；東風傳信息，春色上花枝。

澤火革卦、九五：大人虎變，未占有孚。

詳　　解：此爻是革命之象，而因示以順民之情者也！

故 協 者：奇才重望，出類超群。制禮作樂，以成百代之規，修改明刑，以闡百王之祕。虎榜龍池，特其餘事。

不 協 者：福力之厚，聲階之高，見事無疑，行不負志。

歲運逢之：在仕有遷超之榮。在士有高荐之喜。在庶俗幹為有變通先顯之休。

　　　　　唯賤士陰人不利，餘皆吉。

其一：魚龍變化莫蹉跎，頃刻之間奮志過；傳與時人一嗟怨，天生資質冀風流。

其二：幸遇文明世，方當虎變時；所行無不利，何必問著龜。

其三：豹變南山別有期，主人目下尚狐疑；雁音嘹亮黃花落，盡是光明變俊儀。

澤火革卦、上六：君子豹變，其文蔚也！小人革面，順以從君也！征凶，居貞吉。

詳　　解：此爻是變革之後，革道之成也！而其占必欲其居貞焉。

故 協 者：下修己德文章，有豹變之美，上從君命受祿，有榮膺之休。

不 協 者：作聰罔法。率意妄為。強貪不厭。禍患迭生。

歲運逢之：在仕者進秩，已仕者退閒。在士有文蔚之喜，而名必成。

　　　　　庶俗有守法之心，而患害免。革面主是非。

其一：君子更新日，他人亦面從；但宜居正吉，征治反為凶。

其二：革終須豹變，牆內一更高；群雁東西失，孤鴻自笑翔。

其三：只可後，不可前；樓上月，缺未圓。

澤雷隨卦（七月、震木、歸魂卦）

妻財	▨▨	丁未
官鬼	▨▨	丁酉
父母	▨▨	丁亥
妻財	▨▨	庚辰
兄弟	▨▨	庚寅
父母	▨▨	庚子

上兌「澤」下震「雷」中存「巽、艮」。山之中有草木，雷動風翩，雨澤萬物，風雨雷電，相隨而行，造化不違，物全其性。

君子得之，則有隨順相從之義。

澤雷隨卦：元亨利貞，無咎。

隨　者：從也！下震上兌，則此動而彼說，隨之義也！

象　曰：隨，剛來而下柔，動而說，隨。大亨貞，無咎，而天下隨時，隨之時義大矣哉！

象　曰：澤中有雷，隨。君子以嚮晦入宴息。

總　論：此乃「震宮」七世卦名歸魂卦，屬七月。納甲是庚子、庚寅、庚辰、丁亥、丁酉、丁未。如生於七月及納甲者，功名富貴人也！大凡有雷澤之體，唯生於二月至八月者為及時，則福深。九月至正月為失時，福淺。

其一：陽出陰居德，隨利順居貞；傲霜松柏秀，耐久歲寒心。

其二：時節多亨奮，遷延未遇間；桃黃三月發，不在杏花天。

其三：久自相看事意乖，名場利路兩難諧；東堂女子須防謗，一見羊蛇定惱懷。

卦　理：闡釋追隨、隨和的原則。人與人之間，利益往往會有衝突，有時必須捨棄個人私見、私利，隨和眾意、眾利，明辨進退取捨，以達安和樂利之目標。

澤雷隨卦、初九：官有渝，從正吉也！出門交有功，不失也！

詳　　解：此爻是隨人，雖變其常，唯公正則可以無咎者也！

故 協 者：大才大德之貴人，必定大難，當久變，決大疑。

　　　　　「門字、正字」之交，應兆甚多。

不 協 者：多依附權勢，公正不敗，則與之協力者眾。故有功則可成立，或
　　　　　出外以營謀其家計。

歲運逢之：在仕則遷位以從正道。在士則多得佳會。在庶俗則多營謀獲利。

　其一：門內妻言信不私，出門功業有前施；進步一獲山前鹿，芳草亨衢
　　　　利可知。

　其二：事勢將更易，唯當正可從；出門交正事，無失有成功。

　其三：欲渡江心闊，波深未息流；前程風浪靜，始可釣鰲頭。

澤雷隨卦、六二：系小子，失丈夫。

詳　　解：此爻是失所隨之人者也！

故 協 者：小有才之人，立性不定，愛親邪媚之小人，不親正大之君子。

　　　　　女子元數協者，必有配貴顯之夫，或得次子之力。

不 協 者：必為卑下僕隸之賤恃妾婢使之輩。

歲運逢之：凡人皆不安寧，或小人是非之累，而有拘絆之災。

　　　　　當官者宜退避，進取者宜知機。

　其一：系小還失大，從公卻害私；事久難兩得，擇善可隨從。

　其二：陰盛陽潛遁，提防失丈夫；四方雞唱曉，憂慮釋然無。

　其三：一事已成空，做事還宜退；若遇口邊人，心下堪憑委。

澤雷隨卦、六三：系丈夫，失小子。隨有求得，利居貞。

詳　　解：此爻是所隨得其正，因其勢之利而戒之者也！

故　協　者：得遇上人引進成名。凡有所求，其願無有不得，但不得奴僕之力，招小人毀謗之吝，心勿躁動，事宜遲緩。

不　協　者：雖有名利，而無子力，女命必遇貴夫，或傷子媳。

歲運逢之：在仕得人保舉而爵崇。在士則得主司引而求名可得。在庶俗則營謀必遂，但皆宜道義自安，乃為得利也。數凶者，防小人陰人之嗟。

　其一：易小終成大，隨家改故新；馬羊奔是處，利涉大川行。

　其二：捨一人，就一人；謀望有喜，貴人相親。

澤雷隨卦、九四：隨有獲，其義凶也！有孚在道，明功也！

詳　　解：此爻是所隨雖履其危，然唯其誠正則可以無咎矣！

故　協　者：精誠稱乎中，舉動合乎理，位極而無凌主之嫌，勢重而無專權之過。

不　協　者：有所獲而招凶，有所遂而招險，或得上之譴責，或惹下之猜忌，或為商為賈，而碌碌於道途。

歲運逢之：在仕則必居要路而專權。進取者必成名而可得。在庶俗則必得好人抬舉，而變凶為吉。「道字、明字」之義，宜加察焉，地名人名云。商賈獲利！

　其一：一里長途轉轆輿，有人未得見者須；音來便遇木邊貴，晦滯重明得一車。

　其二：所求皆有得，居正亦為凶；守道存誠信，唯明可有功。

　其三：魚上釣，絲綸弱；收拾難，力再著。

澤雷隨卦、九五：孚於嘉，吉，位正中也！

詳　　解：此爻是有任賢之誠，而獲用賢人之效者也！

故 協 者：好賢忘勢，易知從易，有親有功，凝天命於無虞，孚天祿於無疆。
「中正」二字，為兆甚多。

不 協 者：亦有孚，信從中道，而為善人吉士，彼無惡而此無射。

歲運逢之：在仕有遷除之喜。在士有登荐之嘉。
在庶俗有營謀順適之休，多嘉慶之事。

其一：爵祿飛來吉有孚，震驚百里笑聲呼；月邊自有人推轂，喜氣臨門
不可拘。

其二：五居中正位，上下盡孚誠；捨己能從善，斯為大吉亨。

其三：收拾絲綸罷釣竿，青山綠水更幽閒；江清得意歸來早，舟溜金陵
指顧間。

澤雷隨卦、上六：拘系之，上窮也！乃從維之。王用享於西山。

詳　　解：此爻是以誠隨人之象，而維其可通於神明者也！

故 協 者：謹恪誠實，溫良慈惠，明可以感乎人，而志無不遂。幽可以通乎
神，而福無不降。

不 協 者：進則困窮，生計艱難，唯隱於山林則吉。

歲運逢之：多不永年，掛牽系慮，心志不能遂。
在仕防讒。在士防辱。在庶俗防損並縲絏之憂。

其一：君子防危後必興，小人勿怨事多迍；隨時月落防憂訟，若進終凶
日又昏。

其二：居系復加維，人心固結時；誠能專享祀，端可恪神祇。

其三：一事去，兩頭牽；恍惚有憂煎，心堅事未堅。

澤風大過（二月、震木、遊魂卦）

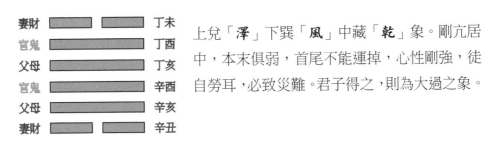

妻財 ▅▅ ▅▅	丁未
官鬼 ▅▅▅▅▅	丁酉
父母 ▅▅▅▅▅	丁亥
官鬼 ▅▅▅▅▅	辛酉
父母 ▅▅▅▅▅	辛亥
妻財 ▅▅ ▅▅	辛丑

上兌「澤」下巽「風」中藏「乾」象。剛亢居中，本末俱弱，首尾不能運掉，心性剛強，徒自勞耳，必致災難。君子得之，則為大過之象。

澤風大過：棟橈，利有攸往，亨。

大　　過：四陽居中過盛，上下二陰，不勝其重，故有「動橈」之象。又以四陽雖過，而二五得中，內巽外說，有可行之道。

象　　曰：大過，大者過也！棟橈，本末弱也！剛過而中，巽而說行，利有攸往，乃亨。大過之時大矣哉！

象　　曰：澤滅木，大過，君子以獨立不懼，遯世無悶。

總　　論：此乃「震宮」六世卦名遊魂卦，屬二月。納甲是辛丑、辛亥、辛酉、丁亥、丁酉、丁未。如生於二月及納甲者，功名富貴人也！

　　其一：獨立高樓陰失色，有期不到兩成非；園林別種仙桃果，但遇良朋振羽衣。

　　其二：心有餘，力不足；倚仗春風，一歌一曲。

卦　　理：闡釋非常行動的原則。非常行動，必然危險，應當非常慎重，剛柔相濟，採取非常手段，不可過度自信，若明知不可為，而不得不為，必然失敗。

澤風大過、初六：藉用白茅，柔在下也！無咎。

詳　　解： 此爻是以敬慎之象，而示以寡過之占者也！

故 協 者： 德行高潔，譽望清廉，處下以謙恭，得上以信任，富貴福澤，優悠堅牢。

不 協 者： 志謀清虛，隱居山林，知足不貪，謹厚無失。

歲運逢之： 在仕謹持而祿位固。在士謹密而德業修。在庶俗謹約而財利周。數凶者：防孝服之憂。

爻　　訣： 先微當後發，首尾破還全；西北歌聲動，成榮在北泉。

澤風大過、九二：枯楊生稊，老夫得其女妻，過以相與也！無不利。

詳　　解： 此爻是陽得陰助，兩擬其象而善其占者也！

故 協 者： 特立獨奮，持危扶顛，撥亂反正，建大業立大功。

不 協 者： 難中求易，死處逢生，早年辛苦，晚景榮華。或妻少之遲。

歲運逢之： 在仕則去位者復職。在士久淹者復超。在庶俗或娶妻，或生子，或納妾。僧道或進徒弟。君子得少妻義子。

其一： 得妻戶內利何多？日照高堂職近戈；豬走犬來皆曰早，小船經歷幾風波。

其二： 滿目好風光，紅花又更香；蟠桃三結子，一子熟非常。

澤風大過、九三：動橈，凶，不可以有輔也！

詳　　解：此爻是過剛而無益於事者也！

故 協 者：勇於立功，力於濟世。但傷於暴戾，非唯不足以底天下之績，而
　　　　　適足以成覆餗之危。

不 協 者：凶暴猜狠，禍患迭至。且變「困於石」之象，而其刑傷損折可知。

歲運逢之：在仕必防謫。在士宜防危。在庶俗須防傾覆之患，或有足目之疾。

　其一：有婦終無事，逢難宜急走；欲免哭聲隨，切忌西方酉。

　其二：荊棘生平地，風波起四方；幽窗人懊惱，無語對斜陽。

澤風大過、九四：動隆，吉，不橈乎下也！有他吝。

詳　　解：此爻是剛柔相濟，而擬以大臣克任之象，而戒其不可過於柔者也！

故 協 者：稟剛大之才，為國家棟樑，功勳蓋世，譽望冠倫，

不 協 者：亦有才德譽望，雖不為世用，家業興隆，福量深厚。

歲運逢之：在朝必為宰任，初入世當重任。在士進取成名。在庶俗多有修造
　　　　　之舉。皆宜執見論事，不一墮於柔奸以取吝。數凶者，為窒制是
　　　　　非。

　其一：峻巔崎嶇馬阻行，如今平地好安亨；幾多名利人同至，西方亨衢
　　　　　坦坦平。

　其二：心事有遲速，逢龍是變鄉；月光明映戶，便有好商量。

澤風大過、九五：枯楊生華，老婦得士夫，無咎無譽。

詳　　解：此爻是剛柔不足以濟世，而難以致譽者也！

故 協 者：剛過之極，所遇非其人，好狎小人，所資非其良，不足以圖事功，而名譽不著，足衣足食，無榮無辱。

不 協 者：或妻年高而性悍，或嗣慳而壽脆，碌碌庸常，成立艱辛。

歲運逢之：在仕不可久仕。在士難於進取。在庶俗難於營謀。或喜中生憂，美事成醜，或有老婦之厄，治母之厄。「枯楊生華」先逆後順之象。

其一：枯楊生華未可誇，得逢可醜事諮嗟；卻宜靜處平生節，且息思為進欲奢。

其二：一事兩意，一人兩心；新花枯樹，須待新春。

澤風大過、上六：過涉滅頂，凶，無咎。

詳　　解：此爻是擬以死難之象，而因以致其許國者也！

故 協 者：有德有位，當大難，臨大危，而殺身以成仁，捨生以取義，名標青史，望重華夷。

不 協 者：志大謀小，輕動妄舉，取禍招孽，難容於世。

歲運逢之：在仕有震主身危之禍。在庶俗有疾首蹙額之危。唯士子求取則可奪魁。「頂」字之義故也！

其一：羊背披衣裳，文書匣內藏；不須多望想，雲雨濺斜陽。

其二：水邊憂，山下愁；要平安，寸往游。

澤水困卦（五月、兌金、一世卦）

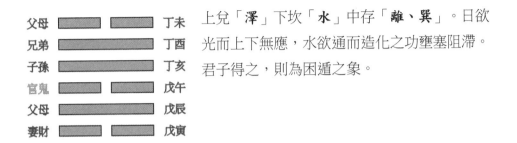

父母 ▬▬ ▬▬ 丁未
兄弟 ▬▬▬▬ 丁酉
子孫 ▬▬▬▬ 丁亥
官鬼 ▬▬ ▬▬ 戊午
父母 ▬▬▬▬ 戊辰
妻財 ▬▬ ▬▬ 戊寅

上兌「澤」下坎「水」中存「離、巽」。日欲光而上下無應，水欲通而造化之功壅塞阻滯。君子得之，則為困遁之象。

澤水困卦：亨，貞，大人吉，無咎，有言不信。

困　　者：窮而不能自振之義也！坎險為兌柔所揜，九二為二陰所揜，九四、九五為上六所揜，所以為「困」也！坎險、兌說，處險而說，是身雖困而道則亨也！

彖　　曰：困，剛揜也！險以說，困而不失其所亨，其唯君子乎！貞人大吉，以剛中也！有言不信，尚口乃窮也！注：揜（一ㄢˇ）掩的意思。

象　　曰：澤無水，困。君子以致命遂志。

總　　論：此乃「兌宮」一世卦，屬五月。納甲是戊寅、戊辰、戊午、丁亥、丁酉、丁未。如生於五月及納甲者，功名富貴人也！

其一：一得防一失，一悲復一喜；唯困吾水澤，其中果木宜。

其二：因嗟涸轍困金鱗，未是西效破密雲；得遇江河升斗水，直須寅地見光輝。

其三：天刑終不改，金木恐牽纏；鼠蠹雖無害，災危在目前。

卦　　理：闡釋應對窮困的原則。當陷入窮困中，往往難以忍受，必須明智，堅持原則，極端隱忍，不可浮躁。其過程要懂得自得其樂，貫徹自己理想，才能通達，只有偉大的人物，才可以做到安於窮困。

澤水困卦、初六：臀困於株木，入於幽谷，幽不明也！三歲不覿。

詳　　解：此爻是無濟困之才，終於困而不能自拔者也！

故 協 者：有為有守，雖不能見用於世，亦為一世之高士，而幽岩之無辱。

不 協 者：為懦弱之才，為昏暗之質，明不能以有見，困不能以自拔。

歲運逢之：在仕退職。在士待時。在庶俗則有驚憂服制之患。

其一：困於木，入幽谷；守三歲，方見哭。

其二：前途未便退覓邊，休事宜高此意寬；此意此心君未見，雲間孤雁信難傳。

其三：久困嗟沉滯，前途難又難；幽景宜固守，始可漸圖安。

澤水困卦、九二：困於酒食，朱紱方來，利用享祀，征凶，無咎。

詳　　解：此爻是有剛中之德而無其時，故不能以成濟困之功。

故 協 者：有才有德，必居高位，必享厚祿，明足以感結乎人君，幽足以感格乎神明，雖無拯溺之力，亦免犯難之凶。

不 協 者：性多偏僻，貪食好酒，必入幹於朱門，或為師誣，足食足衣，但不能遠謀大成。

歲運逢之：在仕升遷。或為祭酒、方面、配享、中丞、中奉、中書之類。閒官必起，天書自來，士人有慶。庶俗得貴人提攜，靜吉動凶。數凶者，有喪祭之兆。

其一：一杯酒上帶愁來，祀享何須善用猜；大抵凶中未為利，風波萬里一帆開。

其二：暫時遭困厄，貴祿得將來；天道相交感，征行必致災。

澤水困卦、六三：困於石，據於蒺藜，乘剛也！入於其宮，不見其妻，不祥也！凶。

詳　　解：此爻是無才德以擠困，而身不能保者也！

故 協 者：多棲身山林與木石居，或入於宮門而為閹人，雖無妻子之慶，尤得保身之術。

不 協 者：無才無德，出入頓挫，身孤勢危，大困急迫。

歲運逢之：在仕有清禁之兆。在士有入棘圍之喜。但恐遭妻妾之變。
　　　　　數凶者，名厚身危，死期將至，況有妻子之可見乎！

　其一：既困於石，據於蒺藜；妻猶不見，不詳可知。

　其二：居困常謙下，乘剛更強為；至家難保守，名辱更身危。

澤水困卦、九四：來徐徐，志在下也，雖不當位，有與也！困於金車，吝，有終。

詳　　解：此爻是才弱不足以濟初之困，而終有相與之分也！

故 協 者：成名雖早，食祿尤遲，上進有難於速，得遇有難於近。
　　　　　其「金」字之義，有金榜、金門、金階之兆。

不 協 者：先難後易，或依附權勢而後有立，或受制尊貴而不得自尊，謀為阻節，終有受用。

歲運逢之：閒官超越，事有兼權而不勝其叢挫之憂。在士進取多綴朱榜。
　　　　　在庶俗謀望有頓挫之禍，而終有出險之喜。為商者為金車而遭困。

　其一：人方防困厄，猶豫未能周；處正雖終吉，時間小吝羞。

　其二：處位不當，安得濟物；果決而行，救災拯溺。

澤水困卦、九五：劓刖志未得也！困於赤紱，乃徐有說，中直也！利用祭祀，受福也！

詳　　解：此爻是本其德之不足以濟困，與其誠之足以格神也！

故 協 者：勤於學古，力於行道，始焉進取艱阻，終則機會適逢。或居言路以聲其中直，或為大臣以配享其祭祀。

不 協 者：亦先受艱辛，後享安逸，或骨肉有刑，或身體有虧。

歲運逢之：在仕則先阻後順，或為奉直、中奉、社令、祭酒、祭祀之職。士子進取先逆後順。庶俗營謀先挫後獲。數凶者，有訟刑之憂，喪祭之兆。

　其一：用剛當致弱，求益反多虧；同德相資助，斯為受福基。

　其二：上劓而下刖，何當困益深；若能恭祭祀，福慶日然臻。

澤水困卦、上六：困於葛藟，於臲卼，曰動悔，有悔，征吉。

詳　　解：此爻是無濟困之才德，而飾以善反之道者也！

故 協 者：改過以復於善，易惡以至於中，才足以援其危，德足以濟其困。

不 協 者：心至柔暗，身處困極，縛束而不能解，危懼而不能安。
　　　　　或離祖遠方，方可成立。

歲運逢之：在仕防刑罰縛束之虞。在士防停降之辱。在庶俗防驚憂服制之危。
　　　　　唯商旅則利有攸往。

　其一：前路雖難進，安居事未成；窮當思變動，動則百而亨。

　其二：葛藟非宜困，君當識變遷；莫貪幣帶錫，有悔福無邊。

澤山咸卦（一月、兌金、三世卦）

```
父母 ▭▭  ▭▭  丁未
兄弟 ▭▭▭▭  丁酉
子孫 ▭▭▭▭  丁亥
兄弟 ▭▭▭▭  丙申
官鬼 ▭▭  ▭▭  丙午
父母 ▭▭  ▭▭  丙辰
```

上兌「澤」下艮「山」中存「乾、巽」。剛柔相應，二氣相合，陰陽交暢，萬物相感，各有所成。巽風發乎天之下山之中，扇揚萬物；兌澤施乎天之下山之上，沾潤萬物。二氣相召，陰陽和而萬物成。

君子得之，則為咸感之象。

澤山咸卦：亨，利貞。取女，吉。

咸　　者：交感也！兌柔在上，艮止在下，而交相感應。又艮止則感之專，兌說則應之至。又艮以少男下於兌之少女，男先於女，得男女之正，婚姻之時，故稱之為咸也！

彖　　曰：咸，感也！柔上而剛下，二氣感應以相與，止而說，男下女上，是以亨利貞，取女吉也！天地感而萬物化生，聖人感而天下和平；觀其所感，而天地萬物之情可見矣！

象　　曰：山上有澤，咸。君子以虛受人。

總　　論：此乃「兌宮」三世卦，屬正月。納甲是丙辰、丙午、丙申、丁亥、丁酉、丁未。如生於正月及納甲者，功名富貴人也！

　其一：一得西南女，門庭日漸榮；園林桃李發，門外二山青。

　其二：相感本無心，須知夙契深；此時宜娶婦，遇喜見黃金。

卦　　理：闡釋至誠感應，不可玩弄口舌的原則。天地間一切的人際關係，應由無心的感應發端，順應自然，不可魯莽，不可妄動，不可強求，應有主見，堅持原則，動機純正，感動接納，才能建立和諧的人際關係。

澤山咸卦、初六：咸其拇，志在外也。

詳　　解：此爻是不當感而感也！故為咸其拇焉。

故 協 者：分雖卑而志高，力雖微而謀遠，成名於青年，食祿於晚景。

不 協 者：中年離祖，身謀未遂。

歲運逢之：京官出，閒官起，進取有待而未速。庶俗宜遠商，僧道宜遊行。
　　　　　大抵值此爻者，雖急急營求，亦多難於成就。

其一：進用不須疑，何勞苦自迷；小貞終大吉，咸感又相隨。

其二：意在閒山事有涯，野人暗地自徘徊；天邊雁足傳書信，一點眉端
　　　愁自開。

澤山咸卦、六二：咸其腓，凶，居吉，順不害也！

詳　　解：此爻是利於靜而不利於動者也！

故 協 者：相時而進，慮善以動。上順乎君，而不敢越份以要功；下順乎民，
　　　　　而不敢違道以干譽。災害不生，吉祥自至。

不 協 者：志大心高，貪得無厭，奔走衣食，辛苦成家。

歲運逢之：在仕居位者吉慶，差遣者有厄。在士難逢嘉會。在庶俗奔波徒勞。
　　　　　大抵宜靜而不宜動也！

其一：船在危灘上，人行道已迷；月低潮又落，驟雨又狂風。

其二：不宜輕進動，躁妄反為凶；守靜宜安份，居然吉慶隆。

澤山咸卦、九三：咸其股，亦不處也。志在隨人，所執下也！

詳　　解：此爻是主於有感，則非其正矣！故不免於往咎之失者也！

故　協　者：渡時而進，知機而止，或為股肱執政之大臣，而毀吝不及。

不　協　者：謀巧見拙，志在隨人，多致失敗。

歲運逢之：在仕宰執，防謫降之咎。在士子為執幹。

　　　　　常俗考校則隨人下，而無出類之美矣！

　其一：休道事無成，其中進退多；桂輪圓又缺，光彩要楷磨。

　其二：不宜專自用，執志在隨人；所占幾事吝，大抵利婚姻。

澤山咸卦、九四：貞吉悔亡，未感害也！憧憧往來，未光大也！朋從爾思。

詳　　解：此爻是能王霸之效者也！

故　協　者：剛正君子，無思無慮，成足以格君，惠足以感民，功業盛大，爵位崇高。

不　協　者：心多暗昧，父情偏疏，奔走勞役，求遂不暇。器宇小成，未得光大。

歲運逢之：在仕秉公執政，而遷除有階。在士小有利而未光。在庶俗朋友相倚，小謀可就，大用則虧，心緒少安。

　其一：千里車行遠，憂疑已悔遲；鶴銜天書至，戶牖凡光輝。

　其二：一動一靜，一出一入；秋月春花，事須費力。

　其三：人情初交日，感志在於勤；貞正宜堅守，忠誠久不渝。

澤山咸卦、九五：咸其脢，志末也！無悔。

詳　　解：此爻是不能感物之象，而與其可以無累者也！

故 協 者：崇尚之志，而孤介以自立。雖無功業以見於世，亦無尤悔以累其躬。

不 協 者：志昏量狹，棄本逐末，斗筲鄙夫，福氣淺薄。

歲運逢之：在仕執一，多失同僚之歡。在士進取難為。
在庶俗人情乖離，而盈謀微小。

　　其一：滿目開花未見花，金邊一女遇方佳；利名只見逢麋鹿，一去亨衢照落霞。

　　其二：事了物未了，人圓物未圓；要知端的信，月影上琅玕。

　　其三：進退無拘束，中心不涉私；雖然無所感，無是亦無非。

澤山咸卦、上六：咸其輔、頰、舌，滕口說也！

詳　　解：此爻是感人以言者也！

故 協 者：有德有言，或居言路，或掌詞翰，必得君而行道，有以來眾口之稱譽。

不 協 者：鼓簧口以亂俗，招尤自禍，塵世難容。

歲運逢之：在仕防譖論，或遭言責。在士庶為遊說，為技藝，為評論，為毀謗。

　　其一：感舌雖無咎，居安又另遷；經綸水上斷，缺月又重圓。

　　其二：有似無，無似有；每勞心，閒費口。

　　其三：多言本招辱，圖事竟難明；尊上相邀阻，都緣無實成。

澤地萃卦（六月、兌金、二世卦）

父母	▬▬　▬▬	丁未
兄弟	▬▬▬▬▬	丁酉
子孫	▬▬▬▬▬	丁亥
妻財	▬▬　▬▬	乙卯
官鬼	▬▬　▬▬	乙巳
父母	▬▬　▬▬	乙未

上兌「澤」下坤「地」中存「巽、艮」。山地相為培植，兌澤自上而降，灌溉滋潤，草木之本根益固，枝葉茂盛。但見其林木繁多，不可勝用。

君子得之，則為萃聚之象。

澤地萃卦：聚也！坤順兌說，澤上於地，萬物萃聚之象。

萃　　者：亨。王假有廟，利見大人，亨，利貞。用大牲吉，利有攸往。

象　　曰：萃，聚也！順以說，剛中而應，故聚也！王假有廟，致孝享也！利見大人亨，聚以正也！用大牲吉，利有攸往，順天命也！觀其所聚，而天地萬物之情可見矣！

象　　曰：澤上於地，萃。君子以除戎器，戒不虞。

總　　論：此乃「兌宮」二世卦，屬六月。納甲是乙未、乙巳、乙卯、丁亥、丁酉、丁未，借用癸未、癸巳、癸卯。如生於六月及納甲者，功名富貴人也！

其一：大人一見喜匆匆，萬里雲程好奮沖；缺月又圓雲翳散，自然門戶得春風。

其二：陰合陽來事未期，造船經濟水邊危；落花結實庭前果，西北將行事有疑。

卦　　理：闡釋群體的結合法則。結合應以誠信為本，正當的結合，不必遲疑，堅定意志，必然排除障礙，達到結合的目的。

澤地萃卦、初六：有孚不終，乃亂乃萃，若號，一握為笑，勿恤，往無咎。

詳　　解：此爻是戒違眾以從正，則無妄聚之失矣！

故 協 者：執己見而聽乎讒言，改過而必從乎正道，廣大之業可保其無虞。

不 協 者：憂喜不常，邪正不定，德薄行虧，成立艱辛。

歲運逢之：在仕必遭貶逐。在士則遭蹇難。在庶俗有小人結构受誣之危。
　　　　　大抵皆先凶後吉，戒之為是。

　其一：離明當道達，生涯未足通；牛行防水厲，迷此自無宗。

　其二：一心成兩心，一事成兩事；成就也艱難，撫氣亦撫志。

澤地萃卦、六二：引吉，無咎，中未變也！孚乃利用禴。

詳　　解：此爻是得人事君之誠，而因著卜祭之占者也！

故 協 者：寬洪以擴其量，忠直以事其心，推賢荐能，引善率德，明足以事
　　　　　君而德修道行，幽足以格神而德盛福隆，廟廊著跡，海宇流芳。

不 協 者：亦存心誠實，交接好人，多得尊貴接引，謀為利達，福澤無虧。

歲運逢之：在仕得人引荐，必有升除。「中」字有大中、中順、中泰、給事
　　　　　中之兆。在士得上人引拔，而登庸有賴。在庶俗則營謀得好人提
　　　　　舉，謀為遂意。

　其一：萃大光亨耀里閭，利名有路笑聲徐；有孚千里威名慕，二犬方同
　　　　　一旦除。

　其二：人才多吉慶，守正位居中；薄菲將誠意，神明亦可通。

　其三：笑顏生不泣，內外生悲哭；雲散月光輝，轉禍方成福。

澤地萃卦、六三：萃如，嗟如，無攸利，往無咎，上巽也！小吝。

詳　　解：此爻是萃於二陰，萃非其正也！故必往而勿恤其羞。

故　協　者：志謀遂而四海為家，協力者眾而生涯利達。

不　協　者：六親冷淡，家業寂寥，離祖外立，方得遂志。

歲運逢之：在仕難萃於朝，而歷任遠方之為艱。在士進取難逢佳會。

　　　　　在庶俗，家不安寧，六親有損，老者凶也！

　其一：上下皆相應，中心自嘆嗟；求人無小吝，無咎亦無佳。

　其二：父母有通日，性狂涉大川；佳音天外至，門外有聲傳。

　其三：細雨滿桃腮，離情莫恨猜；東風須著意，花落又重開。

澤地萃卦、九四：大吉，無咎，位不當也！

詳　　解：此爻是大臣有君民之寄者也！必盡其道而責斯塞焉。

故　協　者：秉鈞執政，敷道弘化，上有以致君，下有以澤民，而萃太之昌可
　　　　　保於無咎。

不　協　者：雖有才志，無德可守，非凶於國，必害於家。

歲運逢之：在仕防猜忌之謗，棄高就下，急流勇退為吉。在士進取有不富之
　　　　　咎。

　　　　　在庶俗謀為不從正道，皆難免禍。唯大德君子，方可改過得福。

　其一：韜光藏晦已多年，秋月當空喜見圓；待等雞鳴天日曉，一封名字
　　　　四方傳。

　其二：上下皆相會，斯為大吉亨；必須當正道，方或免無屯。

　其三：參商言語，風波鼎沸；事久名揚，時間不利。

澤地萃卦、九五：萃有位，無咎，匪孚，元永貞，悔亡。

詳　　解：此爻是著其君位之隆，尤必戒君德之修也！

故　協　者：祿重位高不能為榮，士從民悅不以為樂，常存敬畏，富貴永久。

不　協　者：亦能反身修德，雖無爵士之榮，亦能致其家業之興。

歲運逢之：在仕則人心未孚而志未光。在士有道德未修之歉。
　　　　　　在庶俗則人情不合而營謀有阻。

　其一：嗟如春著夢，無咎又生災；星下牛居處，雞鳴巳未成。

　其二：月已圓，花在發；事休休，無合殺。

澤地萃卦、上六：齎咨涕洟，無咎，未安上也！

詳　　解：此爻是無才無位得天下之萃者也！故不免於懼。

故　協　者：治而不忘亂，安而不危。雖無所利萃，而尤可以自保；雖無所利，
　　　　　　而尤可以免害。

不　協　者：懦弱無為，憂愁度日，孤立無助，碌碌小就。

歲運逢之：在仕進前不穩，事多煩憂，不能安靜。或上下逼迫，長幼憂愁，
　　　　　　退悔嗟悲，名利成虛，壽算不永。

　其一：笑處起悲聲，園中過卻新；涕洟無大咎，天外一飛龍。

　其二：笑中多災滯，所為先有忌；路險風波事更疑，要得如心須借勢。

火天大有（一月、乾金、歸魂卦）

官鬼 ▬▬▬▬	己巳
父母 ▬▬ ▬▬	己未
兄弟 ▬▬▬▬	己酉
父母 ▬▬▬▬	甲辰
妻財 ▬▬▬▬	甲寅
子孫 ▬▬▬▬	甲子

上離「火」下乾「天」中存「兌、乾」。剛柔相濟，明暗相交，二氣循環，陰陽得位。明者離之日也。晦者兌之澤也。交雜乎火之上，日之明能照萬物，而物受其氣，故有相感之意。君子得之，則為大有之象。

火天大有：元亨。

大　有：所有之大也！離居乾上，火在天上，普照萬物。下乾剛健，上離光明，兼備剛健與光明之德行。

彖　曰：大有，柔得尊位，大中而上下應之，曰大有。其德剛健而文明，應乎天而時行，是以元亨。

象　曰：火在天上，大有。君子以遏惡揚善，順天休命。

總　論：此乃「乾宮」七世卦名歸魂卦，屬正月。

納甲是甲子、甲寅、甲辰、己酉、己未、己巳，借用壬子、壬寅、壬辰。如生於正月及納甲者，功名富貴人也！

其一：善揚天降福，大有福之餘；火照乾天上，秋深獲一珠。

其二：欲進又徘徊，心危事不危；貴人相指引，名利得榮歸。

其三：汩沒困埃塵，逢羊事事新；要求真與實，木口是恩人。

卦　理：闡釋成功後的因應原則。卦名雖然是大有收穫，卻以滿而不可以溢的道理，諄諄告誡。凡事不可驕傲，不應得意而忘形，以善意與人和同，滿而不溢，獲得成功，才有喜悅。

火天大有、初九：無交害，匪咎，艱則無咎。

詳　　解：此爻是知富有不可以過盛，而守其艱可以免害者也！

故　協　者：才清德重，未逢汲引，求名不足，求利有餘。

不　協　者：常隨毀辱，每遇艱辛，保守固存，咎尤可免。

歲運逢之：在仕宜見機勇退，不可貪位貪祿。在士不可處進以招催抑。
　　　　　在庶俗多心緒憂煩，小人欺凌長上，而有災眚。艱危自持，庶免
　　　　　傾危。

　其一：遜退斂無咎，進謀忌有憂；無風吹火起，千里泛歸舟。

　其二：心事謾愁煩，休言用處難；難中行得了，得了亦周旋。

　其三：富貴易驕盈，當存敬畏心；艱難常在念，災患永無侵。

火天大有、九二：大車以載，積中不敗也！有攸往，無咎。

詳　　解：此爻是任天下之重，而無咎者也！

故　協　者：有大才德，理大亂，立大功，如大車之載，可以積厚於中，而無
　　　　　敗者也。

不　協　者：亦有福有壽，居積致富，無憂無禍。

歲運逢之：閒官驛車選召，有大除拜，勇將出師，戰勝攻取。士子進取成名。
　　　　　常人營謀厚載，財谷豐裕。或曰鞅車之兆，不利老壽。

　其一：寬厚事成多，高明意自過；往亨佳女吉，進步不蹉跎。

　其二：大有方始盛，人宜大有為；如車乘重載，不至有傾危。

　其三：一重水，一重山；壺中別有天，風波到底然。

　注：士子進取成名：凡科考或競選公職……等，皆能榜上有名之意。

火天大有、九三：公用享於天子，小人弗克。

詳　　解：此爻是大臣得君，以納其忠者也！

故 協 者：才高德備，大公無我，得君行道，而平日之所抱負者，一一敷陳
於廟廊之上。

不 協 者：貪謀私己，必有大害，成立艱難，易滿易消。

歲運逢之：在仕必勝朝廷之重任。在士必做大魁。

在庶俗必招災難，晦滯蹇塞，小輩欺凌。凶則變「睽」刑傷難免。

　其一：偏宜君子道，求利與求名；貴客相提獎，前程自顯榮。

　其二：小用必防險，王亨大事宜；牛歸加祿重，嶺表鹿銜旗。

　其三：南山一片石，石中藏真玉；莫問是和非，得者非常福。

火天大有、九四：匪其彭，無咎，明辯皙也！

詳　　解：此爻是大臣履盛滿而知所志成，可以寡過者也！

故 協 者：大公無私，不驕淫，不矜誇，既明且哲，以保其身，善始善終。

不 協 者：貪小易盈，遂成僭越之禍，身家難保。

歲運逢之：在仕安職免凌逼之禍。在士待時免褫革之虞。在庶俗守常免毀傷
之害。或有眼疾，明則損故也！

　其一：彭盛尚謙退，道身計莫通；猴邊金信至，阻棹得帆風。

　其二：遇險不為憂，風波不足懼；右遇草頭人，指出青雲路。

　其三：日過中必昃，物過盛還衰；明知能先見，謹之植福基。

火天大有、六五：厥孚交如，信以發志也！威如之吉，易而無備也！

詳　　解：此爻是在君道而有威信，以治民者也！

故 協 者：恩威並行，德望並著，上下交孚，遐邇相應，足以立大功，享富貴。

不 協 者：多萎靡不振，因徒施而反遭謗，澤雖佈而反遭怨。

歲運逢之：在仕宜知機而退。在士宜乘機而進。在庶俗宜相時而動。但不可輕慢驕縱以取禍。

　　其一：整肅威如吉，交孚內外和；只因良輔弼，隨處喜星多。

　　其二：一雁白雲邊，孤舟野水天；佳音來日下，金玉等閒增。

　　其三：上下交相際，中心在信孚；柔當剛以濟，不怒亦威如。

火天大有、上九：自天祐之，吉無不利。

詳　　解：此爻是善處乎大有之時，而必獲天眷者也！

故 協 者：剛大而能謙讓，德之所施，足躡以契天之心，行之所履，足以動天之感。富貴有長享之慶，隨在皆自得之休。

不 協 者：亦道德之士，豐厚富庶，而平生無非橫之撓。

歲運逢之：在官進職。在士成名。常人得尊上之庇，農家進業。

　　其一：滿極能招損，謙謙不自居；上天申眷祐，吉慶得相扶。

　　其二：志氣凌霄奮發時，自天之祐吉無疑；山前有個人相引，報道佳音慶也宣。

　　其三：奇、奇、奇，地利合天時；燈花傳信後，動靜總相宜。

火澤睽卦（二月、艮土、四世卦）

父母	▬▬▬▬	己巳
兄弟	▬▬ ▬▬	己未
子孫	▬▬▬▬	己酉
兄弟	▬▬ ▬▬	丁丑
官鬼	▬▬▬▬	丁卯
父母	▬▬▬▬	丁巳

上離「火」下兌「澤」中存「坎、離」。日月之光輝並照，當使萬物明麗光華，中又有坎陷所遏，二氣不能交通，否塞壅滯，又值兌澤施晦氣以干之，則不能全其明。君子得之則為睽間之象。

火澤睽卦：小事吉。

睽　者：乖異也！

是卦上火下澤，性相違異，中女、少女，志不同歸，故稱「睽」焉。

象　曰：睽，火動而上，澤動而下，二女同居，其志不同行，說而麗乎明，柔進而上行，得中而應乎剛；是以小事吉。天地睽，而其事同也！男女睽，而其志通也！萬物睽，而其事類也！睽之時用大矣哉！

象　曰：上火下澤，睽。君子以同而異。

總　論：此乃「艮宮」四世卦，屬二月。納甲是丁巳、丁卯、丁丑、己未、己酉、己巳。如生於二月及納甲者，功名富貴人也！

其一：劉郎別後路滔滔，鴻雁來傳有信牢；遇問故園當日事，東風依舊綻紅桃。

其二：睽背生離事可傷，孤鴻空外謾高翔；一因酒食生荊棘，扶上危橋恐見傷。

卦　理：闡釋離與合，異與同的運用法則。有離必有合，有異必有同，這是必然的自然法則。順應大勢，同中有異，合而不同，堅持原則。寬大包容，異中求同，才能結合力量，有所作為。

火澤睽卦、初九：悔亡，喪馬勿逐，自復；見惡人，以闢咎也！

詳　　解：此爻是著其失應而復得之象也！

故　協　者：德望足以起人之敬信，中正足以消人之暴戾。謀莫難發於初年，
　　　　　　志願大遂於晚景。

不　協　者：成立艱難，遭際不遇。先貧後不貧，先孤後不孤。

歲運逢之：在仕閒官復職，降謫者復升。在士難遇知己，而進取遲滯。在庶
　　　　　　俗營為先失而後得，人事先睽而後合。謹防六親之損，凶惡之患。

　　其一：走馬西南地，近音東北憂；先憂後無咎，順水一孤舟。

　　其二：兩尾牛，一口鼠；相撓同遇，得彼失此。

　　其三：悔吝雖無有，時乘道遇窮；惡人將害己，終是不為凶。

火澤睽卦、九二：遇主於巷，未失道也！無咎。

詳　　解：此爻是盡誠以事君，斯於臣道無歉者也！

故　協　者：為忠臣義士，上能格君心之非，下能挽民俗之厚，功業建而志謀
　　　　　　遂。

不　協　者：亦善通人情，而親輔贊相者多，幽居閭巷，榮辱不加。

歲運逢之：在仕必遇明主，而升遷有期。在士必遇主司，而進選有賴。
　　　　　　在庶俗必遇知己，而營謀遂意。

　　其一：陷久人逢救，孤舟又刻舟；此回宜自悔，莫待又歸秋。

　　其二：捨下處，就一處；事要委曲無不成，眼底時間兩分明。

火澤睽卦、六三：見輿曳，位不當也！其牛掣，其人天且劓，無初有終，遇剛也！

詳　　解：此爻是與始睽而中合者也！

故協　者：稟性最敏，見事生疑，始雖見忤於人而束縛其施為，終必見合於人而求謀無不順。

不協　者：多在車前馬後，驅役行傷，先受勞苦，後享安樂。

歲運逢之：在仕防諛邪之阻。在士考校則取於既遺之後，而有登天府之兆。在庶俗進望有阻，險中求安，先迷後順。數凶者，有骨肉刑傷之厄。

其一：曳輿峻嶺多艱阻，一樹桃花逢夜雨；再把睽離成萃聚，也憂芳蕊當春暮。

其二：大災防不測，上下更交攻；離合皆常理，無初卻有終。

其三：鼎沸起狂波，孤舟奈若何；巧中成拙事，人事轉奔波。

火澤睽卦、九四：睽孤，遇元夫。交孚，厲無咎，志行也！

詳　　解：此爻是得其所遇，而深勉其慎所處也！

故協　者：有拔萃之才，善於交際，得良朋益友之贊助，而撥亂反治，轉睽合一之事業可立。先孤後不孤，先逆後不逆。女子得子，為命婦受誥。

不協　者：孑然自立，謙恭持己，始雖睽離，終得際遇。

歲運逢之：在仕得同志薦拔。在士則見遇於主司。求婚者必配，處危者身安，遇閒者志行，外圖先阻後順。

其一：獨立雖無援，相逢有故知；自懷憂懼志，亦可免災危。

其二：修道一遇時，家信雲中至；好問水邊人，音信從新利。

其三：心不足，意不足；為雲為雨何番覆？一去一來方成福。

火澤睽卦、六五：悔亡，厥宗噬膚，往有慶，往何咎？

詳　　解：此爻是君臣相合之易，而利有攸往者也！

故 協 者：德重位尊，謙恭下士，而得賢能輔助，立功名，享富貴。

不 協 者：多承祖宗恩澤，生來受用，不勞己力，出而營謀，多遇知己。
　　　　　但骨肉有噬嚙之傷。

歲運逢之：在仕必有除拜之勞。在士必有登魁之應。庶俗經營獲利，抬舉有
　　　　　人，未婚者配。數凶者，親朋怨惡，骨肉刑傷，官事牽連。

其一：可惜成功未得名，山前有祿遇艱辛；睽亡或見有成敗，此往方成
　　　無禍侵。

其二：憂悶俱消散，先難後合時；所行無不利，吉慶自相隨。

火澤睽卦、上九：睽孤見豕負塗，載鬼一車，先張之弧，後說之弧，匪寇婚媾，往遇雨則吉。

詳　　解：此爻是與應始異而終同者也！

故 協 者：負剛明之才，過明而察，過察而疑，初涉艱難，終見平易。
　　　　　或重疊婚姻，或兵立功。又雨者福澤，利人濟物之兆。

不 協 者：為孤獨，為污濁，虛許乖戾，是非不一，聚散無定。

歲運逢之：在仕遭謗怨之謫。在士進取先迷後得。在庶俗遭污受誣，先損後
　　　　　益。

其一：詭計無為有，中心自欲遲；忽然疑慮決，會合免睽違。

其二：遇雨發旱苗，張弓箭又收；忽然疑慮決，後有好音由。

其三：恐懼正憂驚，虛空霹靂聲；須臾風雨過，圓月出雲層。

離為火卦（四月、離火、本宮卦）

兄弟	▓▓▓▓	己巳
子孫	▓ ▓	己未
妻財	▓▓▓▓	己酉
官鬼	▓ ▓	己亥
子孫	▓▓▓▓	己丑
父母	▓ ▓	己卯

上離「火」下離「火」中存「兌、巽」。上下皆明，天下之人，悅其昭耀光輝盛美，又為順而從之，事皆照彰，令譽顯著。君子得之，則為離明之象。

離為火卦：利貞，亨。畜牝牛，吉。

離　者：麗也！陰麗於陽，其象為火，體陰而用陽也！

彖　曰：離，麗也！日月麗乎天，百穀草木麗乎土，重明以麗乎正，乃化成天下。柔麗乎中正，故亨；是以畜牝牛吉也！

象　曰：明兩作離，大人以繼明照於四方。

總　論：此乃「離宮」本世卦，屬四月。納甲是己丑、己卯、己巳、己未、己酉、己亥。如生於四月、五月、六月及納甲者，功名富貴人也！

總　訣：久慶高林雨，方施一旦明；太陽當下照，萬國繼升平。

卦　理：闡釋依附的原則。在險難中，必然就要攀附，找到依託才會安全。尋求依附，不可投機取巧，依附不可趁人之危，或採取脅迫的手段，以免招尤取禍。

離為火卦、初九：履錯然，敬之無咎，以辟咎也！

詳　　解：此爻是著妄行之象，而示以敬慎之占也！

故 協 者：剛明是用，敬慎是持。審事機之會，而損過就中；酌物理之宜，
　　　　　而糾繆歸正。功業竟成，縉紳欽仰。

不 協 者：亦能改行率德，始焉行多拂戾，終焉福頗受享。

歲運逢之：在仕防躁妄不謹之咎。在士防差訛之辱。在庶俗防越理犯份之危。
　　　　　行者防跌足之疾。

　其一：勤儉終無咎，逢明必敬之；天書鸞遞至，觸景有光輝。

　其二：風動水生波，關心事若何；錯然履無咎，依舊笑呵呵。

離為火卦、六二：黃離，元吉，得中道也！

詳　　解：此爻是人臣有中德以麗君，斯足以成文明之化者也！

故 協 者：以謙柔之德，行中正之道，忠順不失。上足以相文明之君，仁慈
　　　　　丕闡，下足以成文明之化，福量寬洪，氣識遠大。

不 協 者：亦誠實謹厚，家業興隆，平生安樂。

歲運逢之：在仕得君黃閣傳器。在士必得魁解。在庶俗必沾利息。

　其一：中道明元吉，光輝四野同；水中人送寶，鵬翅好飛沖。

　其二：事已定，心何憂；明月上層樓，雲中客點頭。

離為火卦、九三：日昃之離，不鼓缶而歌，則大耋之嗟，凶。

詳　　解：此爻是值天運將衰之時，而無能以挽之者也！

故 協 者：深知盛衰循環之理，盈虛消索之常，樂天知命，安土敦仁，以挽
　　　　　　回乎天命，而福澤無損。

不 協 者：以致損身傷財，刑妻剋子。

歲運逢之：在仕告休。在士防辱。
　　　　　　在庶俗樂中生悲，吉中生愁，險難迭至，喪亡無日。

　其一：日中須有昃，盛滿意防虧；大耋嗟凶吝，風波小艇危。

　其二：月沉西，人斷魂；悲忻未足，易缺難成。

離為火卦、九四：突如其來如，焚如，死如，棄如。

詳　　解：此爻是人臣恃剛以革政，自速其斃者也！

故 協 者：守舊安常，循章約法，上不犯刑憲，下不招仇怨。
　　　　　　蓋變為「賁、終無尤」之兆，而身家可保。

不 協 者：不中不正，無遜無讓，進逼乎尊，率意妄行，罪不容死。

歲運逢之：在仕者有凌逼之嫌。在士有作坎坷。
　　　　　　在庶俗有逐忤長上之愆，或遭兵火，或死亡棄逐，而百孽難逃
　　　　　　矣！

　其一：一人無足立，有足卻無頭；千里來追至，防生五七體。

　其二：遇不遇，逢不逢；日沉海底，人在夢中。

離為火卦、六五：出涕沱若，戚嗟若，六五之吉，離王公也！

詳　　解：此爻是戒人君盡保泰之道，而得安者也！

故 協 者：柔麗乎中，謙以致和，其操心也危，慮患也深，而強梁不得以乘
其隙，剛暴不得以肆其志，而富貴福澤可以長保於無虞。

不 協 者：柔弱昏暗，權出乎人，或麗王公大人，而志意頗伸，先難後易。

歲運逢之：在顯仕者得志。退職者多險危，進取者難成名。

經營者多蹇滯，甚則憂愁思慮、悲泣嗟號之難逭矣！

其一：注盡江邊水，還驚一水災；女人揮一笠，回首又花開。

其二：泛泛維舟尚未定，一頭牽往一頭牽；前途貴客來相舉，又見新顏
破舊顏。

離為火卦、上九：王用出征，以正邦，有嘉折首，獲匪其醜，大有功，無咎。

詳　　解：此爻是人君之位而征伐能以正也！故得無咎。

故 協 者：剛明遠振，用刑不濫，文武全才，足以開太平之事基。

不 協 者：或為兵卒，或為商旅，碌碌奔走衣食。或頭目帶疾，聲名醜惡。

歲運逢之：在仕出師歷任而功業就。在士進取做魁。常俗見喜，經營獲利。

數凶者，變「豐」有「闃其無人」之象。

其一：誅戮邦中利出征，一番獲醜在王庭；鳳銜一信歸楊畔，得個佳音
四海榮。

其二：自有青雲路，須當著力求；佳人宜更早，行路泛孤舟。

火雷噬嗑（九月、巽木、五世卦）

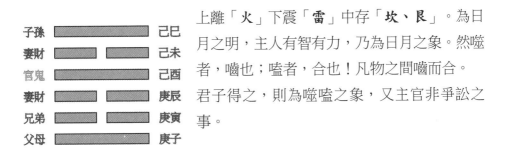

子孫	己巳
妻財	己未
官鬼	己酉
妻財	庚辰
兄弟	庚寅
父母	庚子

上離「火」下震「雷」中存「坎、艮」。為日月之明，主人有智有力，乃為日月之象。然噬者，齧也；嗑者，合也！凡物之間噬而合。君子得之，則為噬嗑之象，又主官非爭訟之事。

火雷噬嗑：亨，利用獄。

噬　　嗑：噬，齧也！嗑，合也！物有間者，齧而合之也！

象　　曰：頤中有物，約噬嗑，噬嗑而亨。剛柔分，動而明，雷電合而章。柔得中而上行，雖不當位，利用獄也！

象　　曰：雷電，噬嗑，先王以明罰敕法。

總　　論：此乃「巽宮」五世卦，屬九月。納甲是庚子、庚寅、庚辰、己酉、己未、己巳。如生於三月、八月、九月為及時也，以及納甲者，功名富貴人也！

其一：用獄法當明，謀為好進程；老椿生茂葉，蛇走一邊榮。

其二：自是嫦娥宮裡人，桂花分得一枝春；化工不負辛勤業，藍綬歸來喜氣新。

卦　　理：闡釋刑罰的原則。刑罰為不得已的手段，難免使人猶豫，或有挫折，然而又不得不刑罰，所以必須正直、果斷、剛柔並濟、堅持原則，才可以阻止罪惡的發生或蔓延。

火雷噬嗑、初九：屨校滅趾，不行也！無咎。

詳　　解：此爻是小惡有所懲，斯可以寡過者也！

故 協 者：能防微杜漸，改行率德，先起卑賤，後至高大。蓋變為「晉」獨
　　　　　行正之象也！亦可做貴人。

不 協 者：卑賤之人，鄙賤之輩，或心怯而退守，或足疾而難行。

歲運逢之：在仕遭貶謫。在士則考校不遇其人。在庶俗防刑罰風疾，謹慎免
　　　　　禍。

　　其一：舉步多艱阻，功名路未通；玉逢良匠琢，花發待春風。

　　其二：人倚樓，意多憂；淡然退步，事始堅牢。

　　其三：防失於未兆，千里勿遲延；小失不知改，因循致大愆。

火雷噬嗑、六二：噬膚滅鼻，乘剛也！無咎。

詳　　解：此爻是治人而不免為其所傷，以其所遇之難制者也！

故 協 者：大貴人也，志大敢為，機深能幹，大則為殺伐，小則為刑罰之官。

不 協 者：或身帶殘疾，骨肉行傷，隱名遁跡，修身養性，宜為僧道。
　　　　　不然，多見睽背。

歲運逢之：在仕則受制於梗化之民，而遭小傷。在士防辱，或考試不遇其人，
　　　　　而有小疵。在庶俗則進退艱難，是非撓括，或生暗疾，恐骨肉有
　　　　　傷。

　　其一：內外相牽引，門中暗昧生；切須宜謹戒，方可保安寧。

　　其二：雨過佳人正折桃，花殘冷落大劬勞；日前別有一春景，望斷佳音
　　　　　漸漸高。

　　其三：進亦難兮退亦難，登車上馬亦盤桓；他時若得風雲便，穩泛扁舟
　　　　　恣往還。

火雷噬嗑、六三：噬腊肉，遇毒，小吝，無咎。

詳　　解：此爻是德不足以治人，而人有不服者也！

故 協 者：才弱志剛，銳志功名，徐能小就而未大。

不 協 者：一籌莫展，動輒有悔，衣食有虧。

歲運逢之：在仕才力不足而招損。在士才疏學淺而招辱。在庶俗易事難幹。
或生心腹之災，或有驚險之至。

　　其一：峻嶺車行去甚難，崎嶇千里謾空還；先防小吝憂心悔，後已迤邐
在即間。

　　其二：有事暗中聞，疑慮渾無實；轉眼黑雲收，擁蔽扶桑日。

火雷噬嗑、九四：噬乾胏，得金矢，利艱貞，吉。

詳　　解：此爻是得其用刑之宜，而示以慎刑之善者也！

故 協 者：為大貴人，足勝朝廷之大任，遇大事，當大險，不畏不怯，稟剛
大之才，行正直之道。「金矢」二字之義，為兆甚多，金榜、金
門是也。矢者，箭也，與荐同，在仕為荐拔，在未士者為發荐。

不 協 者：為富濁無德之人，一鄉巨蠹。

歲運逢之：仕必升遷。在士必成名。在經商必獲利。

　　其一：刑獄事難明，先防群小人；若無堅實德，安得事和平。

　　其二：弓開矢方射，一箭中孤鴻；觸目天邊手，雞鳴福自隆。

　　其三：始雖難，終容易；箭入雲中，吉無不利。

火雷噬嗑、六五：噬乾肉，得黃金，貞厲，無咎，得當也！

詳　　解：此爻是人君治人而人不服，而因戒其占者也！

故 協 者：聰明撥亂反正之人。

黃金為兆甚多，黃門、黃榜、黃堂、金殿、金魚、金門。

不 協 者：亦為大富，豐衣足食，積蓄塵紅。

歲運逢之：病者得安，冤者得釋。士子進取成名。在仕用法去奸。常人亦利。

其一：逞逞夜逐陽兔走，遂克先難後易身；金地獲成生德澤，回頭滿地擲金珠。

其二：守正除奸佞，他人自服辜；常懷危懼志，怨咎自然無。

其三：珠在掌，空勞攘；人事和同，自然穩當。

火雷噬嗑、上九：何校滅耳，聰不明也！

詳　　解：此爻是惡極而為罪之大者也！

故 協 者：雖處富貴，常懷憂懼。蓋變「震」上爻，為索索矍矍之象。

不 協 者：為強梁，為剛惡，履危蹈險，是非括撓，禍害旋踵，刑獄罹身。

歲運逢之：在仕防讒污貶謫。在士防停降毀辱。在庶俗防爭訟。

數凶者，耳目不明，血氣不順，或傷身殞命。

其一：滅耳何繇致，多因耳不聰；不能依勸戒，更有滅貞凶。

其二：遇凶不哭，悉來卻笑；巨浪輕舟，前途可到。

其三：枕邊憂，門裡鬧；意結勾連，心神顛倒。

火風鼎卦（十二月、離火、二世卦）

兄弟	▅▅▅▅	己巳
子孫	▅▅ ▅▅	己未
妻財	▅▅ ▅▅	己酉
妻財	▅▅ ▅▅	辛酉
官鬼	▅▅▅▅	辛亥
子孫	▅▅▅▅	辛丑

上離「火」下巽「風」中存「乾、兌」。天之上有澤有日，天之下有風扇榮。普天之下，江河山川，陽明照麗，雨澤霑濡，巽風生長，精神秀麗，氣象更新。君子得之，則為鼎新之象。

火風鼎卦：元吉，亨。

鼎　者：是卦下陰為足，二、三、四陽為腹，五陰為耳，上陽為鉉，有鼎之象。又以巽木入離火，而致烹飪，鼎之用也！下巽，順也。上離為目，而五為耳，有內巽順而外聰明之象。

象　曰：鼎，象也！以木巽火，亨飪也！聖人亨以享上帝，而大亨以養聖賢。巽而耳目聰明，柔進而上行，得中而應乎剛，是以元亨。

象　曰：木上有火，鼎。君子以正位凝命。

總　論：此乃「離宮」二世卦，屬十二月。納甲是辛丑、辛亥、辛酉、己酉、己未、己巳。如生於十二月及納甲者，功名富貴人也！

其一：取新革故鼎初生，王器須知長子榮；三足若全須大用，他年調鼎一時新。

其二：調羹須用鼎，三足特時安；一舉鵬程翅，何妨徹廣寒。

卦　理：闡釋養賢的道理。拔擢人才，必須知人善用，小人成事不足，敗事有餘，不足以擔當重任，必須排除，任用不當，必招災禍。

火風鼎卦、初六：鼎顛趾，未悖也！利出否，以從貴也！得妾以其子，無咎。

詳　　解：此爻是德足以革故而從新者也！

故 協 者：捨己以從人，屈己以受善，非於進德修業，以淑在我之身心，且能革弊改舊，以新天下之耳目。文章發於少年，福祿隆於晚年。

不 協 者：多改祖外立，先逆後順，名輕利重，有妾有子。

歲運逢之：在仕有因敗致功之美而遷職。在士有因賤制貴之休而成名。
　　　　　在庶俗有因人成事之益，或得妾，或生子，憂者喜，賤者貴。

歌　訣：鼎顛傾出否，因敗己成功；得妾以其子，還如顛趾同。

其二：少女出門庭，青史出四經；莫愁顛倒慮，花謝子還成。

火風鼎卦、九二：鼎有實，慎所之也！我仇有疾，終無尤也！不我能即，吉。

詳　　解：此爻是能以道而自守，必著其象而善其占者也！

故 協 者：有陽剛之才德，居大臣之正位，如鼎之實，可荐於上帝。奉王公，養天下，所以為宗廟之重器也。

不 協 者：秉性敦厚，謀為篤實，家基豐富，得人嫉妒。

歲運逢之：在仕執正秉公，謹防讒邪之謗。在士雖有學而難逢知己。
　　　　　營利者雖有獲，亦當防外憂下人侵害之禍，或小疾而無害。

其一：久困待時時未起，鼎中有疾二三止；缺月明時便更催，急處到頭停未已。

其二：去處徘徊未稱心，須防忻喜還成嘆；相仇相疾非真實，頃刻逢花不稱情。

其三：我仇當遠去，不可令相欺；自守能中正，終當吉慶臨。

火風鼎卦、九三：鼎耳革，其行塞。雉膏不食，方雨虧悔，終吉。

詳　　解：此爻是鼎之賢，擬其暌於始，而合於終也！

故 協 者：德蘊於己而充積之有素，但嘉會難遇，而科第多阻於初年。然大德不廢，爵祿終膺於晚景。

不 協 者：有德不能見用，有才不能施行，或足疾而艱於步，或悖義而專於利，早歲艱辛，晚景安逸。

歲運逢之：在仕多阻於邪議，而始摧終得。在士則難於進取。在庶俗營謀無初有終。老者受福，幼者少遂。

　其一：有物不能食，有馬不能騎；悔吝終防有，其中月露兮。

　其二：風雨阻長途，行人防有阻；客歸還未歸，未許還未許。

火風鼎卦、九四：鼎折足，覆公餗，其形渥，凶。

詳　　解：此爻是大臣用人之非，以傾覆國家者也！

故 協 者：貴為大臣，但委任非人，必有累己之禍。

不 協 者：有才無德，棄正從邪，恃強妄為，成敗無常，破祖外立，聚散不一。

歲運逢之：在仕有貶逐之虞。在士有難進之失。在庶俗有破損之災，或生足疾。

　　　　　數凶者，折壽。

　其一：不堪勝重任，覆餗反招凶；力小圖謀大，將來不克終。

　其二：去舊欲自新，革故阻防病；其渥刑匪凶，四人落瘴厲。

　其三：鼎折足，車脫輻；有二人，重整犢。

火風鼎卦、六五：鼎黃耳金鉉，利貞。

詳　　解：此爻是擬其任賢圖治之象，而勉以克終允德之占焉。

故 協 者：德重位尊，虛己納賢，上以承天寵，下以繫民望。

不 協 者：亦秉性中直，善通人情，家業豐厚，福量寬洪。

歲運逢之：在仕則進，吉兆甚多。蓋「鼎」有三台之象，「黃」字有黃甲、
　　　　　黃榜、黃堂，「金」字有金魚、金榜、金紫，「中」字有中奉、
　　　　　大中、給事中之兆，治中、中書省之應。商農獲利，僧道住持。

　其一：鼎新中有實，調羹獲全功；幸遇文明世，明良千載逢。

　其二：和氣藹門庭，乘風萬物榮；化工施妙手，花開一時新。

火風鼎卦、上九：鼎玉鉉，大吉，無不利。

詳　　解：此爻是鼎之居上者，象其德之美，而要其功之成也！

故 協 者：為富為貴，知進知退，左選則為玉堂，右選則為建節。
　　　　　女子可為節婦命婦。

不 協 者：清名重望，隱避岩谷，金玉滿贏，福澤深遠。

歲運逢之：在仕未仕者進職。已仕者退閒。在士子有高荐之喜。
　　　　　在庶俗安穩利達而謀成。數凶者，身亡，德小者不能當之。

　其一：堪求堪避不須疑，桂子飄香榮地歸；一去網羅人奪利，追蛇逐兔
　　　　　到天輝。

　其二：貴客自相親，功名刺相成；扶搖搏九萬，穩步上青雲。

　其三：溫溫君子德，居上見宜民；大展經綸手，皇家鼎鼐臣。

火水未濟（七月、離火、三世卦）

兄弟	▬▬▬▬▬	己巳
子孫	▬▬ ▬▬	己未
妻財	▬▬▬▬▬	己酉
兄弟	▬▬ ▬▬	戊午
子孫	▬▬▬▬▬	戊辰
父母	▬▬ ▬▬	戊寅

上離「**火**」下坎「**水**」中存「**坎、離**」。互體存乎其中，二氣相逢，陰陽不順，事皆倒置。蓋火在水上，兩無所成。君子得之，則為未濟之象。

火水未濟：亨，小狐汔濟，濡其尾，無攸利。

未　　濟：事未成之時也！水火不交，不相為用，卦之六爻，皆失其位。

象　　曰：未濟，亨，柔得中也！小狐汔濟，未出中也！濡其尾，無攸利；不續終也！雖不當位，剛柔應也！

象　　曰：火在水上，未濟；君子以慎辨物居方。

總　　論：此乃「離宮」三世卦，屬七月。納甲是戊寅、戊辰、戊午、己酉、己未、己巳。如生於七月及納甲者，功名富貴人也！

其一：乘龍防有失，濡尾有淹留；若得高人力，殊無戚與憂。

其二：一牛二尾事難全，財祿須防兩不完；過了破田方有氣，若逢寅卯是根源。

其三：蟄蟲泥脫得春回，誰謂春天不見雷；忽聽轟雷驚百里，化龍飛起一都魁。

卦　　理：闡釋成功與未成功的邊緣，危機四伏，最艱困的關鍵時刻，成與敗就在一剎那間，因此關鍵時刻，不可掉以輕心，適度節制，不可逞強，充份策劃準備，必須有長期艱苦奮鬥的堅定信念，成功不必在我的恢弘胸襟，始有轉機。

火水未濟、初六：濡其尾，不知極也！吝。

詳　　解：此爻是無才無德無時，而難以有濟者也！

故協者：雖有經濟之才，難逢機會之美，守己安份，榮辱不加。

不協者：身微運弱，妄動輕舉，或學小成有頭無尾，心不知足，危殆難免。

歲運逢之：在仕路險阻不能前進。或士進選，或得末榜。常人經營，終不稱意。

涉水行舟，謹防濡溺。

其一：孤渡洶洶起，濡尾真有凶；前途休進步，坐上待春風。

其二：桑榆催晚景，缺月恐難圓；若欲刀圭客，方知有異緣。

火水未濟、九二：曳其輪，貞吉，中以行正也！

詳　　解：此爻是能守臣道之正，而深與之者也！

故協者：宅之以中順之心，持之以謹畏之念，上焉見信於君而寵渥不衰，下焉見信於民而名成不毀。

不協者：亦不失為謹厚之士，和以處眾，與物無忤，中以行正，而處事不偏，財祿衣食，豐足不欠。

歲運逢之：在仕克難厥職，而得寵任之專。在士有上往不前之咎。

在庶俗則安常守份，而謀望遂，不可妄行取困。

其一：展輪千里去，平坦俱無阻；一見水邊人，勿擊午時鼓。

其二：險難危疑際，經綸拯救時；居中行正道，凶散吉相隨。

火水未濟、六三：未濟，征凶，利涉大川。

詳　　解：此爻是才弱不足以有為，唯因人可以濟事者也！

故 協 者：多拙於守己而力不能為，而所以經濟其世者，有弗克負荷之愆。
　　　　　然樂與從人，則人為我格，而所以鼓舞其利者，有倡和成能之美。

不 協 者：柔奸陰險，寸步難行，可與同患難，不可與同安樂。

歲運逢之：在仕則己德不足，而有因人成事之美。在士則有尚往不勝之吝。
　　　　　在庶俗則有摧抑之患，在商旅則涉川歷險而利可獲，登山陸走者
　　　　　不宜。

　其一：掛帆風得便，不覺舟順速；守舊有征凶，後笑還先哭。

　其二：千里片帆輕，波平浪不驚；舟行無阻滯，還處即通津。

火水未濟、九四：貞吉，悔亡，震用伐鬼方，三年有賞於大國。

詳　　解：此爻是勉其從正之效，而必象其成功之難者也！

故 協 者：變化氣質之偏，求合中和之正，發科甲雖遲，受恩光則大。

不 協 者：亦是能遷善改過之人，得貴人提舉之力，謀遂志行，無往不臧。

歲運逢之：在武職或有閫外之寄，而專征伐。在文職則位極人臣功高天下，
　　　　　而受恩錫之重封誥之榮。士子進取有魁元之兆。常人獲利，必得
　　　　　好人提舉。
　　　　　數凶者，有鬼逮之慘。

　其一：得志行其道，方離險難中；事因遲乃濟，乃可保初終。

　其二：親君掌大權，伐鬼三年克；有賞於大國，別種仙桃核。

　其三：目下事悠然，周全尚未全；久遠還不望，人與月團圓。

火水未濟、六五：貞吉，無悔，君子之光，有孚吉。

詳　　解：此爻是大君得資之佐，而因與其成德之美者也！

故 協 者：求賢理政而贊化出治之有賴，文章事業渙赫在當時，而為休休斷
　　　　　斷之大臣。

不 協 者：亦正大光明之君子，大業隆富有之盛，景福有昌熾之美。

歲運逢之：在仕必有超選之榮。在士必文光之喜。

　　　　　在庶俗則謀為光顯，而金帛有積蓄之休。

　其一：虛心求助己，柔可濟乎剛；信實無虛譽，斯為君子光。

　其二：芰荷香裡沐恩階，桂魄圓時恩愛來；從此成名山岳重，光風玉節
　　　　位三台。

火水未濟、上九：有孚於飲酒，無咎，濡其首，有孚失是，不知節也！

詳　　解：此爻是能善順乎天命，而因戒其盡人事也！

故 協 者：有拯溺亨屯之才，當亂極復治之日，上有以凝天休，下有以一民
　　　　　心，事功著於當時，名譽隆於昭代。

不 協 者：縱慾而不知節，悖義而不知反，覆墮之易，成立之難。

歲運逢之：在仕必超遷。而有祭酒、知府、節度使之職。士人進取必居首選。

　　　　　在庶俗有出險為夷之佳，在耆老有鄉飲燕享之舉。

　　　　　數凶者，有溺水之厄，縱酒之禍。

　其一：中心安義命，自然保泰和；耽酒不知節，時哉可奈何？

　其二：勿飲卯時酒，濡其首可昏；有孚因失是，自我致災殃。

火山旅卦（五月、離火、一世卦）

兄弟	▰▰▰▰▰	己巳
子孫	▰▰ ▰▰	己未
妻財	▰▰▰▰▰	己酉
妻財	▰▰▰▰▰	丙申
兄弟	▰▰ ▰▰	丙午
子孫	▰▰ ▰▰	丙辰

上離「火」下艮「山」中存「巽、兌」。日正明而雨下，二氣相薄，陰陽不和，山之中有風，風落山下，有山風蠱之意，物皆傷壞，事事乖忒。

君子得之，則為羈旅之象。

火山旅卦：小亨，旅貞吉。

旅　　者：羈旅也！山止於下，火炎於上，為去其所止而不處之象。

彖　　曰：旅，小亨，柔得中乎外，而順乎剛，止而麗乎明，是以小亨，旅貞吉也！旅之時義大矣哉！

象　　曰：山上有火，旅；君子以明慎用刑，而不留獄。

總　　論：此乃「離宮」一世卦，屬五月。納甲是丙辰、丙午、丙申、己酉、己未、己巳。如生於五月及納甲者，功名富貴人也！

　其一：客旅迢迢繞，乘車萬里過；用利不留復，人處喜聲多。

　二陽：旅巢傾覆更遭焚，謹事當無獄難迍；若見出行千里去，須聞哭泣在私門。

　三陰：羈人失所已多時，未見羊猴未見歸；柱石貴人頭帶斗，星回斗柄復光輝。

卦　　理：闡釋祈求安定的原則。在不安定中，一切不正常，因此先求安定，求安定不可斤斤計較於細節，必須詳實檢討，態度謙虛光明，手段柔和，順其自然，才能轉危為安。

火山旅卦、初六：旅瑣瑣，志窮也！斯其所取災。

詳　　解：此爻是處旅卑猥者也！故不免於取災。

故協者：才雖出眾，而小官薄職亦可以圖求，是多艱阻，功終微細。

不協者：習下為卑，事稍濟遇，則驕溢而志張，一值蹇滯，則困迫而志窮。
災來莫測，禍至不及。

歲運逢之：在仕有才力不及之嘆。在士有卑污賤陋之嗟。在庶俗，有局量褊
淺之禍。

其一：雜地不堪行，災生切迫身；光輝秋月夜，四望出陰雲。

其二：如鶴混群鴻，沖天路漸迷；臨歧當自擇，須向穩中棲。

火山旅卦、六二：旅即次，懷其資，得童僕貞，終無尤也！

詳　　解：此爻是旅道之善者也！

故協者：文可華國，才可濟世，上膺天位之榮，下得民心之載，事業崇高，
德位悠遠。

不協者：雖不入仕，亦有資才豐盈，堂廈華麗，童僕繁多，厚福人也。

歲運逢之：在仕顯耀。有師旅、僕射、資政、神童之兆。在士則進取成名。
在庶俗或進修造之舉，或進僕從之喜。此爻值者多自立規模，外
郡營立。

其一：旅中安次捨，得位正居中；僮僕勤民力，資財那有豐。

其二：旅遇一遷鼎，以獲僮僕貞；馬行平坦地，觸目好青山。

火山旅卦、九三：旅焚其次，亦以傷矣！喪其童僕，貞厲。

詳　　解：此爻是旅之高者也！故不免凶厲。

故 協 者：有剛正之德，出風塵之表，貴而無位，高而無民，好大喜功，招尤啟釁。

不 協 者：剛明自恃，離鄉改祖，動必有悔，無所容立。

歲運逢之：在仕有去職之誚。在士有喪名之玷。在庶俗有焚廬之殃，損人口之厄。

　其一：迆旅焚其次，俄然災咎侵；資財多喪失，僮僕亦離心。

　其二：無端風雨催春去，落盡枝頭桃李花；枕畔有人歌自嘆，哪堪心事亂如麻。

　其三：進逢災次捨，喪其僮僕凶；孤鴻天外淚，中箭亦難沖。

火山旅卦、九四：旅於處，得其資斧，我心不快。

詳　　解：此爻是得處旅之善，而表其憂天下之心者也！

故 協 者：才德足以為世用，或為武職而立功於外方，多動少靜，難中見易。

不 協 者：多為外賈而獲利，奔波險阻，心有不寧。

歲運逢之：在仕必升外閫，而征戰有功，顯者樞相資政。在士則進取難為。在為商者獲利。常人在外者有成立。但美中不足，而憂慘傷悲之事作。

　其一：外事雖元吉，猶防後患侵；自身多暗昧，百事未如心。

　其二：可止宜可止，違行不可行；從頭得金斧，猶自悔中藏。

　其三：落花正逢春，人行在半程；事成及可就，縈絆二三心。

火山旅卦、六五：射雉，一矢亡，終以譽命，上逮也！

詳　　解：此爻是擬其小有所失，而決大有所得者也！

故 協 者：功名發於青年，聲聞達於帝側，富貴福澤並隆。

不 協 者：亦有文章之美，聲譽之蓄，德業廣，為鄉里之吉士。

歲運逢之：在仕為薦剡，而位居清要。在士為請舉，而名成就。在庶俗發則近尊上。老者推恩，婦人封誥。數凶者，終不可以言吉。

　其一：雉走開弓一矢亡，終然物命受岩章；祿從天降應千里，先適安身到地昌。

　其二：改舊從新事再圖，須知渾爾廢工夫；雲霄有意來相照，平步扶搖上太虛。

火山旅卦、上九：鳥焚其巢，旅人先笑後號咷。喪牛於易，凶，終莫之聞也！

詳　　解：此爻是處旅過高者也！所以有凶。

故 協 者：以剛明之才，處百僚之上；但驕亢足以取禍，而終難保其安榮。

不 協 者：或流於羈旅，或奔於道途，喪家辱身，終難受福。

歲運逢之：在仕難保其位，有先得後失之嗟。在士有飛騰之兆。在庶俗好中有損。或移居修造以避災眚，或目疾火殃之危，或仕進登憂。大抵先見榮處，乃禍之根也！

　其一：屋下牛多病，林中鳥失巢；笑悲雙月至，小過不須高。

　其二：憔悴無休歇，閒中聽杜鵑；一輪山店月，千古暗魂消。

火地晉卦（二月、乾金、遊魂卦）

官鬼	▅▅▅▅▅	己巳
父母	▅▅ ▅▅	己未
兄弟	▅▅▅▅▅	己酉
妻財	▅▅ ▅▅	乙卯
官鬼	▅▅ ▅▅	乙巳
父母	▅▅ ▅▅	乙未

上離「火」下坤「地」中存「坎、艮」。山地之間，百物仰賴乎天，枯則潤之，濕則曬之。欲曬之以日，其水欲行止之，以險水不能動；欲潤之以水，其日欲升，則止而陷之，使不能通其造化之妙，存亡進退不已之功。君子得，則為晉進之象。

火地晉卦：康侯用錫馬蕃庶，晝日三接。

晉　者：進也！是卦上離下坤，有日出地上之象，順而麗乎大明之德。

彖　曰：晉，進也！明出地上，順而麗乎大明，柔進而上行。是以康侯用錫馬蕃庶，晝日三接也！

象　曰：明出地上，晉。君子以自昭明德。

總　論：此乃「乾宮」六世卦名遊魂卦，屬二月。

納甲是乙未、乙巳、乙卯、己酉、己未、己巳。借用癸未、癸巳、癸卯。生於二月及納甲者，功名富貴人也！

其一：二姓合新婚，資財滿目前；從今百事泰，兩處保團圓。

其二：建侯安萬國，錫命日三來；利祿榮千百，佳音遠地來。

其三：雲蔽月當空，牛前鼠後逢；張弓方欲挽，一箭定成功。

卦　理：闡釋進取的原則。前進求發展，必須動機純正，即或失敗，也能於心無愧。前進求發展，不可存僥倖之心，或貪得無厭之情，應妥善策劃，謹慎實行。

火地晉卦、初六：晉如，摧如，獨行正也！貞吉。罔孚，裕無咎，未受命也！

詳　　解：此爻是唯有德故，雖摧而終可獲吉焉。

故 協 者：守義於己，不枉道以求合；知命於天，寧寬裕以自守，功名之志，終得以遂而無咎。

不 協 者：有謀而屢見阻。在仕則政事怠而爵難久，在常人則作為拙而壽難永。

歲運逢之：在仕者當阻於邪議。進取者不見孚於主司，而命難受。

常人彼此不孚，憂樂相半。靜則吉，動則凶。

其　一：進身許國名當重，退步宜防悔吝摧；四水有魚孚自信，寒江花影再相隨。

其　二：大宜圖進用，小阻亦何妨；功成無躁進，終雖保吉昌。

其　三：須著力，莫蹉跎；長竿持向蟾蜍窟，宜向雲端釣北鰲。

火地晉卦、六二：晉如，愁如，貞吉。受茲介福，於其王母。

詳　　解：此爻是唯有德故，雖愁而終可受福焉。

故 協 者：有中正之德，受大福於王母。蓋當畏天命悲人窮，而愁其道之不行。

不 協 者：亦是端人正士，憂喜無常，更變無定，多得母庇，或陰貴人之寵任。

歲運逢之：在仕則進王明。在士始挫而終得。

在常人求謀稱意，多得母力之扶助或得妻財。

其　一：日從雲外復光輝，枯木生花再盛開；莫笑舊時淹恨事，須知從此脫塵埃。

其　二：進謀須有患，守正可無屯；自邇來多福，推誠以事親。

其　三：一悲復一喜，介福遠臨延；受介於王母，春風桃李妍。

火地晉卦、六三：眾允，志上行也！悔亡。

詳　　解：此爻是得同升之志，而進無所抑者也！

故　協　者：同道相孚而德行修，同氣相求而德業進。進其始也獲麗澤之資，其終也遂匯征之願。事不固於外，心不歉於中，何悔之有？

不　協　者：亦誠正善人，親賢友能，贊助者多，仇怨者少，平生安樂，無憂無虞。

歲運逢之：在仕有升遷之美。在士有薦舉之休。

在庶俗有得朋共事之益，而營謀遂意。悔亡二字，防失脫人亡之兆。

其一：欲進前程路，幽陰漸向明；眾人俱信服，百事盡光亨。

其二：庶人眾久心，內外悔俱亡；皎月再明時，多成遂其志。

其三：兩日意和同，輕帆遇順風；道途人得意，歌笑急流中。

火地晉卦、九四：晉如鼫鼠，貞厲，位不當也！

詳　　解：此爻是德不足以稱位者也！

故　協　者：位居百僚之上，但嫉妒者多。

不　協　者：必為無德損物之人，剛狠橫狂，亦無結果。

歲運逢之：在仕見阻於諫議。在士難圖幸進。在常人難免鼠牙之訟。

其一：念念多憂失，謀營又害身；持孤一女子，鼠叫厲方貞。

其二：見才不見才，見喜不見喜；去處在他人，自身不由己。

火地晉卦、六五：悔亡，失得勿恤，往有慶，吉無不利。

詳　　解：此爻是王者普無心之化，而天下成大順之休者也！

故 協 者：文章道德高出一世，特立獨行，不計功而自有其功，不謀利而自
　　　　　　有其利，推無不准，動無不化，何所往而不利。

不 協 者：亦是心明志廣，識遠慮深，失得付之自然，行止皆獲其志。

歲運逢之：在仕遷擢有喜。在士進取成名。庶俗營謀獲利。

　其一：有德居高位，何人不聽從；前程無不利，吉慶自雍容。

　其二：一失還一得，吉無不利之；柔能居正位，門戶轉光輝。

　其三：萬里涉江上，風波盡日閒；已通鉤上餌，何必慮波瀾。

火地晉卦、上九：晉其角，維用伐邑，道未光也！厲吉，無咎，貞吝。

詳　　解：此爻是無德雖居於上，而不免於伐邑國之羞。

故 協 者：以剛處勢分之極，但仕不顯，或做縣宰軍官，蓋有邑之象也，雖
　　　　　　艱難亦無大害。

不 協 者：一生剛狠，德不稱才，骨肉寡合，多事爭鬥，或為武卒公吏。

歲運逢之：在仕者有食邑之榮。常人有修造屋宇之喜。士子進取而道未光。
　　　　　　其數凶者，主有征伐爭訟之舉。

　其一：祿位雖臨險，名高自振然；師貞千里外，巨浪送歸船。

　其二：成未成，合未合；雲遮月暗，風吹葉落。

雷天大壯（二月、坤土、四世卦）

兄弟	▬▬ ▬▬	庚戌
子孫	▬▬ ▬▬	庚申
父母	▬▬ ▬▬	庚午
兄弟	▬▬▬▬▬	甲辰
官鬼	▬▬▬▬▬	甲寅
妻財	▬▬▬▬▬	甲子

上震「雷」下乾「天」中存「乾、兌」。天之中雷震發動，兌澤旁施，普天之下，浸漬霑濡，物受其利，能成豐稔之發。君子得之，則為大壯之象。

雷天大壯：利貞。

大　　壯：四陽盛長，故曰「大壯」二月之卦也！

彖　　曰：大壯，大者壯也！剛以動，故壯。大壯利貞，大者正也！正大而天地之情可見矣！

象　　曰：雷在天上，大壯。君子以非禮弗履。

總　　論：此乃「坤宮」四世卦，屬二月。納甲是甲子、甲寅、甲辰、庚午、庚申、庚戌。借用壬子、壬寅、壬辰。如生於二月及納甲者，功名富貴人也！在春夏福深，秋冬福淺，七月雷未收聲，亦為及時也！

　其一：堂上持權輕酌重，因人借力事方成；虎前龍後宜求望，頭角崢嶸自此亨。

　二陽：守志休謀望有災，當逢天水好和諧；立身正大無虛險，自守林中一果開。

　三陰：財利須防失，忻情恐見悲；常人終喜悅，撓後釵綢繆。

卦　　理：闡釋壯大的運用原則。有衰退，必有壯大，壯大容易自負，容易流於橫暴，所以，大必須正，堅守正道，大必須中，把持中庸，外柔內剛，節制而不過當，壯大才能恆久持續。

雷天大壯、初九：壯於趾，征凶，有孚，其孚窮也！

詳　解： 此爻是妄進適以取困者也！

故 協 者： 有剛明之才，從容以觀變，而不躁進以取禍；含章以圖機，而不
遽進以取困。名節可全，身家可保。

不 協 者： 恃剛妄為，無所顧慮，困窮摧折，偃蹇艱辛。

歲運逢之： 在仕則防讒邪之辱。在士則遭幸圖之恥。
在庶俗則招爭訟，動輒有悔，更防足疾。

其一：用壯而行事，應難保始終；進謀須招禍，守正可無凶。

其二：居下每陵上，征凶且忌虞；清河人濟遇，鼠叫利時舒。

其三：江闊復無船，驚濤怒拍天；月斜雲影淡，音信復難傳。

雷天大壯、九二：九二貞吉，以中也！

詳　解： 此爻是得反正之道，而動罔弗藏者也！

故 協 者： 矯其偏而歸於正，易其過以至於中，足以為國家之重器。
「中」字之義，為兆甚多，大中、給事中、中書皆是。

不 協 者： 亦是穩實之人，衣食饒足，平生少禍。

歲運逢之： 在仕位居清高。在士進取成名。在庶俗謀為稱意。
數凶者，變為豐菽之憂。

其一：履中居得位，退守自謙光；守己行中正，斯為大吉昌。

其二：謙謙居正位，貞吉自無凶；木女東邊笑，千里聳出峰。

其三：梨花開，正是春；若言心下事，宜得一翻新。

雷天大壯、九三：小人用壯，君子用罔，貞厲。羝羊觸藩，羸其角。

詳　　解：此爻是恃其壯，而難以免厲者也！

故 協 者：亦可為君子，但輕天下之事為不足為，而不能持重以觀變；視天下之人為不足畏，而不能從容以審機。事雖出乎正，亦不免於厲。

不 協 者：多逞血氣之剛，而好勇鬥狠，招尤啟釁，損財敗家。

歲運逢之：在仕為禍所絆，進退難安。在士進取阻滯。
　　　　　在庶俗官訟牽連，孝刑多端，人財不利。

　其一：君子如行壯，深虞戒過剛；觸藩能進退，雖正可無傷。

　其二：一遇網羅人不利，角贏何忌各生憂；始逢陰極峰巒秀，得進良田萬傾疇。

　其三：平地裡，起風煙；時來未能守，高處覓姻緣。

雷天大壯、九四：貞吉，悔亡。藩決不羸，壯於大輿之輹。

詳　　解：此爻是反正之善，而兩擬其可進之象也！

故 協 者：矯偏從正，不極其剛，進無所阻，而可以建功立業，文章發於青年，福澤裕於晚景。

不 協 者：亦平生安逸，謀為快便，轉否為泰，出險為夷，家業豐厚。

歲運逢之：在仕閒散者起，進取者達。常人得福，久靜者必動，動則吉。
　　　　　御試則占高魁。

　其一：一封書上寫鵬程，千里東風不用驚；正好度時又失腳，洪濤萬傾任君行。

　其二：久靜宜思動，災消福自隨；自然無阻隔，萬里快亨衢。

雷天大壯、六五：喪羊於易，位雖不當，無悔。

詳　　解：此爻是德不足而不能進，而有為者也！

故 協 者：以柔居中，不驕不傲，能以和順服強暴，易艱難為平易，雖不足
　　　　　以建功，而亦不足以債事。

不 協 者：懦而無立，弱而無為，福量淺薄，壽算有損。

歲運逢之：在仕為罷軟荒政。在士為喪名不就。在庶俗為籌策莫展，而一無
　　　　　所利。病者有喪身之兆。

　其一：正宜靜守，妄動興災；名利通達，花柳爭開。

　其二：一牛二尾，一月初墜；長道崎嶇，風波鼎沸。

雷天大壯、上六：羝羊觸藩，不能退，不能遂。無攸利，艱則吉。

詳　　解：此爻是處壯之終，而用其壯也！此其所以無攸往也！

故 協 者：能戒其輕動妄舉之失，處以慎重敬謹之心，內審事理之機，外順
　　　　　時勢之宜，則善用其壯，而得以遂其進。

不 協 者：志壯才弱，不量可否，貪望太過，常遭危險。

歲運逢之：在仕遭貶斥之危。在士有難進之咎。
　　　　　在庶俗越份悖義，是非爭訟纏憂，而進退無措。

　其一：憂患消亡一馬飛，木邊有慶不須疑；枝頭雙綴垂春蕊，曾對仙人
　　　　擁日揮。

　其二：不了戊眉壽，肘下事交加；雲濃不礙月，雨驟不妨花。

雷澤歸妹（七月、兌金、歸魂卦）

父母 ▬▬ ▬▬	庚戌
兄弟 ▬▬ ▬▬	庚申
官鬼 ▬▬▬▬▬	庚午
父母 ▬▬ ▬▬	丁丑
妻財 ▬▬▬▬▬	丁卯
官鬼 ▬▬▬▬▬	丁巳

上震「雷」下兌「澤」中存「離、坎」。長男豈可與少女交，則少女有所不樂。今悅以動，女所必歸從也！人倫大義，於此反背。君子得之，則為歸妹之象。

雷澤歸妹：征凶，無攸利。

歸　　妹：婦人謂嫁曰歸，妹、少女也！兌以少女而從震之長男，而其情又為以說而動，皆非正也，故稱「歸妹」也！

彖　　曰：歸妹，天地之大義也！天地不交，而萬物不興，歸妹人之終始也！說以動，所歸妹也！征凶，位不當也！無攸利，柔乘剛也！

象　　曰：澤上有雷，歸妹；君子以永終知敝。

總　　論：此乃「兌宮」七世卦名歸魂卦，屬七月。納甲是丁巳、丁卯、丁丑、庚午、庚申、庚戌。如生於七月及納甲者，功名富貴人也！

　其一：春花秋月兩相思，好展眉頭折桂枝；一得九重息信及，須知車馬慶回歸。

　其二：喜合閨門慶吉祥，因歡成惱也須防；北堂女子宜防堇，水石消持又火殃。

　其三：歸妹成於始，香浮水岸中；桃李開一朵，只可待春風。

卦　　理：闡釋婚姻的道理。婚姻為人生天經地義的大事，必須慎重，不可違背原則，不可強求，應順其自然，不可過度強求。

雷澤歸妹、初九：歸妹以娣，恆也！跛能履，征吉，相承也！

詳　　解：此爻是有德而無正應，阻於所遇而得，因分以自盡者也！

故 協 者：有德而無時，居下而無應，雖不能大有所為以享其厚祿，亦能小
　　　　　有所就以承乎君恩。

不 協 者：亦執守有常，捨己從人，亦起自艱辛，或疾患跚跛。

歲運逢之：在仕者多助僚長，而有政聲。在士則有小試之喜。在庶俗則有小
　　　　　德，而謀為頗遂。或納婢妾，或投勢豪以求活計。

其一：蛇行主不足，開屏未見明；待其羊走急，苑圍盡生春。

其二：天意兩和同，渾如月裡宮；有時雲不藏，日久路頭通。

雷澤歸妹、九二：眇能視，利幽人之貞，未變常也！

詳　　解：此爻是有德而不遇於君，示以守重之道者也！

故 協 者：才德修於己，雖不逢乎明主，而忠貞靖恭之節，梗乎其不可拔。

不 協 者：寡學而無名利，有道而處山林，財帛豐足，福澤固穩。
　　　　　或有目疾，或好淡靜。

歲運逢之：在仕職位艱遷，選人求改。士子不遇機會。庶俗守舊安常，禍害
　　　　　不生。數凶者，幽險之人，喪身幽冥之兆。

其一：觸目重山翠，孤舟去莫疑；雪霜凝冷日，梅蕊綻南枝。

其二：有望門中外事多，惆悵陰人多遇合；世間空招珠淚流，終久快暢
　　　　　人歡合。

其三：眇者雖能視，安能及遠方；但宜幽靜守，元變乃為常。

雷澤歸妹、六三：歸妹以須，反歸以娣。

詳　　解：此爻是無德無應者也！故歸妹而為娣。

故　協　者：多阻於嘉會，而不可以有為，小就則可，大用則阻。

不　協　者：謀為迍邅，志量淺狹，倚託勢豪，福澤有限。

歲運逢之：在仕降謫之禍。在士有待時之困。在庶俗有勞役悲苦之嗟，反覆
　　　　　進退之憂。如元堂值吉，主有出妻之應，或納寵婢。

　　其一：妄動非為吉，因而失所依；所行無不利，但可順乎卑。

　　其二：巽女今歸後，安家福有餘；白衣人送喜，喜得一封書。

　　其三：舊事遲，新事驟；花開月圓，幾多時候。

雷澤歸妹、九四：歸妹愆期，遲歸有時，有待而行也！

詳　　解：此爻是守其道而不苟於進者也！

故　協　者：正大之才，固守其道，待時而動，科甲無早發之休，大器有晚成
　　　　　之喜。

不　協　者：雖有大德，多逢艱阻，或妻遲子晚，晚景榮華。

歲運逢之：在仕外方者歸朝，待制待用。在士進取待時，國學待補，求仕待
　　　　　關。
　　　　　商旅在外未歸，婚姻者未就。

　　其一：園林花發待新春，去棹多疑久卻宜；江上佳人一聲叫，忽然門戶
　　　　　有支持。

　　其二：既有賢明德，何憂進用遲？道同相遇合，必有待乎時。

　　其三：缺月漸重圓，枯枝色更鮮；一條坦夷路，翹首望蒼天。

雷澤歸妹、六五：帝乙歸妹，其君之袂，不如其娣之袂良，月幾望，吉。

詳　　解：此爻是象女德之純，而示其風化之善者也！

故　協　者：才全德備，守古之道，寬量容物，黜浮從雅，功名利達，福澤豐隆。

不　協　者：迎貴待賤，古直良善，富而不驕，欲而不貪。

歲運逢之：在仕有升遷大中、中奉、給事中、中丞等官之兆。在士有登科及第之喜。在庶俗謀為遂志。或婚姻得財，或做國賓之貴。

　其一：月缺圓方朗，逢人在太原；一隨榮有過，久後遇青春。

　其二：心存柔順德，中正以謙行；如月方幾望，唯當戒滿盈。

雷澤歸妹、上六：女承筐無實，士刲羊無血，無攸利。

詳　　解：此爻是無德無應，約婚而不終者也！

故　協　者：有才而難獲科甲，有貴而難為爵祿，有妻而難為子媳。

不　協　者：孤苦勞神，多謀愈窘。

歲運逢之：在仕徒居虛位，而無實祿。在士進取徒有虛名，而無實勝之善。在庶俗營謀皆空。數凶者，有喪祭之兆。

　其一：滿目花開未是時，重山劈破乃男兒；丈夫元有沖霄志，豈不承時始可期？

　其二：祖宗常祭祀，筐筐可無承；必也有誠敬，中心有戰兢。

　其三：渴穿井，飢畫餅；謾勞心，利推秉。

雷火豐卦（九月、坎水、五世卦）

官鬼 ▬▬ ▬▬	庚戌	
父母 ▬▬ ▬▬	庚申	
妻財 ▬▬ ▬▬	庚午	
兄弟 ▬▬ ▬▬	己亥	
官鬼 ▬▬ ▬▬	己丑	
子孫 ▬▬▬▬	己卯	

上震「雷」下離「火」中存「兌、巽」。雷動雨施，陰晦不光。忽然雲收雨散，而日麗照耀四方，晦昧皆明，陰氣正衰，而陽氣獨盛，光明正大，無所不燭。君子得之，則為豐大之象。

雷火豐卦：亨，王假之，勿憂，宜日中。

豐　　者：大也！以明而動，盛大之勢也！然王者至此，盛極當衰，則又有憂道焉！聖人以為徒憂無益，但能守常，不至於過盛則可矣！

象　　曰：豐，大也！明以動，故豐。王假之，尚大也！勿憂宜日中，宜照天下也！日中則昃，月盈則食，天地盈虛，與時消息，而況於人乎！況於鬼神乎！

象　　曰：雷電皆至，豐；君子以折獄致刑。

總　　論：此乃「坎宮」五世卦，屬九月。納甲是己卯、己亥、己丑、庚午、庚申、庚戌。如生於九月及納甲者，功名富貴人也！
又二月至八月福重，餘則福輕也！

　其一：有約還如夢，無緣人阻程；若求亨泰處，須用見寅辰。

　其二：利祿手中足，園花綻異葩；方開一枝秀，落日有紅霞。

　其三：進退意沉吟，心疑事未成；若逢龍虎日，百事得元亨。

卦　　理：闡釋盛衰無常的道理。卦名雖是盛大的豐，卦象卻暗無天日，諄諄告誡，盛極必衰的道理，應當瞭解盛大容易迷失，因此必須居安思危。

雷火豐卦、初九：遇其配主，雖旬無咎，往有尚。

詳　　解：此爻是厚其德之相敵，而要其功之相濟者也！

故 協 者：以剛大之才，當盛明之世，同德相濟，而豐享裕大之業，可以常保於無虞。

不 協 者：恃才傲物，招尤啟釁，謀事不稱心志，刑傷多見於骨肉。

歲運逢之：在仕必遇明主，必逢大臣而超遷。在士則進取成名，多遇知己。在庶俗得貴人提攜，謀望克遂。數凶者，作為大過，必遭禍殃。

　　其一：過盡風波三五里，波平浪靜又無風；從茲已達青雲路，用捨行藏不廢功。

　　其二：靜動互相資，攸往無滯阻；群鴻度遠空，空深直高峰。

　　其三：上下相交遇，和平福自來；相資成事業，求勝反為災。

雷火豐卦、六二：豐其蔀，日中見斗，往得疑疾，有孚發若，信以發志也！

詳　　解：此爻是有德而見蔽於君之象，必示以積誠之占者也！

故 協 者：當明盛之時，居朝堂之位。在君雖昏暗，而有猜疑忌疾之心；在我則誠積內蘊，而有轉移化道之術。

不 協 者：無所庇蔭，孤親寡眷，惹謗招疑，先逆後順。

歲運逢之：在仕則忠言多抑於邪議，而始失終得。在未仕者有久淹發達之機。在庶俗有久困發財之美。有訟者不辯自明，在疾者不藥自癒。數凶者，或防長上，恐有憂悲。

　　其一：蔀陰須欠明，往則有疑疾；信音千里逢，牛象縱成吉。

　　其二：明暗未分，曲直未定；笑裡藏刀，信而未信。

雷火豐卦、九三：豐其沛，不可大事也！日中見沬，折其右肱，不可用也！無咎。

詳　　解：此爻是所遇非其君，雖明而無所用者也！

故 協 者：雖有明德，而遇暗君，大則為股肱之臣，次則為佐貳之官，但恐有同僚毀傷之咎。

不 協 者：傷親破祖，秀而不實，或手足有疾，小小榮謀，有才難用。

歲運逢之：在仕有告休之兆。在士有難進之虞。

　　　　　在庶俗營謀難遂，或明而受蔽，爭訟日起，或手足有厄，而難於做事。

　其一：強弱許紛紛，搬戲獨掩門；臉眉人惆悵，燈火伴黃昏。

　其二：日中辰見斗，先暗後須明；遇主西南地，門屏氣象成。

　其三：日中何見沬，明直反成昏；遇事無成用，如人折右肱。

雷火豐卦、九四：豐其蔀，位不當也！日中見斗，幽不明也！遇其夷主，吉行也！

詳　　解：此爻是大臣有德而遇非其君，而示以同升之吉占也！

故 協 者：有剛明之德，而為柔邪所蔽，雖不能自主以顯其謀獻，然同德相為，協力贊助，亦可以成其事功。豐亨之時，可保福澤之享無虧。

不 協 者：改祖外立，先暗後明，多倚貴戚，以求活計。

歲運逢之：處於君臣之間者，必有猜忌而位不安。在士則遇知己，而進取有賴。

　　　　　在庶俗而明則受蔽，得人解釋為吉。商旅棄內就外，反有遭際。行舟者，防折桅之驚。

爻訣：近折路迢行不遠，當時大事俱非常；萬里雲騰去太遲，能行天下方無咎。

雷火豐卦、六五：來章，有慶譽，吉。

詳　　解：此爻是勉人君以求賢，而因與其有得賢之善者也！

故 協 者：先暗後明，虛心積德，捨己從人，必為顯宦大貴，功名利達，福慶豐厚。

不 協 者：亦有聲譽，文章過人，居朝堂而高爵是膺。

歲運逢之：在士必獲高魁而成名。在庶俗必有好人提舉，謀望稱意。
　　　　　　老者有榮膺官帶之兆。

其一：明外佳音來，飛章俱有慶；名利一更遷，雁非終拆陣。

其二：雲外一天書，門多長者車；餚添蘭室味，縱步入蟾宮。

雷火豐卦、上六：豐其屋，蔀其家，闚其戶，闃其無人，三歲不覿，凶。

詳　　解：此爻是明極反暗而得凶者也！

故 協 者：受祖宗已成之業，而難堪事任；恃在己之聰明，主作為妄誕，終迷不復，災眚難逭。

不 協 者：主有才無德，妄自尊大，絕親離友，拘執不定，百為成空，唯僧道隱於山林，則免災咎。

歲運逢之：在仕高而招危。在士則翱翔於天際之兆。
　　　　　　在庶俗則骨肉相殘，離祖成家，難免訟獄口舌之憂，或困於門戶之咎。

其一：當時豐盛世，退縮卻為凶；大展經綸手，施為大有功。

其二：暗室當遷退，成雲不可奢；三年多不足，悔吝忌前遮。

其三：花落未茂枝，歌來卻似悲；夕陽催晚景，斜月上朱扉。

震為雷卦（十月、震木、本宮卦）

妻財	▬▬　▬▬	庚戌
官鬼	▬▬　▬▬	庚申
子孫	▬▬　▬▬	庚午
妻財	▬▬　▬▬	庚辰
兄弟	▬▬　▬▬	庚寅
父母	▬▬▬▬▬	庚子

上下皆震「雷」中存「坎、艮」。雷震驚奮，命令施設，威聲遠播，雷聲一振，山岳動搖。是卦也，一卦二雷太過，其聲震驚百里，得之非時，恐致災眚。又主為聲名振揚，才華溫厚。君子得之，則為震雷之象。

震為雷卦：亨。震來虩虩，笑言啞啞，震驚百里，不喪匕鬯。

震　者：動也！其象為雷，其屬為長子。

彖　曰：震，亨。震來虩虩，恐致福也！笑言啞啞，後有則也！震驚百里，驚遠而懼邇也！出可以守宗廟社稷，以為祭主也！

象　曰：洊雷，震；君子以恐懼修省。

總　論：此乃「震宮」本世卦，屬十月。納甲是庚子、庚寅、庚辰、庚午、庚申、庚戌。如生於十月及納甲者，功名富貴人也！

其一：月桂飄香七里聞，雲中人至矢彀彎；半空鵬翼未為易，更有清高漸漸開。

其二：紫府門闌特地開，恩波逐一向陽來；乘豬跨鼠當無日，從此亨光綴上台。

卦　理：闡釋震驚的應對法則。在進步的過程中，難免不發生意外的重大事故。凡事戒慎恐懼，才有法則可循，鎮定從容應對，不致驚慌失措，即或遭受災難，也可使災害減損至最低限度，或消弭於無形。

震為雷卦、初九：震來虩虩，恐致福也！笑言啞啞，後有則也！

詳　　解：此爻是知所懼而懼焉，故後可以有則也！

故 協 者：稟剛大之才，文章足以補帙，威望足以服眾，專功遠人，爵祿崇高。

不 協 者：亦能恐懼修省，先涉艱辛，後享福祉，次則或疾失為暗啞。

歲運逢之：在仕有先驚後喜之應。在士有一鳴驚人之兆。有為縣宰社令主祭之職。在庶俗多有虛驚，後或進喜。

　其一：獨步山陵多見阻，雁字成行陣陣傷；亦有路凶防惡犬，到頭斷處亦須防。

　其二：虩虩方震懼，周旋要謹防；笑言還自適，災變禍為詳。

　其三：霹靂暗中聞，知音不見形；交加猶未信，口口稱人心。

震為雷卦、六二：震來厲，億喪貝，躋於九陵，勿逐，七日得。

詳　　解：此爻是知所懼而懼，故終可以有得者也！

故 協 者：有才重望，深思長慮。遭事變而有轉移之術，罹禍害而有區劃之謀。雖不能創立新居，亦能保守舊業。

不 協 者：履危險而不知避，貪貨貝而不能捨，常慮常思，奔馳四野，先逆後順，先危後安。

歲運逢之：在仕有遭陰險奸邪之慮。在士有先迷後得之兆。在庶俗有爭訟失脫之慮。老者壽險，少者心驚。七日者，乃刻期之應也！

　其一：震動方驚懼，逢財恐有亡；升高宜遠避，事遇復如常。

　其二：滄海波濤湧，輕舟未保存；神人輕助力，好好進求名。

　其三：無蹤亦無跡，猛省中難覓；平地起風波，似笑還成泣。

震為雷卦、六三：震蘇蘇，震行無眚。

詳　　解：此爻是無德致禍之象，而示以改過之端者也！

故 協 者：安而不忘危，治而不忘亂，雖不能奮發勇為以擴大其事業，亦能恐懼修省以保全其常份。素位而行，清修日著。

不 協 者：懦弱不能立，驚惶失志，進退無定，利名皆虛。

歲運逢之：在仕有尸位之誚。在士有廢業之患。在庶俗災害憂懼之損。謹戒之免凶耳。

其一：行人不久住，久住不行人；紅輪西沒月東出，好看雲山改更行。

其二：展輪千里去，舉步正艱辛；二鼠大東憂，中年事必成。

震為雷卦、九四：震遂泥，未光也！

詳　　解：此爻是縱慾唯危者也！

故 協 者：節其慾而不至於流，損其過而不至於溺，雖不能設施以成其光大之業，亦可以圖存而保其陷溺之危。

不 協 者：局處卑下，垂失正體，塵泥汨沒，生涯淡泊。

歲運逢之：在仕有貶逐之危。在士有停降之禍。在庶俗卑污苟賤，而一籌莫展。甚至縲絏拘繫，而無光亨之日。

其一：去處皆無厲，居遷總未宜；長空明月上，順水片帆歸。

其二：白玉隱塵泥，黃金埋糞土；久久目光輝，也安人相舉。

震為雷卦、六五：震往來厲，危行也！億無喪，有事，其事在中，大無喪也！

詳　　解：此爻是無才固不免於厲矣，而求之有德則能知懼者也！

故 協 者：才不足而德有餘，能保其前人之業，圖治匡世之績，足以振不顯。

不 協 者：存心忠厚，保固圖存，早年奔馳，晚景安逸。

歲運逢之：在仕常職可保。在士守其固有。在庶俗有虞，或手足之憂。

　其一：處事驚危志，心飛若火刀；佳人試言事，有約在坤爻。

　其二：心若千圍甑，底事明如鏡；進退有猜疑，風波猶未定。

震為雷卦、上六：震索索，視矍矍，征凶。震不於其躬，於其鄰，無咎。婚媾有言。

詳　　解：此爻是無才固不免於凶矣！

故 協 者：患未到而先備，害未來而先防，威望服於鄉鄰，而身家可保。

不 協 者：不能謹畏，強狠招禍，妻妾不和，狀貌萎靡。

歲運逢之：在仕防謫貶。在士防停降。

　　　　　庶俗有防則免禍害，震驚之憂，修之則吉。或夫婦有刑，親鄰遭難。

　其一：風打清江若遇艟，孤舟捉網浪波沖；私情招望安居處，須待為人好借風。

　其二：災憂將及已，前進卻為難；修省雖無咎，姻緣亦有言。

　其三：煙雨日蒙蒙，江邊路未通；道途人未達，憑仗借東風。

雷風恆卦（一月、震木、三世卦）

妻財 ▬▬ ▬▬	庚戌
官鬼 ▬▬ ▬▬	庚申
子孫 ▬▬ ▬▬	庚午
官鬼 ▬▬▬▬	辛酉
父母 ▬▬▬▬	辛亥
妻財 ▬▬▬▬	辛丑

上震「雷」下巽「風」中存「乾、兌」。自天之中，雷動風行，雨澤於下，雷風相與，剛柔相應，皆無壅遏阻滯之患。君子得之，則為恆久之象。

雷風恆卦：亨，無咎，利貞。利有攸往。

恆　者：常久也！震動在上，巽柔在下，震雷、巽風，二物相與，巽順震動，為巽而動，二體六爻，陰陽相應，四者皆理之常，故曰恆。

象　曰：恆，久也！剛上而柔下，雷風相與，巽而動，剛柔皆應，恆。恆亨無咎，利貞；久於其道也！天地之道，恆久而不已也！利有攸往，終則有始也！日月得天，而能久照，四時變化，而能久成；聖人久於其道，而天下化成；觀其所恆，而天地萬物之情可見矣！

象　曰：雷風，恆。君子以立不易方。

總　論：此乃「震宮」三世卦，屬正月。
納甲是辛丑、辛亥、辛酉、庚午、庚申、庚戌。如生於正月及納甲者，功名富貴人也！九月至十二月，為失時故福淺。

其一：君子居安不必遷，前途無滯復周全；日邊一鹿持書至，遐邇聲明四海傳。

其二：鳳引雛飛入九霄，豈辭雲路山逍遙；翔翔得遇西風便，從此升騰總不勞。

卦　理：闡釋恆久的道理。恆久亦即堅持，堅持也有一定的分際；在運用上，依然須把握中庸原則，通權達變，正義也不可強迫他人接受；相反的，應當相互感應溝通，不同的立場，所應堅持也會有所不同。極端堅持，反而違背常理，更會造成動盪不安，此乃為人處世的大道理。

雷風恆卦、初六：浚恆，貞凶，始求深也！無攸利。

詳　　解：此爻是執理而不度時勢，不當恆者也！

故 協 者：定其交而後求，度其勢而後行，志得謀遂，以可做貴人。

不 協 者：不安份命，不量淺深，動輒阻滯，謀為偃蹇。

歲運逢之：在仕不得於君。在士難逢知己。在庶俗不通人情，而徒遑遑於路途。

　　　　　為靜守則免凶爾。

　其一：居淺欲求深，身卑位作尊；往成還不利，危處卻迎深。

　其二：勢利相交際，猶臨萬丈淵；求深凶更甚，退避可安然。

雷風恆卦、九二：悔亡，能久中也！

詳　　解：此爻是有中德，而能寡過者也！

故 協 者：執中行道，飾躬厲行，見善則遷，有過則改，富貴福澤，享之無窮。
　　　　　且「中」字是官職之名，「久」字是長遠之義。

不 協 者：亦平生不凶，老者無疾，聲名清潔，壽算最久。

歲運逢之：在仕謹身而無曠職之誚。在士來崇德之獎。在庶俗固守而無損耗之嗟。

　其一：悔吝消亡日，東行北者災；急濤求巽順，傾刻笑顏開。

　其二：人存中正德，守己自然安；久久行其道，終身悔吝亡。

雷風恆卦、九三：不恆其德，無所容也！或承之羞，貞吝。

詳　　解：此爻是不能久於其道者，而深著其不善之占者也！

故　協　者：執德不固，而有隙以啟人之誚；信道不篤，而有間以招人之議。

不　協　者：損行滅德，失節喪名，有以來眾口之訕，而無所容於天地。

歲運逢之：在仕防諫議之貶。在士防損德之謗。在庶俗防毀辱爭訟之撓。

其一：不為恆德久，貞吝復何如？霜重花枝瘦，成榮也不遲。

其二：不長久，錯商量；交加纏，休要忙。

其三：就北原無益，依南卻未安；居貞為久計，盡可利盤恆。

雷風恆卦、九四：田無禽，久非其位，安得禽也！

詳　　解：此爻是久所不當久者也！

故　協　者：或以異術見寵於朝黨，或以他技而濫與其爵祿，或功名早退而難於其位。

不　協　者：謀為無實，生涯淡泊，佃田捕獵之子。

歲運逢之：在仕退步。在士進取者無成。營謀費力而無益。

其一：藏器待時時未通，徒勞功業慢嗟吁；守舊更當宜整頓，夕陽西墜日方舒。

其二：井底探明月，風前拂羽毛；功夫何太拙，只恐未堅牢。

其三：田獵皆無獲，求謀盡未通；極勞身計盡，雖久亦無功。

雷風恆卦、六五：恆其德，貞。婦人貞吉，從一終也！夫子制義，從婦凶也！

詳　　解：此爻是以柔德為恆，而不善者也！

故 協 者：是中正有德之人，或得賢妻而助之。

不 協 者：權出他人，拙於自謀，或妻悍為家之累。

歲運逢之：在仕多阿諛權勢之門，而招誚議。在士圖幸進而取辱。
　　　　　　在庶俗則居家不善，而多招毀謗損斥之虞。

　其一：婦道宜貞一，唯能善順從；丈夫當果決，從婦反為凶。

　其二：慢傳言婦吉，得女更宜貞；試問前程事，陰消望夜晴。

雷風恆卦、上六：振恆，凶，大無功也！

詳　　解：此爻是任躁動而不知固守，不能恆者也！

故 協 者：施為當於理，不至於僨事；制作協於義，不至於越份。
　　　　　　蓋變為「鼎玉鉉」之象也！

不 協 者：好大喜功，違法妄為，紛更多事，反成覆敗之禍。

歲運逢之：在仕勞碌役志。多動少靜，求名望利，小則有成，大則無功。
　　　　　　女人不利夫子。

　其一：機動多不穩，更改振無凶；缺月明西北，孤鴻振羽衝。

　其二：生意不和同，驟雨更狂風；東風何事不相惜，吹落殘花滿地紅。

　其三：處恆宜靜守，振作大無功；躁動頻更變，將來反致凶。

雷水解卦（十二月、震木、二世卦）

妻財	▬▬ ▬▬	庚戌
官鬼	▬▬ ▬▬	庚申
子孫	▬▬▬▬▬	庚午
子孫	▬▬ ▬▬	戊午
妻財	▬▬▬▬▬	戊辰
兄弟	▬▬ ▬▬	戊寅

上震「雷」下坎「水」中存「坎、離」。雷聲一發而雨作，日方欲明，內外皆陷，使陰陽相搏，水澤通行，霑濡萬物，故曰：險以動，動而免乎險。

君子得之，則為患難解散之象。

雷水解卦：利西南，無所往，其來復吉。有攸往，夙吉。

解　　者：難之散也！居險能動，則出於險之外矣！解之象也！

象　　曰：解，險以動，動而免乎險，解。解利西南，往得眾也！其來復吉，乃得中也！有攸往夙吉，往有功也！天地解，而雷雨作，雷雨作，而百果草木皆甲坼，解之時大矣哉！

象　　曰：雷雨作，解。君子以赦過宥罪。

總　　論：此乃「震宮」二世卦，屬十二月。納甲是戊寅、戊辰、戊午、庚午、庚戌、庚申。如生於十二月及納甲者，功名富貴人也！又二月至八月，雷雨及時福重。九月至正月，失時福淺。本命月卦，不在此論。

其一：一徑西南別是家，秋風吹謝滿園花；經綸又釣長江畔，若獲佳魚憂自賒。

其二：本是龍門客，年來始跨鯨；瀛州留不住，金殿綴公卿。

卦　　理：闡釋解除困難的法則。發生困難，就應當設法解除。解除困難，不可敷衍了事，徒增困難。採用柔和平易的方法，動作快速，順應情勢，立即解除。

雷水解卦、初六：剛柔之際，義無咎也！

詳　　解：此爻是有相濟之德，斯可以寡過者也！

故 協 者：剛柔相濟，寬猛得宜。既足以立渾厚之體，而不至於多事以擾民，亦足以立清名之功，而不至廢事，災難解而福澤深。

不 協 者：立心平易，舉措得宜，知己扶佐，受用無窮。

歲運逢之：在仕德位相稱而升遷有機。在士有登科之喜。未婚者合，經營者濟。

　其一：萬物從春發，一書遙送來；舊愁將遠盡，新喜始方回。

　其二：黑雲籠月桂，欲攀攀不得；終後見團圓，時不定嗟惻。

雷水解卦、九二：田獲三狐，得黃矢，九二貞吉，得中道也！

詳　　解：此爻是得去邪之善者也！

故 協 者：中正不偏，德高望重，擯斥奸邪，扶植善類，上有以成君德，下有以正民俗，而為一代之元老。

不 協 者：亦能親賢遠奸，田產豐裕，婚姻重結。或虞夫矢人，亦足衣足食。

歲運逢之：在仕有為三孤、三公、黃門、黃堂之兆。在士有二甲、三甲、黃榜之應。又「矢」者荐也！有荐拔、荐舉之佳。在庶俗有進田產之慶。

　　　　　或武將有征獵之舉，又利更改三謀三就之吉事也！

　其一：獲狐遂得矢，貞吉往優遊；一箭射直遠，佳人在水頭。

　其二：萬水波濤靜，一天風月清；利名無阻障，行客出重關。

雷水解卦、六三：負且乘，亦可醜也。自我致戎，又誰咎也！

詳　　解：此爻是無德而有位，禍不能免者也！

故 協 者：或起卑微而受富貴，保固周密，寇害難侵。

不 協 者：專行險詐，竊濫貪謀，有玷名教，醜辱可恥，招尤啟釁，舉止無
　　　　　措。
　　　　　婦人值此，尤為不堪。

歲運逢之：在仕防擯斥之虞。在士防謫降之辱。在庶俗防寇盜訟非之憂。
　　　　　「乘」字，士人有中選者，但禍不旋踵。

　　其一：小人當負荷，乘馬反為憂；自我招戎寇，雖貞亦致羞。

　　其二：喜極怨還生，雖憂不足行；二二逢九數，水畔舞人乘。

　　其三：指實無實，兩三勞役；到了還休，無絲端的。

雷水解卦、九四：解而拇，朋至斯孚。

詳　　解：此爻是嚴以絕邪，斯向道合志者也！

故 協 者：為人端正，遠絕群邪，而與良賢相拹相助於廟廊之上，所謀無不
　　　　　遂，所行無不成。

不 協 者：不能遠小人以親君子，器宇不洪，事功有限。

歲運逢之：在仕防朋黨習狎之禍。在士防淫朋荒德之損。庶俗防奸黨失事之
　　　　　尤。

　　其一：萬里風波泛小舟，相將達岸赴蓬人；之人宜涉親攜手，觸目繁華
　　　　　處處鮮。

　　其二：解散群邪黨，朋來正直人；信誠相應接，災散福來臻。

　　其三：泛泛一孤舟，飄然何處遊；若逢人與虎，名利一時休。

雷水解卦、六五：君子維有解，吉。有孚於小人。

詳　　解：此爻是君子黜惡之有獲，而因示其去惡之多力也！

故 協 者：秉公持正，進賢良，退不肖，國家賴以清寧，生民賴以安息，而功業之大，非小補者也。

不 協 者：誠信足以挾上人之心，慈惠足以得小人之力，德業隆盛，福量寬洪。

歲運逢之：在仕多居要路。擯斥妖邪，或兵伐重權以立功。士子成名，常人獲利。訟者釋，而疾者癒。

　　其一：一信自西至，佳音有祿來；解中終得吉，進用莫疑猜。

　　其二：牛解借刀，衣剝借力；霧捲雲收，一輪紅日。

　　其三：險難今消散，雲開見日明；自然無阻隔，何事不光亨。

雷水解卦、上六：公用射隼，以解悖也！於高墉之上，獲之，無不利。

詳　　解：此爻是擬以解悖之象，而因以與之者也！

故 協 者：才大志高，望尊名重，有文以綏太平，有武以戡禍亂，而為功勳之大臣。

不 協 者：亦高堂大廈，享福優遊，上為君子之推重，下為小人之畏承。

歲運逢之：閒官超遷，兵師之功。士子中舉，有一鶚橫空之兆。常人多葺門牆，謀為獲利。仕途必獲荐剡。

　　其一：藏器於身久，高墉可獲禽；七年逢五數，榮利總成名。

　　其二：一箭青雲路，營求指望成；許多閒口嘴，反作笑嘻聲。

雷山小過（二月、兌金、遊魂卦）

父母	▬▬　▬▬	庚戌
兄弟	▬▬　▬▬	庚申
官鬼	▬▬▬▬▬	庚午
兄弟	▬▬▬▬▬	丙申
官鬼	▬▬　▬▬	丙午
父母	▬▬　▬▬	丙辰

上震「雷」下艮「山」中存「兌·巽」。艮山之上，萬物叢聚，巽風為之扇揚，兌澤為之滋潤，枝幹茂盛，物物順悅，無不如意。但其中震雷發動，未能全靜。君子得之，則為小過之象。

雷山小過： 亨，利貞。可小事，不可大事。飛鳥遺之音，不宜上宜下，大吉。

小　過： 小者過也！是卦四陰在外，二陽在內，陰多於陽，既過於陽，可以亨矣！然必利於守貞，則又不可以不戒也！

彖　曰： 小過，小者過而亨也！過以利貞，與時行也！柔得中，是以小事吉也！剛失位而不中，是以不可大事也！有飛鳥之象焉，飛鳥遺之音，不宜上宜下，大吉；上逆而下順也！

象　曰： 山上有雷，小過；君子以行過乎恭，喪過乎哀，用過乎儉。

總　論： 此乃「兌宮」六世卦名遊魂卦，屬二月。納甲是丙辰、丙午、丙申、庚午、庚申、庚戌。如生於二月及納甲者，功名富貴人也！

其一： 子午年中喜，逢豬先立根；鹿從天上至，二象滿門闌。

其二： 小船千里順，帆掛一江風；巨艇水深涉，飛鳥不可同。

卦　理： 闡釋過與斂的道理。過度與收斂的分際，必須明辨。消極方面，稍微過度，有益無害，積極方面，則不可過度。極端過度，將招致災禍。

雷山小過、初六：飛鳥以凶，不可如何也！

詳　　解：此爻是宜下之義，而自招孽者也！

故 協 者：功名發於科甲，官位極於台閣，上丞天寵，下繫民望。
　　　　　但多志驕意滿，自孽難活。

不 協 者：恃勢傲物，招尤啟釁，破家殞命，追悔莫及，慎之。

歲運逢之：在仕則有驟進取禍之尤。在士則有一飛沖天之兆。
　　　　　在庶俗則有好招損之危。

　其一：飛鳥高飛畏網羅，留魚旱沼苦何多；女生江畔休嗟嘆，桃柳枝頭
　　　　風雨過。

　其二：飛蟲能致孽，或恐有非災；為事宜求下，凶消吉自來。

　其三：物不牢，人斷橋；重整理，慢心高。

雷山小過、六二：過其祖，遇其妣，不及其君，臣不可過也！遇其臣，無咎。

詳　　解：此爻是盡人臣之份，而與其可以寡遇者也！

故 協 者：文章智略蘊於己，而有眾蓋世之譽；
　　　　　守正安份以事君，而無犯份越禮之愆。

不 協 者：謙恭自持，謹厚是守；遇知己而謀望克遂，繩祖武而家聲益振。

歲運逢之：在仕則克盡己職，而高遷如願。在士則見遇主司，而進取有成。
　　　　　在庶俗則貴人汲引，而凡謀克遂，或得陰人之利。
　　　　　數凶者，有姅號之兆，多傷母也！

　其一：去就意淹留，樂來不用憂；只恐無一定，江海意悠悠。

　其二：凡人於小事，不可過其常；守正行中道，自然無舊殃。

雷山小過、九三：弗過防之，從或戕之，凶。

詳　　解：此爻是失防陰之道，而陰禍之必至者也！

故　協　者：禍未至而先為之備，害未生而先為之防，剛德足以服人，明哲足
　　　　　　以保身。

不　協　者：自恃剛強，多招嫉妒，禍害迭生，身家難保。

歲運逢之：在仕防陰邪之害。在士防停降之虞。在庶俗防陰禍邪群之傷。

　　其一：傾危逢處眾皆驚，涉水操舟不可行；凶象或成貞忌卻，雲中一箭
　　　　　雁哀鴻。

　　其二：小人方道長，當預過於防；自己先為正，深虞乃我傷。

　　其三：深戶安牢局，提防暗裡人；行行須遠虛，只恐不堅盟。

雷山小過、九四：弗過遇之，位不當也！往厲必戒，勿用永貞，終不可長也！

詳　　解：此爻是過乎恭而不致於驕傲，以招尤者也！

故　協　者：位高而處之以卑，功高而居之以讓，上不亢於君，下不驕於民，
　　　　　　隨時變通，福祿深厚。

不　協　者：亦不失謹厚之士，平易安靜，無榮無辱。

歲運逢之：在仕安常守職而無虞。在士多於際遇而利於小試。
　　　　　　在庶俗安貧守份而無損弊之嗟。

　　其一：遇主勿治正，求遇其遇群；欲往危必防，傷卻少年心。

　　其二：參商事，須沉滯；要周全，須借勢。

　　其三：九四元無咎，乘剛得咎時；真宜貞固守，必也在隨時。

雷山小過、六五：密雲不雨，自我西郊，公弋取彼在穴。

詳　　解：此爻是乖乎宜下之道，而無成功者也！

故 協 者：才大而阻於機會，志高而限於時勢，雖不能大有所為，亦可以圖
　　　　　其小就。

不 協 者：驕亢自恣，人情乖戾，僻處幽居，志願莫遂。

歲運逢之：在仕有告休之危。士之在巖谷者有見取於王公之兆。
　　　　　在庶俗不利於遠謀而守舊為佳，為老者病者皆不宜也！

其一：陰陽反覆總堪悲，反日梧桐鳳不棲；異種蟠桃千歲綴，落花不俟
　　　　日沉西。

其二：空、空、空，空裡得成功；蟠桃千歲熟，不怕五更風。

其三：所作皆屯滯，又皆來順從；密雲何不雨，終是未成功。

雷山小過、上六：弗遇過之，飛鳥離之，凶，是謂災眚。

詳　　解：此爻是過之已亢，而招禍者也！

故 協 者：驕盈自恣，而不勝其矜口誇人之念；高亢自持，而不勝其恃勢傲
　　　　　物之私。功名雖得於志願，而福澤終難於己有。

不 協 者：恃強妄為，貪高圖遠，災害並至，身家難保。

歲運逢之：在仕有過剛則折之嗟。在士有飛騰之兆。
　　　　　在庶俗有越份致孽之尤。甚則變「旅、上爻」有服制之憂。

其一：方寸亂如麻，行人未到家；尊友哀人切，空夜雨飛花。

其二：以陰居過極，飛鳥致凶災；若能自謙抑，家門福慶來。

雷地豫卦（五月、震木、一世卦）

妻財	▬▬ ▬▬	庚戌
官鬼	▬▬ ▬▬	庚申
子孫	▬▬ ▬▬	庚午
兄弟	▬▬ ▬▬	乙卯
子孫	▬▬ ▬▬	乙巳
妻財	▬▬ ▬▬	乙未

上震「雷」下坤「地」中存「坎、艮」。上方動驗，中方滿險，下又止之，則其險無所用矣。雷在地上，震驚萬物，屈者伸，藏者露，順以動之，動以順豫。君子得之，則為逸豫之象。有眚，合五行吉。

雷地豫卦：利建侯行師。

豫　　者：和樂也！人心和樂以應其上也。以坤遇震，為順以動「豫」之意也！

象　　曰：豫，剛應而志行，順以動，豫。豫，順以動，故天地如之，而況建侯行師乎！天地以順動，故日月不過，而四時不忒；聖人以順動，則刑罰清而民服。豫之時義，大矣哉！

象　　曰：雷出地奮，豫。先王以作樂崇德，殷薦之上帝，以配祖考。

總　　論：此乃「震宮」一世卦，屬五月。

納甲是乙未、乙巳、乙卯、庚午、庚申、庚戌，借用癸未、癸巳、癸卯。如生於五月及納甲者，功名富貴人也！雷出地奮，生於三月至八月為及時，福力之厚，一震驚人，大富大貴之造也！餘月福淺，失時故也！

其一：蟄藏宇宙待陽和，一奮春雷變化多；花果園林皆茂盛，建侯逢旅月迁高。

二陽：任穩心休怠，安身務見機；門前防暴客，早備不須疑。

其三：一卷文書事未完，番來覆去致淹然；木逐貴客如開眼，方得從茲事再全。

卦　　理：闡釋和樂的原則。卦名雖為豫，和樂之象，但爻辭除了六三以外，幾乎都不吉祥，因此非描述喜悅和樂的景象，而是諄諄告誡，和樂容易沉溺，和樂是眾樂，而非獨樂，不可在安樂中迷失。

雷地豫卦、初六：初六鳴豫，志窮凶也！

詳　　解：此爻是得人之譽，以自鳴者也！

故 協 者：上有強援，得時主事，有所依附，而可成其小小營謀。

不 協 者：淺狹之量，多縱慾敗度，以自招傾危。

歲運逢之：在仕則有待恩寵之患。在士則有一鳴驚人之兆。

　　　　　在庶俗則有驚憂口舌及阻厄之難。當官者自陳免禍。

　其一：多言成口過，凶禍必相臨；得寵還思辱，尤防暴客侵。

　其二：轟雷震地遠，鳴豫震初凶；窮至生悽慘，懷憂井路中。

　其三：夢中人，潭裡月；有影無形，圓中防缺。

雷地豫卦、六二：介於石，不終日，貞吉。

詳　　解：此爻是守中正見機之象，而因以善其占者也！

故 協 者：勤修德業，力行中正，見事敏捷，名譽高遠，而富貴不能淫，貧
　　　　　賤不能移，威武不能屈，耿介忠烈，可以柱石朝廷。

不 協 者：亦介然有守，不瀆不諂，知機吉人。

歲運逢之：在仕則急流勇退。使進取者可以成名。常人獲利。

　其一：守正堅如石，圖謀遇貴人；吉人天上口，明月又西升。

　其二：鑿石得玉，淘沙見金；眼前目下，奚用勞心。

雷地豫卦、六三：盱豫，悔。遲有悔。

詳　　解：此爻是示人以為豫，而知所悔焉，故可以無悔者也！

故　協　者：雖援上賢，不能濟事，縱有卑職，多見阻挫。

不　協　者：進退無定，心志不安。

歲運逢之：凡人所圖無實，乍進乍退，是非不一。

　　其一：求望無所遂，須當亟改圖；莫懷猶豫志，無悔亦無尤。

　　其二：大事不須視，漸貞尚悔亡；金風吹木葉，走馬在東方。

　　其三：聞不聞，見不見；只緣好事也多愁，更防暗中人放箭。

雷地豫卦、九四：由豫，大有得。勿疑，朋盍簪。

詳　　解：此爻是有致豫之功，而示以保豫之道者也！

故　協　者：名清德厚，權重功高，行大事，決大疑，主大難。

不　協　者：亦福德之人，得眾尊欽，夫妻偕老。若陰命妻拗卦者，得福得壽，
　　　　　　但不居正位。

歲運逢之：進取成名，常人經營獲利。在仕者，必得知己荐舉。

　　其一：際遇明良是盍簪，不妨重整舊冠纓；正四六有佳音轉，萬里朋博
　　　　　達去程。

　　其二：文字重重喜，聲名漸漸高；推誠結知己，提攜出草蒿。

　　其三：利名成就罷憂煎，萬里春風道坦然；得意便垂三尺釣，長江獲得
　　　　　錦鱗鮮。

雷地豫卦、六五：六五貞疾，乘剛也！恆不死，中未亡也！

詳　　解：此爻是縱己之豫，以自溺者也！

故 協 者：或做貴人，正當憂阻，志多柔奸，權出他人，事不由己，在世雖
　　　　　　強。
　　　　　　有疾延壽。

不 協 者：柔懦不能自立，多見疾患臨身。

歲運逢之：在仕多依附權勢，恃恩固寵。在士則援引無人，而際遇無機。
　　　　　　在庶俗則多心事不足，災害難免，或心腹生疾。

　其一：君位居貞疾，人臣職反剛；秉權堪倚仗，唯恐動中傷。

　其二：獨釣向碧潭，中途興已闌；水寒魚不餌，小艇竟空還。

　其三：宴安耽逸豫，酖毒已中藏；懦弱不能振，因循幸未亡。

雷地豫卦、上六：冥豫，成有渝，無咎。冥豫在上，何可長也！

詳　　解：此爻是縱己以為豫，知所變焉，則可以無咎者也！

故 協 者：納言從諫，遷善改過，而名利頗得。

不 協 者：樂極生悲，終不能久。

歲運逢之：在仕有貪污之謫。在士昏冥差訛之辱。在庶俗有驕傲訟爭之憂。
　　　　　　大抵宜遷善改過，悔思則可以免咎。

　其一：動晦久而靜，奔馳始見安；犬嗷居此地，悲起反為歡。

　其二：日月蔽朦朧，光輝不可通；幾多江海客，進退未成功。

風天小畜（十一月、巽木、一世卦）

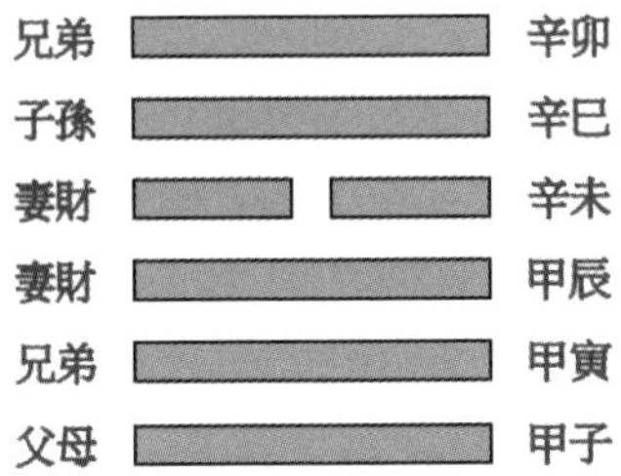
兄弟 辛卯
子孫 辛巳
妻財 辛未
妻財 甲辰
兄弟 甲寅
父母 甲子

上巽「**風**」下乾「**天**」中存「**離、兌**」。日在天上而明，風自天上而發，雨澤自天上而施，日能照耀，風能發揚，雨能滋潤，物受其利，故有積蓄之義。君子得之則為小畜積聚之象。

風天小畜：亨。密雲不雨，自我西郊。

小　　畜：止之義也！上巽下乾，以陰畜陽，又卦唯六四一陰，上下五陽皆為所畜，故為「小畜」。又以陰畜陽，能繫而不能固，亦為所畜者小之象。

彖　　曰：小畜；柔得位，而上下應之，曰小畜。健而巽，剛中而志行，乃亨。密雲不雨，尚往也！自我西郊，施未行也！

象　　曰：風行天上，小畜；君子以懿文德。

總　　論：此乃「巽宮」一世卦，屬十一月。納甲是甲子、甲寅、甲辰、辛未、辛巳、辛卯，借用壬子、壬寅、壬辰。如生於十一月及納甲者，功名富貴人也！

其一：旱亢雲生滿太虛，禾苗枯槁實堪悲；大人有意懿文德，細雨霏霏自有時。

其二：雲散暮天晴，寒溪一帶青；音書終有望，水畔見其真。

其三：欲過重山去，家鄉事頗危；橫舟對明月，悽慘有誰知。

卦　　理：闡釋因應一時困頓的原則。在成長的過程中，往往因力量不足，不得不停滯向前的現象。因此為實現自我理想，平時就應蓄積整備，自助助人，蓄積不可過度，應適可而止。

風天小畜、初九：復自道，其義吉也！何其咎？

詳　　解：此爻是進得其正，而善其占者也！

故　協　者：順理而行，知機而止，小人不得以伺其隙，而致君澤民之心，可以克遂而無阻。

不　協　者：亦耿介之士，不慕浮華，而快樂瀟灑之有地。

次則獨立無助，僧道之壽耳。

歲運逢之：在仕則閒官復職。逆旅還鄉，當俗安靜。在士則克復肄業。

數凶者，變「巽、初爻」，進退志疑，在有為者又當防猜忌疑惑之禍。

其一：一舟離岸復回來，浪急掀天去不諧；堤畔草頭人著力，園中花木盡爭開。

其二：當守居正道，吉慶自然諧；遇夏多迍塞，仍防家口災。

其三：駕去舟，離新岸；喜得來，愁得散。

風天小畜、九二：牽復在中，亦不自失也！

詳　　解：此爻是援同道以進，而道無不行者也！

故　協　者：剛中自守，親賢取友，而道行志伸。「中」字之義，有治中、中書省之兆。

不　協　者：必與小人相交，有貴而不能大用。

歲運逢之：在仕則為僚長而牽引有價。在士則為道長而拔萃有地。在庶俗則聯同志以尚往，而營謀得遂。數凶者，有牽連反覆失事之兆。

其一：同心方合志，牽復亦相成；守靜安常道，前程自顯榮。

其二：小過居貞吉，千山鹿遠驚；雲端佳信至，有約在彭城。

其三：金鱗入手，得還防走；若論周旋，閉言緘口。

風天小畜、九三：輿脫輻，夫妻反目，不能正室也！

詳　　解：此爻是剛健太過，而見畜於小人者也！

故協者：但小小營謀，而貪高望大之有，反遭傷害。

不　協　者：剛健太過，拘執不通，諫則不從，終當見阻，或君臣疏遠不孚，
　　　　　　或夫妻乖違不睦，或朋友是非，血氣損傷。

歲運逢之：榮而見辱，進而見退，或生足目之疾，或人口分別，百孼病生。

其一：暌離東西事可傷，夫妻反目不相當；斷橋走馬悔中厲，尤恐前途
　　　各莫量。

其二：前程多難阻，居家致內爭；密雲方掩翳，消散復光明。

其三：陰長又陽消，家門悔吝撓；夫妻猶反目，車輒未堅牢。

風天小畜、六四：有孚，血去惕出，上合志也！無咎。

詳　　解：此爻是誠心感人，而得免乎害者也！

故協者：虛中柔順，謙己守正，遇貴人，逢知己。在內仕者外選，在國學
　　　　者出選，易悲為歡，轉凶為吉，不失為正道之貴人。

不　協　者：多猜疑，而無定見，或生足疾氣蠱，內外不睦，憂愁度日。

歲運逢之：在仕則得同志舉拔，而久任者必至轉遷。在士則得士人合志，以
　　　　　淹者而志可伸。在庶俗則誠能感物，而人情和合，營謀頗遂。
　　　　　其數凶者，須防血肉之損。

其一：懷忠居位輔明君，天邊遠信鹿來迎；離明馬走西南去，枯木逢春
　　　得再榮。

其二：獨立嗟無援，驚憂恐致傷；但從誠實念，災咎自消亡。

風天小畜、九五：有孚攣如，富以其鄰，不獨富也！

詳　　解：此爻是力足以感結乎人心，而可以御暴者也！

故 協 者：貴不自尊，富而濟物，彼此一體，親疏一心，而仰慕移赴之有人。

不 協 者：雖不得獨立自奮，亦必倚富而得受用，或得贊助之力，而膺庸夫之福。

歲運逢之：在仕則上必信用，下必欽服，而加位增之。在士則主司協意，而功成名立。在庶俗則扶助有人，而百謀稱心。

其一：上下相孚信，鳥能通有無；他時逢患難，眾力亦相扶。

其二：石韞玉，鐵成金；翔鳳隱隱入雲程，不須疑慮獨勞心。

其三：有勢安和鹿馬新，水中有集足移根；小舟千里方回岸，重口官人助祿名。

風天小畜、上九：既雨既處，尚德載，婦貞厲，月幾望，君子征凶，有所疑也！

詳　　解：此爻是自尚乎陰德，而害乎君子者也！

故 協 者：積之厚，養之裕，而足食聚財，而無損弊之嗟。

不 協 者：利名才至，破敗疊來。若是女命，性剛心悍，壽脆災生。

歲運逢之：在仕則逐於陰邪。在士則見斥於主司。在庶俗必見墜於小人之奸，而是非旋憂，為鬧中退步，樂處休貪，則可免災。

其一：陰盛陽剛亦可傷，堪嗟立業一時亡；江邊女子號啼泣，雖得榮華墜洛陽。

其二：擬欲遷時未可遷，提防喜處惹勾連；前途若遇貴人引，變化魚龍在大淵。

其三：密雲今已雨，上下漸亨通；凡事難成就，遲疑未可行。

風澤中孚（八月、艮土、遊魂卦）

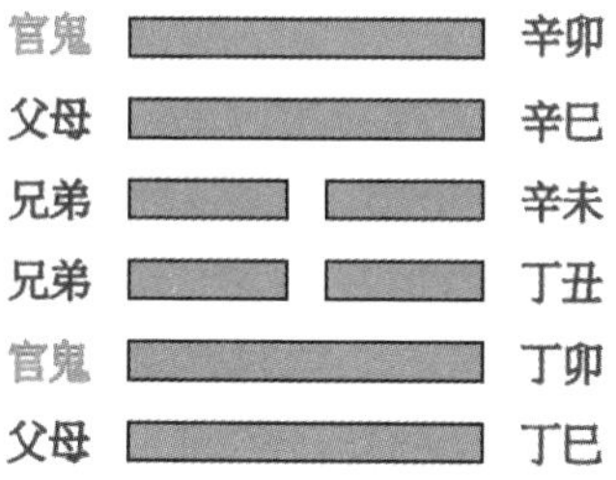
官鬼 辛卯
父母 辛巳
兄弟 辛未
兄弟 丁丑
官鬼 丁卯
父母 丁巳

上巽「**風**」下兌「**澤**」中存「**震、艮**」。風行當發，雨澤施沛，天地之間，草木皆受其潤。剛得中則止，柔在內則順，悅以巽人，無乖爭巧竟。

君子得之，則為中孚之象。

風澤中孚：豚魚吉，利涉大川，利貞。

中　　孚：孚、信也！是卦二陰在內，四陽在外，而二、五之陽，皆得其中，以一卦言之為中虛，以二體言之為中實，皆孚信之象也！又下說以應上，上巽以順下，亦為孚義之象。

彖　　曰：中孚，柔在內而剛得中，說而巽，孚，乃化邦也！豚魚吉，信及豚魚也！利涉大川，乘木舟虛也！中孚以利貞，乃應乎天也！

象　　曰：澤上有風，中孚；君子以議獄緩死。

總　　論：此乃「艮宮」六世卦名遊魂卦，屬八月。納甲是丁巳、丁卯、丁丑、辛未、辛巳、辛卯。如生於八月及納甲者，功名富貴人也！

其一：信及豚魚吉，羊奔報喜音；猴來乘龍喜，平步踏青雲。

其二：鶴鳴和子本誠心，千里相傳自有音；所望須誠圖必遂，兩重喜事在秋深。

其三：預備到頭能謹備，有危終見保無危；一心常作有亡計，富貴安榮事不虧。

卦　　理：闡釋誠信的原則。誠信為立身處事之根本，誠信是道德的根源，可以促進和諧與團結，發揮教化的功能，彼此誠信，更可以發揮誠信的功能。

風澤中孚、初九：虞吉，有他不燕，志未變也！

詳　　解：此爻是著以從正之善，而示以貞一之道者也！

故 協 者：柔順而中，精誠而明。啟沃得其人，而道德昭崇高之美；輔翼有
　　　　　其助，而事功極豐隆之盛。

不 協 者：動靜無當，趨向不一，謀望多不協於思，唯身世不得於宴安。

歲運逢之：在仕有荐拔之美。在士有汲引之佳。在庶俗則貴人提舉而謀克遂。
　　　　　但喜中有憂，甚至人財破損。凡在士庶之類，欲有為者，宜操守
　　　　　以圖其成，不可宴安以視其敗。

　其一：萬卉芳菲未是豐，雷聲一震四方同；利名咫尺堪求進，回首青山
　　　　疊疊峰。

　其二：人能專一志，吉慶萃門闌；設若有他意，終須不燕安。

　其三：一點著陽春，枯枝點點榮；志專萬事合，切忌兩三心。

風澤中孚、九二：鳴鶴在陰，其子和之！我有好爵，吾與爾靡之！

詳　　解：此爻是兩擬其同德相孚之象者也！

故 協 者：志同於上下之交，心契於明良之會，不唯建明盡善以彰其美於
　　　　　前，且接武有人而傳其盛於後。

不 協 者：德行可尊，文章可法，貴人提攜，賢子承襲，清高一世，災害不
　　　　　生。

歲運逢之：在仕者進職。未仕者願遂。在庶俗則獲利。益生子或壽命，無往
　　　　　不利也。惟老者有疾，在陰之兆也！

　其一：千載風雲會，明良際遇時；忠誠貫金石，君爵亦羈縻。

　其二：孚道內外和，安居何處有；羊走歡不顧，猴來莫貞守。

　其三：皎皎上層樓，團圓月挂鈎；銀蟾千至共，光彩滿清秋。

風澤中孚、六三：得敵，或鼓或罷，或泣或歌。

詳　　解：此爻是不能有所主者也！

故　協　者：內無賢父兄，外無賢師友，以致德業無成，執守不定；雖處富貴之地，亦或鼓而起，或罷而止，或泣而怨，或樂而歌。

不　協　者：誠信少，詐偽多，成敗進退，鰥寡孤獨。

歲運逢之：在仕則同僚不睦，或先進職，或後退位。在士庶或喜中有憂，或悲中生樂。求名謀利，得失相仍。

其一：進退無得失，悲觀亦不同；誰能知耽毒，生向燕安中。

其二：積小可成大，逢危似不危；雲中人舉手，平步上天梯。

其三：多阻多憂，或悲或喜；搖動猖狂，得止且止。

風澤中孚、六四：月幾望，馬匹亡，無咎。

詳　　解：此爻是大臣履盛忘私以事君，斯無負於責者也！

故　協　者：散其私黨，賓於王庭，秉精白以承休，篤忠貞以效命，勢不招而自集，而望隆於百僚之尊；權不張而自大，而寵冠於群工之表。

不　協　者：徒有機謀而志難遂，縱有員成之時，復有缺損之日。
　　　　　　或婚姻有傷，或父親有損。

歲運逢之：在仕有高遷之榮。在士有步月之慶。在庶俗有上人提拔之休。
　　　　　　謂之「馬匹亡」者，有失配偶或喪馬匹之憂。

其一：德業終成日，聲名迥出群；風雲相際遇，一舉入青雲。

其二：居卑未宜遲，時行道則行；功名成太晚，花怕五更風。

其三：翠減紅妝醉倚欄，惆悵望歸求異緣：好向目前頻嘆息，只見鶯啼不見人。

風澤中孚、九五：有孚攣如，位正當也！無咎。

詳　　解：此爻是君臣以相信，而無所失者也！

故 協 者：至誠盛德，治邦而民斯從，感物而物斯應，涉險則險斯平，動天
　　　　　則天斯助。享大福，立大功，富貴特其餘事。

不 協 者：亦有德之人，上者敬信，下者服從，享用豐足，壽算優長。

歲運逢之：在仕則君臣一心，而寵任加。在士則進取成名。
　　　　　在庶俗則人情和合，而百謀克遂，無往不利。

　其一：重山青筜翠，翔鳳獨棲梧；詢得飛騰變，榮身得巨鰲。

　其二：傾一杯，展雙眉；地利合天時，從此快施為。

風澤中孚、上九：翰音登於天，何可長也！貞凶。

詳　　解：此爻是信非所信，不能變則反誤於信者也！

故 協 者：科甲發於青年，名位極其崇高，但多執一無變，難於長久。

不 協 者：家本微而驟興，勢本弱而乍強，執拗不通，災害難免，唯身居洞
　　　　　天，足達天台，清虛樂天之吉利也。

歲運逢之：在仕有近天顏之喜。在士有名登天府之兆。在庶俗則爭高抑強而
　　　　　困迫無路。在商賈，物或招損。數凶者，壽不長年。

　其一：宜進不宜妄，舊事一改遷；長江千里釣，好下鉤魚竿。

　其二：落葉又重新，庭前幾度春；若成丹九轉，莫作白頭人。

風火家人（六月、巽木、二世卦）

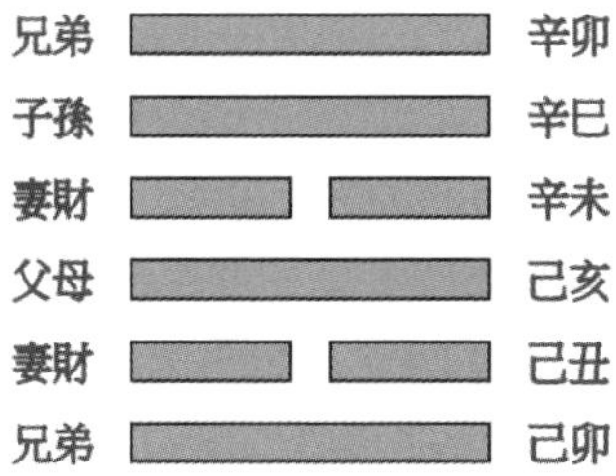
兄弟 辛卯
子孫 辛巳
妻財 辛未
父母 己亥
妻財 己丑
兄弟 己卯

上巽「**風**」下離「**火**」中存「**離、坎**」。交互日月之明，主為人聰慧智識，大明輝耀，得風以扇揚之，其焰愈熾，中又有水以濟之，以為堤防之地。蓋防者，乃防閒之義。初九曰：閒有家。

君子得之，則為家人之象。

風火家人：利女貞。

家　　人：家人者，一家之人也！正乎內，內正則外無不正矣！

彖　　曰：家人，女正位乎內，男正位乎外，男女正，天地之大義也！家人有嚴君焉，父母之謂也！父父、子子、兄兄、弟弟、夫夫、婦婦，而家道正，正家而天下定矣！

象　　曰：風自火出，家人。君子以言有物，而行有恆。

總　　論：此乃「巽宮」二世卦，屬六月。納甲是己卯、己丑、己亥、辛未、辛巳、辛卯。如生於六月及納甲者，功名富貴人也！

其一：未亂須先謹，逢凶不見災；立首東兔壯，好事又將來。

其二：良金美玉內含英，陶琢須憑巧匠成；大器年來方見用，渭川賢士秉台衡。

其三：家道年來盛，陰功在祖宗；沛恩澤一子，兩子又樊龍。

卦　　理：闡釋治家的原則，孝悌為一切道德的根本，治家要求寧可過嚴，不可溺於親情，失之於過份寬大，基於誠信，以身作則，必然和諧；孝行可以動感上天，而成為治家之規範，延伸到國家、天下，必然也可成為政治的典範！

風火家人、初九：閑有家，志未變也！悔亡。

詳　　解：此爻是盡正家之道，而家無乖戾之失者也！

故 協 者：才德廣大，思慮深遠。不唯能區畫營為以成其家業，亦且能立綱陳紀以植其國體，富而且貴，福澤無虧。

不 協 者：亦是謹厚之士，家給人足，一生安樂。

歲運逢之：在仕閑官者則超遷而為大夫。已士者則官帶閑處。在士者進取則利於小試。常人謀事有成。未妻者有室家之好。僧道主住持。老者不利於壽。

其一：正家元有道，所貴在提防；成法宜先定，當於未變聞。

其二：桃李照門庭，溪山繞屋青；天風疑不斷，風送逐時榮。

風火家人、六二：無攸遂，在中饋，六二之吉，順以巽也！

詳　　解：此爻是克盡婦道，而有以獲宜家之效者也！

故 協 者：有柔順之德，不驕不傲，平易近民而愛敬者多，家道興隆而福澤深。

女命則相夫益子，而大成內助之功。

不 協 者：足衣足食，優遊享福。

歲運逢之：在仕則入朝中，而有光祿之秩。常人必主營謀成家，而有貲糧之增。

士寓學中，而有廩給之喜。

其一：食祿皆從女上逢，飄香玉桂逐百風；牛行別有生成路，遠漢雲間月正中。

其二：一鏡破，照兩人；凶中吉，合同心。

其三：處中能正順，家道自然成；所作皆如意，圖謀盡稱情。

風火家人、九三：家人嗃嗃，未失也！悔厲吉。婦子嘻嘻，失家節也！終吝。

詳　　解：此爻是取其處家之嚴，而又以寬裕為戒也！

故 協 者：嚴整以肅其威，剛斷以制其義，配納整肅，人心只畏，吉而有終。

不 協 者：喜怒不常，尊卑失序，縱慾敗度，家業凋零。

歲運逢之：在仕嚴而少寬恕之恩。在士進取平等而未大。在庶俗喜憂相半。
　　　　　謹防耽迷之恙。

　其一：殘花落地何曾悔，蠟燭影紅再有圖；治家不妨生悔吝，豬行犬吠悔應無。

　其二：家人怨，婦女嘻；幾事吉，少留遲。

風火家人、六四：富家，大吉，順在位也！

詳　　解：此爻是能裕利於國，而有德以致之者也！

故 協 者：有柔順之德，而居上位，善能理財聚利，使邦本固而民生遂，理義興而和氣治。

不 協 者：亦粟帛豐厚，為鄉里吉人。

歲運逢之：在仕則祿以馭富，而超遷有地。在士則受賞賚，於考校之餘。
　　　　　在庶俗則謀為沾利，孤寡見親。

　其一：有祿方成福，成名卻是稽；有人未引處，水畔立金雞。

　其二：珠玉走盤中，日用足阜豐；休言望未遂，此去一時通。

風火家人、九五：王假有家，交相愛也！勿恤，吉。

詳　　解：此爻是大君獲內治之助，而深決其家之慶也！

故　協　者：言行以正，標準當時，扶持有人，助贊有力，勿恤其吉，而吉自
　　　　　來也。

不　協　者：亦主粟帛豐盈，親眷和睦。

歲運逢之：仕路最顯。進取成名。常人遇貴人提攜。

　　　　　數凶者變「**賁、於丘園**」有入境土之兆也！

　其一：中正居尊位，六相愛六親；自然家道順，勿惜亦安欣。

　其二：位尊皆有喜，勿惜總成昌；上走東西地，抬頭見太陽。

　其三：相愛相助，和氣盈前；名成利就，不用憂煎。

風火家人、上九：有孚，威如，終吉，反身之謂也！

詳　　解：此爻是能正家於其終，而吉可得者也！

故　協　者：文章高世，威望服人，上肅朝綱，下清民俗，而為天地之全人。

不　協　者：亦是剛柔相濟之碩士，德業廣大，福量寬洪。

歲運逢之：在仕位高權重。在士進取成名。其在庶俗之人，主營謀稱意。

　　　　　在婦人必主為命婦。

　其一：名重威權重，先危後見昌；萬山松柏秀，走馬履堅霜。

　其二：心下事攸然，周全尚未全；遇龍終有慶，人月又團圓。

風雷益卦（七月、巽木、三世卦）

兄弟	▆▆▆▆▆▆	辛卯
子孫	▆▆▆▆▆▆	辛巳
妻財	▆▆ ▆▆	辛未
妻財	▆▆ ▆▆	庚辰
兄弟	▆▆ ▆▆	庚寅
父母	▆▆ ▆▆	庚子

上巽「風」下震「雷」中存「艮、坤」。山之下有地，地之上有山，其地深厚益固，上而有山，巍巍高大，巽風發榮於山地之間，震雷發動於山地之下。君子得之則為進益之象。

風雷益卦：利有攸往，利涉大川。

益　者：增益也！下震上巽，下動而上說，故曰「益」焉。

象　曰：益，損上益下，民說無疆，自上下下，其道大光。利有攸往，中正有慶。利涉大川，木道乃行。益動而巽，日進無疆。天施地生，其益無方。凡益之道，與時偕行。

象　曰：風雷，益。君子以見善則遷，有過則改。

總　論：此乃「巽宮」三世卦，屬七月。
納甲是庚子、庚寅、庚辰、辛未、辛巳、辛卯。如生於七月及納甲者，功名富貴人也！又二月至八月生者福重，餘月福淺。

其一：貴人暗相助，行藏且待時；莫愛花開早，須知結實遲。

其二：益損之三爻，見善則改遷；林鹿自春來，成榮多感慨。

其三：平地起雷聲，雲開月漸明；小人宜有恨，終又不相刑。

卦　理：闡釋損己益人的原則。有失必有得，有損必有益，損己益人，急公好義，必然使人喜悅，贏得讚美。施就是受，誠心誠意助益他人，必能獲得信任與支持。急難時向他人求助，並不違背原則，但應以適度誠信為根基。

風雷益卦、初九：利用為大作，元吉，無咎，下不厚事也！

詳　　解：此爻是報效於君，固多大有所為，而尤多善有所為也！

故 協 者：任大事，建大功，周悉萬全，而為經久之良圖。上有以益於君，
　　　　　下有以利於民。

不 協 者：亦有善行良才，安時處順，或大有作為，而小有耕作，而家興業
　　　　　舉。

歲運逢之：在仕必有遷擢。進取者必中大魁。
　　　　　且「大」字之義，為兆甚多，大夫、大師、大中是也。
　　　　　僧道則有大德、大師之說。庶俗則有大謀、大有、大稱之心義。

其一：乘時宜進用，大作可施為；得志亨衢上，功成自有期。

其二：大事可成榮，有益為無咎；雲內執鞭人，富在三秋後。

其三：風急上雲高，鵬程六翮秋；尺書天外至，名姓上鰲頭。

風雷益卦、六二：或益之，自外來也。十朋之龜，弗克違，永貞吉。王用享於帝，吉。

詳　　解：此爻是君臣受益之善者也！

故 協 者：虛中無私，良朋類集，上為君寵，下為民慶。或得王官，或得高
　　　　　年，或為配享。

不 協 者：守己奉上，活計長久，利官近貴，受用頗足。

歲運逢之：仕途榮遷。在士進取成名。商賈獲利，享祀獲福。

其一：不求元自益，龜策弗能違；根本岩裡祀，精神在此時。

其二：得損還有益，獲寶可榮歸；千里片帆遠，其中三雁飛。

其三：欲動還穩，可羨可求；水濱活計，名利得宜。

風雷益卦、六三：益之用凶事，無咎，有孚中行，告公用圭。

詳　　解：此爻是示以盡臣道而慰君心者也！

故　協　者：為忠臣烈士，必當為難而盡心竭力，有益於生民，有益於風教。考其「中字、公字、圭字」之義，而官職顯然矣！

不　協　者：操危慮深，動心忍性，出險為夷，易危為安，尊貴信用，福澤晚受。

歲運逢之：在仕朝貴大用，兵將立功。士子成名。選人改秩。庶俗獲利。數凶者，有非常之凶，官災最忌。

　其一：薰心憂事亦防危，有吉來言不必傳；一片石中逢巧匠，龍行佳報在身邊。

　其二：濟人於患難，孚信以中行；舉動皆由命，應無災咎生。

　其三：動還靜，靜還動；意非真，如春夢。

風雷益卦、六四：中行，告公從，以益志也！利用為依遷國。

詳　　解：此爻是人臣有益下之德，而君臣皆信之者也。

故　協　者：公平正大，建功立業，上得君寵，下副民望，而為一世之勳臣。

不　協　者：亦能幹辨遂意，創業維新。

歲運逢之：在仕責任之重，而得君寵渥。在士則得上人荐舉，而名可成就。在庶俗則有修造遷移之喜。訟者利官得伸。

　其一：桂子十分香，瓊瑤映玉堂；一朝乘快便，枝折看翱翔。

　其二：得中行正道，益下以為功；到處無相礙，何人不聽從。

風雷益卦、九五：有孚惠心，勿問之矣！元吉；有孚惠我德，大得志也！

詳　　解：此爻是益下者，而著其誠心應之機者也！

故　協　者：才獻足以輔國，利澤足以感民，功名利達，福祿豐盈。

不　協　者：亦厚仁存心，恩惠及物，有優遊厚福。或為僧道有聰惠之譽，或為商賈有惠我之利。

歲運逢之：在仕入要津逢明主。在士進取成名。在庶俗則營謀稱意。
　　　　　僧道住持，卑賤謁尊貴，多有知遇。

　其一：持竿江上鉤鰲魚，獲卻金鱗一顆珠；青雲一箭宜推轂，名利雙全祿自殊。

　其二：誠信施仁惠，何須問吉凶；德心休且逸，天道亦相從。

　其三：子結花成蕊，花開枯木枝；屋頭春意鬧，雙喜笑嘻嘻。

風雷益卦、上九：莫益之，偏辭也！或擊之，自外來也！立心勿恆，凶。

詳　　解：此爻是求人之益者，而至於或擊之，則人之抱怨者多矣！

故　協　者：貪財損物，圖名獲利，立心有恆，禍可苟免。

不　協　者：險詐利己損人，災禍並至，身家難保。

歲運逢之：在仕有貪謀之謫。在士有奪境之辱。
　　　　　在庶俗有利專取怨之禍，刑剋損傷之慘。

　其一：求益不知止，人情恐惡盈；立心無定止，外變忽然生。

　其二：遇益終無益，問津何處覓；旱海莫行船，何勞多費力。

　其三：當進逢凶，當退亡危；水邊木上，花殘月虧。

巽為風卦（四月、巽木、本宮卦）

兄弟	▅▅▅▅▅	辛卯
子孫	▅▅▅▅▅	辛巳
妻財	▅▅ ▅▅	辛未
官鬼	▅▅▅▅▅	辛酉
父母	▅▅▅▅▅	辛亥
妻財	▅▅ ▅▅	辛丑

上下皆巽「風」中存「離、兌」。風日交和，萬物悅順，在離明之地，照耀光華，風行令布，民皆悅服。君子申命行權，則為巽順之象。

巽為風卦：小亨，利有攸往，利見大人。

巽　　者：入也！一陰伏於二陽之下，其性能巽以入也！其象為風，亦取入義，以陰從陽，利有攸往，利見大人。

象　　曰：重巽以申命，剛巽乎中正而志行。柔皆順乎剛，是以小亨，利有攸往，利見大人。

象　　曰：隨風，巽；居子以申命行事。

總　　論：此乃「巽宮」本世卦，屬四月。納甲是辛丑、辛亥、辛酉、辛未、辛巳、辛卯。如生於四月及納甲者，功名富貴人也！在春夏長養為福重。

　其一：山頭顧我無青眼，水畔相親始有依；物小在初終大獲，到頭遇主得榮歸。

　其二：憂極樂還來，春陽一旦回；滿園桃李大，丹桂一枝開。

　其三：祕策勿輕傳，經成眾裡權；一朝風雨順，功業至掀天。

卦　　理：闡釋謙遜的道理。謙遜是做人應有的態度，唯有謙遜，才能進入他人心中，進入萬物之中，而被接納。謙遜是順從，而非盲從，必須擇善而從。謙遜並非優柔寡斷，更非自卑畏懼，當然也不是虛偽。

巽為風卦、初六：進退，志疑也！利武人之貞，志治也！

詳　　解：此爻是擬以不果之象，而因示以果斷之占者也！

故　協　者：沉潛而不能剛克，多文中成名，武中立功，業內出外，決意遠圖，
　　　　　　先逆後順。

不　協　者：自處卑下，進退無定，小小營為則可，大謀則招災害。農工商技，
　　　　　　亦棄本逐末，常得工人之力。

歲運逢之：在仕則宜右選。或有差除，進退不一，或有兼權，難中有易。在
　　　　　　士則利於武選，文選則有阻。在庶俗營為有得有失。數凶者，多
　　　　　　招疑謗。

　其一：進退忽生疑，由來利武威；榮身豈小蓄，車前三山岐。

　其二：進退莫猜疑，疑猜事莫諧；影端形自直，一舉花縴埃。

巽為風卦、九二：巽在床下，用史巫紛若，吉，無咎。

詳　　解：此爻是有得於臣道之純者，兩有以善之者也！

故　協　者：大德辯才，接人以謙，功名顯達，爵位崇高。
　　　　　　在貴人吉兆甚多，如「史巫」字義，有太史、御史之官，又得「中」
　　　　　　字義，有大中、中奉、給事中、中書省之類。

不　協　者：小小規模，或為巫醫僧道，心緒多端，卓利不一。

歲運逢之：在仕有遷除，非言路則在史館。士子成名。
　　　　　　庶俗則誠實感人，而謀圖利達。數凶者，有巫祝之祭。

　其一：心不未安寧，居尊莫慶卑；盡誠求懇得，吉慶保無危。

　其二：嘹亮賓鴻一隻飛，來家移向竹林西；漸中自有祿星至，隨帶重明
　　　　　滾地輝。

　其三：知者見先機，其中路不迷；日前為合意，曾免是和非。

巽為風卦、九三：頻巽之吝，志窮也！

詳　　解：此爻是不能巽者，故無以免其咎也！

故 協 者：過剛不中，無下人之資，挾人之勢，高焉而不能自卑，抗焉而不能自屈，志意窮極，為世所忌。

不 協 者：多適己自便，招釁啟尤，志驕意悍，窮迫難容。

歲運逢之：在仕有謫降之嗟。在士有損失之虞。在庶俗有窮困之厄。
宦途有差遣者，或再用，或兼幹，屢得屢失，羞吝難免。

　其一：先險防在前，順巽剛中吝；萬里泛巨舟，東北聲名震。

　其二：足趄趄，口囁嚅；無限意，竟成虛。

　其三：志窮非得已，顰蹙自憂煩；一到龍蛇日，因人事始全。

巽為風卦、六四：悔亡，田獲三品，有功也！

詳　　解：此爻是不見害於人，而因表其獲多取之功也！

故 協 者：清才美譽，柔順謙恭，或為三公大夫，大祀山川社稷之大祀；或為總制軍門，而有戰勝攻取之備。

不 協 者：亦先難後易，雖非仕路之賓，亦不失為田舍翁，豐衣足食，安樂自如。

歲運逢之：在仕人用或為邊閫，以總制三軍，或為祭酒。在士功名成就。
在庶俗獲利獲福。

　其一：稟令諫強暴，將相奏凱還；好風今借便，功業便掀天。

　其二：遇如水中善，田獲三品功；一陰始升後，雁侶各西東。

　其三：江海雨悠悠，煙波下釣鉤；六鰲連得獲，歌笑向中流。

巽為風卦、九五：貞吉，悔亡，無不利，無初有終，先庚三日，後庚三日，吉。

詳　　解：此爻是君德之未純，既舉其得正之功，復示其更化之善也！

故 協 者：驕偏以歸於正，損過以就乎中，思慮之深，謀為之審，謀猷難發於初年，功業終成於晚景。

不 協 者：先難後易，改祖外立，事見重疊，謀違反覆，雖不能大用，亦清譽結果。

歲運逢之：在仕雖有遷除，先阻後順。三日先後皆刻期之日，事有兼權。中正二字為官職之兆。其餘人謀望皆有轉移之方，無初有終。

士子成名，常人獲利獲福。

其一：圖前當慮後，揆度復叮嚀；舉事雖先阻，終須獲吉亨。

其二：常人安貞吉，危疑盡悔亡；兩庚申命令，權柄自然昌。

其三：鵲聲如報喜，燕語自傳情；百舌無人解，雖貞自苦貞。

巽為風卦、上九：巽在床下，上窮也！喪其資斧，正乎凶也！

詳　　解：此爻是過於巽者也！故失其陽剛之德以取凶。

故 協 者：心平氣和，謙恭足以服強暴，巽順足以服剛狠。雖不能見用於世，亦可以明哲以保身。

不 協 者：器識鄙陋，圖謀艱辛，凶災難除。

歲運逢之：在仕有罷軟之嗟。在士有上窮之損。在庶人吸損疾之虞。

但變得「井、上爻」之佳，凶中有救，絕處逢生，反有成功之喜。

其一：井濁不可食，喪斧失貞凶；園內花千朵，愁驚午夜風。

其二：過謙卑已甚，不斷失於剛；待至龍逢虎，依前再吉昌。

402

風水渙卦（三月、離火、五世卦）

父母 ▬▬▬▬▬	辛卯
兄弟 ▬▬▬▬▬	辛巳
子孫 ▬▬ ▬▬	辛未
兄弟 ▬▬ ▬▬	戊午
子孫 ▬▬▬▬▬	戊辰
父母 ▬▬ ▬▬	戊寅

上巽「風」下坎「水」中存「艮、震」。山下有雷，動搖草木，根枝不寧。但於坎險之中，雷動為難，雷聲阻險，不行奮發，發則物受其害。是卦也居爻行數，不吉反為災難，逢吉則為患難渙散之象。

風水渙卦：亨，王假有廟；利涉大川，利貞。

渙　　者：散也！下坎上巽，風行水上，離披解散之象，故稱「渙」也！

彖　　曰：渙，亨。剛來而不窮，柔得位乎外而上同。王假有廟，王乃在中也！利涉大川，乘木有功也！

象　　曰：風行水上，渙；先王以享於帝立廟。

總　　論：此乃「離宮」五世卦，屬三月。納甲是戊寅、戊辰、戊午、辛未、辛巳、辛卯。如生於三月及納甲者，功名富貴人也！

其一：莫將好事只如閒，切恐因循事不安；不戒履霜馴致後，堅冰散釋勢尤難。

其二：雙鳳翱翔入九霄，長江泛艇渡危橋；重防得處亦防失，山外青山可四繞。

其三：夢入天台路，登山事可期；異香春色好，重發舊花枝。

卦　　理：闡釋挽救渙散的原則。在豐盛安逸的環境，人心容易渙散，以致離心離德，風氣敗壞，必須及時拯救，應消除私心，革除弊端，順應時勢，先求安定，促成團結，再求穩定。

風水渙卦、初六：用拯馬壯，初六之吉，順也！

詳　　解：此爻是濟天下之渙，而得陽剛之助，而渙無不濟之者也！

故　協　者：有才有德，力於行道，進取多遇乎知己，有謀必得乎佳會，人心
　　　　　　歸服，國勢尊安。

不　協　者：亦容易起家，不甚勞力，出乘車馬，得人扶持。

歲運逢之：在仕升遷之速，有五馬戎馬之兆。在士有飛騰之應。
　　　　　　在庶俗得尊上提舉，而謀為皆遂。

　其一：有信傳家去，南征事想行；名利達通子，孚魚有黃金。

　其二：雲靜日當中，祥光到處通；道途逢快便，千里快哉風。

風水渙卦、九二：渙奔其機，得願也！悔亡。

詳　　解：此爻是所據得其地，而濟渙之心可慰矣！

故　協　者：有剛中之德當渙散之秋，趁機觀變，而匡濟之功可成；養銳畜威，
　　　　　　而興復之謀可就。先涉艱辛，後見平易。

不　協　者：必離祖奔逐，自營獨修。勤苦艱辛，初年失志。安靜豐泰，晚景
　　　　　　得願。

歲運逢之：在仕或為百僚之長。執權柄之重，登壇拜將，運籌帷幄。在士成
　　　　　　名，常人成家。謀望者合心，僧道受恩。數凶者，奔波失脫逃亡。

　其一：水行不利陸安貞，淺涉家人執折尋；霧起雲非風雨急，片航歸去
　　　　　恐傷心。

　其二：危獲安，理御氣；不須憂，終遂志。

　其三：時方當渙散，當有所依承；俯就知心事，危中事可憑。

風水渙卦、六三：渙其躬，志在外也！無悔。

詳　　解：此爻是人臣許身以濟難，斯無可咎者也！

故 協 者：矯偏以歸於正，損過以就乎中，不為一身之謀，而有天下之慮，上足以拯君之艱，下足以救民之溺，非小器淺量者比也。

不 協 者：遠親向疏，離祖業，立外基，無榮無辱，亦是近上之吉人，或為僧道，修心養性。

歲運逢之：在仕朝中者必轉遷外郡。進取者不利州縣，而外試則遂。有禍者厄必散，在國學者必出身，常人獲利。

其 一：柔順克其功，傾波遠邇通；神人助其力，楚地卻有終。

其 二：望鹿隔重山，高深漸可攀；舉頭天上看，明月出人間。

風水渙卦、六四：渙其群，元吉，光大也！渙有丘，匪夷所思。

詳　　解：此爻是有見於人臣尊主之象，而深致其許焉者也！

故 協 者：見識高遠，德大望重，散朋黨之私，立匡世之業，上膺君寵下一民心，信非常人思慮所能及。

不 協 者：亦才德出眾，有名有利，但多聚散不一，心持二思，志無定守。

歲運逢之：在仕為百官之長，或郡縣之主。在士則為超群而魁元可得。在庶俗先凶後散，謀望者合，求利者獲。數凶者，則不利，有丘葬之兆。

其 一：賓主兩同心，同心事可成；江風吹好夢，跨鶴上青雲。

其 二：大人利見，大川利涉；元吉前程，光大可決。

風水渙卦、九五：渙汗其大號，渙王居，無咎。

詳　　解：此爻是班王師而廣王澤，君道無添者也！

故 協 者：位高任重，道大德宏，威聲遠著於華夷，惠澤覃孚於九有。事功顯赫，福澤寬洪。

不 協 者：志大心高，好勝出眾，縱非富貴，亦有聲譽。

歲運逢之：在仕有升遷之榮。未仕者宜進取。有凶者散，求利者遂。蓋「王居」之「王」字有大魁、大拜、大夫、王公、起居舍人、正奏、正言之兆。

　其一：居尊施號令，在下若風從；險難隨冰釋，泰然和氣融。

　其二：不歸一，勞心力；貴人傍，宜助力。

　其三：一與童蒙告再三，王居無咎笑聲喧；好音送至雲霄路，萬里鵬程展翅天。

風水渙卦、上九：渙其血，遠害也！去逖出，無咎。

詳　　解：此爻是大臣兩有濟渙之功，斯無愧於臣道者也！

故 協 者：才大識廣，忠肝義膽；救天下之險難，拯斯民之陷溺。功成業就，祿重位尊。

不 協 者：度時而進，知機而退，遨遊遠方，卓立外郡，出險為夷，易危為安。

歲運逢之：在仕朝中者外選武將靖難。在士有出潛離隱之兆。在庶俗有出險就安之美。在訟獄者必散，在疾厄者必癒，在幽暗者必明。
　　　　　　數凶者，有血氣泣血之殃。

　其一：去血斯無咎，安居大可憂；桃花方結實，去計怕經秋。

　其二：遠之不傷，近之不律；相反相違，笑顏如泣。

風山漸卦（一月、艮土、歸魂卦）

官鬼	▬▬▬▬	辛卯
父母	▬▬▬▬	辛巳
兄弟	▬▬ ▬▬	辛未
子孫	▬▬▬▬	丙申
父母	▬▬ ▬▬	丙午
兄弟	▬▬ ▬▬	丙辰

上巽「風」下艮「山」中存「離、坎」。有日月之明，聰明光華，水行於險，艮又止之，風和日暖，適當其時，可使雨水施佈，以資生長之功。萬物受利，自此有成。君子得之，則為有漸之象。

風山漸卦：女歸吉，利貞。

漸　　者：漸進也！是卦止於下，而巽於上，為不遽進之義，有女歸之象焉。

彖　　曰：漸之進也！女歸吉也！進得位，往有功也！進以正，可以正邦也！其位，剛得中也！止而巽，動不窮也！

象　　曰：山上有木，漸；君子以居賢德，善俗。

總　　論：此乃「艮宮」七世卦名歸魂卦，屬正月。納甲是丙辰、丙午、丙申、辛未、辛巳、辛卯。如生於正月及納甲者，功名富貴人也！

其一：已達平安地，前途好進程；綠楊芳草地，風快馬蹄輕。

其二：幾度江邊釣，游魚未上鉤；瀟湘一片景，將久快心頭。

卦　　理：闡釋由停頓的狀態，邁步向前時，應採取漸進的原則。前進不可勉強，不可冒進，依據狀況，把握時機，腳踏實地，一步步循序向前邁進，動靜順乎自然，超脫世俗，不為名利所累，進退由心，此乃進之極致。

風山漸卦、初六：鴻漸於干，小子厲，有言，無咎。

詳　　解：此爻是不得所安，無其時而不能進者也！

故 協 者：清才賢德，入仕以漸而有序，非但登科及第，而且入言路，以為
　　　　　去好逐佞之臣。

不 協 者：亦起立生涯，自微積累，或涉艱辛，或憑口舌，如小子之行不躐
　　　　　等。

歲運逢之：在仕多做正言，或條陳利害，或上本諫諍，而為文訟論謫。在士
　　　　　無應援汲引之人，而進取阻於時。在庶俗多遭其窮厄，而謀為不
　　　　　阻。

　其一：養志在林泉，休聽讒佞言；如雲浮白日，君子道彌昌。

　其二：心危事不危，路險人不險；雲散月重圓，水落舟泊岸。

風山漸卦、六二：鴻漸於磐，飲食衎衎，吉。

詳　　解：此爻是安於祿位之隆，而深信其所遇者也！

故 協 者：才高德重，足以措國家於磐石之安，納君民於和衎之樂，富貴其
　　　　　長久，福澤極其深厚。

不 協 者：亦飽暖衣食，為良善之士，或逸而處於岩穴，或散而遊於江湖。

歲運逢之：在仕或食祿祭酒之職。在士為鹿鳴瓊林之宴。在庶俗為金谷庖廚
　　　　　之事。無往不利，隨處皆安。

　其一：盤桓不容進，一進徹青雲；自有天書詔，何憂不祿身。

　其二：閬苑一時春，庭前花柳新；鵲聲傳好語，草木亦忻忻。

風山漸卦、九三：鴻漸於陸，夫征不復，離群也！婦孕不育，失其道也！利禦寇，順相保也！

詳　　解：此爻是不得所安，無其德而不能進者也！

故 協 者：有兼人之勇濟世之才，文中成名，武中有功，但艱於妻子之為尤。

不 協 者：離祖外居，去文就武，自高自大，親鄰寡合，妻子刑剋，做事乖違。

歲運逢之：在仕有謫貶之憂。在士有阻滯之虞。
　　　　　在庶俗有驚恐之患，人情不睦，盜賊侵害。

　其一：征鴻二箭中，旅雁不曾歸；水畔人悲泣，山前一子微。

　其二：花結雨泥中，摧殘照夜風；幽窗休嘆息，可在夢魂中。

風山漸卦、六四：鴻漸於木，或得其桷，順以巽也！無咎。

詳　　解：此爻是遇暴而得所安，斯可以無虞者也！

故 協 者：德重能謙，位高能讓，平生安樂，保無傾虞。

不 協 者：生計艱苦，常見憂懼，去留無定，恭儉自約，晚有受用。

歲運逢之：在仕有強暴難制之嗟，遷除無定，兼用不一。在士秋試可望，或
　　　　　發解。在庶俗利於修造，家給人足而無驚憂之虞。

　其一：柔順居貞立處遷，重山好處又團圓；桃李枝頭重掇蕊，利名成就菊花鮮。

　其二：欲捉月中兔，須愁桃李梯；高人相接引，雙喜照雙眉。

風山漸卦、九五：鴻漸於陵，婦三歲不孕，終莫不勝，吉！得所願也！

詳　　解：此爻是進得君位之正，終得賢臣之助，而成治功者也！

故 協 者：才高德厚，功名難發於青年，爵祿終膺於晚景。

不 協 者：有清譽而處於岩谷，足衣足食，志願晚遂，嗣續晚成。

歲運逢之：在仕多招謗議，先暗後明。在未仕者始失後得。在常人先阻後順。老或損壽，少或難養。數凶者，有葬丘陵之兆。唯正月生人，主大富貴。

其一：九五最高位，丘陵也見高；且須離犬吠，順水一帆風。

其二：蟠桃一果結方成，乃是神仙多眷屬；剛健東風柳絮枝，人人笑裡奴眉蹙。

其三：久否未通泰，前途漸坦夷；終須偕素願，折取最高枝。

風山漸卦、上九：鴻漸於逵，其羽可用為儀，吉！不可亂也！

詳　　解：此爻是超乎人外者也！

故 協 者：有德有言，居上可法，道義可尊，或為一世之表儀，或為四方之師表，高下欽仰遐邇皆服。

不 協 者：多為羽衣僧道之流，而功名付於度外，或為翼從之輩，而富貴難享。

歲運逢之：朝臣大拜，足為天下儀刑。士子成名，有一飛沖天之兆。在庶俗得人提舉，而謀為卓然，禍患不侵福澤永崇。

其一：人存清遠志，脫跡離塵埃；萬里人扶上，端為廟廊材。

其二：鴻漸雲逵陸，蟠桃品結成；流芳當舊舉，像吉女歸貞。

其三：事足心不足，心安事不安；一場歡喜事，不久出重關。

風地觀卦（八月、乾金、四世卦）

妻財 ▬▬▬▬	辛卯
官鬼 ▬▬▬▬	辛巳
父母 ▬▬ ▬▬	辛未
妻財 ▬▬ ▬▬	乙卯
官鬼 ▬▬ ▬▬	乙巳
父母 ▬▬ ▬▬	乙未

上巽「風」下坤「地」中存乎「艮、坤」。地之上有山，積為垣牆之義，成高大之勢，山地之上又得巽風為之扇揚，高大光厚，威儀盛美，必有可觀者焉。君子得之，則為壯觀之象。

風地觀卦：盥而不薦，有孚顒若。

觀　　者：有以示人而為人所仰也！內順而外巽也！

象　　曰：大觀在上，順而巽，中正以觀天下。觀，盥而不薦，有孚顒若，下觀而化也！觀天之神道，而四時不忒，聖人以神道設教，而天下服矣！

象　　曰：風行地上，觀。先王以省方，觀民設教。

總　　論：此乃「乾宮」四世卦，屬八月。納甲是乙未、乙巳、乙卯、辛未、辛巳、辛卯，借用癸未、癸巳、癸卯。如生於八月及納甲者，功名富貴人也！

　其一：上觀民教下辨民，樂以忘憂物外天；西北有音來報祿，中天明月又重圓。

　其二：弓滿定穿楊，登樓侑一觴；酉中還失足，於我又何妨？

　其三：安身利處行，觀風察俗情；秋來聞拮括，見虎不須驚。

卦　　理：闡釋觀與瞻的道理。在上者對外要觀察輿情，民間疾苦，有所作為；展示道義於天下，才能得人民的信仰與尊敬；對內要觀察自己的言行作為，不斷地反省檢討，至於至善。在下者要瞻仰上位者，督促其作為，不可偏離正道，相互觀察，以求理想。

風地觀卦、初六：童觀，小人無咎，君子吝。

詳　　解：此爻是無德不足以近君者也！

故　協　者：主幼性敏穎，習於童科亦可賴一研以聊生。

不　協　者：縱有利名，所見淺狹，所為鄙吝，習於下流，不能設施大事。

歲運逢之：在仕艱難，地位窄狹。在士進取遷回。在庶俗謀速應遲。弄巧成
　　　　　　拙，蒙而無見之童也。防小人暗昧之事。

　其一：君子當時舉，重山更悔多；見歡忌悲哭，愁起奈如何！

　其二：野鬼張弓射主人，睛中一箭膽魂驚；忽然紅日浮滄海，照破虛空
　　　　　事不成。

　其三：觀望求為益，終須無悔尤；未能多識見，君子反貽羞。

風地觀卦、六二：闚觀，利女貞，亦可醜也！

詳　　解：此爻是志卑而不能遠觀者也！

故　協　者：淺才薄德，卑職小官，暫獲安寧，終見醜拙。或得陰貴，或得富
　　　　　　婦助力。若女命則有福有壽。

不　協　者：局量淺見，鄙陋生計。

歲運逢之：則有才力不及之嗟。在士有文理欠通之失。在庶俗之在家則暗，
　　　　　　在外則明。或憂或喜，或因婦人事起醜惡。大抵宜動不宜靜，此
　　　　　　爻係女喜男悲。

　其一：婦守柳花喜回春，佳人執箭在侯門；雲梯欲上未能上，危險方知
　　　　　眼底分。

　其二：卦體俱柔順，唯宜利女貞；達人當大顯，窺視豈剛明？

　其三：明中人，暗中人；明暗兩關心，花殘子又成。

風地觀卦、六三：觀我生，進退，未失道也！

詳　　解：此爻是審於進退，得守己之正者也！

故 協 者：進德修業，及時而行，建功利勳，而無所阻塞，乃明哲之貴人。

不 協 者：乍進乍退，志向不定，卓立艱難。

歲運逢之：在仕進退無常。在士爭奪不一。

　　　　　在庶俗得失無定。更宜詳審而行，知難而避。

　其一：進退不妨，去往不決；審時而行，知難而退。

　其二：親友來相慶，金珠復倍常；歌聲遍阡陌，風快有歸帆。

　其三：雙燕銜書舞，指日一齊來；寂寞淹留客，從茲下釣台。

風地觀卦、六四：觀國之光，尚賓也！利用賓於王。

詳　　解：此爻是際君之盛，而示以從王之義者也！

故 協 者：才至德備，柱石於朝廷，禮樂典刑，無不在於監察之下。

不 協 者：亦清譽高才，為世矜式，或為諸侯上客。

歲運逢之：在仕或居內台內翰清高之地。在士必擢科而觀光上國。在庶俗則
　　　　　有出商外賈之兆，而獲大利。「觀、光、賓」三字或為官職姓名
　　　　　而言也！

　其一：人藏霖雨淹絲綸，幾度花開不改春；云內文書成國器，欲觀變化
　　　　　在逡巡。

　其二：任逢多顯達，得志在亨衢；所用應多吉，門庭慶有餘。

　其三：事正要記，心正可約；眼底心中，無差無錯。

風地觀卦、九五：觀我生，觀民也！君子無咎。

詳　　解：此爻是人君自審以為治，斯於君無愧者也！

故 協 者：以己之中正，化天下之不中不正，乃重望厚德之賢臣。

不 協 者：亦中正君子。生字之義，為不孤，為有壽。

歲運逢之：在仕則致君澤民之有道，而爵祿崇高。在士則為國學生，而文章
　　　　　冠世。在庶俗則有生涯之計，而利日沾。
　　　　　在婦人則有生育，在病者，則有生命之兆也！

　其一：觀民先審己，己正以治人；上下皆相化，斯為大吉亨。

　其二：君位剛居吉，名成利亦通；如魚游遠水，山外有清峰。

　其三：雲靉靆，月朦朧；一雁在雲中，殘花謝晚風。

風地觀卦、上九：觀其生，志未平也！君子無咎。

詳　　解：此爻是反身以自治，斯可以為民表者也！

故 協 者：有大才德，高出一世之上，可以為民之表儀，而仰其德者，知所
　　　　　興起，不失為賢人。

不 協 者：其中郁郁不伸，乃清修之吉人，而未能發洩。

歲運逢之：在仕宜退，而修省以自得。在士則進取艱難，而志有未平。
　　　　　在庶俗則營謀阻滯，而心不足。但病者則得生，有孕者利於生育。

　其一：高眼垂青處，幽居必見貞；一封書錦字，千里去帆輕。

　其二：君子能觀省，修身克盡誠；不觀心自化，心志始安平。

　其三：去就疑遲，進退不定；到了依然，許多爭竟。

水天需卦（八月、艮土、遊魂卦）

妻財	▅▅ ▅▅	戊子
兄弟	▅▅ ▅▅	戊戌
子孫	▅▅ ▅▅	戊申
兄弟	▅▅▅▅▅	甲辰
官鬼	▅▅▅▅▅	甲寅
妻財	▅▅▅▅▅	甲子

上坎「水」下乾「天」中存「離、兌」。日月之明，主為人聰明智慧。日在於天，正當光耀，雨澤又自天而下，日為雲所蔽，欲待雲收雨散，方著其明。需者，待也，有儒者席珍待聘之義。君子得之，則為待時之象。

水天需卦：有孚，光亨，貞吉，利涉大川。

需　　者：待也！以乾遇坎，乾健坎險，以剛遇險，而不遽進以陷於險，待之義也！

彖　　曰：需，須也！險在前也！剛健而不陷，其義不困窮矣！需有孚，光亨，貞吉。位乎天位，以正中也！利涉大川，往有功也！

象　　曰：雲上於天，需。君子以飲食宴樂。

總　　論：此乃「坤宮」六世卦名遊魂卦，屬八月。
納甲是甲子、甲寅、甲辰、戊申、戊戌、戊子，借用壬子、壬寅、壬辰。若生於八月納甲之年者，富貴命也！需要元數歸元卦，爻拈吉者應。

其　一：胡僧引路未相通，始見豐姿便應龍；聞說垂陽蒼翠候，騎龍御馬到仙宮。

其　二：得信方通棹急流，前途先塞後途憂；候人執箭楊邊立，此去亨衢得志秋。

其　三：有道須逢泰，先防一女災；思鄉人未到，愁亦慮傷懷。

卦　　理：闡釋當草創時期，仍動盪不安，危機四伏，往往狀況不明，或面臨危險，必須等待時機的原則。等待需要恆心與耐心，恆心與耐心來自信心，信心源自純正的信念。在不得不等待，必須等待的時刻，不可急躁妄進，應當冷靜，運用柔的法則，因應變化，方可化險為夷。

水天需卦、初九：需於郊，不犯難行也！利用恆，無咎，未失常也！

詳　　解：此爻是有遠險之象，而示以不變之占者也！

故　協　者：清廉公正而為冷淡之官，郊處巡捕之職。

不　協　者：隱處山林，隨分衣祿，毀譽喜怒之不事。

歲運逢之：在仕則守常職，而黜陟不加。在士則宜從外路雖有造就而志意不愜。

　　　　　　經營者守舊安常，災不犯而禍不做。如數空者，葬於郊野。

　其　一：見險雖難退，暫休且喜安；離明聽北角，天外見飛鸞。

　其　二：過盡前灘與後灘，前灘縱險不為難；一朝若得清風便，相送扁舟過遠山。

　其　三：需須宜且待，欲速反為災；守靜方無咎，安常福自來。

　　注：如數空者：參評歌訣有空缺者之意。

水天需卦、九二：需於沙，衍在中也！雖小有言，以終吉也！

詳　　解：此爻是擬人臣初進之象，先難而後獲者也！

故　協　者：必有貴人「沙」字之義在文則宰相而行沙堤，在武則將軍而行沙塞。

　　　　　　「言字、中字」吉兆甚多。

不　協　者：奔走江湖遊談鼓舌，或年幼知書，晚景獲福。

歲運逢之：在仕則入言路正論，或阻於邪議。在士則考較必遭言責，終可免身辱之危。在庶俗必主以是非卑幼爭訟之擾。

　　　　　　大抵宜寬緩以待人，則百結不辨而自明。

　其　一：欲進不防危，安居必慮之；桃開際祿會，花發不違時。

　其　二：險難將相及，剛中且待時；浮言雖小害，終是吉無疑。

水天需卦、九三：需於泥，災在外也！自我致寇，敬慎不敗也！

詳　　解：此爻是身近於險，而著其自取者也！

故　協　者：雖有利名，常見憂愁，區區然而不出乎塵。

不　協　者：性習剛強，身遭險陷，忠言不聽，妄語見信，而碌碌於叢棘之中。

歲運逢之：在仕必遭貶逐，而自始伊戚。在士必受恥辱，而無以自拔。
　　　　　在庶俗宜防寇盜失奪之嗟。行舟者被水厄。

　其　一：戶要牢關，物宜謹守；休往休來，終為長久。

　其　二：有阻亦有節，先憂見後昌；水邊難退步，進步不相傷。

　其　三：用剛求速進，寇盜自先招；謹慎終無敗，災消禍亦消。

水天需卦、六四：需於血，順以聽也！出自穴。

詳　　解：此爻是能遠於害者也！

故　協　者：必為正人，有才有德，觀變知機，出險為夷，而身家可免傾危之
　　　　　患。

不　協　者：主違親向疏，出家作旅，幼失恃怙，老倚富豪。下則為奴婢使令
　　　　　之人。

歲運逢之：在仕則能全身遠害，而寵辱不加。在士則國學者可出身以成名，
　　　　　府州則不得志矣。在庶俗則傷害去，而平復之有漸。囹圄者散，
　　　　　久淹者伸，旅處者無羈絆。數凶者，則靜中退步，閒中生鬧，或
　　　　　爭競鞭刑，或血蠱產難或憂長上或損嬰兒。

　其　一：進不穩，退便休；宜守宜順，可望可求。

　其　二：君子終升小人阻，提防征戰主離苦；前頭自有吉人迎，信在白羊
　　　　　成一楚。

水天需卦、九五：需於酒食，貞吉，以中正也！

詳　　解：此爻是久於其道，而化成者也！

故 協 者：必大貴人，而功名無阻。「中正」二字之義，官職多端。

不 協 者：亦是金谷豐盈，安靜享福，次則為飽暖之人。

歲運逢之：在朝廷則有食邑榮生。在士則有御宴飲食之加。在庶俗則，必有
　　　　　　栗帛婚姻之喜。「中」字大中，中書，中順。「正」字即奉正言
　　　　　　正，即正拜正字。

　其一：所需今已得，有欲盡從心；宴飲耽和樂，居亨吉慶臨。

　其二：風閣鸞台去有家，亨衢進退莫咨嗟；桃溪咫尺青雲路，便見東風
　　　　　可散花。

　其三：久歷撐波艇，乘風得到瀛；太平身職起，目下有來音。

水天需卦、上六：入於穴，有不速之客三人來，敬之，終吉！
雖不當位，未大失也！

詳　　解：此爻是加敬於非意之來，而險可出者也！

故 協 者：多為儒者，先勤後怠，早年銳志功名，晚歲棲身岩穴，親賢接善，
　　　　　　無不順承。

不 協 者：處順安常，卑牧謙恭，而得好人拔舉，可以出危為安，易險為夷。

歲運逢之：在仕則入內京，謹防讒邪之厄。在士則入國學，謹避疑之損。在
　　　　　　庶俗則入幽谷，謹防愴悴之患。大凡要能謹慎，則久憂得散，久
　　　　　　淹得伸。
　　　　　　數凶者，輕則係縲絏，重則埋丘冢。

　其一：人立危橋下，舟行起怒濤；兢兢未登地，思慮轉煎熬。

　其二：期會三人至，成榮自敬之；得全名利日，恩澤四方施。

　其三：先是身悲險，那逢意外憂；待客宜敬順，終吉免他求。

水澤節卦（十一月、坎水、一世卦）

兄弟 ▬▬ ▬▬	戊子
官鬼 ▬▬▬▬	戊戌
父母 ▬▬ ▬▬	戊申
官鬼 ▬▬▬▬	丁丑
子孫 ▬▬▬▬	丁卯
妻財 ▬▬▬▬	丁巳

上坎「水」下兌「澤」中存「艮、震」。山下之雷聲一動，蟄蟲皆伸出露其狀。而又得水澤以潤之，物皆受其利，必有成功之日。造化至此，萃露於中，又為民所遏方欲升進艮又止之，凡事多阻。

君子得之則為阻節之象。

水澤節卦：亨，苦節，不可貞。

節　者：有限而止也！是卦下兌上坎，澤上有水，其容有限，故稱節。節固自有亨道矣！

彖　曰：節，亨，剛柔分，而剛得中。苦節不可貞，其道窮也。說以行險，當位以節，中正以通。天地節而四時成，節以制度，不傷財，不害民。

象　曰：澤上有水，節；君子以制數度，議德行。

總　論：此乃「坎宮」一世卦，屬十一月。納甲是丁巳、丁卯、丁丑、戊申、戊戌、戊子。如生於十一月及納甲者，功名富貴人也！

其　一：一鴻天下孤飛翼，花有明香月有斜；滿園桃李無結實，一枝驚綴入秋葩。

陽訣：前途險阻不堪行，順處安身道乃亨；守節操心無過慮，須知樂處恐交爭。

陰訣：歡樂中生禍，驕淫罔克終；節貪並謹事，守靜卻無凶。

卦　理：闡釋節制的原則。節制是美德，盲目突進就有危險，慾望無窮難以滿足，必須節制使其不逾越常規；但節制過與不及，都將造成傷害，必須恰如其分。節制應順其自然，不可勉強，應以中正德行，以身作則，倡導於先，蔚為風氣。極端節制，必阻塞不通，違反常則，反而造成反效果。

水澤節卦、初九：不出戶庭，知通塞也！

詳　　解：此爻是因時以自守，斯無枉道之辱者也！

故 協 者：學足而貫古今，識廣而知通塞，顯仕則不出於內京，或為門下平
　　　　　章，或戶部，或內翰，次則不出於州縣，以理人丁戶口之任。

不 協 者：或謹守正道，不爭不竟，或拙守祖業，無災無害。

歲運逢之：在仕入朝中者不出外郡，閒居亦不遷。士人進取不利。常人守舊。
　　　　　數凶者，有坎陷之兆。

　　其一：戶庭不出姓名香，久滯林中未見傷；如待四方重照日，直持節往
　　　　　西北方。

　　其二：深居宜簡出，可免禍來侵；有貴知通塞，時行則可行。

　　其三：真假莫辯，曲直莫分；動則宜止，靜則宜奔。

水澤節卦、九二：不出門庭，凶！失時極也！

詳　　解：此爻是守己昧時，而深著其不善者也！

故 協 者：有才而不知設施，遇時而不知進取，懷寶迷邦，潔身亂倫。

不 協 者：鄙吝拘苹，不通人情，困守無為，難免尤悔。

歲運逢之：在仕有失持之厄。在士無援引之人而難於進取。在庶俗有不通之
　　　　　禍。
　　　　　有謀者當幹不幹，居家者當出不出。大抵宜動不宜靜，不出門故
　　　　　也。

　　其一：門庭不出禍尤生，夜雨淋漓草木寒；兔走泥堆遠近逐，水邊女立
　　　　　倚欄杆。

　　其二：時進須當進，遲疑卻反凶；前途逢貴援，節止自相通。

　　其三：休眷戀，奔前程；終鬧亂，失門庭。

水澤節卦、六三：不節若，則嗟若，無咎。

詳　　解：此爻是不能節，以自致其憂者也！

故 協 者：雖居位食祿，但不能節以制度，未免傷財害民，而自貽悲戚。

不 協 者：專行邪媚，躐等犯份，衣食無餘，終遭阻滯。

歲運逢之：在仕有窮奢極欲之厄。在士有不恆其德之羞。在庶俗有費出不經
　　　　　之嗟。

　其一：先嗟後笑，敗屋重修；有個木君，扶時在秋。

　其二：笑裡要提防，歌聲不久長；機謀須是謹，方可免災殃。

水澤節卦、六四：安節之亨，承上道也！

詳　　解：此爻是大臣能順其君，而輔治之功成矣！

故 協 者：則君以自治而不忘乎憲章之法；事君以自顯，而不忘乎效順之節。
　　　　　名位於是乎永保，福祉於是乎永綏。

不 協 者：亦平生安穩而無傾覆之患。在婦人能任承夫子以克家。

歲運逢之：在仕或上承天寵，下撫八方，節制承直承務。女子或為安人節婦。
　　　　　在士有尊王章之喜，而名可成。在庶俗奉公承上，而福可獲。

　其一：立身從儉約，財祿自豐盈；安節常能守，施為盡吉昌。

　其二：守節應君求，前程遇鹿宜；上安貞姤事，貞侯應佳期。

　其三：用則行，捨則藏；一鹿出重關，佳音咫尺間。

水澤節卦、九五：甘節，吉，往有尚，居位中也！

詳　　解：此爻是能安節之善而兩有，以嘉其占者也！

故 協 者：制度數，議德行，推之無不准，動之無不化，事功顯立於當時，
　　　　　名譽昭垂於千古。

不 協 者：不爭不竟，不奢不華，樂道安貧，謹身節用。

歲運逢之：在仕則遷擢。其「節字、中字、居字」為節制、起居、大中之類。
　　　　　未仕者有上達之美。在庶俗謀望遂意。

其一：安居君位尤奇特，東海相逢月半缺；前途若遇大威權，夜雨消疏
　　　紅葉落。

其二：喜鵲噪孤枝，何愁是與非；燈花傳信後，穩步上雲梯。

水澤節卦、上六：苦節，貞凶，其道窮也！

詳　　解：此爻是節之大甚，而自招尤者也！

故 協 者：恭儉自持，廉潔自守，省費以示天下之朴，崇閒以節天下之流。
　　　　　雖若拂乎人情物理之宜，亦不至傷財害民之嗟。

不 協 者：鄙吝之徒，縱有先業，不知變通，人情寡合，悔尤難逭。

歲運逢之：在仕有過執之尤。在士有過疑之嗟。在庶俗有失度之愆。
　　　　　求名望利皆無益，老者不利壽。

其一：物當窮則變，事極貴能通；苦節常貞守，因循反致凶。

其二：樂極須悲，貞凶可忌；一日悔亡，鼠行牛地。

其三：事不美，休懷疑；人在車上，船行水底。

水火既濟（一月、坎水、三世卦）

兄弟	▇▇	▇▇		戊子
官鬼	▇▇▇▇▇			戊戌
父母	▇▇	▇▇		戊申
兄弟	▇▇▇▇▇			己亥
官鬼	▇▇	▇▇		己丑
子孫	▇▇▇▇▇			己卯

上坎「水」下離「火」中存「離、坎」。有日月之明存乎其中，水在火上，下發其焰，鼎沸物熱，事無相違，中存互體，即亦如此。水能浣濯而清潔，火能照耀而光明。二氣相感，以成其功。

君子得之，則為既濟之象。

水火既濟：亨，小利貞。初吉終亂。

既　　濟：事之既成也！是卦水火相交，各得其用，六爻之位，各得其正。故稱既濟焉！

象　　曰：既濟亨，小者亨也！利貞，剛柔正而位當也！初吉，柔得中也！終止則亂，其道窮也！

象　　曰：水在火上，既濟；君子以思患而豫防之。

總　　論：此乃「坎宮」三世卦，屬正月。納甲是己卯、己丑、己亥、戊申、戊戌、戊子。如生於正月及納甲者，功名富貴人也！

**　其一**：治安方自亂，通泰忌生屯；小利貞西北，花新日又明。

**　二陽**：仙舟已到綠陽堤，險難今經已別離；福去禍來終不錯，不須回首預前期。

**　三陰**：莫待祿高榮，須思禍與凶；預防兼早備，方可保初終。

卦　　理：闡釋功成名就，盛極必衰，乃必然現象的道理。本卦既濟，陰陽各居本位，看似功成名就，但占斷卻不吉祥。盛極必衰，物極必反，乃不變的法則。

水火既濟、初九：曳其輪，濡其尾，無咎。

詳　　解：此爻是兩擬其謹始之象，而因善其占者也！

故 協 者：制治於未亂，而邦家可以享無疆之休；固存於未忘，而社稷可以
　　　　　獲無虞之慶。功業傳茂，爵位崇高。

不 協 者：心明志巧，進退無定，機會多遲，名利無實。

歲運逢之：有職未受，有位未登，營為進取，欲動未動，將濟不濟，謹戒俟
　　　　　時，安保無虞。

　　其一：時方雲既濟，遽進卻非宜；思慮唯能謹，災消吉自隨。

　　其二：鹿逐雲中出，人從日下歸；新歡生臉下，不用皺雙眉。

　　其三：推車濡尾，無咎可憂；千里人行，既濟孤舟。

水火既濟、六二：婦喪其茀，勿逐，七日得，以中道也！

詳　　解：此爻是有其德而不見用之象，而因示以守重之道者也！

故 協 者：德蘊於己，足以為黼黻皇猷之治。道積厥躬，足以為旋張治具之
　　　　　本。始雖難行其道而志願未遂，終必會逢其適而功名晚成。

不 協 者：識見有定，執守有常，早歲郁抑艱難，老年衣食豐足。

歲運逢之：在仕有先逆後順之美。在士有先失後得之佳。在庶俗有先難後易
　　　　　之休。數凶者，有喪亡之兆。

　　其一：時雖雲可濟，欲速即難成；真固宜長守，時行則可行。

　　其二：虛雷無雨過，有雨不沾衣；到頭成一笑，目下未開眉。

　　其三：月出雲遮晦，雙飛失伴迷；七辰頭上得，門戶自生光。

水火既濟、九三：高宗伐鬼方，三年克之，憊也！小人勿用。

詳　　解：此爻是擬以行師之象，而示以任將之道者也！

故 協 者：才猷雖蓄於自素，功效則難於速成，大則為將帥之職，小則為督
　　　　　捕之任。

不 協 者：率意妄為，欺公罔上，不用則怨生，用之則驕盈，好爭喜頌，力
　　　　　疲財匱。

歲運逢之：在仕有差遣征伐之舉。在士進取有久而後克之嗟。
　　　　　在庶俗有結怨爭訟之損。

　其一：有祿自天來，伐鬼三年災；追求在斗地，一進一退財。

　其二：入而易，出而難；淹淹利再三，交加意不堪。

水火既濟、六四：繻有衣袽，終日戒，有所疑也！

詳　　解：此爻是大臣思患而預防之，可以得保治之道者也！

故 協 者：圖危於安，而驚天動地之謀既無所不用其極；制亂於治，而戒謹
　　　　　恐懼之念無所不制其全。富貴可保於無虞，福澤可享於悠久。

不 協 者：亦不失為謹厚之士，多疑多慮，防虞杜怨，衣食充足。

歲運逢之：在仕有預防之計，而爵祿穩固。在士養之有素，而進取無辱。
　　　　　在庶俗有活計有備用，而無傾覆之危。行舟者，有隙漏之驚。

　其一：事雖云既濟，尤慮吉成凶；戒謹勤終日，方能保始終。

　其二：有功無祿位，有祿無印權；好戒退一步，附勢去分歡。

　其三：落花滿地亂交加，一點中心事若麻；若得高人相引後，春風桃李
　　　　又開花。

水火既濟、九五：東鄰殺牛，不如西鄰之禴祭，實受其福，吉大來也！

詳　　解：此爻是人君處時之過，不如人臣得時於下者也！

故 協 者：周思遠慮，而事不敢以輕動，持盈守成，而法不敢以輕變。
　　　　　既濟之業可保於無虞，大有之福可享於無彊。

不 協 者：多務華靡而少誠實，終無益於世教，損物害人，身家難全。
　　　　　唯山林幽客，可受其福。

歲運逢之：在仕必居宗廟祭祀之職，而有過時招尤之失。未仕者有從事失時
　　　　　之厄。在庶俗謀遠則成虛，謀近則有實。謀望者不利東方，而利
　　　　　於西也。

　其一：積德施功有子孫，殺牛祭祀及西鄰；利名兩字成員日，回首山前
　　　　萬物新。

　其二：禮薄將誠意，施為貴適宜；自然蒙福佑，凡事在先施。

　其三：擬欲求東卻往西，精神用盡事迍迍；到底可求並可望，秋風黃菊
　　　　綻東籬。

水火既濟、上六：濡其首，厲！何可久也！

故 協 者：安而不忘危，治而不忘亂，天命永固，人心永懷，而既濟之業不
　　　　　致於終亂。

不 協 者：志高意滿，恃才妄為，天慶人怨，喪亡無日。

歲運逢之：在仕有過高則折之厲。在士有沉溺難進之危。在庶俗有小人濡梁
　　　　　之患。行舟者防溺水之患。

　其一：更改事相宜，閒言有是非；切須防暗箭，獨見早思維。

　其二：小舟防滯患，秋木忌凋殘；踏遍千人市，兵戈一頃間。

　其三：心事望團圓，心堅事未全；一枝枯木上，花落又還鮮。

水雷屯卦（六月、坎水、二世卦）

兄弟	▅▅▅ ▅▅▅	戊子
官鬼	▅▅▅▅▅	戊戌
父母	▅▅▅ ▅▅▅	戊申
官鬼	▅▅▅ ▅▅▅	庚辰
子孫	▅▅▅ ▅▅▅	庚寅
兄弟	▅▅▅▅▅	庚子

上坎「水」下震「雷」中存「艮、坤」。雷在地中，復未為亨通。震雷發動，水澤方施，又為坎陷所逼，君子得之，則為屯蹇未亨之象。

水雷屯卦：元亨利貞，勿用，有攸往，利見侯。

屯　者：難也！物始生而未通之意。以震遇坎，乾、坤始交而遇險陷，震動在下，坎險在上，動乎險中也！

彖　曰：屯，剛柔始交而難生，動乎險中，大亨貞，雷雨之動滿盈，天造草昧，宜建侯而不寧。

象　曰：雲、雷、屯，君子以經綸。

總　論：此乃「坎宮」二世卦，屬六月。納甲是庚子、庚寅、庚辰、戊申、戊戌、戊子。如生於六月及納甲者，功名富貴人也！
又二月至八月得其時者，為福厚，餘月得此，則勿用有攸往。

一陰：逢屯好展經綸手，遇敵方知政治通。進步悔生多不足，危前守後有春風。

二陽：施設不須多，提攜出網羅，一登平穩地，從此少風波。

卦　理：闡釋天地草創，秩序尚未建立，混亂不安的苦難時期，也是英雄豪傑見功立業的大好時機。此時充滿危機，必須富貴不淫，貧賤不移，堅定純正信念，知道取捨，方有安身立命之機。

水雷屯卦、初九：磐桓，利居貞，利建侯，志行正也！以貴下賤，大得民也！

詳　　解：此爻是屯難之時，進則為民，退則守己。

故　協　者：當位至公侯職居藩門。但恐非太平之時，必在險要之地。

不　協　者：雖守己居正，亦有威權而為人望，但處事遲疑而少果決。

歲運逢之：在仕則職修而有顯越之選。在士則從貴而有建明之義。在庶俗則安常守份而無躁動之虞。大抵事事宜當審擇，躁妄則屯。女命則為良婦而興家。

　　其一：不當進步且盤桓，一得民心含此章。駐馬問人溪上事，水中還有萬人觀。

　　其二：守不失，求不成。近謀遠遂，貴客通津。

水雷屯卦、六二：屯如邅如，乘馬班如，匪寇婚媾。女子貞不字，十年乃字，反常也！

詳　　解：此爻是進之有累，後之有道者也！

故　協　者：先孤而後不孤，先困而後不困，或為鄉里善士，巖穴幽人，守節之女，甘貧之士。

不　協　者：圖遠忘近，違親向疏，雖得尊上取用，而招下猜疑。

歲運逢之：在仕則取班改職，必致五馬之榮，或御兵寇而權柄日盛。
在士則進取蹉跎。在庶俗則有婚嫁交締之美。
男女生之數凶者：主辭訟勾連，程途阻滯，進退不決，而迍邅不遂矣。

　　其一：屯難緣來已十年，一朝反本便更遷。婚姻不利謀斯卜，有個佳音在水邊。

　　其二：事遲志速，尚且反覆。等閒家間，花殘果熟。

　　其三：迍邅方不利，欲進阻前程。凡事宜求緩，婚姻久乃成。

水雷屯卦、六三：即鹿無虞，唯入於林中，君子幾不如舍，往吝窮也！

詳　　解：此爻是妄行取困，而深戒其妄行取困者也！

故 協 者：知機固守順理安行，如舜與鹿豕遊而險陷可免。

不 協 者：漂泊生涯，殷勤活計，履危蹈險而不知避。

歲運逢之：在仕則招貪污之斥。在士則招停降之辱。在庶俗則遭禁獄之殃。
　　　　　不如守份安常為佳。

　其一：逐鹿還失鹿，求名未得名。林中有佳信，去後尚榮榮。

　其二：無虞而即鹿，妄動必無功。君子能先見，母令往返窮。

水雷屯卦、六四：乘馬班如，求婚媾，往吉，無不利。

詳　　解：此爻是求賢以濟屯，而獲遂者也！

故 協 者：初做賢才，終逢名主，進列清班，出為五馬。己不求人，人自仰。
　　　　　若是女命，夫榮子貴。

不 協 者：離鄉改祖，柔懦不能自立。難遇提攜，亦難振作。

歲運逢之：在仕則祿美譽彰，而升遷有地。在士則進取易為，而嘉會自至。
　　　　　在庶俗則人情和合，而百謀克遂。大抵得朋之助，交締之美，而
　　　　　吉無不利也！

　爻訣：乘馬班如進，求婚媾吉貞。得人相濟助，何事不光亨。

水雷屯卦、九五：屯其膏，小貞吉，大貞凶。

詳　　解：此爻是德不下究，而業不可大者也！

故 協 者：稟中正之德，懷濟惠之心，則名小就。

不 協 者：好大喜功，必遭凶禍。

歲運逢之：凡有為者，不可急躁妄誕以取凶。但要斟酌審處以避難也！

　　其一：門前小事吉，心下大謀凶。一片山前處，防生反覆蒙。

　　其二：西向宜求望，秋冬漸出屯。不須更猶豫，盡可自經綸。

水雷屯卦、上六：乘馬班如，泣血漣如，何可長也！

詳　　解：此爻是進無所之，而憂懼甚切者也！

故 協 者：進前退後，心志不堅，知古通今，功名難遂，生長悲感，多艱多難。

不 協 者：親友刑傷，婚姻孤剋。

歲運逢之：居榮見辱。在仕防讒。在士防辱。在庶俗防損。

　　　　　　數凶者，無壽，防父母之喪。

　　其一：持刀井畔立，井畔舞佳人。出馬四足病，防生泣血聲。

　　其二：居屯謀盡用，憂懼不惶寧。要問前程路，還同風裡燈。

水風井卦（三月、震木、五世卦）

父母 ▬ ▬	戊子
妻財 ▬▬▬	戊戌
官鬼 ▬▬▬	戊申
官鬼 ▬▬▬	辛酉
父母 ▬▬▬	辛亥
妻財 ▬ ▬	辛丑

上坎「水」下巽「風」中存「離、兌」。井之中有水，其來不竭，井深而脈長，則日以華麗。春水溫則風暖，夏水熱則風溽，秋水冷則風清，冬水寒則風冽。井之德有常而不變所守。君子得之，則為井之象。

水風井卦：改邑不改井，無喪無得，往來井井。汔至，亦未繘井，羸其瓶，凶。

井　者：穴地出水之處，以巽木入乎坎水之下，而上出其水，故曰「井」。

象　曰：巽乎水而上水，井；井養而不窮也！改邑不改井，乃以剛中也！汔至，亦未繘井，未有功也！羸其瓶，是以凶也！

象　曰：木上有水，井。君子以勞民勸相。

總　論：此乃「震宮」五世卦，屬三月。納甲是辛丑、辛亥、辛酉、戊申、戊戌、戊子。如生於三月及納甲者，功名富貴人也！

其一：井居無善地，冬嶺秀孤松；林內生金栗，其中一綴荷。

其二：九仞居成後，千山歲不勞；要逢忻樂地，先必見呎號。

卦　理：闡釋用賢的道理。在窮困中，必須啟用賢能，方足以振弊起衰。時時刻刻以儒為本，自我進修，不斷努力，充實力量。自我賢能，造福他人，才不會被淘汰。

水風井卦、初六：井泥不食，下也！舊井無禽，時捨也！

詳　　解：此爻是無德而為世所棄也！

故 協 者：有才有德而難逢機會，未見其名利之遂，恆嗟其道德之窮。

不 協 者：身處卑下，污濁昏昏，成敗無定，終為廢才。

　　　　　甚則下有痢疾，上有隔氣之終壽。

歲運逢之：在仕退閒。求名者不遂。營謀者阻滯。數凶者，棄世。

　其一：下流居眾惡，舊習絕成功；時捨人皆棄，修藏免致凶。

　其二：井泉浮渾濁，山峰疊翠多；一成還一退，輕艇泛風波。

　其三：月在雲中，昏蒙道路；雲散月明，且宜退步。

水風井卦、九二：井谷射鮒，無與也！甕敝漏。

詳　　解：此爻是德足於己，而力不足以及物者也！

故 協 者：文章道德，屈處困時，難逢明主，養道全真，樂天知命。

不 協 者：學業之寡，名利之薄，或生癖疾，或見嫉妒，損漏之多，裕能養
　　　　　家。

歲運逢之：在仕宜退處以自養。在士宜藏器以待時。在庶俗而謹守以避禍。

　其一：安靜雖平仍，空中雁影秋；花開逢驟雨，水畔女顏愁。

　其二：居貞無應援，困辱更何求；井以清為貴，人常戒妄求。

水風井卦、九三：井渫不食，為我心惻，可用汲，王明，並受其福。

詳　　解：此爻是惜其未為世用，而逆許其見用之功也！

故　協　者：德足以求明主之用，惠足以濟斯民之窮，功名利達，福澤豐隆。

不　協　者：貴不受祿，富不受用，一籌莫展，常懷憂戚。

歲運逢之：在仕難逢明主，而見機解組之為佳。在士難逢佳會，而養晦俟時
　　　　　之為美。在庶俗安常守份之為吉。數凶者，主有憂慘之兆。

　其一：有求皆濟急，時可大施為；一旦逢知己，期為受福基。

　其二：春色到枝頭，紛芬映玉樓；行藏猶可待，紅紫笑談收。

水風井卦、六四：井甃，無咎，脩井也！

詳　　解：此爻是唯知自修之象，而帑許其得獨善之道者也！

故　協　者：有謹厚之德，無果斷之才，雖未能建功立業，以鳴國家之盛，亦
　　　　　能存心養性，以盡成己之美。

不　協　者：善於會計，難於際遇，外節雖可觀，內虛則可憫。

歲運逢之：在仕條陳利害而修政事之為尚。在士則窮經學古以待時。
　　　　　在庶俗則耕田鑿井以厚生。或有造屋修築之兆。

　其一：開屋重修整，看看巧匠逢；青松四時秀，不畏雪霜風。

　其二：人留物，物留人；人留事掛心，分付水邊人。

水風井卦、九五：井冽，寒泉食，中正也！

詳　解：此爻是德全於己，而功及於物者也！

故 協 者：經濟之術素具於己，而德澤之施普及於物，功名富貴，並隆無虧。

不 協 者：清才達道，守義安貧。

歲運逢之：在仕則德業兼隆，而膺天寵。在士則名利兩全，有登荐之美。
　　　　　　在庶俗則營謀遂而獲利。

　　其一：能存清儉德，天必降休詳；人自成諸己，施為萬事昌。

　　其二：寒泉冽可食，曉月又升東；分泒東流去，山前聳翠峰。

　　其三：始有終，終有始；美中甘，甘中美。

水風井卦、上六：井收勿幕，有孚，元吉在上，大成也！

詳　解：此爻是著其德澤及物之普，而示以有本之治者也！

故 協 者：實德裕於己，有本之治自足以縛潤澤之因；至誠根於心，而有體
　　　　　　之用自足以敷浩蕩之化。事功隆於當時，而名譽昭於千古。

不 協 者：亦養之裕而積之厚，雖無踵鼎之榮，亦有陶朱之產。

歲運逢之：在仕則功高德厚而高遷。在士則道全德備而成名。
　　　　　　在庶俗則才用充足而謀遂。

　　其一：博施無慳吝，中心貫信誠；有常休慶倦，元吉大亨通。

　　其二：屋外東風急，山前峰又青；煙橫迻已解，井靜水華清。

　　其三：可儲可蓄，呎土吋珠；停停穩穩，前去良圖。

坎為水卦（十月、坎水、本宮卦）

兄弟	▬▬ ▬▬	戊子
官鬼	▬▬ ▬▬	戊戌
父母	▬▬ ▬▬	戊申
妻財	▬▬ ▬▬	戊午
官鬼	▬▬ ▬▬	戊辰
子孫	▬▬ ▬▬	戊寅

上下皆坎「水」中存「震、艮」。山之中興雷致雨，草木發秀，主人伶俐，但凡事多有阻難，內方欲動，又為險所陷，艮所止，進退未能。君子得之，則為坎陷之象。

坎為水卦：有孚，維心亨，行有尚。

坎　者：險陷也！其象為水，陽陷陰中，外虛而中實也！此卦上下皆坎，是為重險。中實為「有孚、心亨」之象，以是而行，必有功矣！

象　曰：習坎，重險也！水流而不盈，行險而不失其信。維心亨，乃以剛中也！行有尚，往有功也！天險不可升也！地險山川丘陵也！王公設險以守其國，險之時用大矣哉！

象　曰：水洊至，習坎，君子以常德行，習教事。

總　論：此乃「坎宮」本世卦，屬十月。納甲是戊子、戊寅、戊辰、戊午、戊申、戊戌。如生於十月及納甲者，功名富貴人也！

總　決：坎險元當便習通，保邦保國自相容；半天立陣寒鴉鵲，一雁從空徹上穹。

卦　理：闡釋突破艱險的原則。物極必反，當盛大過度，又面臨險難，不可操之過急，期望過高，應步步為營，逐漸脫險。在險難中，不可拘泥常理，運用智慧，以求突破。希望脫險，應當謹慎，把握有利時機，險難當迎刃而解。

坎為水卦、初六：習坎，入於坎窞，失道凶也！

詳　　解：此爻是濟險之道，而終無出險之功也！

故 協 者：知機守節，不失其道，而行險而不入於險也。

不 協 者：才弱志怯，所遇非時，所處非地，汩沒泥途，超接無路。

歲運逢之：在仕防擯斥之嗟。在士防黜降之辱。在庶俗防陷溺之危。

　　　　　為僧隱逸者，可以免矣！

其一：海底珠難覓，堪防坎窞凶；失中扶木起，獨立待春風。

其二：不慎將來恨，貪觀落葉紅；栽培無限力，春盡一場空。

坎為水卦、九二：坎有險，求小得，未出中也！

詳　　解：此爻是艱難之際，而求濟險之道者也！

故 協 者：有剛中之德，身當變故之秋，雖未能大有所成，可以靖天下之難，
而猶能扶植乎天運，而不流於傾覆之危。

不 協 者：不能大有施設，亦作小小規模。

歲運逢之：在仕則歷任小成而未大。在士則利於小試而未出身。在庶俗則經
營小就。在女命或為侍妾。凶者防險難，或生心腹血氣之疾。宜
以「未、出、中」三字詳之。或仕寓朝中，在士業學中，常人處
於家中。

其一：險難傷無援，求安得小亨；水邊平地立，悔吝陸吳亭。

其二：幾回夢裡說東江，波平浪靜下釣難；雲外利名終有望，主人目下
未開顏。

坎為水卦、六三：來之坎坎，險且枕，入於坎窞，勿用。

詳　　解：此爻是往來皆險，而終不能以濟險。

故　協　者：雖無拯溺亨屯之才德，亦能幹旋以保固，區劃以圖存，而身家不
　　　　　　至傾危。

不　協　者：才弱志短，動輒掣肘，貧難艱苦，終無出日。

歲運逢之：在仕則宜退步。在士則宜修藏。在庶俗多坎坷爭訟之事。

　　其一：舟行防水厄，車破不堪行；且守坎中險，防危勿用驚。

　　其二：不可近，不可親；雨中花易落，浪裡月重明。

坎為水卦、六四：樽酒簋貳，用缶，納約自牖，終無咎，剛柔際也！

詳　　解：此爻是與其善於格君，而功可成者也！

故　協　者：誠實謙厚，不事浮華，足以去險濟難，而德業榮昌。

不　協　者：易成易破，驟榮忽散，不食儉約，福澤淺薄。

歲運逢之：在仕有祭酒修讀之兆。在士則遭際之難。在庶俗有交締結姻之
　　　　　　應。
　　　　　　數凶者，或喪祭之憂。

　　其一：瓦缶樽醪實自羞，無咎終安得遇侯；君上有親臣下睦，信來孚取
　　　　　　不須求。

　　其二：莫謂事遲留，休信不到頭；長竿看入手，一釣上金鉤。

坎為水卦、九五：坎不盈，中未大也！祗既平，無咎。

詳　　解： 此爻是盡濟險之道，而成濟陰之功也！

故 協 者： 剛明之才，中正之德，頃否為泰，而措斯世於平康，亦危為安，而拯天下之陷溺，上足以應天命，下足以慰民心，而功業非小補。

不 協 者： 小有才能，排忿解厄，一世平寧，而坎坷少致。

歲運逢之： 或顯仕，或為平章評事，而小官亦有職無危。在士利於小就而未大。

在庶俗謀為平坦而無危。

　其一： 盈滿還不溢，溢滿咎當無；千里片帆速，仿妨泛巨艫。

　其二： 喜鵲躁簷楹，驚回夢不成；雖然無事至，也慮是非行。

坎為水卦、上六：系用徽纆，寘於叢棘，三歲不得，失道凶也！

詳　　解： 此爻是以無才而居險極，深著其危亡之象者也！

故 協 者： 抱道自重，隱逸於山林，付世事於不知。或僧道安置於叢林之中。

不 協 者： 傷親破祖，骨肉難合，壽算難遠，招辱犯刑。

歲運逢之： 在仕防縛綁安置之憂。在士則鏖戰棘闈之兆。在庶俗防螺緤牢獄之災。

　其一： 三辰不得實堪憂，呆實應須正值秋；直待獨行東北去，極中離處便時休。

　其二： 疑、疑、疑，一番笑罷復生悲；落花滿地無人掃，獨立秋風蹙黛眉。

水山蹇卦（八月、兑金、四世卦）

```
子孫  ▬▬ ▬▬   戊子
父母  ▬▬ ▬▬   戊戌
兄弟  ▬▬ ▬▬   戊申
兄弟  ▬▬▬▬▬   丙申
官鬼  ▬▬ ▬▬   丙午
父母  ▬▬ ▬▬   丙辰
```

上坎「水」下艮「山」中存「離、坎」。日月之明，水火相濟。是卦也，水澤所行，為艮所止，陽明欲麗，為坎所陷，水阻折而不通，日虧昃而不耀。
君子得之，則為蹇難之象。

水山蹇卦：利西南，不利東北，利見大人，貞吉。

蹇　者：難也！足不能進，行之難也！是卦艮下坎上，見險而止，故曰蹇也！

彖　曰：蹇，難也！險在前也！見險而能止，知矣哉！蹇利西南，往得中也！不利東北，其道窮也！利見大人，往有功也！當位貞吉，以正邦也！蹇之時用大矣哉！

象　曰：山上有水，蹇。君子以反身修德。

總　論：此乃「兑宮」四世卦，屬八月。納甲是丙午、丙申、丙辰、戊申、戊戌、戊子。如生於八月及納甲者，功名富貴人也！

其一：一對鴛鴦水上浮，芰荷風暖日方西；山前山後故人會，始覺從茲路不迷。

其二：蹇利西南吉，須防東北屯；德修名自顯，雲內一佳人。

其三：蹇躁有誰知，逢羊始昃時；螭頭方見立，終到鳳凰池。

卦　理：闡釋身處困境的原則。面對蹇難，應當用柔，不宜用剛，積極謀求對策，不可退縮。陷入蹇難，必須奮不顧身，彼此相救才能脫險。明知困難，冒險僥倖，莫如退守自保，先求安全，再尋出路。

水山蹇卦、初六：往蹇，來譽，宜待也！

詳　　解：此爻是時有不可進，而人亦所當止者也！

故　協　者：大才清譽，善處逆境，見險能止，明哲保身。初雖偃蹇，終有濟遇。

不　協　者：循途守轍，自貧樂道。

歲運逢之：在仕來獎譽之加，而制誥之有待。在士則待時而進。

在庶俗則唯宜守舊安常。

　　其一：往蹇重重慶，疑憂不用憂；利名兩遂志，花卉又經秋。

　　其二：岸畔水深船易落，徑荒苔險路難行；蛇行自有通津路，目下幽窗日未明。

　　其三：人方防險難，戒勿強施為；美譽將來振，何如且待時。

水山蹇卦、六二：王臣蹇蹇，匪躬之故，無尤也！

詳　　解：此爻是盡誠以事君者也！

故　協　者：孝親忠君，竭力效誠，豈菲才末技所能為。

不　協　者：父子同受艱辛，夫妻共甘寂寞，潔身清處，鄉里欽仰。

歲運逢之：在仕則效忠貞之節，以靖國家。在士則所遇非時，而難進取。

在庶俗則涉艱歷險，而營謀有阻。數凶者，難以保身。

　　其一：蹇中遠遇蹇，臣子盡忠謀；雖不成功業，終當無悔尤。

　　其二：匪躬多蹇蹇，鴻雁折趦遷；策馬西南去，先愁後喜忻。

　　其三：未動且安心，心安是坦平；靜中心地大，喜色上眉棱。

水山蹇卦、九三：往蹇，來反，內喜之也！

詳　　解：此爻是時不可進，而義亦所當止者也！

故 協 者：見機相時，得人贊助，或居內翰、內舍、中書省、治中、中順之
　　　　　職，其安樂自知。

不 協 者：改過自能外立，歸宗守祖生涯，或多得內助。

歲運逢之：在仕入朝進取，利會試，位高者必翰林中書。庶俗有妻子之喜。
　　　　　數凶者，變「比、六三」刑剋損傷。

　其一：進而逢遇險，蹇難見多端；內喜宜遄反，方能保所安。

　其二：舟漏雖難濟，危顛去莫前；往來多險阻，猴遇祿安然。

　其三：事慮淹留，人不徹頭；往來閉蹇，要見無餘。

水山蹇卦、六四：往蹇，來連，當位實也。

詳　　解：此爻是時雖不可進，而義不容已，故連下合力以濟者也！

故 協 者：親賢下士，同心者多，協力者眾，而拯溺亨屯，興衰撥亂之有賴，
　　　　　或上承祖愛，下續賢嗣，功名不虛，福祿允當。

不 協 者：道克事實，得人贊助，平生安逸，或婚姻嗣接續。

歲運逢之：在仕連接歷升之無阻。求名望利皆有實而不虛。
　　　　　數凶者，牽連訟非，動止蹇。

　其一：與人干患難，基志不同謀；大抵當誠實，方能濟難尤。

　其二：海溟輕鼃躍，事急且回頭；萬里方能進，守終名日憂。

　其三：欲上青雲路未通，幾番思慮轉成空；水邊音信重回重，財利聲名
　　　　　有始終。

水山蹇卦、九五：大蹇，朋來，以中節也！

詳　　解：此爻是人君當蹇之重，而深慶其助之者也！

故 協 者：行道執中，虛己守正，明王道信任，良朋協從，而轉否為泰，易亂為治，不勞力而自成。且中字之義，則為大中、中丞、中書之兆。

不 協 者：身家雖困，常得良朋助力提攜，幹事中節，先蹇後泰。

歲運逢之：在仕外郡者必擢清要。進取者多用關節而中試，或入大學之選。營謀者好人提舉，無往不利。

其一：普地同來敬，西來更有期；命將雙日至，好植帥師旗。

其二：道路足忻葉，風波一點無；時間心緒亂，全仗貴人扶。

水山蹇卦、上六：往蹇，來碩，志在內也！吉。利見大人，以從貴也！

詳　　解：此爻是有可進，而義當從乎君者也！

故 協 者：大才碩德，篤志事君，勳業著於當時，舉望昭於千古。

不 協 者：依附尊貴，卓然生涯，內助有人，平生安逸。

歲運逢之：在仕必入內台內翰。進取成名。庶俗近貴獲利。

其一：一見東風日自昏，西風始有月輝瑩；蟾中丹桂須遠折，倒綴仙桃向禁庭。

其二：前進方迍邅，唯當順聽從；貴人相協助，轉禍可為功。

其三：江闊水茫茫，執鉤魚未收；休言難捉摸，終久見因繇。

水地比卦（七月、坤土、歸魂卦）

妻財	▰▰	戊子
兄弟	▰▰	戊戌
子孫	▰▰	戊申
官鬼	▰▰	乙卯
父母	▰▰	乙巳
兄弟	▰▰	乙未

上坎「水」下坤「地」中存「艮、坤」。山中地，地中山，正類謙光四溢。蓋山地之上皆水，草木受潤，上險下順，外縱行險，內順從人，則其險何所施焉。縱或危險，又知所止，無非柔順和樂。

君子得之，則為比和之象。

水地比卦：吉，原筮，元永貞，無咎。不寧方來，後夫凶。

比　　者：親輔也！

象　　曰：比，吉也！比，輔也！下順從也！原筮，元永貞，無咎，以剛中也！不寧方來，上下應也！後夫凶，其道窮也！

象　　曰：地上有水，比；先王以建萬國，親諸侯。

總　　論：此乃「坤宮」七世卦名歸魂卦，屬七月。

納甲是乙未、乙巳、乙卯、戊申、戊戌、戊子，借用癸巳、癸卯、癸未。如生於七月及納甲者，功名富貴人也！

其　一：建國安邦比牧侯，和民畜眾樂忘憂；群鴻列陣飛霄漢，彩鳳移時萬里遊。

二　陽：林木春將近，芳菲景物新；花開易居宿，一箭中紅心。

三　陰：口舌終須有，金樽恐有傷；污泥難出沒，持援在忠良。

其　四：有利先居比，安貞在草頭：名利兩可展，他吉進來秋。

卦　　理：闡釋親愛精誠的道理。物以類聚，相親相輔的原則，應以誠信為本，發自內心，積極主動，遠惡親賢，寬宏無私，包容而不可強求，必然一片祥和。

水地比卦、初六：有孚比之，無咎。有孚盈缶，終來有他，吉。

詳　　解：此爻是以誠感人，始無不得而終無不善者也！

故 協 者：無虛浮，有真實，遇外賢，受正祿。

不 協 者：亦優遊安樂，而不磨艱辛，僧道技勢，亦可立身。

歲運逢之：在仕則有額外之遷。在士則有登荐之榮。

　　　　　在庶俗則有知己之遇，而百謀無不稱心矣！

　其一：比貴相親輔，雖常盡信誠；所為元有素，他吉亦相成。

　其二：一人去，一人來；清風明月兩疑猜，獲得金鱗下釣台。

水地比卦、六二：比之自內，貞吉，不自失也！

詳　　解：此爻是得其君而仕，正而且吉者也！

故 協 者：顯貴之大，福澤之厚，言發於真見，行出於本心。

　　　　　內字之義，為內翰、內舍之兆。

不 協 者：亦誠實之人，得妻家之力，貴人倚附勢。

歲運逢之：在仕則見內除。在士則成名，不出方州之中。

　　　　　在庶俗則得貴倚附，而營謀協意。女命則得賢夫之配。

　其一：己身無過失，家宅亦安寧；所得唯中正，安然自吉亨。

　其二：遇險方成福，逢凶皆可升；佳珍良匠琢，得寶在逡巡。

　其三：老蚌產珠，石中懷玉；海穩波平，雲中人鹿。

水地比卦、六三：比之匪人，不亦傷乎！

詳　　解：此爻是不擇交，而取損者也！

故　協　者：內無好親輔而心有不足，外無好應與而終有失志，縱能居位食祿，恐壽年虧而嗣續艱。

不　協　者：進學無成，好親小人，甚則帶疾生災，放溢為非，而傷損無日。

歲運逢之：在仕則防同僚不睦之愆。在士則防黜降之虞。

　　　　　在庶俗則損友猜疑，氣血損傷。若女子，所嫁必非良人，破家喪身之象。不然則有爭訟，破財刑孝，多般撓括，未免徒流。

　其一：蹇難先謀避，行舟風雨多；片帆撐逆浪，去計苦蹉跎。

　其二：無端風雨欺春去，落盡枝頭桃李花；枕畔有人歌且笑，教君心緒亂如麻。

　其三：比貴相親附，皆非可信人；提防為鬼賊，侵害反傷身。

水地比卦、六四：外比之，貞吉，以從上也！

詳　　解：此爻是外比得其君，正而且吉者也！

故　協　者：虛己待人，盡節事君，身處於內，心比於外，而富貴可以長享。

不　協　者：亦為人正大，而無阿諛苟合之行，鄉里推重，脫凡越俗。

歲運逢之：卑職得升遷之榮，進取曹台得利。庶俗出而有為，多得知己之力，而行無不遂。

　其一：羊猴銜信至，人國利賓亨；外比貞無咎，移根本自榮。

　其二：東風催促便登舟，歌笑徘徊古渡頭；雲外佳音終有望，錦鱗釣得在金鉤。

　其三：所交宜謹擇，貞正可無虞；親附賢君子，優遊吉自如。

水地比卦、九五：顯比之吉，位正中也！捨逆取順，失前禽也！邑人不誠，上使中也！

詳　　解：此爻是有德足以當天下之比者也！

故 協 者：大公至正，而致君澤民之有道。中正二字之義，有正奏、正言、大中、治中、給事中之兆，小則有食邑宰邑之榮。

不 協 者：有中正之德，不拒不追，親氣才起，仁心便生。度量寬宏，先孤而後不孤，先難而後不難。次則為勤苦虞鋼之徒，而飽暖足食，或以文及武。

歲運逢之：在仕則有超遷之榮。在士則有貢舉之兆。

　　　　　在庶俗則有先訟後順之休，求謀有得，無往不利。

　其一：一得其中一失期，當時何用苦傷悲；地中雷震隨時起，詢問白羊歸未遲。

　其二：捨一人，就一人；明月上層樓，光輝萬里秋。

水地比卦、上六：比之無首，無所終也！

詳　　解：此爻是無德而不能服天下之心者也！

故 協 者：文清身正，多失機會，悔生不及。

不 協 者：壽命難永，或孤獨失覆。

歲運逢之：在仕則眾不輔而處勢危。在士則上無援引而名難成。

　　　　　在庶俗則刑剋災殃而人情爭張，甚則壽終。戒慎也！

　其一：有始無終實可嗟，田頭方足未堪誇；跨鹿無足失馬放，黑雲外人更脫靴。

　其二：獨行居北極，無援更無依；始善終方吉，終凶悔莫逼。

　其三：喜未穩，悲已遭；驟雨狂風號木古，人人盡道不堅牢。

山天大畜（十二月，艮土，二世卦）

官鬼	▓▓▓▓▓	丙寅
妻財	▓▓ ▓▓	丙子
兄弟	▓▓ ▓▓	丙戌
兄弟	▓▓▓▓▓	甲辰
官鬼	▓▓▓▓▓	甲寅
妻財	▓▓▓▓▓	甲子

上艮「**山**」下乾「**天**」中存「**震、兌**」。山在天之上，既高而又處高，震雷動而雨澤施，致潤乎山，物皆滋益，天與山皆藏蓄乎物。君子得之，則為大畜之象。

山天大畜：利貞，不家食，吉，利涉大川。

大　　畜：內乾剛健，外艮篤實輝光，是以能日新其德而為畜之大者也！

彖　　曰：大畜，剛健篤實輝光，日新其德，剛上而尚賢。能止健，大正也！不食家吉，養賢也！利涉大川，應乎天也！

象　　曰：天在山中，大畜，君子以多識前言往行，以畜其德。

總　　論：此乃「艮宮」二世卦，屬十二月。納甲是甲子、甲寅、甲辰、丙戌、丙寅、丙子。借用壬子、壬辰、壬寅。如生於十二月及納甲者，功名富貴人也！

總　　訣：瞥然一棹去如梭，萬里風波得意過；十倍釣鰲終有得，蓬瀛此去路無多。

卦　　理：闡釋大的蓄積也必須有大的阻止原則。蓄積龐大的能量，形成大好的形勢，可以大有作為。但物極必反，此乃必然法則，既富且強，往往知進而不知退，容易過度自信而輕舉妄動，造成不可收拾的嚴重損害。因此諄諄告誡，適可而止，當止則止，斷然而止的道理。

山天大畜、初九：有厲，利巳，不犯災也！

詳　　解：此爻是不利於進，而利於退者也！「巳」是止的意思。

故 協 者：明哲保身，知機以圖存，災不犯，而福有餘。

不 協 者：處常處變，隨時定計。

歲運逢之：在仕宜去位。在士宜待時。在庶俗宜守舊。不然，變生不測，禍
　　　　　將臨矣！

　其一：疾病方生處，天邊雁侶孤；空中斜日墜，帆便恨平湖。

　其二：蝸角刀頭利，關心事不同；暗雲風捲盡，明月又當空。

山天大畜、九二：輿脫輻，中無尤也！

詳　　解：此爻是深擬其自止之象也！

故 協 者：變為「賁」有「與上興」之象，必有才德，心性明敏，聞見廣博，
　　　　　守正不移，待上之用，或急流勇退，或掛冠致任。

不 協 者：幼小不行，老大足疾，或生腰疾。

歲運逢之：防失脫災非！數凶者，難於壽考。

　其一：推車登高路，半道輿脫輻；天上一星飛，佳人水邊哭。

　其二：鏡面破當中，行人過斷橋；事須宜謹慎，深恐不堅牢。

山天大畜、九三：良馬逐，利艱貞。曰閒輿衛，利有攸往，上合志也！

詳　　解：此爻是擬以同升之象，而示以允升之道者也！

故　協　者：文章學問如良馬之捷，如大輿之堅，兵衛之臨，足以勝朝廷重任。「馬字、衛字」是節制，軍馬、茶馬、司薄、轉運，皆佳兆也。

不　協　者：難與君子合志，或妄舉躁動，不自愛重，損失難免，縱有成就，亦起於艱辛。

歲運逢之：在仕則有五馬朱幡之應。在士則有飛騰之應。在庶俗得尊上使用，知己相助，以濟其艱。或奔走勞役，而後方可有獲。

其　一：乘騎求謀進不貞，傲霜松柏四時青；雲中相送仍相贈，龍虎成名祿再榮。

其　二：千里過了幾重關，只有一關何慮難；等待金風疏苦葉，江波隨處下長竿。

山天大畜、六四：童牛之牿，元吉，有喜也！

詳　　解：此爻是止惡於初，而因善其占者也！

故　協　者：或為童科，或為魁元，富貴雙全。

不　協　者：為童僕近貴，或力小不能任重，或見淺而拙於謀。

歲運逢之：進取領解。蓋牛為解星。常人有喜添牛財，在仕有升遷之喜。

其　一：跨牛行地遠，金菊暗傷情；江畔人行處，前程去有因。

其　二：鵲躁高枝上，人行古渡頭；半途不可到，日暮轉生愁。

山天大畜、六五：豶豕之牙，吉！有慶也！

詳　　解：此爻是制惡於著，而因善其占者也！

故 協 者：大才大德，出類拔萃，足以立大功，享富貴。

不 協 者：志氣卑微，小小規模，生計狹隘，亦有喜事。

歲運逢之：在仕則升擢。在士則高遷。在庶俗則多有吉慶，而營謀克遂。
　　　　　元氣失者，福量淺狹。

　其一：德大功動重，常居輔佐臣；於中還正坎，繼躁克師貞。

　其二：浪靜波平好下釣，何須疑慮兩三頭；事和天上一輪月，雲散月明
　　　　天正秋

山天大畜、上九：何天之衢，道大行也！

詳　　解：此爻是畜極而通，而其道之所施者廣矣！

故 協 者：世間奇英，當時重望，功高千古，名播四夷，道德充大，足以開
　　　　　太平，繼絕學。

不 協 者：志大心高，機深禍重。變「泰」上爻，有「城復於隍」之象。

歲運逢之：在仕者得薦舉登天。在士者進取成名。庶俗謀為皆利。
　　　　　「天、衢」二字，應兆非輕。

　其一：天衢一道總亨通，深淺根基謾費工；一個婦人攜錦袱，龍牙虎爪
　　　　伏場中。

　其二：事有喜，物有光；始終好商量，壺中日月長。

山澤損卦（七月、艮土、三世卦）

官鬼	▅▅▅▅▅	丙寅
妻財	▅▅ ▅▅	丙子
兄弟	▅▅ ▅▅	丙戌
兄弟	▅▅ ▅▅	丁丑
官鬼	▅▅▅▅▅	丁卯
父母	▅▅▅▅▅	丁巳

上艮「山」下兌「澤」中存「坤、震」。雷在地中復，未能發聲，則雨澤安能沛然而下。雷震而雨方行，雷既下施，山地之上，物無滋潤，枯槁可知。君子得之，則為虧損之象。

山澤損卦：有孚，元吉，無咎，可貞，利有攸往。曷之用，二簋可用享。

損　　者：減省也！損兌澤之深，益艮山之高，損下益上，損內益外，剝民奉君之象，所以為「損」也！損所當損，而有孚信。

象　　曰：損，損下益上，其道上行。損而有孚，元吉，無咎，可貞，利有攸往。曷之用！二簋可用享；二簋應有時。損剛益柔有時，損益盈虛，與時偕行。

象　　曰：山下有澤，損。君子以懲忿窒慾。

總　　論：此乃「艮宮」三世卦，屬七月。納甲是丁巳、丁卯、丁丑、丙戌、丙子、丙寅。如生於七月及納甲者，功名富貴人也！

其　一：望斷浮雲事轉虛，相逢陌上意皆殊；當時許我平生事，及到終時不似初。

其　二：旱沼魚逢雨，雲龍際會中；有孚元吉在，明月五更鐘。

其　三：月下歡忻事，番成夢一場；散雲初散處，日暮始光亨。

卦　　理：闡釋損人益己的原則。損人益己，必須以誠信為基礎，取之於人，用之於人為目的，才能獲得信任與支持。首先應考慮不損而益的手段，把握損有餘，益不足的原則。使損失降至最低限度，使增益得到最大效果。

山澤損卦、初九：已事遄往，尚合志也！無咎，酌損之！

詳　　解：此爻是嘉其友道之盡，而示以進言之機者也！

故 協 者：宣力王室而不為身謀之便，隨機應變，而不失其淺深之宜。事功
　　　　　顯越，名譽著聞。

不 協 者：雖有才德，設施亦難，巧於人謀，拙於自為，欲進不達，欲退無
　　　　　機，奔走衣食，福量虧損。

歲運逢之：在仕則國爾忘家，而天寵之日加。在士則上人合志，而必得優選。
　　　　　在庶俗則會計允當，而利無不獲。數凶者，或因酒食費事。

其一：益人須損己，事濟更宜休；斟酌行中道，須防過後羞。

其二：損己速益上，終迎一吉來；鳳凰飛兩處，到了得和諧。

其三：喜、喜、喜，還不美；奪得蛟龍項下珠，忽然失卻還如水。

山澤損卦、九二：九二利貞，中以為志也！征凶，弗損益之。

詳　　解：此爻是示以守正之道，而因大其效者也！

故 協 者：含章以守貞，安土以敦人，雖不能興道致治，以顯事功於朝廷，
　　　　　亦足以致頑者廉，懦者起，以維風俗於草野。

不 協 者：敦本尚實，不務浮華，財用隨足，終身無損。

歲運逢之：在仕固守己職而難遷。在士確守常業而難進。
　　　　　庶俗則謹守常度而難於遠謀。

其一：勿益元無損，交請成妄求；居貞元有吉，躁進反成憂。

其二：一關又一關，長道遠難還；看盡白雲影，心閒事未閒。

其三：悔吝不宜前，淇濤泛上船；中秋今夜月，獨蝕不盡員。

山澤損卦、六三：三人行，則損一人，一人行，則得其友。

詳　　解：此爻是交友多，擇其類者也！

故 協 者：取仁以為輔，擇善以為資。不唯能共成德業，而下有益於己；亦且共贊乎皇猷，而上有益於君。

不 協 者：亦善交際，扶助得人，而營謀易就，福澤無損。

歲運逢之：在仕同寅拹恭，而政事舉。在士則同道為朋，而有麗澤之益，或遇知己，而進取升騰之有賴。在庶俗則協力者眾，營謀獲利者多。未婚者配合，僧道領眾。

　其一：三雁高飛一雁傷，重山騎馬得良朋；佳人舞水宜先恐，平井橫刀此必強。

　其二：心未平，事未圓；疑慮少，始亨通。

　其三：致志當專一，過三則有疑；中心有定見，切戒妄依隨。

山澤損卦、六四：損其疾，亦可喜也！使遄有喜，無咎。

詳　　解：此爻是示以反性之學，而因言敏以圖之為貴也！

故 協 者：勇於從善，樂於改遷，置身於高明正大之域，而不流於人小之歸，功名成就，福澤深厚。

不 協 者：有疾速醫，有過速改，早所艱過心，晚景平康。

歲運逢之：有災者免，有疾者癒，晦者明憂者喜。閒官將起，士人有喜，庶俗獲利。

　其一：心事喜團圓，分明豈偶然；借他良匠手，鑿出寶光鮮。

　其二：畔疾已成思，遇之終非吝；天上一人逢，或在天風姤。

　其三：心未平，事未圓；疑慮久，始通亨。

山澤損卦、六五：或益之，十朋之龜，弗克違，元吉，自上祐之！

詳　　解：此爻是以德而居尊位，而必著其得賢弘治之益者也！

故協者：虛中無物，得賢才之協力，君心得而治道成，人心歸而天命眷，
富貴福澤，爾職爾昌。

不協者：亦有譽望出群，而為鄉邦所景仰，榮身起家，慶祉並增。

歲運逢之：在仕職美近天顏。士人進取中選占高魁。常人大發天財。
與卦小異，須防孝服。

其一：先損後當益，良朋克元吉；詢問雪中花，相將迎暖日。

其二：鑿石見玉，拔土見珠；眼前目下，何用躊躇。

山澤損卦、上九：弗損益之，無咎，貞吉。利有攸往，得臣無家。

詳　　解：此爻是與其益下之善，而勉以得正之道者也！

故協者：存心於天下，嘉志於窮民，德足以立功勳，祿足以享富貴。

不協者：不貪不謀，自得飽暖，親近尊貴，多好遊談。
或為商旅獲利，或為僧道成家。

歲運逢之：在仕民歸心而天寵固。在士則有得志之喜。在庶俗則得地利之多。
貴人扶持，出入尤利。

其一：惠而無所之，酌損得其宜；人樂來歸己，安然福祿隨。

其二：二嶺一堆玉，雙飛四朵花；好書天上至，別立外人家。

其三：有月不沾雲，何須暗與明；若逢龍與虎，忻喜見前程。

山火賁卦（十一月、艮土、一世卦）

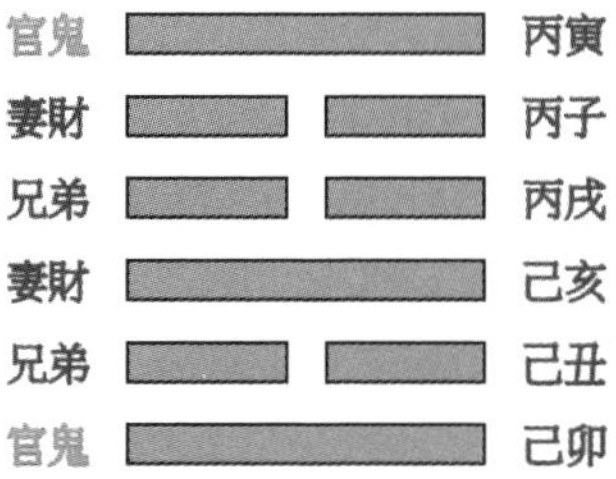
官鬼 丙寅
妻財 丙子
兄弟 丙戌
妻財 己亥
兄弟 己丑
官鬼 己卯

上艮「**山**」下離「**火**」中存「**震、坎**」。山之下日方離麗，使百谷草木光明正大，雖雷動而雨欲施，將使其明者晦矣！又為上險而不可行，止遏而不可動。其為日也，獨耀其明，而不為陰邪所傷，小人欲犯君子，而不可得。君子得之，則為文飾之象。

山火賁卦：亨，小利有攸往。

賁　　者：飾也！內離而外艮，內文明而各得其分之象，故稱「賁」也！

彖　　曰：賁亨，柔來而文剛，故亨。分剛上而文柔，故小利有攸往，天文也！文明以止，人文也！觀乎天文，以察時變，觀乎人文，以化成天下。

象　　曰：山下有火，賁。君子以明庶政，無敢折獄。

總　　論：此乃「艮宮」一世卦，屬十一月。

納甲是己卯、己丑、己亥、丙戌、丙子、丙寅。如生於十一月及納甲者，功名富貴人也！此卦多主文章華麗，學問充實，又主典政禮樂。

其一：文字生光日象昭，薰風吹動海門潮；好將巨浪通天表，咫尺如梭達九霄。

其二：祿從天上降，喜至不須求；昔日憂愁事，逢牛始見周。

其三：行舟無險阻，舟泛自通津；雨露從天降，求謀事漸新。

卦　　理：闡釋禮儀的原則。建立與維持秩序，刑罰是不得已的手段，因而制定文明的禮儀，規範個人的分際，成為不可少的文飾。一切文飾都是空虛的道理，唯有重實質、有內涵，才是文飾的極致。

山火賁卦、初九：賁其趾，捨車而徒，義弗乘也！

詳　　解：此爻是安於下者，著其義而象之也！

故 協 者：剛正文明，飾躬厲行，達則振斯文於天下，窮則飾斯文於一身，
　　　　　大德大才，不以窮達為憂喜。或進取主遷回辛苦。

不 協 者：多是勞祿奔波，制肘俯仰，或依靠富豪立身。

歲運逢之：在仕防退職之患。在士防黜降之辱。在庶俗奔走於道路。
　　　　　棄易從難，遠親向疏，靜凶而動者吉。

　其一：乘車不用鎮徒行，千里馳驅道未平；林內虎聲驚復嘯，幾回憂事
　　　　更紛紛。

　其二：去偽存誠實，徒行卻乘車；不須增飾賁，儉簡是良圖。

　其三：可求未可求，可信未可信；波影見重光，退步不成進。

山火賁卦、六二：賁其須，與上興也！

詳　　解：此爻是賁於人，而與之振作者也！

故 協 者：有文章，有學問，上以待君之求，而佐以文明之治。

不 協 者：亦性敏學廣，好習上品，惡居下流，可以常享安靜之福。

歲運逢之：在仕則有因人成事之功，而升遷有地。在士則有文章之善，而得
　　　　　上應援。在庶俗得人提舉，而營為無阻。但變得「大畜、輿脫輻」
　　　　　之象，亦要相時而動，雖有知己，不可恃勢妄為，以取摧抑之患。
　　　　　數凶者，喪僕而難救，弱不能立也！

　其一：攀龍原有分，獨運竟難成；遇鼠逢牛日，因人為發明。

　其二：暗室復明輝，陽明實氣時；雲雷方散後，萬里一星飛。

　其三：好借東風力，輕船穩到家；大人來接引，明月寄蘆花。

山火賁卦、九三：賁如濡如，永貞吉，終莫之陵也！

詳　　解：此爻是安逸之象，而示以外逸之道者也！

故 協 者：文足以華國，道足以經時，必有清名重望，而為大貴顯宦也。

不 協 者：亦是見識過人，德行邁俗，或財谷豐盈，衣足食給，壽算永遠，
　　　　　得人助力。

歲運逢之：在仕則贊助有人，而美職是任。在士則提援者多，而名可成。在
　　　　　庶俗則與之協力者眾，不必勞己力而自然榮盛，縱有外撓是非，
　　　　　終不為害也！

　其一：坎宮須大吉，離地不堪行；江畔文書至，天邊秋月升。

　其二：一物可守，一事帶口；水落丹圓，自然長久。

　其三：門庭多吉慶，潤色更增光；直待龍逢虎，金蘭自有香。

山火賁卦、六四：賁如皤如，白馬翰如，匪寇婚媾，終無尤也！

詳　　解：此爻是其相睽之，而象其相求之心也！

故 協 者：文高學廣，為世標準，為世老成，主先難後獲，進取遷回，又馬
　　　　　為五馬。皤者高年，翰者飛騰。疑彼以為寇者，反以為我之親愛。
　　　　　或成名不暇以進取，或歷任不依乎次序。

不 協 者：亦得晚景結果，但早年偃蹇。

歲運逢之：在仕則先阻後順。在士則先失後得。在庶俗則先睽後合。憂中有
　　　　　喜，暗底逢明，雖有險危，終得安寧。未合者婚媾。
　　　　　數凶者，憂服。蓋有白馬之象故也！

　其一：中心雖欲速，行奈卻遷延；守正無仇患，居安福自天。

　其二：翰馬多清潔，孤鴻難遠留；銜蘆江上雁，東上岸邊遊。

　其三：曲中還有直，心裡須成戚；雲散月重明，千里風帆急。

山火賁卦、六五：賁於丘園，束帛戔戔，吝，終吉，有喜也！

詳　　解： 此爻是人君以恭儉致天下之治，而因善其占者也！

故 協 者： 多敦本尚實，雖傷於固陋，而不足以昭文采之觀，然禮奢寧儉，
　　　　　　亦可以敦淳厚之風，而不至於匱天下之財，不唯田園廣多，而且
　　　　　　金帛積蓄，兼得壽慶善終，其為吉人可知。

不 協 者： 為鄙吝喬野之逸士，而衣食不足。

歲運逢之： 在仕閒官招聘，見任者福祿。
　　　　　　衰老終壽，貴人獲利，進取大難就，小有喜。

　　其一： 福祿從天降，門中喜氣新；去奢從儉約，終保大元亨。

　　其二： 內包戔戔帛，丘園志士心；吉中無咎克，東南有佳音。

　　其三： 舊事淹留過，而今已變通；草頭人笑後，宜始不宜終。

山火賁卦、上九：白賁，無咎，上得志也！

詳　　解： 此爻是賁極反本，而可免過者也！

故 協 者： 有古人質樸之德，學問貫世之名，而福澤豐裕，

不 協 者： 質直恬靜之人，而隨時食衣。

歲運逢之： 在仕必主升遷。在士必主進取得志。在庶俗則經營樸實，而無浮
　　　　　　蕩之失。數凶者，必有服制，或有外戚之孝也！

　　其一： 務本歸誠實，何須更飾非；春風依舊到，花發去年枝。

　　其二： 素質內無采，天星照遠空；一朝乘騎氣，霄漢片時沖。

　　其三： 明月團圓，顏色欣然；風雲相會，和合萬年。

山雷頤卦（八月、巽木、遊魂卦）

兄弟	▬▬▬▬▬	丙寅
父母	▬▬ ▬▬	丙子
妻財	▬▬ ▬▬	丙戌
妻財	▬▬ ▬▬	庚辰
兄弟	▬▬ ▬▬	庚寅
父母	▬▬▬▬▬	庚子

上艮「**山**」下震「**雷**」中藏「**坤**」象。山之下有地，地之上有山，積累高大，培植草木，山地之下有雷，非應時不發，當行則行，當止則止，有所涵養。

君子得之，則為頤養之象。是卦順時則吉而富貴。

山雷頤卦：貞吉，觀頤，自求口實。

頤　者：旁也！食物以自養，故為養義。上下二陽，內含四陰，外實內虛上止下動，為「頤」之象，養之義也！

象　曰：頤貞吉，養正則吉也！觀頤，觀其所養也！自求口實，觀其自養也！天地養萬物，聖人養賢，以及萬民；頤之時大矣哉！

象　曰：山下有雷，頤。君子以慎言語，節飲食。

總　論：此乃「巽宮」六世卦名遊魂卦，屬八月。
納甲是庚子、庚寅、庚辰、丙戌、丙寅、丙子。如生於八月及納甲者，功名富貴人也！二月至八月為及時，九月後則非其時矣！

總　訣：丹桂飄香日，功名事不遲；人行千里外，觸景正芳菲。

卦　理：闡釋養的原則。養育應靠自己，不可依賴，養育必須依循常理，採取正當手段，不可違背原則。總之，供養是正當作為，在任何艱險的狀況下，也值得全力以赴。

山雷頤卦、初九：舍爾靈龜，觀我朵頤，亦不足貴也！

詳　　解：此爻是自喪其所守，而深鄙之者也！

故 協 者：因人成己，他邦立基而貧賤，貪而有失，所得者少，所失者多。

不 協 者：為不義之人，貪污之士，必遭凶禍。

歲運逢之：在仕則遭失廉之辱。在士則有荒淫之誚。在庶俗則有悖逆爭財之禍。

　　　　　大抵唯守正道則吉。士子進取，有時廩之兆，蓋因「朵頤」欲食故也！

　　其一：捨東以就西，重山可立基；江邊人過處，一女遇寒啼。

　　其二：紅紫無顏色，飄零一葉風；鄰雞驚曉夢，心事轉成空。

山雷頤卦、六二：顛頤，拂經，於丘頤，征凶，行失類也！

詳　　解：此爻是求養失其類者也！

故 協 者：守正不動，保身養性，可耐歲月之久。

不 協 者：更變無定，學習不專，交下先欺，親上見斥，或患難顛強拘束。

歲運逢之：在仕防譎。在士防辱。在庶俗做事進退，是非不一。

　　　　　數凶者，多病至死。

　　其一：龍走擁東去，羊行帶水歸；一堆金未見，雙果墜花枝。

　　其二：秉燭正東西，漏舟行險水；縫使達平津，尤恐波浪起。

山雷頤卦、六三：拂頤，貞凶，十年勿用，無攸利，道大悖也！

詳　　解：此爻是所養非其道，而取凶者也！

故　協　者：改過自新，窒慾自懲若變為「賁如濡如」光華潤則之文，亦可作小小規模。

不　協　者：扶揚違正，悖義放肆，禍不旋踵，身家破損。

歲運逢之：在仕有喪名失節之患。在士縱慾敗渡之虞。在庶俗荒淫無忌之禍。

　　　　　甚則喪身，悲傷之至。

其一：主舊拂頤凶，十年宜勿用；化翅九霄飛，雷振威權重。

其二：事宜休，理多錯；日墜雲中，誠恐多剝。

山雷頤卦、六四：顛頤吉，虎視眈眈，其欲逐逐，無咎。

詳　　解：此爻是任賢以養民，而為德澤之普者也！

故　協　者：大才重望，端謹威嚴，以正驅邪，立太平之基業，成格天之事功。「虎」字之兆，為虎榜、虎符之類。

不　協　者：多顛倒拂亂，縱慾耽樂，損則破家，甚則為虎所傷為斥逐，而難以容生。

歲運逢之：在仕則為太守，得尊上光寵。在士則進取成名。在庶俗則得好人贊助，而營謀遂。數凶者，防擯斥驅逐，是非之危。

其一：虎視眈眈吉可舒，山前上緊度須臾；前程自有泰來處，急浪驚濤反自和。

其二：一事防顛墜，無非仍有是；求望自然成，先難而後易。

461

山雷頤卦、六五：拂經，居貞吉，順以從上，不可涉大川。

詳　　解：此爻是賴大臣以養民，而因戒占者也！

故 協 者：多享現成富貴，或承祖宗之恩，或倚權內之貴。

不 協 者：平生不受辛苦，得人助力，亦有受用。

歲運逢之：在仕則因人成功而位可保，不可明白主事以招咎。在士則進取得
　　　　　人引拔而小就。在庶俗作為有倚靠，而志可得。不可乘舟涉險。

　其一：動躁事生憂，強謀事不周；大川墜難涉，龠戶待名求。

　其二：退則安，進不可；上下相從，明珠一顆。

山雷頤卦、上九：由頤，厲吉，大有慶也！利涉大川。

詳　　解：此爻是人臣任天下之重，當敬事而盡其力者也！

故 協 者：位尊德重，常懷憂惕，上承天寵，下繫民望，功勳冠世，福澤深
　　　　　遠，

不 協 者：亦有福壽之人，推載仰望者多，而為鄉里之善士。

歲運逢之：在仕爵祿崇重。在士必為魁解。在庶俗謀為光顯，無往不利。

　其一：久持忠節不成功，一旦逢君塞外雄；巨舟平浪垂釣去，六鰲擁出
　　　　大波中。

　其二：迢迢臨水復臨山，路出西南涉險難；若得東風相借力，幾多名利
　　　　得非難。

山風蠱卦（一月、巽木、歸魂卦）

兄弟	▅▅▅▅▅	丙寅
父母	▅▅ ▅▅	丙子
妻財	▅▅ ▅▅	丙戌
官鬼	▅▅▅▅▅	辛酉
父母	▅▅▅▅▅	辛亥
妻財	▅▅▅▅▅	辛丑

上艮「**山**」下巽「**風**」中存「**震、兌**」。於文則為血，蠱風落山，謂之蠱，又謂三蟲食血之義。女人感男，山下有風，山中有雷有澤，其蠱為風扇揚所發，雷震動而出為澤，草木皆受其食，不能生長。君子得之，則為蠱壞之象。

山風蠱卦：元亨，利涉大川。先甲三日，後甲三日。

蠱　　者：蠱者，事也，惑也，又為多事惑亂之象。壞極而有事也！艮止居上，巽柔居下，上下不交，下卑巽而上苟止，蠱之意也！

象　　曰：蠱，剛上而柔下，巽而止，蠱。蠱，元亨，而天下治也！利涉大川，往有事也！先甲三日，後甲三日，終則有始，天行也！

象　　曰：山下有風，蠱。君子以振民育德。

總　　論：此乃「巽宮」七世卦名歸魂卦，屬正月。得此卦者，多起自艱辛，然先迷後得，承祖宗舊業。納甲是辛丑、辛亥、辛酉、丙戌、丙子、丙寅。如生於春夏秋者及時，及納甲者，功名富貴人也！與父母不和。

其一：錫帶事雖美，須防三褫中；寵榮難可恃，且忌辱來重。

其二：棄舊從新別創家，先憂後樂振民邦；始施恩澤掌權柄，緋紫增榮志自睇。

其三：寶月有虧盈，長河濁又清；縱然逢大事，端坐不須驚。

卦　　理：闡釋振疲起衰的原則。盛極而衰，樂極生悲，不可坐以待斃，應該有所作為。振疲起衰，譴責過去無益，應著眼未來，不可採取過剛過強的手段，但也不可寬容妥協，必須徹底革新。

山風蠱卦、初六：幹父之蠱，意承考也！有子，考無咎，厲終吉。

詳　　解：此爻是能修業克，肖夫先人，而因以戒之者也！

故 協 者：勇於進取，決於幹事，盡忠盡孝，經涉危難，建立事功，合先人
　　　　　之道義，為後人之規模。

不 協 者：不靠祖業，自為活計，遇難不辭，見榮不傲。

歲運逢之：在仕則承朝廷之重任，而革除奸弊。在士俗或承祖父之恩，或子
　　　　　孫以承考志，或謀為遂意。

　　　　　數凶者，有憂愁，老者不壽。「考」字之義故也！「考」字又考
　　　　　試之義。

　其一：欲成好事必先危，成敗多生進退疑；蛇與豬來皆喜遂，好求方便
　　　　上雲梯。

　其二：極弊宜修整，前人舊有規；意承須改變，損益亦隨時。

　其三：可以委，可以記；遲遲事，無差錯。

山風蠱卦、九二：幹母之蠱，不可貞，得中道也！

詳　　解：此爻是人臣贊君之業，而示以只順之道者也！

故 協 者：有剛大之才，行中正之道，常懷直心，難遇知己，補弊救偏，而
　　　　　飾治其緒業，為世所仰望。

不 協 者：亦行中道而有為有守，而非鄙夫之可倫也。

歲運逢之：在仕干辨舊緒之有餘，而祿位穩固。在庶俗士子為營父母遠大之
　　　　　事，改舊更新，無不如意。女命勤儉持家，而性忠直多富。

　其一：以剛行內事，執一竟難成；貴得中常道，唯當順以承。

　其二：母道不可貞，謂性難存正；從順事宜成，後道密且謹。

　其三：暗去不明來，憂心事未諧；終須成一笑，眼內莫疑猜。

山風蠱卦、九三：幹父之蠱，小有悔，無大咎。

詳　　解：此爻是治蠱過於剛者，所以不免悔也！

故 協 者：剛明勇決，當為則為，而無所顧忌，雖有差失，善於補過多利，終無損傷，而為一世之傳士。

不 協 者：遇其事幹則易，早厲憂勤，晚始受用。

歲運逢之：在仕有建立主張大過之愆。在士庶修為有拂戾躁急之失。大凡躬行王道，勿信邪言免悔。

其一：玉石望蒙昧，哪堪小悔多；終來無大咎，先忌哭聲過。

其二：父差母蠱往東西，臘肉餐餐不可期；困臥高堂憂小處，直須遇有出災危。

其三：久弊應難革，須防損失多；見機知進退，終是保安和。

山風蠱卦、六四：裕父之蠱，往見吝，未得也！

詳　　解：此爻是大臣革弊而不能速改，而弊終不可革者也！

故 協 者：性萎靡，雖有大才不能設施。

不 協 者：心多憂疑，事欠果斷，小謀則就，大用則損。

歲運逢之：在仕主尸位素餐之誚。在士有燕辟廢業之失。在庶俗有盤樂怠傲之損。事事見憂，且生足疾，一變為「鼎、九四」多坎屯也！

其一：有路步難去，中途鄙吝憂；蛇行並馬走，運綻值深秋。

其二：路遠多險阻，居安得自宜；休將萬事足，從此亦隨時。

山風蠱卦、六五：幹父之蠱，用譽，承以德也！

詳　　解：此爻是人君得賢以敷治，斯隆美譽於天下者也！

故 協 者：清才異俗，重德濟世，能成大業，所謂立身行道以顯父母者也。

不 協 者：心力不閒，亦能起家，鄉里仰望。

歲運逢之：在仕遷耀顯位而名譽遠播。在士登荐而聲名揚溢。

　　　　　在庶俗更變門戶，別立規模，多喜慶進人口。

　其一：克家去干蠱，田業更重增；用譽成先志，為能善繼承。

　其二：有德臨尊位，陽和德在春；猴吹騎白鹿，名譽到天津。

　其三：一月出層雲，長江徹底清；湛然無點翳，謀望等閒成。

山風蠱卦、上九：不事王侯，志可則也！高尚其事。

詳　　解：此爻是有德而不見用，雖隱居以遂其志者也！

故 協 者：有道可用，有德可尊。但高尚其志，而不輕於進取。

不 協 者：亦清高異俗，淡泊生涯，不隨污俗。

歲運逢之：在官則告休。在士則待時。在庶俗則守傳。

　　　　　數吉者多有尊貴，獲拔寵召之慶。

　其一：棄職休官便可歸，王侯不事可無為；蠱憂進取深防吝，巨浪扁舟
　　　　去不回。

　其二：奔趨人世事，其苦竟難諧；不事王侯貴，何如隱去來。

　其三：深淵魚可釣，幽林禽可獲；只用長久心，不用生疑惑。

山水蒙卦（八月、離火、四世卦）

父母	▅▅▅▅▅	丙寅
官鬼	▅▅ ▅▅	丙子
子孫	▅▅ ▅▅	丙戌
兄弟	▅▅ ▅▅	戊午
子孫	▅▅▅▅▅	戊辰
父母	▅▅ ▅▅	戊寅

上艮「**山**」下坎「**水**」中存「**坤、震**」。山之下有險，震動坤靜，動泉靜土，未知所適。君子得之，則為蒙昧之象。又有富貴者當參究，合五行則吉。

山水蒙卦：亨，匪我求童蒙，童蒙求我。初筮告，再三瀆，瀆則不告，利貞。

蒙　　者：昧也！物生之初，蒙昧未明也！以坎遇艮，山下有險，蒙之地也！內險外止，蒙之意也！

彖　　曰：蒙，山下有險，險而止，蒙。蒙亨，以亨行時中也！匪我求童蒙，童蒙求我，志應也！初筮告，以剛中也！再三瀆，瀆則不告，瀆蒙也！蒙以養正，聖功也！

象　　曰：山下出泉，蒙，君子以果行育德。

總　　論：此乃「離宮」四世卦，屬八月。納甲是戊寅、戊辰、戊午、丙戌、丙子、丙寅。生於八月中納甲者，功名富貴人也！

其一：有疑需要決，一決勿重為。雞唱天明後，回頭喜又施。

二陽：隔江驚曉不成危，木盡煙消總作灰；陽氣復來先報喜，雪寒觀笑賞江梅。

三陰：進退意沉吟，心疑事未成；欲逢名與利，直待一陽生。

卦　　理：闡釋混亂蒙昧時期，教育的原則。教育首重自然感應，潛移默化，循序漸進，不可強求。教育應嚴厲，但也應適度，過嚴反而抗拒，應當包容，有教無類。不論教與學，均應謙虛，相互切磋，教學相長，彼此受益。

山水蒙卦、初六：發蒙，利用刑人，用脫桎梏，以往吝。

詳　　解：此爻是詳君子發蒙之道，而因以戒之者也！

故 協 者：親近尊貴，力勤德業，或不由進取成名，或不用文字改秩，甚則修國史而立典刑，掌兵權而行賞罰。

不 協 者：亦為良民善士，飽食暖衣，不受艱辛。

歲運逢之：在仕則為掌文教之職，或理刑名之任。在士則小試有發軔之美。在庶俗，多主官訟，親朋不和，干戈爭鬥，暗昧是非，終得脫解，凶者有刑。

其一：門戶起干戈，親姻兩不合；朱衣臨日月，始覺笑呵呵。

其二：驚憂成損總堪悲，匹馬東西未見歸；馬嘯有風宜坐守，不防冬去不防危。

其三：蒙昧須當發，唯宜在小懲；即懲應暫捨，不爾後侵凌。

山水蒙卦、九二：包蒙吉，納婦吉，子克家，剛柔接也！

詳　　解：此爻是任師道之美，著其象而善其占者也！

故 協 者：必大賢君子，大量容物，和氣待人，孝養忠國。

不 協 者：亦能起家立業，或得妻力，得貴子。

歲運逢之：在仕則守官職。在士則為師範。在庶俗則人情和協，百為有成。或結婚姻，或生子孫，尊賢交接，行藏遂志，動止平安。

其一：花謝枝頭果實多，好音來矣莫蹉跎；含容納婦宜家吉，不比初謀悔吝過。

其二：片月漸圓明，花殘子又青；半途不了事，此舉一回新。

山水蒙卦、六三：勿用取女，見金夫，不有躬，無攸利。

詳　　解：此爻是溺於自暴自棄，而不足與取者也！

故　協　者：多學問，縱有名利，亦是棄本逐末，違正後邪。

　　　　　　女命則為寵妾，先輕後重。為妮妓者可以招福。

不　協　者：必有陰險，搖唇鼓舌，虛而無實，徒奔走於塵途，碌碌難免。

歲運逢之：在仕則有貪婪取辱之斥。在士則有燕辟廢學之嗟。在庶俗則生是

　　　　　　非，或陰人不睦，而有酒色聲音之咎。大抵宜靜而謹防為佳。

　　其一：聘女無攸利，花開又值秋；嚴霜將降土，退步不堪求。

　　其二：切忌花間酒，莫貪無義金；失身無所利，暗室枉欺心。

山水蒙卦、六四：困蒙之吝，獨遠實也！

詳　　解：此爻是不能親賢者也！

故　協　者：雖是才人，難逢明主，獨善一身，徒居僻處。

不　協　者：寡與人交，自誇己德，宜僧宜道，子孫難續。

歲運逢之：在仕則無引援，而少升遷。在士則無荐拔，而進取艱辛。

　　　　　　在庶俗則人情乖離，而經營蹇滯。大抵靜無災，而動有損也！

　　其一：久困猶嫌未濟來，江邊水闊有河開；文書有口不當說，當得從心

　　　　　　果不諧。

　　其二：窮困方蒙昧，中心吝可憂；須求誠實者，方可免貽羞。

山水蒙卦、六五：童蒙之吉，順以巽也！

詳　　解：此爻是至誠以任賢，而治功成者也！

故 協 者：幼而明敏，壯而謙恭，或幼童科甲，早承祖蔭，致君澤民之道，
可以推行無阻。

不 協 者：亦安常守份，和光同塵。

歲運逢之：在士農工商，皆依附稱謀為攸順。

其 一：君象吉童蒙，身安應在東；大川涉無咎，海際得帆風。

其 二：乘病馬，上危坡；防失蹄，莫蹉跎。

山水蒙卦、上九：擊蒙，不利為寇，利禦寇，上下順也！

詳　　解：此爻是治蒙過剛，蘊其用而異其占者也！

故 協 者：有名位利祿，或幼選之戰功，或節制兵師，主官刑獄。

不 協 者：亦有志氣，能勝重任，大事不懼，小事不欺，為鄉里之豪傑。

歲運逢之：在仕則有司寇名職。在士則寇可奪功可成。
在庶俗則防爭訟寇盜之憂，或奴婢為災。

其 一：率師戰萬里，威武冠群英；借問成功日，須還四八尋。

其 二：彼且方蒙昧，何須用意攻；但當宜謹密，自固免遭凶。

艮為山卦（四月、艮土、本宮卦）

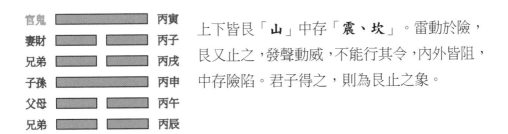

官鬼	▅▅▅▅	丙寅
妻財	▅▅ ▅▅	丙子
兄弟	▅▅ ▅▅	丙戌
子孫	▅▅▅▅	丙申
父母	▅▅ ▅▅	丙午
兄弟	▅▅ ▅▅	丙辰

上下皆艮「山」中存「震、坎」。雷動於險，艮又止之，發聲動威，不能行其令，內外皆阻，中存險陷。君子得之，則為艮止之象。

艮為山卦：艮其背，不獲其身，行其庭，不見其人，無咎。

艮　　者：止也！其象為山，取坤地而隆其上之狀，亦止於極而不進之意也！

象　　曰：艮，止也！時止則止，時行則行，動靜不失其時，其道光明。艮其止，止其所也！上下敵應，不相與也！是以不獲其身，行其庭不見其人，無咎也！

象　　曰：兼山，艮；君子以思不出其位。

總　　論：此乃「艮宮」本世卦，屬四月。納甲是丙子、丙寅、丙辰、丙午、丙申、丙戌。如生於四月及納甲者，功名富貴人也！

其一：征行趨北又趨東，於祿求財事事通；去就朝天終有路，不唯成始又成終。

其二：宜取山中鹿，休推水上車；行也終須吉，聲位慶時佳。

卦　　理：闡釋適可而止的道理。有行動，就有停止，在前進中，如何自我節制，適時、適地、適切的停止，就需要有高深的修養。停止應當止於行動未開始之前，才不會失當，才不會身不由己。動靜得宜，適可而止，止於至善，才是止的最高境界。

艮為山卦、初六：艮其趾，未失正也！無咎，利永貞。

詳　　解：此爻是得其守正之道者也！

故 協 者：從之正而無從逆之凶，守之固而得厚終之道。

雖無發達之美，亦免傾危之憂。

不 協 者：謙卑是持，謹厚是守，災害不生，身家可保。

歲運逢之：在仕保守己職而無失。在士進取落後。庶俗安常守份而不陷於縱

慾之危。

　　其一：非理宜循理，安居不用遷；已久書到屋，佳信自來傳。

　　其二：一往攸攸，兩志未周；有終有始，只恐遲留。

艮為山卦、六二：艮其腓，不拯其隨，其心不快，未退聽也！

詳　　解：此爻是韜能成己，而歉於成物者也！

故 協 者：乃是中正之人，才德甚高，有志事君，而其謀猶難以進用，且阻

於權樞，而其心常懷不歉，然雖不能建於世，而亦為後世所矜式。

不 協 者：心無定見，邪正相混。家難而不知排遣，父蠱而不能幹治。卓立

艱難，心緒撓括。

歲運逢之：在仕無扶危持顛之才。在士無機會之美。在庶俗無求謀之遂。馳

他郡而苦於勞役，或有足疾動止難安，或為家患心有不快。

　　其一：從正於其損益中，宜居中道終成吉；良心不放少年人，別有生涯

到頭出。

　　其二：躁進輕施用，時間未快心；陽春回暖律，東北遇知音。

　　其三：人進退，事交加；渾如春夢，有似梅花。

艮為山卦、九三：艮其限，列其夤，厲，薰心。

詳　　解：此爻是不當止而止，失時之極者也

故　協　者：必為顯宦執柄，貪得不足，敗君誤國，阻隔正路，而上下之情不
　　　　　　通，欺逆之罪難逭。

不　協　者：富藏金谷，必起強梗，惡事常行，善緣不做。

歲運逢之：在仕顯者必遷要津邊閫，選入立班改職。士子前則成名。
　　　　　　庶俗強梗不順，破損不寧，危厲不安。
　　　　　　數凶者，老幼或為心病、或患眼、或腰疾、或阻礙刑孝破家。

　其一：亂事心燦燦，事後不見人；守憂心利主，天祿位來迎。

　其二：深潭月，明鏡影；一場空，報於信。

　其三：憂在蕭牆內，將來必見傷；預防於未見，可變禍為詳。

艮為山卦、六四：艮其身，無咎，止諸躬也！

詳　　解：此爻是時止而止，有不妄動之義者也！

故　協　者：鎖靖安穩，藏修謹厚；雖不能兼善天下，而亦可以成獨善之志；
　　　　　　雖不能以濟時，而亦可以無僨事之愆。

不　協　者：單身自謀，適己之便，或為僧道。

歲運逢之：在仕安職，不可懷出位之思。未仕者不可圖幸進之學。
　　　　　　在庶俗安份，不可懷越份之謀。

　其一：身居臣位亨，正靖自無咎；在外獲嘉祥，名利都成就。

　其二：所為無悔吝，唯是反諸身；若遇豬雞貴，春來喜事新。

艮為山卦、六五：艮其輔，以中正也！言有序，悔亡。

詳　　解：此爻是於其言而寡尤者也！

故　協　者：有德有言，大則為輔相、為言路、為大中、中奉、給事中、中書
省，小則為序守、庠序之職。

不　協　者：而為陶情吟哦，談今說古之幽人，或得朋友親輔麗澤之功，而活
計可以養身。

歲運逢之：在仕顯者必獲大位，居朝堂之職。未顯者則為言路之官。在士則
一言而合主司，科名成就。在庶俗則公言足以合人情，而謀望遂
意。
若小人當此，則反有唇吻之咎，老少難於頤養。

爻　　訣：言皆中正理，悔吝自然亡；莫嘆成功晚，春來福祿昌。

艮為山卦、上九：敦艮之吉，以厚終也！

詳　　解：此爻是止於至善者也！

故　協　者：高風勁節，必為大人君子，而標準當時，福澤深厚。

不　協　者：主誠實，不浮華，或田業之廣，壽處之高。

歲運逢之：在仕遷職。在士成名。農家進田業，商賈獲利，在庶俗獲福。
但變得「謙、上爻」，有志未得之兆。數凶者，亦防之！

爻　　訣：敦厚真君子，淹留未濟間；忽逢通大運，爵祿喜高遷。

山地剝卦（九月、乾金、五世卦）

妻財	▭▭▭	丙寅
子孫	▭ ▭	丙子
父母	▭ ▭	丙戌
妻財	▭ ▭	乙卯
官鬼	▭ ▭	乙巳
父母	▭ ▭	乙未

上艮「山」下坤「地」中藏「坤」象。陰多陽少，小人眾而君子獨，陰剝陽之時，小人犯君子之義也！是卦多為災眚，夭亡之象。然眾陰剝去，其陽使無其位。剝者落也！君子得之，則為剝落之象。

山地剝卦：不利有攸往。

剝　　者：落也！五陰在下而方生，一陽在上而將盡，陰盛長而陽消落，九月之卦也！陰盛陽衰，小人壯而君子病，內坤而外艮，內順而止之象也！

象　　曰：剝，剝也！柔變剛也！不利有攸往，小人長也！順而止之，觀象也！君子尚消息盈虛，天行也！

象　　曰：山附於地，剝。上以厚下，安宅。

總　　論：此乃「乾宮」五世卦，屬九月。
納甲是乙未、乙巳、乙卯、丙戌、丙子、丙寅。借用癸卯、癸巳、癸未。如生於九月及納甲者，功名富貴人也！其餘得之者，未免兄弟不睦。離遷移坎坷不利。得此卦者多做貴人，但未免孤立刑剋。

其一：厚下且安宅，先防不測災；動中主悔吝，憂戚總難開。

其二：剝至事雖傷，陰人恐在床；朝雲無定處，得雨始無妨。

卦　　理：闡釋應對腐敗時期的原則。虛偽貪腐到達極點，就面臨不可救藥的黑暗時期。此乃消長盈虧的必然演變過程，凶險時期，不可同流合污，期待小人反省，極為渺茫。此時應不斷地揭發貪贓腐敗的證據，得到眾人的支持，才能去腐而後生。

山地剝卦、初六：剝床以足，蔑貞凶，以滅下也！

詳　　解：此爻是擬小人害正之象，而因占以戒之者也！

故 協 者：亦可為君子，唯貴氣淺，福量狹。

不 協 者：足不停止，事無定規，或小人侵害，或自己生災，為斗筲之鄙夫。

歲運逢之：在仕者則進，宜見機相時，以觀其用捨之道。其餘則或手足之災，奴婢之損，或兄弟不睦。唯利於修造興土木之事。凶則身亡家破，營謀不遂。

　其一：床足頓雲剝，於人先所安；既無真正道，於禍可勝言。

　其二：凶象滅床足，其中蔑貞凶；斷橋人莫過，其中犬吠同。

　其三：上接下不穩，上安下不獲；絞繞更相纏，平地風波妒。

山地剝卦、六二：剝床以辨，蔑貞凶，未有與也！

詳　　解：此爻是小人之或愈進，君子不免於所傷者也！

故 協 者：主富貴之人，常懷忠直之心，多招邪詖之謗。

不 協 者：立足不閒，家計難立，親眷無倚，婚姻有虧。

歲運逢之：在仕防黜降。士子進取難成。常人幹謀不遂，或卑者侵凌，尊者猜忌。

　其一：乘勢陷他人，須防損自身；若能長守正，帑可免災迍。

　其二：床剝轉侵殘，謀安未見安；晚江桃李綻，驚直雪霜寒。

　其三：事相干，人相牽；去往尚悠然，一關復一關。

山地剝卦、六三：剝之無咎，失上下也！

詳　　解：此爻是小人之能從善，而深與之者也！

故 協 者：多是貴人，特立獨奮，棄俗超群，學古之勤，行道之力。

不 協 者：薄德淺福。

歲運逢之：在仕者遇明主，逢大臣。常人難遇知己，生涯淡泊，欲求名利，
　　　　　異路為高。且小象有失上下之辭，或難免父母妻子之憂，須防之
　　　　　可也！

　其一：久久未能前，淹留進莫先；西南交一友，同棹過蓬川。

　其二：上下分，憂愁失；千嶂雲，一輪月。

山地剝卦、六四：剝床以膚，切近災也！

詳　　解：此爻是陰禍切身者也！

故 協 者：以陰剝陽，權重勢盛，雖做貴人，終失大體。
　　　　　且變得「晉、九四爻：鼫鼠貞厲」，貪而畏人。

不 協 者：機深禍大，作孽自戕，縱有利名，終無嗣續。

歲運逢之：在仕防讒邪之害。在士難遇佳會。在庶俗履危蹈險，爭訟刑剋之
　　　　　疊生。

　其一：困夢何時解，重春喜可來；山摧因阻地，移竹就園栽。

　其二：枕畔不堪聞，渺茫如暗日；風雨急然來，移身別處立。

山地剝卦、六五：貫魚，以宮人寵，無不利，終無尤也！

詳　　解：此爻是率眾以從善，其獲利之大者也！

故 協 者：為大貴人，或文武相兼。蓋親上九之正人。

不 協 者：亦居小人之上，倚靠富豪，而衣食自足。

　　　　　若女人有福有貴，必自卑下而致高大。

歲運逢之：在仕必加官進職，位居權要。在士考校必居諸士之首，而名可成。

　　　　　在庶俗營謀拔萃，人情和合。宮觀住持，婦人進財，家和福生。

　其一：遇時方不利，遷善可有終；引類同升進，將來復能榮。

　其二：失貫罾魚在水邊，佳人相遇汲清泉；塵埃年見不能奮，便趁行人
　　　　赴楚園。

　其三：圓及缺，缺又圓；低低密密要周旋，問之來時始有緣。

山地剝卦、上九：碩果不食，君子得輿，民所載也！小人剝廬，終不可用也！

詳　　解：此爻是一陽剝盡之餘，而君子小人異其占者也！

故 協 者：居大位，乘車馬，服民心，而為弭亂開治之主。

不 協 者：乃無德小人，破祖敗家，傷親犯上，縱有技藝亦無用於世。

歲運逢之：在仕有所權柄。在士得薦舉，逢知己而名就。在庶俗而謹慎，奉
　　　　　公守法，斯有庇護，而可保無虞。經營者多生意，或修造做室。
　　　　　變凶數「坤、上爻」，其血玄黃之象，防下人侵損，死喪將臨，
　　　　　少年不利，有子不孤。

　其一：群子存天理，生生道不窮；小人多昧此，難免剝廬凶。

　其二：君德覆群陰，爻辭君子貞；一朝丹詔至，期待一時迎。

　其三：意遲遲，心懷疑；交加猶豫，貴客相持。

地天泰卦（一月、坤土、三世卦）

妻財	▬▬ ▬▬	癸亥
兄弟	▬▬ ▬▬	癸丑
兄弟	▬▬ ▬▬	甲辰
官鬼	▬▬▬▬	甲寅
子孫	▬▬▬▬	癸酉
妻財	▬▬▬▬	甲子

上坤「地」下乾「天」中存「震、兌」。雷動澤施於天之象，雷澤行地之下，物受其潤，正天地交泰之時，陰陽和暢，草木蓄茂。

君子得之，則為大通之象。富貴之說，得時合節吉。

地天泰卦：小往大來，吉，亨。

泰　者：通也！正月之卦也！天地交而二氣通，故曰「泰」也！

象　曰：泰，小往大來，吉亨。則是天地交，而萬物通也！上下交，而其志同也！內陽而外陰，內健而外順，內君子而外小人，君子道長，小人道消也！

象　曰：天地交，泰。後以財成天地之道，輔相天地之宜，以左右民。

總　論：凡得此卦，若元數歸局者，貴之極也！大象之辭，皆師保師相出將入相之事。此乃「坤宮」三世卦，屬正月。

納甲是甲子、甲寅、甲辰、癸丑、癸亥、癸酉，借用壬子、壬寅、壬辰、乙酉、乙亥、乙丑。如生於正月及納甲者，功名富貴人也！生非其時者，其福淺。六爻皆宜固定，不可輕進。

其一：否泰循環太過通，喜知生育得時豐；固基保守前程吉，千里張帆得便風。

其二：來時盛暑去時春，歷盡經年險與迍；此去亨衢終不遠，推輪終待隴西人。

其三：龍劍久埋光射斗，大鵬初展翼垂天；龍蛇一舉終無礙，始覺從茲不滯淹。

卦　理：闡釋持盈保泰的原則。創業固然艱辛，守成更加不易，居安應當思危，安定中應要求進步，若盛極而衰，要因勢利導，使損傷減至最低限度，不可逞強，應兼容並蓄，剛柔相濟。

地天泰卦、初九：拔茅茹，以其彙，征吉，志在外也！

詳　　解：此爻是類進之象，而與其大行之占者也！

故 協 者：高明正大，親君子，遠小人，公爾忘私，國爾忘家，立功名，享富貴。

不 協 者：亦朋輩協理，氣合道同，而成立不難。

歲運逢之：在仕則同寅協恭，而超遷有基。在士則同道尚德，而飛騰有日。在庶俗則同志合謀，而財利日增。

　其一：三陽方始泰，君子道通時；同類皆升進，前程事事宜。

　其二：職居臣位祿非一，外進良朋好結交；功業一朝期有地，秋回方覺起英豪。

　其三：東邊事，西邊成；風掃月華明，高樓弄笛聲。

地天泰卦、九二：包荒，用馮河，不遐遺，朋亡，得尚於中行，以光大也！

詳　　解：此爻是剛中之德，而為保太之臣者也！

故 協 者：量大能容，兼收並蓄，不以遠而違，不以親而比，中正不阿，足以開太平之業，而富貴悠久。

不 協 者：亦不失為謹厚之士，而鄉里推重，富有殷實。

歲運逢之：在仕則有御邊疆，守江湖，或大中、中奉、中書省之類。在士則進取成名，營謀者獲利。在庶俗則必遇尊貴。
如不入局，不得位，則變「明夷」二爻，防長上有損，言語有傷。

　其一：中道無悔吝，安靜也防虞；垂釣江頭鯉，山前起兩扉。

　其二：擬泛孤舟出翠微，花邊釣處白魚肥；就中無限煙波景，釣罷金鱗滿載歸。

　其三：用剛能果斷，荒穢盡包容；遐邇無遺愛，無私道得中。

地天泰卦、九三：無平不陂，無往不復，天地際也！堅貞無咎，勿恤其孚，於食有福。

詳　　解：此爻是治泰於將否之時，終於致福者也！

故 協 者：艱危，其思慮正固，其施為盡人事，以免回乎天意，而太寧之福可享於不替。

不 協 者：或成或敗，艱中獲福。

歲運逢之：在仕宜艱厥任，當防小人嫉妒之奸。在士宜保其所固，有不可圖幸進之名。在庶俗宜戰竟自持，以保其身家。

　　　　　大抵宜艱難中退步則有功，謹厚則安。不然，小人侵凌，每事見阻。

　其一：和不和，同不同；番去覆兩已成空，進退須防終有功。

　其二：進步忽生疑，居安有福基；月圓雲散後，萬里見光輝。

　其三：往而須必復，安處用防危；居正存誠信，災消福自隨。

地天泰卦、六四：翩翩不富，失實也！以其鄰，不戒以孚，中心願也！

詳　　解：此爻是小人並進之時者也！

故 協 者：多阻多疑，心志不一，或得或失，功名難全，奔馳作旅，辛苦成家。

不 協 者：或倚託鄰貴，倚仗親富。

歲運逢之：已仕者退避，進取難成。營謀失利，居鬧有謗，依止則脫禍。

　　　　　化工全則出仕於遠僻，勞碌不暇。

　其一：先實謾高飛，賓鴻去未歸；山前一子立，只是好前施。

　其二：小人將害正，以類自相從；君子宜深戒，須防或致凶。

　其三：心不足，事不足；一面之東又向西，透徹重關亦有時。

地天泰卦、六五：帝乙歸妹，以祉元吉，中以行願也！

詳　　解：此爻是下賢以誠而進，以格天之治者也！

故　協　者：富貴不驕，恭謹守己，或賢室助己，貴子克家，福貴不甚勞力，
　　　　　　但權不由己。女命得此，勤儉成家。

不　協　者：亦中正吉人，不施威而人自平服，生平安樂，內助有功。

歲運逢之：在仕主有遷除，或有喜事。在士則有步蟾之兆。
　　　　　　在庶俗主得人抬舉，或結姻生育，而百福悠集。

　其　一：進女皆居正，居尊元吉亨；高人攜木至，十八子驚春。

　其　二：添一人，得一寶；事周員，門外討。

地天泰卦、上六：城復於隍，其命亂也！勿用師。自邑告命，貞吝。

詳　　解：此爻是欲保於治否之後，而終以致羞者也！

故　協　者：卑約自處，庶幾小立規模，然終見阻挫而招咎。

不　協　者：虧己逞強，家破身亡，自大化小。

歲運逢之：在仕遭謫貶。在士遭羞辱。在庶俗有破損，有疾病，難於壽。
　　　　　　唯謹厚免禍。

　其　一：逢亂命不行，終久數復否；行師外可憂，蓄眾內防毀。

　其　二：悲似喜，喜似悲；蹙破遠山眉，門前事惹疑。

　其　三：泰極將成否，人心不順從；未宜有施用，雖正亦唯凶。

地澤臨卦（十二月、坤土、二世卦）

子孫	▇▇ ▇▇	癸酉
妻財	▇▇ ▇▇	癸亥
兄弟	▇▇ ▇▇	癸丑
兄弟	▇▇ ▇▇	丁丑
官鬼	▇▇▇▇	丁卯
父母	▇▇▇▇	丁巳

上坤「**地**」下兌「**澤**」中存「**坤、震**」。地之下有雷有澤，雷動山岳，命令下行，澤潤草木，恩波下逮，有為政治之實。君子得之，則為臨蒞之象。

地澤臨卦：元亨利貞，至於八月有凶。

臨　者：進而凌逼於物也！二陽浸長以逼於陰，故稱「臨」焉！十二月之卦也！

象　曰：臨，剛浸而長，說而順，剛中而應，大亨以正，天之道也！至於八月有凶，消不久也！

象　曰：澤上有地，臨。君子以教思無窮，容保民無疆。

總　論：此乃「坤宮」二世卦，屬十二月。納甲是丁巳、丁卯、丁丑、癸亥、癸丑、癸酉，借用乙丑、乙亥、乙酉。如生於十二月及納甲者，功名富貴人也！

其一：陰徹陽微晉地凶，臨民保正事無窮；斷橋一馬須防失，然事紛紛憂我衷。

二陽：平生欲奏五弦琴，流水高山未遇音；一旦乘槎到蓬島，始知金闕萬重深。

三陰：妄行羅網地，輕舉入天羅；謹節能知止，身安保太和。

卦　理：闡釋領導的原則。領導應以高尚的人格感召，以威信維持紀律，恩威並濟，不可以誘騙的手段，應當運用智慧，嚴以律己，寬以待人，敦厚而不苛刻，人人心悅誠服，上下融洽，有所作為。

地澤臨卦，初九：咸臨貞吉，志行正也！

詳　　解：此爻是有臨陰之善道者也！

故 協 者：至大之才，至重之德，謙恭待上，慈愛及下，進修正道，排斥讒言，是為大貴之人也！

不 協 者：亦是公正，隨時俯仰，閭里推重。

歲運逢之：在仕者知機相從，得人共濟，而職位高遷。在士考校必臨於諸士之首，而功名必遂。在庶俗必臨有道，而營謀稱意。

　　其一：一逢臨輔扶持起，有個佳音在兌鄉；誰向老來為伴侶，一枝梅蕊雪霜傍。

　　其二：積小成功路漸通，好將舟楫順西風；腰間寶劍橫牛鬥，求利求名有始終。

　　其三：義氣方相授，緣未心感心；所行須正大，吉慶自來臨。

地澤臨卦、九二：咸臨，吉無不利，未順命也！

詳　　解：此爻是擬其逼陰之象，而深與之者也！

故 協 者：進德之勤，行道之力，以順出逆，以仁易暴，道可行，志可伸，而動無所括；事可立，功可成，而行無所阻。

不 協 者：亦做善士，能起家業，而營蓄其利。

歲運逢之：在仕則去邪補正，而地位清高。在士則進取利達，而無所阻滯。在庶俗則營謀獲利。大抵要斟酌時宜，不然，未順命之辭，亦美中不足。

　　其一：本自咸臨吉，唯憂未稱心；喜中須不足，樂處忽悲生。

　　其二：利順今臨命，居中反覆中；一陽生長後，帆便借東風。

　　其三：和合事，笑談成；喜信在半程，平步踏青雲。

地澤臨卦，六三：甘臨，無攸利，位不當也！既憂之，咎不長也！

詳　　解：此爻是以甘臨下，而深戒占者也！

故 協 者：損過就中，矯偏居正，亦可居上以臨下。但所處之位，不當不失為教諭訓道之職。

不 協 者：專習邪言，巧於媚世，損物欺人。而憂思愁慮以度生。女命多言損行。

歲運逢之：在仕則有讒邪佞口之潛。在士則諂諛奔走之失。
　　　　　在庶俗則有悲愁怨苦之虞。

其一：夜雨紛紛實有傷，既傷眾理接非常；改修其道歸真主，遠漢雲間見太陽。

其二：立志多巧佞，臨事未如心；憂裡能遷善，災消禍不侵。

其三：龍爭一珠，有得有失；所望在亨通，何須空費力。

地澤臨卦，六四：至臨無咎，位當也！

詳　　解：此爻是與人以誠，而得補過之道也！

故 協 者：必中正貴人，朋黨相信，而功業之易就。

不 協 者：亦有福之人，而安逸少災，有技藝，有聲名。

歲運逢之：在仕則得僚友之功。在士則得麗澤之美。在庶俗則得人情和合，而經營頓遂。但變「歸妹」，愆期之辭，凡有為者，審而後發方可。

其一：正位居臣職，門中二女逢；急承雲中鹿，水涵應三冬。

其二：事團圓，物周全；一往一來，平步升天。

地澤臨卦，六五：知臨，大君之宜，行中之謂也！

詳　　解：此爻是不自用以盡乎君道，則逸而有成者也！

故　協　者：好賢禮士，恭謙明哲，而為大貴，上承天寵，下繫民望。
　　　　　　「中」字官職之兆。「行」字行師之應。

不　協　者：亦是福人。蓋變「節卦」，不傷財，不害民也！

歲運逢之：在仕則顯越。在士則登庸。在庶俗則謀為順遂。

　其一：知大能臨下，柔高可勝剛；大陽光彩處，神擁照東方。

　其二：月重圓，花再發；謀望成，音信達。

地澤臨卦、上六：敦臨，吉無咎，志在內也！

詳　　解：此爻是與人相親之厚，而因善其占者也！

故　協　者：為大貴人，一念惓惓，與同德以共濟，移風易俗，事業豐厚。

不　協　者：年高德厚，改祖外立，家給人足。

歲運逢之：在仕必居內侍內翰。士子進大學入內舍。在庶俗則多獲利，近取
　　　　　　遠取，無往不利。

　其一：臨吉敦無咎，春風桃李多；一枝花在手，去棹急如梭。

　其二：朦朧秋月照朱局，意外誰知喜意生；自有貴人相接引，不須巧語
　　　　　似流鶯。

　其三：常存忠信德，貴客暗相扶；強暴無侵害，自然災咎無。

地火明夷（八月、坎水、遊魂卦）

父母	▬▬ ▬▬	癸酉
兄弟	▬▬ ▬▬	癸亥
官鬼	▬▬ ▬▬	癸丑
兄弟	▬▬ ▬▬	己亥
官鬼	▬▬ ▬▬	己丑
子孫	▬▬▬▬▬	己卯

上坤「地」下離「火」中存「坎、震」。日方欲明華麗之耀，又為雷動雨水散行。是卦陰多陽少，致使陽明之氣竟為邪氣所干，陰盛陽衰，不能自立，自傷其明。日落平地，沉墜埋沒。其光輝之在我。君子得之，則為明夷之象。

地火明夷：利艱貞。

明　夷：夷，傷也！是卦下離上坤，日入地中，明而見傷之象，故稱明夷。

彖　曰：明入地中，明夷。內文明而外柔順，以蒙大難，文王以之。利艱貞，晦其明也！內難而能正其志，箕子以之。

象　曰：明入地中，明夷。君子以蒞眾，用晦而明。

總　論：此乃「坎宮」六世卦，名遊魂卦，屬八月。
　　　　納甲是己卯、己丑、己亥、癸丑、癸亥、癸酉。借用乙丑、乙亥、乙酉。生於八月及納甲者，功名富貴人也！

其一：因甚艱難無不成，明宜蒞眾晦時明；無傷尤有迯遷志，進步亨衢指日升。

其二：驚重損失兩重災，謹密須防暗內來；虎尾蛇頭如度得，身安尤自恐傷才。

其三：人入地中伏，明夷事必傷；陽人須保節，疾病恐難量。

卦　理：闡釋在苦難時有「用晦而明」的法則。內明外柔，韜光養晦，才能承受大難。苦難時期，應覺悟立場的艱難，收斂光芒，艱苦隱忍，逃離險地，先求自保。隱忍逃避，是避免傷害，以爭取時間或空間，速謀對策，待機而動。

地火明夷、初九：明夷於飛，垂其翼。君子於行，三日不食，有攸往，主人有言。

詳　　解：此爻是見機以避傷者也！

故 協 者：明哲足以保其身，廉潔足以飾其行，見用於治朝，免禍於亂世。

不 協 者：志大心高，動必見挫，雖有功名，難於食祿。

歲運逢之：在仕為驄馬五馬之榮，大則為股肱之臣，謹防暗主之傷。在士則有捷報之兆。在庶俗則有災眚手足之傷。數吉者，則有富人進馬匹之應。

　其一：垂翼遙飛去，皆因避遠行；一途涯際室，又是滿青春。

　其二：一足踏兩船，一鏡照兩邊；團圓專費力，費力又團圓。

地火明夷、六二：明夷，夷於左股，用拯馬壯，吉。

詳　　解：此爻是人臣伐暴之象，而戒以順天之舉也！

故 協 者：勇於進德，力於行道，威望重，權勢大，得以專征伐之柄，以吊民安國。

不 協 者：多得志橫行，凌上侮下，罪孽疊至。唯武卒軍人頗獲功利。

歲運逢之：在仕當權有閫帥之任。在士有得大魁之喜。在庶俗則有災眚之招。

　其一：所傷尤未甚，速可救禳之；得時春光至，災消福祿垂。

　其二：在股忌夷傷，濃雲翳太陽；乘騎千里去，憂重恐分張。

　其三：若問行藏事，行藏意可求；暗雲風捲盡，明月滿層樓。

地火明夷、九三：明夷於南狩，得其大首，不可疾貞。

詳　　解：此爻謂上下兩傷，而明照有礙之象也！若不見訟之爭，亦有疾厄之苦。

故 協 者：有化工元氣之全，則有修屋宇造作之兆。

不 協 者：主左股有忌夷之所傷。或乘騎千里而去，必主有憂愁分張之應也！

歲運逢之：原文從缺。

其　一：向明為得地，大利有施為；幾事須當緩，輕恐致災危。

其　二：一奔南北狩，多少事悲傷；得遇海南客，成名過北塘。

其　三：虛名虛舉久沉沉，祿馬當來未見真；一片彩雲秋後至，舊時風物一時新。

地火明夷、六四：入於左腹，獲明夷之心，於出門庭。

詳　　解：此爻是居暗地而尚淺，而猶可得意於遠去者也！

故 協 者：則必有才德，履公正，或執政命而為朝廷心腹之寵。又文有左，武有右，職司門令黃門之顯。

不 協 者：多無德行，立心詭譎，蠹物害民，不可測度。

歲運逢之：在閒官必任事，在朝中者必出外郡。久於養晦者，必出身成名。淹於囹圄者，必脫身免禍。出外營謀者，必得心交之力。婦人有孕必生子。

凶者，或生心腹之疾。

其　一：恐見傷心事不宜，月明兩畔暗雲飛；門庭一女懷悲怨，成器榮身果子疑。

其　二：陰貴相遭遇，憂危已脫身；更宜圖進用，名利得從心。

其　三：箭射簷前鵲，巢深子不傷；一件惡煩惱，翻成大吉祥。

地火明夷、六五：箕子之明夷，利貞，明不可息也！

詳　　解：此爻是當內難，而能正其志者也！

故 協 者：有正大之機謀，而能明哲保身。

不 協 者：難遇知己，常懷憂心，經營艱難，奔馳勞苦。

歲運逢之：在仕當儉德避難。在士難逢知己。在庶俗必有家難之禍。

　　其一：遇時方暗昧，當且晦其明；自守當貞正，終能保吉亨。

　　其二：一登尊祿位，不可望凌高；恐有夷傷日，垂鉤阻餌鰲。

　　其三：重關深鎖閉，謹要小提防；若不知謹戒，因循成大殃。

地火明夷、上六：不明，晦。初登於天，照四國也！後入於地，失則也！

詳　　解：此爻是無德之君，故無以保天下之大位也！

故 協 者：志遠謀大，處高位而能保，當大難而知避。且天者有天府天曹之兆。

不 協 者：恃勢妄為，損人利己，早歲猖獗，晚受波濤。

歲運逢之：在仕防擯斥之嗟。在士有登天之兆，後必擯斥。

　　　　　　庶人先達後阻，老者窘而不壽。

　　其一：遠詔自天來，爭地事反覆；人地不明時，佳人水邊哭。

　　其二：莫道事難為，美中事不宜；東風輕借力，吹了又芳菲。

地雷復卦（十一月、坤土、一世卦）

子孫 ▬▬ ▬▬	癸酉
妻財 ▬▬ ▬▬	癸亥
兄弟 ▬▬ ▬▬	癸丑
兄弟 ▬▬ ▬▬	庚辰
官鬼 ▬▬ ▬▬	庚寅
妻財 ▬▬▬▬▬	庚子

上坤「**地**」下震「**雷**」中藏「**坤**」象。雷在地中，未能亨奮，唯利冬月生人，餘月皆致災眚。又云陰月生人，雷未應時，當復於地中，其時未震。震驚百里，物即亨奮。君子得之，則為興復之象。

地雷復卦：亨。出入無疾，朋來無咎。反覆其道，七日來復，利有攸往。

復　者：陽復生於下也！內震外坤，陽動於下而以順上行之象。

象　曰：復亨，剛反，動而以順行，是以出入無疾，朋來無咎。反覆其道，七日來復，天行也！利有攸往，剛長也！復其見天地之心乎！

象　曰：雷在地中，復；先王以至日閉關，商旅不行，後不省方。

總　論：此乃「坤宮」一世卦，屬十一月。

納甲是庚子、庚寅、庚辰、癸丑、癸亥、癸酉。借用乙丑、乙亥、乙酉。如生於十一月及納甲者，功名富貴人也！又有二月生者及時，餘者福淺。

其一：五馬西行進難阻，更宜守舊親相輔；萬里鵬程化查宴，五個佳人江上舞。

其二：一生名利總成虛，臨久名疆有進時；門戶鼎來真可惱，不堪回首夢魂孤。

卦　理：闡釋恢復的原則。剝落已極，必然否極泰來，恢復到有所作為的時期。恢復的原則，必須根絕過去的錯誤，重新回復善道。恢復的法則，應當在腐敗的開始，過失尚未嚴重之前，及時反省改善，徹底檢討，周詳策劃，謹慎行動。

地雷復卦、初九：不遠復，修身也！無祗悔，元吉。

詳　　解：此爻是善事其心，斯可以進於道者也！

故 協 者：有剛大之才，順理而行，知機固守，為開基創始之吉人，而富貴
　　　　　福澤以厚其生。

不 協 者：修身養性，樂道忘勢，不求文華，而為瀟灑清修之士。

歲運逢之：在仕則位高清，而近君贊化。在士則進取奪高魁。經營者獲利。

**　其一**：陽長修身吉，重山聳翠青；馬行東北去，遇鼠計方昌。

**　其二**：垂釣向滄浪，金鱗看入手；行客過重山，目下當回首。

地雷復卦、六二：休復之吉，以下仁也！

詳　　解：此爻是因人以復善，斯善而皆為已有者也！

故 協 者：中正君子，不嬌不傲，事上以誠，待下以信，足以立功名，享富貴。

不 協 者：亦安貧君子，知命達天。「仁」字之義，為生意、為長壽、為生育。

歲運逢之：在仕謫貶者復職。在士停降者復取。在庶俗得倚富豪而獲利。
　　　　　臨危者得安，有疾者得癒。數凶者，有休官下第之兆。

**　其一**：仁者善親鄰，前江一鯉存；獲來臨泗水，變化在逡巡。

**　其二**：悲後笑嘻嘻，中行道最宜；所求終有望，且莫皺雙眉。

地雷復卦、六三：頻復，厲無咎，義無咎也！

詳　　解：此爻是改過不吝，既斥而復與之者也！

故 協 者：遷善敏德，不為貴人，未免乍進乍退，或是或非。

不 協 者：難中取易，短中求長，憂慮抑鬱。

歲運逢之：在仕爵難穩，更變無定。在士則變「明夷」，有得其大首之象，
　　　　　而名可成。在庶俗求速應遲，事多反覆，疑惑差錯而無定主。

其一：屢失應屢獲，多敗亦多成；擇善宜堅守，何有怨咎生。

其二：局促未開時，雲中一鳥飛；他謀皆悔吝，守舊乃方知。

其三：一關復一關，進退兩頭難；慮望難久遠，心事不曾安。

地雷復卦、六四：中行獨復，以從道也！

詳　　解：此爻是美其逐於眾，而美其不昧於所從者也！

故 協 者：生亂世不為之污，處污俗不為之浼，挺然自拔，以從乎中道，而
　　　　　居位食祿，富貴清標。

不 協 者：為行旅，為兵師，為孤獨。

歲運逢之：在仕復職。在士顯名。庶俗獲利。

其一：曩實好謀歸，歸來喜又隨；莫嗟中道發，笑後又成悲。

其二：放釣又收來，分明絕塵埃；巨鰲隨手得，休用苦疑猜。

地雷復卦、六五：敦復無悔，中以自考也！

詳　　解：此爻是能復以善者，斯與道為一者也！

故協者：函養執操存固。「敦」字之義，為君子重厚之德。「中」字之義，為任宦官職之名。

不協者：雖非貴人，亦有田谷廣積。

歲運逢之：在仕有遷除。在士則登荐。在庶俗有積蓄。
　　　　　但要防服制。蓋「考」字，不利於父故也！

　其一：列陣飛鳴排九霄，乘騎千里不辭勞；移根接下天邊木，皓首成家在楚橋。

　其二：亂者復治，往者復還；凶者復吉，危者復安。

　其三：五湖波浪靜，明月照扁舟；穩把釣下餌，鯨鰲釣幾頭。

地雷復卦、上六：迷復凶，有災眚。用行師，終有大敗，以其國君，凶；至於十年，不克征。

詳　　解：此爻是終迷不復，而得凶者也！

故協者：改過自新，釋回增美，亦可常保其富貴，而為吉人。蓋變為「頤厲吉」。

不協者：愚暗昏蒙，為疾厄傷殘，為破祖敗家，為誤國累主。

歲運逢之：在仕有貪位之誚。在士有取擢之辱。在庶俗有執迷取孽之嗟。
　　　　　靜吉而動否也！

　其一：進退徘徊無定據，欲暮春風吹柳絮；半途行客又離憂，枕畔佳人無意緒。

　其二：機迷終不復，難以免災危；所向皆非利，要終不可行。

地風升卦（八月、震木、四世卦）

官鬼	▬▬　▬▬	癸酉
父母	▬▬　▬▬	癸亥
妻財	▬▬　▬▬	癸丑
官鬼	▬▬　▬▬	辛酉
父母	▬▬　▬▬	辛亥
妻財	▬▬　▬▬	辛丑

上坤「地」下巽「風」中存「震、兌」。雷動風行，雨澤滂沱，地上有物受其潤澤，枯者榮而秀者實矣，咸有收成之功。君子得之，則為升進之象。

地風升卦：元亨，用見大人，勿恤，南征吉。

升　者：進而上也！巽下坤上，內巽外順也！

彖　曰：柔以時升，巽而順，剛中而應，是以大亨。用見大人，勿恤，有慶也！南征吉，志行也！

象　曰：地中生木，升。君子以順德，積小以高大。

總　論：此乃「震宮」四世卦，屬八月。納甲是辛丑、辛亥、辛酉、癸丑、癸亥、癸酉，借用乙丑、乙亥、乙酉。如生於八月及納甲者，功名富貴人也！

其一：積大先須小，求升好在卑；園中雙李綻，明月滿天輝。

其二：攸往利東南，清天日正長；命榮災自去，名利得成雙。

卦　理：闡釋升進的原則。升進為積極的有所作為，應當勇往向前，不必疑慮，但方向必須正當，依循眾人所期待的方向前進，更應當目標明確，知所節制。

地風升卦、初六：允升大吉，上合志也！

詳　　解：此爻是進而有助者，而深幸其得君行道也！

故 協 者：有謙恭之德，獲上人拔引之助，功名利達，必為國家棟樑。

不 協 者：亦善通人情，扶持者多，謀為遂意，家業興旺。

歲運逢之：在仕超遷。在士高荐。庶俗營謀稱心。

　其一：欲問前程路，求謀大吉昌；佳人候秋至，六合喜聲揚。

　其二：明月為釣，清風作線；舉網江波，錦鱗易見。

地風升卦、九二：孚乃利用禴，無咎，有喜也！

詳　　解：此爻是誠實上交之象，而著其享祀之吉占者也！

故 協 者：大才大德，誠實中正，上有以得君，下有以得民，功業丕顯，志願大行。

不 協 者：立心以誠，結交以正，清名日著，德業興隆。

歲運逢之：在仕有升，或為祭酒配享之職。士子成名。常人有喜，疾者安，而用者達。數凶者，有喪祭之兆。

　其一：東風吹著樹稍鶯，幽谷高遷出上林；晴霽閒雲皆捲盡，秋江輪月十分明。

　其二：處事無虛誕，常存誠敬心；非唯災可免，隨有喜來臨。

地風升卦、九三：升虛邑，無所疑也！

詳　　解：此爻是仕進之易者也！

故 協 者：南征以從王之事，而進無所摧，奮庸以熙帝之載，而動無所括。
　　　　　大則當要路，小則食邑郡。

不 協 者：亦謀為遂而無所阻，家業興而無所虧，或道習清虛，身居空洞。

歲運逢之：在仕升遷，必居大郡。在士成名。在庶俗營謀遂意。
　　　　　數凶者，變為「師或輿尸」之象。

其一：舟離古道月離雲，人出重關問遠途；好向月前求去處，何須思慮
　　　兩三頭。

其二：上下相交接，前程事事宜；自然無阻滯，亨利更何疑。

其三：守北多屯蹇，征南怕犬當；雲端人著力，乘馬始升昌。

地風升卦、六四：王用亨於岐山，吉無咎，順事也！

詳　　解：此爻是王者祀神之誠，而獲福者也！

故 協 者：柔順之至，誠信之極。明足以格君，而得恩光之隆，幽足以格神，
　　　　　而得福澤之深。功名顯達，志願大遂。

不 協 者：誠實足以動人，求謀無阻，家業興隆。

歲運逢之：在仕得君而升必高。在士用賓於王而名成。在庶俗必得山林之利。
　　　　　隱者有山水之樂，僧道獲祭享之益。數凶者，有歸山冢追祭之兆。

其一：建國當門大吉亨，金人憂患不須更；將來別立安家計，禁在雷轟
　　　信始興。

其二：順下廉親上，謙恭德有容；所為無過咎，吉慶每相從。

其三：曲須直，順不逆；改舊從新，鵲傳消息。

地風升卦、六五：貞吉，升階，大得志也！

詳　　解：此爻是人君守至正以臨民，而有以致天下之順治者也！

故 協 者：科甲登於少年，功業建於朝廷，志量大得，福量寬洪。

不 協 者：亦守道立身，進取有為，動皆合志，德業日新。

歲運逢之：在仕超遷。在士高荐。在庶俗則謀遂得志。

　其一：尊位委柔順，平剛居得欽；一榮前道雨，兩次後園春。

　其二：佳人入門閭，欣欣見笑顏；一旦飛騰去，凌雲上九天。

地風升卦、上六：冥升在上，消不富也！利於不息之貞。

詳　　解：此爻是速於上升，而不知止者也！

故 協 者：為君子，進德修業，有忠鯁清度之美譽。

不 協 者：為小人，貪利之切，難免辱身之禍。

歲運逢之：在仕告休。在士反身修德。在庶俗則有貪得不厭之禍。
　　　　　　數凶者，有幽冥之非。

　其一：上六冥升利，須還不息貞；知音來報信，又見墜流雲。

　其二：陰雲不起，故日重輝；心中思慮，事久無危。

地水師卦（七月、坎水、歸魂卦）

父母	▨▨ ▨▨	癸酉
兄弟	▨▨ ▨▨	癸亥
官鬼	▨▨ ▨▨	癸丑
妻財	▨▨▨▨	戊午
官鬼	▨▨▨▨	戊辰
子孫	▨▨▨▨	戊寅

上坤「**地**」下坎「**水**」中藏「**震、坤**」。雷出於地，振搖山岳，命令下行。雷一動而雨澤施，浸潤萬物，剛中而應，行險而順。主為人出眾，敢為服眾有為有守。君子得之，則為師眾之象。

地水師卦：貞，丈人吉，無咎。

師　　者：兵眾也！下坎上坤，坎險坤順，坎水坤地，古者寓兵於農，伏至險於大順，藏不測於至靜之中。

象　　曰：師眾也！貞正也！能以眾正，可以王矣！剛中而應，行險而順，以此毒天下，而民從之，吉又何咎矣！

象　　曰：地中有水，師；君子以容民畜眾。

總　　論：此乃「坎宮」七世卦，名歸魂卦，屬七月。
納甲是戊寅、戊辰、戊午、癸丑、癸亥、癸酉，借用乙丑、乙酉、乙亥。凡生於七月及納甲者，功名富貴人也！師字取義，大則師傅、師保、師將，次則兵師、禪師、法師、大師不一。

一陽：眾力推排處，無心遂有權；雖然煩與冗，利祿勝當年。

其二：手操持大節，劈劃丈夫心；眾力扶邦正，廷紳即有升。

三陰：凶事終成吉，功名未便亨；且圖安樂處，莫戀百花生。

卦　　理：闡釋由爭訟演變成戰爭的用兵原則。用兵必須慎重，用兵首重紀律嚴明，統帥必須剛健中正，恩威並用，不可剛愎自用。作戰應以安全為首要，不可好戰喜功，必須得到支持，才能攻無不克，戰無不勝。

地水師卦、初六：師出以律，否臧凶，失律凶也！

詳　　解：此爻是深戒行師之不可苟者也！

故 協 者：威名服眾，恩愛及人，用心不私，而富貴福澤享於無窮。

不 協 者：心慕更新，事不師古，始則富貴，終則傾危。

歲運逢之：在仕則克盡臣道而天寵日加。在士則文義合式而功名可取。在庶
　　　　　　俗則經營有法而財貨日增。但輕於動者，成少敗多。數凶者，行
　　　　　　險傷壽。

　其一：出律方無咎，提防破克功；一輪明月蝕，自覺否臧凶。

　其二：心鬱鬱，事匆匆，榮而未有功；危橋立盡休回首，此去青雲路可
　　　　　通。

　其三：凡百事當謀，善始可善終；師道宜和眾，猶憂失律凶。

地水師卦、九二：在師中，吉，無咎！承天寵也！王三錫命，懷萬邦也！

詳　　解：此爻是將兵者善其戰，而將將者隆其任者也！

故 協 者：剛而不虐，威而有惠，或執閫外之權而軍民共戴，或居大中之位，
　　　　　　而遐邇咸趨。

不 協 者：亦一鄉之善，而上獎下譽之有地。

歲運逢之：在仕必加寵錫，天書爵命，在外入朝，在內出師。在士必成名，
　　　　　　而魁解可得。在庶俗必遇貴人，而百謀稱心。僧道受恩，女命受
　　　　　　封。

　其一：朱能堪服眾，方遇貴人持；別有非常道，乘龍到玉墀。

　其二：錫命從天降，承天寵澤貞；師權當健德，佳信發天津。

地水師卦、六三：師或輿尸，大無功也！

詳　　解：此爻是輕敵以取敗者也！

故　協　者：才德大弱，大眾不服，下人不信。

不　協　者：壽算難遠。

歲運逢之：悲憂多至，或服丁憂。如與命相合者，變「升」三爻，有「升虛邑」
　　　　　之辭。未仕者不阻，已仕者受職待缺。十二月生人，又貴且吉。

　其一：六三爻不定，雖吉也成凶；若也能專一，終當立大功。

　其二：進退皆無位，輿尸出眾凶；馬奔坤地遠，天道又疑東。

　其三：青氈終復舊，枝上果生風；莫為一時利，重為此象凶。

地水師卦、六四：師左次，無咎，未失常也！

詳　　解：此爻是不幸成，以取敗者也！

故　協　者：明炳機先，酌事應變，見用於治朝，免禍於亂世。
　　　　　「左」字之義為兆頗多，有左輔、左相、左選、左曹之類。

不　協　者：退處卑約，宜靜安居，而為全身遠害之吉人。

歲運逢之：在仕則險要而居清冷之位。在士則為內舍監生之美。在庶俗則安
　　　　　居樂業，而無妄動之危。或修造宮舍，或寄寓旅次，皆不失其常，
　　　　　而禍害不招矣！

　其一：擇地堪居左，師行左次貞；牛行西北地，觸目自光輝。

　其二：進行退，退行進；進退好隨機，眼前人不信。

地水師卦、六五：田有禽，利執言，無咎。長子帥師，以中行也！弟子輿尸，使不當也！

詳　　解：此爻是得用師之義，而晉任將之道者也！

故　協　者：進身有道，立功有德，彼動此應，先審後發，靖亂拯溺，而威聲大著於海宇。

不　協　者：或居村野而有田園資畜，有學問，有權柄。長子可克家，小子多無壽。下此則妄言妄動，多阻多拙。

歲運逢之：在仕或為執政，或居言路而地位高顯。在士則進取成名，傍列後次。

　　　　　在庶俗則田稅日增，牲畜日繁，但有委任得其人，則謀遂志得。須防小子之危。

　其一：禽作田禾叛入邦，皆當繫縛執思傷；一朝天錫佳音至，功業階勳冠萬邦。

　其二：恩成怨，怨成恩；和合兩相番，災咎恐外生。

地水師卦、上六：大君有命，開國承家，以正功也！小人勿用，以亂邦也！

詳　　解：此爻是盡報功之典，而不濫於所施者也！

故　協　者：正大君子，受恩寵，有壽命，或立朝廷之功，或承祖父之恩。

不　協　者：少公直，恃時勢，欺良善，可與同患難，不可與安樂，而福澤淺薄。

歲運逢之：在仕者當權立功。未仕者技藝成名。常人可立家計。或承繼宗祀，或增祀續。大抵宜防讒妄，恐生僭越之禍。

　其一：君子當思吉，爻辭屬小人；邦保民可保，邦固自咸寧。

　其二：吉士時逢泰，承家日漸豐；小人當此象，得寵反成凶。

地山謙卦（九月、兌金、五世卦）

兄弟	▬▬ ▬▬	癸酉
子孫	▬▬ ▬▬	癸亥
父母	▬▬ ▬▬	癸丑
兄弟	▬▬ ▬▬	丙申
官鬼	▬▬ ▬▬	丙午
父母	▬▬▬▬▬	丙辰

上坤「**地**」下艮「**山**」中存「**震、坎**」。地下有山，山上有地，培植高厚之勢，資養萬物，震動雷行，坎滿而溢，發生茂盛，皆自此始。山在地中，愈高愈卑。君子得之，則有謙光之象。

地山謙卦：亨，君子有終。

謙　　者：有而不居之義，止乎內而順乎外，謙之意也！山至高而地至卑，乃居而止於其下，謙之象也！

象　　曰：謙亨，天道下濟而光明，地道卑而上行，天道虧盈而益謙，地道變盈而流謙，鬼神害盈而福謙。謙尊而光，卑而不可踰，君子之終也！

象　　曰：地中有山，謙。君子以裒多益寡，稱物平施。

總　　論：此乃「兌宮」五世卦，屬九月。納甲是丙申、丙辰、丙午、癸丑、癸亥、癸酉，借用乙丑、乙酉、乙亥。如生於九月及納甲者，功名富貴人也！

其一：山之高大在地中，謙退有終益爻詳；先後喜得居尊上，利祿涉川在他鄉。

其二：眾理事牽連，憂疑莫向前；若逢明鏡照，撓括任虛傳。

其三：運蹇時乖莫強謀，得安身處且優遊；若逢天上人開日，便當生涯決意求。

卦　　理：闡釋謙虛乃積極的有所作為的道理。在易經六十四卦中，沒有全部是吉或凶的卦，唯有謙卦，六爻皆吉，可見謙虛的重要。謙虛，不是消極的退讓，謙虛是積極的有所作為，謙虛的動機，必須純正，才能贏得共鳴與愛戴。

地山謙卦、初六：謙謙君子，卑以自牧，用涉大川，吉。

詳　　解：此爻是行巽而達之，得宜者也！

故 協 者：退謙以明其禮，溫恭以宜其精，雖當患難危厄之秋，亦可振險而投之夷，易危而措之安，在上信任，在下依歸，以「牧」字之義有守土之兆。次則或修心養性，樂道悠閒，災害不生。

不 協 者：心懶多進，則見退拙於施為，甘為下人。

歲運逢之：在仕為牧民之職。在士宜懷珍待聘。在庶俗宜遠涉江湖，以作商旅。

凶者變「明夷」之傷也！

其一：常吉真君子，謙謙自處卑；大川雖至險，利涉亦無危。

其二：有祿不居尊，乘車馬橫奔；積金盈棉帛，進退得無屯。

其三：進取名利歸，前程進步來；水邊上下鶴，觸目有光輝。

地山謙卦、六二：鳴謙貞吉，中心得也！

詳　　解：此爻是名譽之隆，而示以居貞之善也！

故 協 者：無私無諂，有德有才。其「鳴」字之義，多是言路、官職之兆。

不 協 者：亦得人舉揚濟人。

歲運逢之：在仕遷職。未仕進取成名。庶俗未可輕舉，唯宜退守。

其一：柔順行謙道，純誠貴內充；有言皆正順，吉慶自相逢。

其二：久滯理名不可升，鳴謙名利又馳聲；猴人貞吉皆亨利，好去求名莫問鶯。

其三：事可託，喜信傳；寂寞莫憂煎，人與事俱圓。

地山謙卦、九三：勞謙君子，萬民服，有終，吉。

詳　　解：此爻是讓功之善而與之者也！

故 協 者：文章高世，道義過人，能勝重任，立大功勞。

不 協 者：為人誠實，鄉里推重，施恩不求報，有德不自誇。

歲運逢之：在仕必高遷。在士必得際遇。在庶俗必營謀獲利。

　　　　　又「勞」字主勞心費力。

其　一：萬民欽服祿尤高，男子英豪志氣豪；好把九牛垂大餌，即期可獲
　　　　巨川鰲。

其　二：有功而不伐，君子保成功；以此行謙道，何人不聽從。

其　三：勞心復勞心，勞心終有成；清風能借力，忻笑見前程。

地山謙卦、六四：無不利，撝謙，不違則也！

詳　　解：此爻是行無不得，而當益致其恭者也！

故 協 者：有德有才，上信下服，修辭立言，恭謙無偽，足以立功名，享富
　　　　貴。

不 協 者：亦親近尊貴，交接賢才，為鄉里之正人。

歲運逢之：無所不通，但士農工商，宜固守退讓。

　　　　　蓋一變「小過」往厲必戒，勿用，此亦當卑約，不然取損害爾。

其　一：撝謙無不劑，未足得良朋；雷在山下發，扁舟順水行。

其　二：平地風雲會，期間事易成；目前雖未穩，久後自敷榮。

地山謙卦、六五：不富以其鄰，利用侵伐，征不服，無不利。

詳　　解：此爻是人君謙德之化，而因兩善其占者也！

故 協 者：謙恭退讓，英雄豪傑，多入於彀中，以之而建立事功，以之而贊
成德業，無不如意。

不 協 者：或文中成名，武中立功，富概鄉鄰，威服頑悍。

歲運逢之：在仕則文武兼用，或掌兵刑。在士則有發科之兆。
常人遇貴成事，則利倍獲，但亦主爭訟。

其一：以謙而接下，心服眾皆歸；或恐謙柔過，尤當濟以威。

其二：霖雨藏身久待時，位高祿厚利謀隨；前程有信通南北，可報升騰
萬里期。

其三：曲直事難除，黑暗明千里；還同頃刻間，變態風雲裡。

地山謙卦、上六：鳴謙，志未得也。可用行師，征邑國也！

詳　　解：此爻是能謙，而為才位之所限者也！

故 協 者：勤於學古，勇於行道，或做武貴，稍遂其志，或為縣邑督捕之官。

不 協 者：多遇知己，少得助力，治家保身，小小規模。

歲運逢之：在仕必有閫寄征伐之權。在士則利於小試而名譽稍彰。在庶俗則
有爭訟之憂，不辯自明，知機免損。當官者，貴以清心事為本，
方免其悔。

其一：圓月雲中翳還缺，山前風順朦朧徹；行師征國捷佳祥，千夜青天
光皎潔。

其二：風雲際會出雲端，一望天高宇宙春；萬里風帆應不遠，幽人從此
出塵埃。

其三：行極今已極，眾所共聞知；未得行其志，秉剛克己私。

坤為地卦（十月、坤土、本宮卦）

子孫 ▬▬ ▬▬	癸酉
妻財 ▬▬ ▬▬	癸亥
兄弟 ▬▬ ▬▬	癸丑
官鬼 ▬▬ ▬▬	乙卯
父母 ▬▬ ▬▬	乙巳
兄弟 ▬▬ ▬▬	乙未

上下皆坤「地」！六畫純陰，地道也！臣道也！妻道也！柔順之德，厚載之功，含弘光大，安貞無疆。女命得之，無不盡善。

坤為地卦：順也！陰之性也！臣之道也！

坤：元亨，利牝馬之貞。君子有攸往，先迷後得，主利。西南得朋，東北喪朋。安貞吉。

象　　曰：至哉坤元，萬物資生，乃順承天。坤厚載物，德合無疆。含弘光大，品物咸亨。牝馬地類，行地無疆，柔順利貞。君子攸行，先迷失道，後順得常。西南得朋，乃與類行，東北喪朋，乃終有慶。安貞之吉應地無疆。

象　　曰：地勢坤，君子以厚德載物。

文 言 曰：坤至柔，而動也剛，至靜而德方，後得主而有常，含萬物而化光。坤道其順乎！承天而時行。

總　　論：卦氣在十月，納甲是乙未、乙巳、乙卯、癸丑、癸亥、癸酉、借用乙丑、乙亥、己酉、癸未、癸巳、癸卯。如生於十月及納甲本命者，必為名高德厚之大臣。如生不及時，卦爻失位者，亦主有田產厚祿長壽。為僧道者，亦享厚福。女命則有柔順之德，而見夫榮子貴。

其一：水面生魚蛋，楊花滿路傍。佳人雙美玉，得地始輝光。

其二：厚德載萬物，承天則順昌。馬行疆地遠，坤厚有輝光。

其三：今朝明朝，今日明日，到了歡欣，不成憂戚。

卦　　理：闡釋大地包容的法則。地的法則是安詳與純正，柔順的遵循天的法則。安靜的謹言慎行，追隨而不超越，包容而不排斥，具備至柔的性格。所以應當直率、方正、寬大、含蓄而不炫耀，收斂而言行謹慎，謙遜堅持中庸的原則。

坤為地卦、初六：履霜堅冰，陰始凝也！馴致其道，至堅冰也！

詳　　解：此爻是陰始生之象也！

故 協 者：必幼習詩書，壯得功名，蓋必生於陰月可也！

不 協 者：則不中不正，違上習下，損人益己，諫之則怨，諛之則喜，終不能善其后。

歲運逢之：在仕則防讒佞之禍。在士則防妒忌之嗟。在庶俗則防仇怨之虞。唯陰命則大興家業，坤道方長故也！

　其一：陽氣方濃始履霜，待時亨動見陽剛。雲中一力扶持起，水畔行人在北方。

　其二：事每因馴致，凝成戒履霜。善應有餘福，不善有餘殃。

坤為地卦、六二：直、方、大，不習，無不利，地道光也！

詳　　解：此爻是盛德之至者也！

故 協 者：為中正貴人，譽望高，方量大，且直、方、大三字為兆甚多，或太常、太僕、大尹、方伯之類。

不 協 者：亦忠實之人，多動少靜，而為鄉里之所推重。

歲運逢之：在仕職高遷。在士則傳名上達。在庶俗則粟帛多增。在女命則為賢良起家。

　其一：萬丈波濤無點亂，一天風雨更幽閒。客行已在經綸內，名利何勞自作難。

　其二：敬義存中正，前程事事通，自然無不利，不飛已成功。

坤為地卦、六三：含章可貞，以時發也！或從王事，知光大也！

詳　　解：此爻是人能含晦章美者也！

故　協　者：主學問充實，做一持之標準，主一生榮顯享爵祿於無窮。

不　協　者：亦韜光斂彩，公己公人，而為智愚謹厚之士也。

歲運逢之：在仕則職修而升遷有望。在士則文華而進取有日。
　　　　　在庶俗則謀深而經營有獲。在女命則為德婦。

其一：待命含章終必吉，強謀前進未亨昌。兔銜刀到黃金上，萬里鵬程
　　　羽翼忙。

其二：始則難，終則易，相合相從，天時地利。

其三：含章雖有喜，進退且需時，丹詔從天下，風雲際會時。

坤為地卦、六四：括囊，無咎，無譽，慎不害也！

詳　　解：此爻是因時以自守者也！

故　協　者：雖有居位食祿之美，而謀猷不能顯設，亦終不能任重致遠，徒小
　　　　　補而已。

不　協　者：為謹厚樸實之人，而豐厚飽暖有餘。

歲運逢之：在仕則謹守常職進成，則無非而難於升達。在士則艱於進取。在
　　　　　庶俗則經營阻滯。大凡宜謹固收斂，則無非橫之禍。女命則賢而
　　　　　起家。

其一：路不通，門閉塞，謹提防，月雲黑。

其二：守慎宜無咎，包藏似括囊，震雷轟發後，利涉總安東。

其三：事機宜謹慎，無是亦無非，守靜宜恬退，深虞陷禍機。

坤為地卦、六五：黃裳元吉，文在中也！

詳　　解：此爻是有中順之德，而獲大善之吉者也！

故 協 者：文章高世，科甲冠倫。黃字為黃榜、黃門、黃屋、宗室之兆。元字為解、會、殿三元之兆。又「文字、中字」為兆甚多。

不 協 者：亦施為公正，衣祿豐足，謹厚退遜，不招猜疑。

歲運逢之：在仕則為內授之選。在士則有飛黃之榮。在庶俗則有財利之招，事事安穩，災害不生。女命則為命婦、德婦，而內助之功人。

　　其一：世道垂衣治，安身文史中，不須操武略，名利在西東。

　　其二：安居中守份，能順以承天，至美利元吉，西南喜慶全。

坤為地卦、上六：龍戰於野，其血玄黃，其道窮也！

詳　　解：此爻是陰盛之禍者也！

故 協 者：或為將帥而臨陣恃功，或居高位而僭越無忌，或處勢危而威福自恣。

不 協 者：性多凶狠，冒尊凌上，好大喜功，更變無定，甚則為軍戎屬其艱辛，吏卒受其苦楚。或好爭而被殘傷，或好訟而苦其刑罰。

歲運逢之：在仕則見貶斥之禍。在士則為鏖戰於文場雖有飛黃之榮，難免憂害破損之危。在庶俗則有爭鬥之撓，而破敗危亡之甚。

　　其一：鏡破釵分，月缺花殘，行來休往，事始安然。

　　其二：剛柔兩戰傷，其血須玄黃，龍馬生悔吝，極終已悔亡。

　　其三：有名無實效，謀事更遲遲，訟病多刑剋，施為總未宜。

國家圖書館出版品預行編目資料

學會河洛理數，就用這一本／天覺(李衍芳)著.
－－第一版－－臺北市：知青頻道出版；
紅螞蟻圖書發行，2022.09
面　；　公分－－（Easy Quick；188）
ISBN 978-986-488-230-4（平裝）

1. CST：易占

292.1　　　　　　　　　　　　　　　111013157

Easy Quick 188

學會河洛理數，就用這一本

作　　者／天覺(李衍芳)
發 行 人／賴秀珍
總 編 輯／何南輝
校　　對／周英嬌、天覺
美術構成／沙海潛行
封面設計／引子設計
出　　版／知青頻道出版有限公司
發　　行／紅螞蟻圖書有限公司
地　　址／台北市內湖區舊宗路二段121巷19號（紅螞蟻資訊大樓）
網　　站／www.e-redant.com
郵撥帳號／1604621-1　紅螞蟻圖書有限公司
電　　話／(02)2795-3656（代表號）
傳　　真／(02)2795-4100
登 記 證／局版北市業字第796號
法律顧問／許晏賓律師
印 刷 廠／卡樂彩色製版印刷有限公司
出版日期／2022年 9 月　第一版第一刷

定價 480 元　　港幣 160 元

ISBN　978-986-488-230-4　　　　　　Printed in Taiwan